工业和信息化部“十二五”规划教材

电子商务安全技术

王丽芳　主编

蒋泽军　褚伟波　刘志强　林　伟　于　会　吴　健　邓　磊　编著

朱怡安　姜建国　审稿

電子工業出版社

Publishing House of Electronics Industry

北京 • BEIJING

内 容 简 介

本教材是工业和信息化部“十二五”规划教材，全书共15章，包括电子商务安全概述、信息加密技术、信息鉴别技术、公钥基础设施、信息隐藏技术、用户身份认证技术、访问控制技术、互联网安全技术、电子商务安全协议、数据高可用技术、电子支付与安全、移动电子商务安全技术、电子商务云安全、大数据与电子商务和电子商务安全解决方案。

本教材概念清楚，技术与方法通俗易懂，其案例均为著名IT公司成熟的解决方案。本教材既可作为高等学校计算机科学与技术、软件工程、信息安全、电子商务等专业本科生、研究生的教材，也可以作为相关专业科技人员的参考用书。

图书在版编目（CIP）数据

电子商务安全技术 / 王丽芳主编. -- 北京：电子工业出版社, 2015.11
ISBN 978-7-121-27588-3

Ⅰ. ①电… Ⅱ. ①王… Ⅲ. ①电子商务－安全技术－高等学校－教材 Ⅳ. ①F713.36

中国版本图书馆CIP数据核字(2015)第273599号

策划编辑：刘宪兰
责任编辑：徐蕾薇　　　特约编辑：李春雷
印　　刷：北京京师印务有限公司
装　　订：北京京师印务有限公司
出版发行：电子工业出版社
　　　　　北京市海淀区万寿路173信箱　邮编100036
开　　本：787×1 092　1/16　印张：20　字数：424千字
版　　次：2015年11月第1版
印　　次：2019年1月第2次印刷
定　　价：42.00元

凡所购买电子工业出版社图书有缺损问题，请向购买书店调换。若书店售缺，请与本社发行部联系，联系及邮购电话：（010）88254888。

质量投诉请发邮件至zlts@phei.com.cn，盗版侵权举报请发邮件至dbqq@phei.com.cn。

服务热线：（010）88258888。

前　言

商务活动涉及资金、各种商业机密和个人隐私等重要信息，因此电子商务安全技术是支持电子商务发展的重要技术保障。

电子商务是以 Internet 为基础的商务活动，其技术基础是信息技术和通信技术。因此，本书以信息安全、系统安全、网络安全、交易安全、数据安全等技术为主线组织教学内容。第 1 章电子商务安全概述分析了电子商务的安全需求，第 2～5 章介绍了信息安全技术，第 6、7 章介绍了系统安全技术，第 8 章介绍了互联网安全技术，第 9、11 章介绍了交易安全技术，第 10 章介绍了数据安全和数据高可用技术。

此外，除了上述基础的电子商务安全技术以外，针对电子商务和信息技术的发展，本书还增加了不少新的内容，具体为第 12 章：移动电子商务安全技术，第 13 章：电子商务云安全，第 14 章：大数据与电子商务。本书最后一章（第 15 章）列举并分析了著名电子商务公司的电子商务安全解决方案。

本书的目的就是系统、全面地阐述电子商务安全技术。在编写过程中，作者精心组织教材内容，既重视基础知识、基本方法的传授，又紧跟电子商务安全技术的最新发展。本书便于教师根据学生的学科专业背景组织教学内容，使学生既打下坚实的技术基础，又能掌握最新的思维方法和取得技术上的进步。

本教材在编写过程中力求文字简洁、通俗易懂，图示原理清楚明了，既方便阅读又便于自学者学习。本教材既可作为高等学校计算机科学与技术、软件工程、信息安全、电子商务等专业本科生和研究生的教材，也可以作为相关专业科技人员的参考用书。

参加本教材编写的有西北工业大学计算机学院的王丽芳、蒋泽军、褚伟波、刘志强、于会、吴健、邓磊，以及西北工业大学理学院的林伟。全书由王丽芳担任主编，负责全书的内容组织和编写工作。

衷心感谢本书的审稿专家西北工业大学计算机学院朱怡安教授和西安电子科技大学计算机学院姜建国教授审阅了全书，并提出了许多宝贵的建议。在教材写作过程中，西北工业大学计算机学院的硕士研究生霍振宇、王宽、李云轩、宋泽辉、李城、雍娜、高翔、郭毅、蒋长鸿、郭朋、王晨晖、王龙、姚云龙、李婷、周婷婷等给予了很大的帮助，感谢你们所做的工作！此外，在教材编写过程中，参阅了大量的学术文献、著名 IT 公司的解决方案，在此也向参考文献的作者表示最诚挚的感谢！在本书出版之际，感谢国内外从事电子商务安全技术研究的同行！感谢电子工业出版社！

电子商务安全技术涵盖的内容广泛，各种技术、方法和解决方案在实践中不断地推陈出新。由于作者水平有限，书中不足之处，希望读者谅解，并恳请读者批评指正，以便进一步完善和提高。

编　者

2015 年 3 月

目　录

第 1 章 电子商务安全概述

内容提要

电子商务采用先进的“电子”技术高效、便捷、廉价地开展各种业务活动，从而实现了企业利润的最大化。电子商务有着丰富的内涵，它不仅仅是网站或者单纯买、卖商品。事实上，企业业务流程是电子商务最重要的部分。随着电子商务应用的普及，安全问题已成为其发展的瓶颈。

本章论述了电子商务的产生和发展，阐述了电子商务的概念和类型，介绍了电子商务环境和基础设施；分析了电子商务所面临的安全威胁，给出了电子商务的要素，构建了电子商务安全体系；概述了电子商务安全的主要技术，这些技术解决了电子交易中常见的问题。

1.1　电子商务

1.1.1　电子商务的产生和发展

1. 电子商务的产生

从古至今，商务活动一直伴随着人类社会的发展，它是社会活动的重要组成部分。“商务”是指商业和与其相关的事务，是以商品交换为核心的经济事务的总和。人类社会随着商品生产、流通、交换与消费的发展，供求关系不断地发生变化，商务活动的主动权从生产者转移到流通环节，最终由消费者所决定。商务活动使得人类社会产品极大丰富，不仅满足了人们生活的要求，而且繁荣了社会经济，推动了社会进步。

传统商务活动的工具往往是低效率和昂贵的，商务活动者必然会及时地利用新技术和新工具，从而使商务活动更方便、更快捷、更灵活并使成本更低。

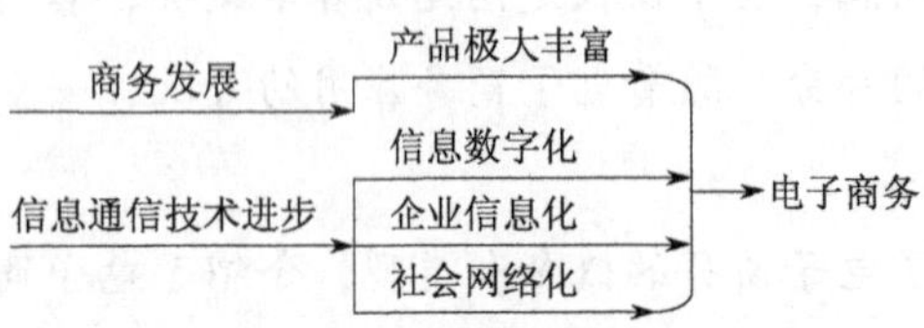

图 1-1　电子商务的产生和发展

“电子”是指以计算机信息处理和互联网通信技术为主的信息和通信技术（Information and Communication Technology，ICT）。“商务”的发展和信息通信技术的进步推动了电子商务的产生和发展，如图 1-1 所示。

信息和通信技术的发展，产生了更快捷的信息通信工具，如电话、电报、传真、计算机和 Internet 等。据统计，信息通信工具从没有发展到 5 000 万部，电话用了 38 年时间，电视用了 13 年时间，而 Internet 仅用了 4 年时间（从 1993 年到 1997 年）。通信方式的变革对商务的发展产生了巨大的影响。

（1）早期电子商务。通常把从电报的商务应用开始到计算机出现前的电子商务称为早期电子商务。早期电子商务有 7 种主要工具，分别是电报、电话、传真、广播、电视、电子支付卡和电子信用卡系统等。由电报、电话、传真、ATM、信用卡和电视带来的商业交易在历史的发展过程中日益受到重视，而且这些媒介在经济方面的重要性日益增长。由于不同的电子商务工具都有其优 / 缺点，所以人们互为补充地使用这些电子工具进行商务贸易活动。这些通信工具对电子商务的发展产生了巨大的影响和推动作用。

（2）近代电子商务（1946 年开始）。1946 年人类发明了电子计算机，计算机首先是在军事、科技、教育等领域中被使用。从 20 世纪 50 年代起，计算机在商务领域里获得了广泛应用，计算机的 COBOL 语言等作为商用语言发挥了非常重要的作用，电子数据处理在计算机的应用中占据了主导地位。60 年代人们就开始用计算机处理电报报文、发送商务文件。70 年代人们开始采用电子数据交换作为企业间电子商务的应用技术，对国际间、国家内的贸易单证进行标准化处理，从而大幅度地提高了贸易效率，降低了贸易费用，减少了纸张等物质的消耗。

电子数据交换（Electronic Data Interchange，EDI）在 20 世纪 60 年代末期产生于美国。当时的贸易商们在使用计算机处理各类商务文件时发现，由人工输入到一台计算机中的数据 70%是来源于另一台计算机输出的文件，由于过多的人为因素，影响了数据的准确性和工作效率的提高。于是人们开始尝试在贸易伙伴之间的计算机上使数据能够自动交换，EDI 应运而生。EDI 是将业务文件按一个公认的标准从一台计算机传输到另一台计算机的电子传输方法。由于 EDI 大大减少了纸张票据，因此，人们也形象地称其为“无纸贸易”或“无纸交易”。

（3）当代电子商务（20 世纪 90 年代以来）。随着 Internet 被广泛应用于商业贸易的活动，电子商务开始获得飞速发展，并迅速成为 90 年代初期美国、加拿大等发达国家的一种崭新的企业经营方式。90 年代中期以后，Internet 迅速走向普及化，逐步从大学、科研机构走向企业和百姓家庭，其功能也已从早期的共享发展成为信息交换。

2．电子商务蓬勃发展

自从 1946 年第一台电子数字计算机 ENIAC（Electronic Numerical Integrator and Calculator）问世以来，计算机科学与技术发展迅猛，使得信息处理的水平越来越高，速度越来越快。1969 年 ARPANET（Advanced Research Project Agency NETwork）问世，它是真正可行的组织间的互连网络，是 Internet 的雏形。开放的 Internet 是一个覆盖全球的网络，以信息共享为目的，它加速了信息获取的速度和信息传播的速度。1992 年万维网（World Wide Web，WWW）技术成熟，WWW 的两项重要创新——超文本和图形用户界面，使 Internet 图形化、更易于使用、支持信息发布和传播。WWW 技术简化了 Internet 的使用，使得人们不需要专业技术就可以方便地使用 Internet。

计算机、Internet 和 WWW 等信息技术的成熟和广泛应用，使得信息数字化、企业信息化 、社会网络化。信息和通信技术产生的巨大推动力比以往的任何新技术和新工具都更大地作用于社会经济活动，更深刻、更大范围、更迅速地改变了企业经营活动的方式、方法和理念，使企业的供应链发生了革命性的改变。信息成为企业最重要的知识资产，信息技术成为企业最先进的生产力。

今天，以信息技术为手段的电子商务，作为一种新的经济形式已经成为不争的事实。它已经成为主要发达国家增强经济竞争实力，赢得全球资源配置优势的有效手段。各国政府和组织都在积极推进电子商务，以促进经济的繁荣和发展。国内外采用电子商务的企业逐年增加，电子商务的交易额每年都有较大的增长。2011—2013 年世界各国 B2C 电子商务销售额的变化情况如图 1-2 所示。2012 年，全球 B2C 电子商务销售额突破 1 万亿美元，其中北美地区占 33.5%。此外，2013 年全球网购人数或超过 10 亿人，较之 2012 年的 9.036 亿人有所提高。

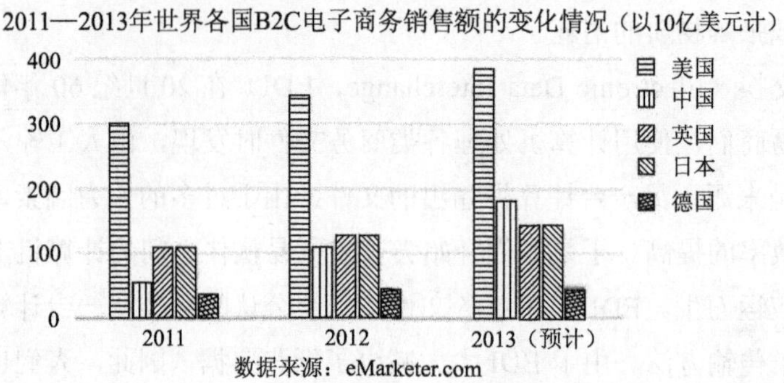

图 1-2　2011—2013 年世界各国 B2C 电子商务销售额的变化情况

1.1.2　电子商务的概念

“电子商务”源于英文 Electronic Commerce，简写为 EC。电子商务中“电子”是定语，“商务”是中心词。“电子”修饰“商务”，表明做商务的手段是用“电子”的方式。电子商务的实质是“商务”，即商贸活动。因此，可以理解电子商务是采用先进的“电子”技术高效、便捷、廉价地开展各种商贸活动，从而实现利润的最大化。

与电子商务紧密相关的一个术语是“电子业务”，其英文为 Electronic Business，简写为 EB。电子业务（EB）是在电子商务（EC）的基础上还包括政府机构、企事业单位各种内部业务流程的电子化，以及合作伙伴之间业务流程的电子化。

各国学者、专家、政府和企业界给出的电子商务的概念不尽相同，既有相似之处又有区别。我们从电子商务实现技术的角度出发，给出电子商务的定义。

电子商务是以 Internet 为基础的商务活动，如图 1-3 所示。客户机、通信网络、WWW 服务器和各种服务器等构成了电子商务活动的基本元素。电子商务是端到端的商务活动。每一个商务活动都是由客户机、通信网络和服务器组成的电子商务链实现的。

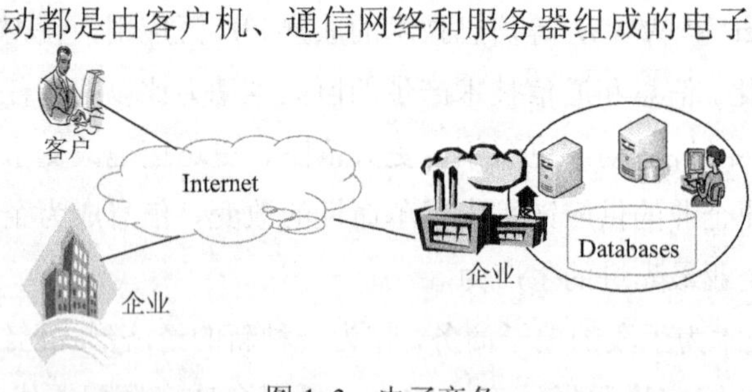

图 1-3　电子商务

电子商务活动的基本元素如表 1-1 所示。简言之，电子商务是买方（客户机）和卖方（服务器）通过 Internet 进行信息交换的过程。客户机、服务器和通信网络构成的电子商务链是电子商务得以实施的物理基础。运行在这些物理实体中的各种应用系统，完成了电子商务链中的信息处理和信息交换。由于商务活动的各个环节和信息交互都通过 Internet 完成，因而买、卖双方不需要面对面就能够进行商务活动。

表 1-1　电子商务活动的基本元素

元　素	说　明
客户机	买方
通信网络	买方和卖方之间的电子连接，传输贸易信息
服务器	卖方（应用服务器、数据库服务器）
信息	各种商业信息，包括产品信息、订单信息、支付信息、物流信息……
人	客户、用户、员工
商务交易	交易过程

1.1.3　电子商务的主要类型

电子商务（EC）可以形象地表示为 EC=Web+ICT+Business，即在万维网（Web）平台上，利用信息和通信技术（ICT），变革并电子化企业核心业务流程（Business）。电子商务包含了交易活动和业务流程。全民都是交易活动的主体，包括：企业、政府和个人。

按照参与交易的主体划分，电子商务可分为 5 种类型：

（1）企业之间（B2B）；

（2）企业与个人之间（B2C）；

（3）企业与政府之间（B2G）；

（4）个人与个人之间（C2C）；

（5）个人与政府之间（C2G）。

从实现技术上，B2G 可以归类到 B2B，C2C 和 C2G 可以归类到 B2C。因此，在技术实现上主要有 B2B 和 B2C 两种类型电子商务。在交易额和交易量方面，B2B 远远大于 B2C。

业务流程包括生产、采购、销售、人力资源和财务管理等，是企业交易活动的支撑，是主要的电子商务种类，业务流程大于 B2B 和 B2C 二者的总和。电子商务的主要类型如图 1-4 所示。

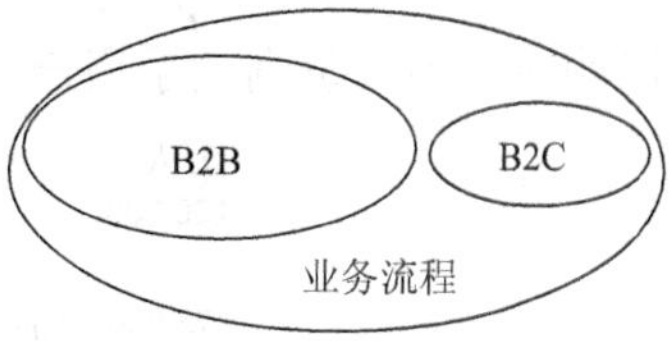

图 1-4　电子商务的主要类型

1.2　电子商务环境

电子商务作为一种新的经济形式，经历了膨胀、扭曲到价值回归的过程。电子商务已经成为社会经济活动的重要组成部分，企业的经营者和政府部门都已经认识到，电子商务发展的潮流不可阻挡，不进行电子商务将会被历史淘汰。

1.2.1　电子商务环境

电子商务系统不是一个孤立的系统，它是一个社会化的系统工程，需要社会中各个领域广泛地配合与合作，电子商务环境如图 1-5 所示。

图 1-5　电子商务环境

1. 社会环境

社会环境包括各种法律、政策、信用等，人的因素有电子商务人才和网民。电子商务的发展需要法律、政策的指导和规范。例如，美国政府制定的“全球电子商务的政策架构”对相关的法律、政策等进行了说明。

电子商务成为一种新的经济形式是不可避免的。一切的发展都是人的发展，一切的改变都是人的改变，电子商务尤其如此。因此，加快培养大量掌握现代信息技术、现代商贸理论与商贸活动相结合的复合型电子商务人才，是促进电子商务发展的关键。电子商务是与网民生活密切相关的重要网络应用。CNNIC 发布的第 34 次《中国互联网络发展状况统计报告》显示，截至 2014 年 6 月，中国网民规模达 6.32 亿人，较 2013 年年底增加 1 442 万人，互联网普及率为 46.9%，如图 1-6 所示。互联网发展重心从“广泛”向“深入”转换，各项网络应用深刻改变网民生活。移动金融、移动医疗等新兴领域的移动应用多方位满足了用户上网需求，推动网民生活迈向全面“网络化”。

来源：CNNIC 中国互联网络发展状况统计调查　　2014 年 6 月

图 1-6　中国网民规模和互联网普及率

2. IT 基础设施

IT 基础设施的核心是网络基础设施、计算机硬件和计算机软件。电子商务建立在公共数据通信网络基础上，尤其是以廉价的、广泛连接的 Internet 为基础。网络基础设施包括网络硬件设备和各种网络通信协议等。计算机硬件主要是计算机主机、服务器和外围设备，它们构成了电子商务应用系统的硬件平台。计算机软件是指操作系统、数据库平台、程序设计语言、中间件技术和 Web 服务技术等，它们是实现电子商务应用的软件平台和工具。

3. 电子商务服务

为保证电子商务的正常开展，电子商务服务应该提供公共的商务服务功能，如支付、目录服务、认证、负载均衡等，以支持电子商务活动。

4. 电子商务应用

电子商务应用是企业开展的各种商务活动，是电子商务系统的主要组成部分，是通过应用程序实现的。常见的电子商务应用包括网上银行、网上商城、电子拍卖等。

1.2.2　电子商务基础设施

IT 基础设施和电子商务服务构成了电子商务基础设施。类比人类社会的基础设施，我们可以更深刻地理解电子商务基础设施的重要性。

所谓基础设施是指为社会生产和居民生活提供公共服务的物质工程设施，是用于保证国家或地区社会经济活动正常进行的公共服务系统，是社会赖以生存发展的一般物质条件，是国民经济各项事业发展的基础，包括基础建设和社会性基础设施。基础建设包括公路、铁路、机场、通信、水/电/煤/气等公共设施；社会性基础设施包括教育、科技、医疗卫生、体育、文化等社会事业。在现代社会中，经济越发展，对基础设施的要求越高。完善的基础设施对加速社会经济活动，促进其空间分布形态演变起着巨大的推动作用。建立完善的基础设施往往需要较长时间和巨额投资。

电子商务基础设施是企业用于向电子商务转型的完整 IT 基础设施和完善的电子商务服务。它为企业提供了信息集成、应用整合、流程再造、业务创新的基础和能力。建设成熟、可管理的电子商务基础设施，使企业的每一项核心业务如 SCM、ERP、CRM、商业智能、电子交易等，都可以借助电子商务基础设施的支持获得最佳效果。

电子商务基础设施最主要的性能指标有：安全性、可扩展性和灵活性。

安全性。一个良好的电子商务基础设施应该能够保证业务流程运作的安全性和连续性，以及电子商务服务对最终用户的可用性。

可扩展性。企业一旦连接到网络上，将面临迅速增长的海量数据，以及极有可能因此导致的不可预知的客户需求和用户工作量的激增。

灵活性。统计表明平均每个企业在一年中对系统应用的更改超过 3 000 次，许多企业内部存在着不同厂商提供的服务器、操作系统、数据库和各类应用软件。同时，企业还需要解决与客户、商业合作伙伴和供货商的系统之间进行沟通和整合的问题，从而促进电子商务模式的迅速扩展。

电子商务基础设施贯穿于企业运营的每一环节。规划和建设电子商务基础设施不仅仅只是技术问题，应当同时考虑到业务流程、管理方式、与合作伙伴的协作关系等，需要谨慎的远见、充足的时间、强大的资金实力和良好的资源为保证。

以下4点可作为实施电子商务基础设施时的参考。

（1）领域专家和专业技术专家强强合作，进行专业规划，从而避免浪费时间，影响企业正常运作。

（2）规划电子商务基础设施建设蓝图和里程碑。以制约企业发展的关键点为突破口，分阶段实施，带动并推进电子商务基础设施的建设。

（3）采用行业和国际开放标准，使电子商务基础设施具有良好的可扩展性，以应对无限发展的未来。

（4）采用成熟的、先进的技术，不仅降低风险，而且在可以预见的未来保持先进，支持企业业务流程再造和业务模式创新，使企业具有可持续发展能力。

1.3 电子商务安全

任何事物都具有两面性，互联网也不例外。一方面，互联网推动人类社会进入网络经济时代，使电子商务成为一种新的经济形式，繁荣了社会经济；另一方面，由于互联网的开放性、共享性和无序性，使得电子商务面临着多种风险和威胁。

1.3.1 电子商务的风险和威胁

电子商务潜在的风险和威胁有多种形式，众所周知的威胁包括：自然灾害，人为的物理破坏，硬件缺陷和故障，软件错误、漏洞，病毒、蠕虫，盗窃，等等。

电子商务是买方（客户机）和卖方（服务器）通过互联网进行信息交换的过程。在客户机—互联网—服务器构成的电子商务链中，每个环节都存在着风险和威胁。

1. 客户机的安全威胁

客户机必须加以保护，使之不受载入的软件和数据的安全威胁。客户机连接到网络上，在浏览网页、网上冲浪时，都会受到病毒或客户端应用程序的安全威胁。例如，Cookie、Java Applet、JavaScript、Active X 控件、插件等都是在客户机上运行的程序或脚本，如不进行妥善控制，都会威胁客户机的安全。

利用PKI技术，安全套接层（SSL）协议允许在浏览器和服务器之间进行加密通信，从而透明地解决 Web 的安全问题。

2．互联网的安全威胁

无数个网络互连在一起，构成了互联网，所以互联网是网络的网络。其目的是资源共享，因而互联网的设计并未考虑安全性。在互联网不断发展演变的过程中，安全问题日益突出。尽管问世了多种安全机制和技术，但是所有这些都只是补救措施，没有从根本上改变互联网的安全性。今天，互联网的安全性与最初相比没有太大的改变。

巨大的互联网不属于任何组织或部门，无人能控制信息在互联网上的传输。在互联网上输出信息都会受到机密性、完整性和即时性的威胁，具体表现如下：

（1）窃取信息。如果没有对数据加密或加密强度不够，攻击者就能通过搭线窃听，在电磁波辐射范围内安装接收装置，在数据包通过的网关或路由器上等截获数据；通过分析找出信息的规律和格式，推出有用信息，如消费者的银行账号、密码及企业的商业机密等。

（2）篡改信息。当攻击者熟悉了网络信息格式以后，通过各种技术方法和手段对网络传输的信息进行中途修改，并发往目的地，从而破坏信息的完整性。破坏方式通常有3种：

- 修改——改变信息流的次序，更改信息的内容，如修改购买商品的送货地址；
- 删除——删除某个信息或信息的某些部分；
- 插入——在信息中插入一些信息，让接收方收到错误的信息。

（3）假冒信息。当攻击者掌握了网络信息数据规律或解密了商务信息以后，可以假冒合法用户或发送假冒信息欺骗其他用户。

（4）拒绝服务。软/硬件缺陷和漏洞，如缓冲区溢出、操作系统的安全漏洞、网络协议的缺陷等，为攻击者提供了入侵系统的手段。他们通过病毒、蠕虫、僵尸网络等攻击系统，使合法接入的信息、业务等受阻。

3．服务器的安全威胁

WWW 服务器通常位于非军事区（DMZ）中，最容易成为攻击目标。常见的服务器攻击如下：

（1）拒绝服务攻击。拒绝服务（DoS）是一种最常见的服务器攻击。DoS 攻击通过一个系统攻击另一个系统，其目的是消耗被攻击服务器的资源，如带宽、处理器时间等，从而使被攻击的服务器无法响应合法的客户请求。

（2）分布式拒绝服务攻击。分布式拒绝服务（DDoS）攻击的目的和 DoS 一样，但它的规模更大，也更加复杂。在 DDoS 攻击中，攻击者不是通过一个系统攻击另一个系统，而是使用多个系统攻击另一个系统，有时发出攻击的系统甚至多达几十万个。DDoS 攻击是致命的，因为它能迅速使服务器瘫痪。

常用的 DDoS 攻击技术有：FTP 跳转攻击、端口扫描攻击、Ping 洪水攻击、SYN

洪水攻击、P 分片攻击、SNMP 攻击等。

（3）更改 Web 页面。在 Internet 上经常可以看到 Web 页面被更改。攻击者利用 Web 服务器的不良配置修改 Web 页面，从而更改 Web 页面。这种攻击的原因有很多，如为了捉弄别人，显示自己的“本事”等。

4．数据库安全

数据库中存储了大量的商业信息，一旦信息被篡改或泄露会带来严重损失。

数据库的安全是通过权限控制实现的。如果没有以安全的方式存储用户名和口令，或者数据库的安全仅仅依靠 WWW 服务器的安全措施，那么攻击者一旦得到某用户的认证信息，就能够伪装成合法用户访问并下载机密信息。隐藏在数据库中的木马程序通过改变或降低数据访问的权限，泄露信息。结构化查询语言（SQL）注入是专门攻击数据库的。在这种攻击中，攻击者利用数据库或 Web 页面的设计缺陷从数据库提取信息，甚至修改、删除数据库中的信息。

5．交易安全

交易抵赖包括多个方面。例如，发信者事后否认曾经发送过某条信息或内容；收信者事后否认曾经收到过某条信息或内容；购买者做了订货单不承认；商家卖出的商品因价格差而不承认原有的交易。

1.3.2　电子商务的安全要素

一个安全的电子商务系统，首先要有一个安全、可靠的通信网络，以保证各种信息安全、迅速地传递；其次，要保证各种服务器安全，如 WWW 服务器、应用服务器和数据库服务器，防止非授权者入侵破坏、盗取信息；最后，还要保证商务交易安全，使交易的参与者为自己的行为负责，从而建立良好的电子商务秩序。

为了达到这样的目标，一个电子商务系统应该实现的安全要素如表 1-2 所示。

表 1-2　电子商务系统的安全要素

要　素	含　义
可用性	需要的时候，资源是可用的
机密性	谁有权利查看特定的信息
完整性	允许谁修改数据，不允许谁修改数据
即时性	在规定的时间完成服务
不可抵赖性	为信息的收、发者提供无法否认的端到端的证据
身份认证	解决是谁的问题
访问控制	访问者能做什么操作，不能做什么操作

1. 可用性

电子商务系统中的资源主要有硬件、软件、数据和人员，如表 1-3 所示。资源的可用性是指需要使用这些资源的时候，这些资源应可供使用。

表 1-3　电子商务系统中的资源

类　型	说　明
硬件	计算机、服务器、工作站、交换机、路由器、网桥、防火墙、入侵检测设备、VPN 设备等
软件	操作系统、应用程序、病毒防护软件、分析测试软件、工具软件、源代码等
数据	数据库、软/硬件运行中的中间数据、系统状态、审计日志、备份资料等
人员	员工、客户、用户、合作伙伴

为确保资源的可用性，必须清楚资源不可用的原因。可控资源不可用的原因是能够分析清楚的，如 IT 基础设施需要维护，在软件升级、预防性检测和软件安装过程中资源是不可用的。因此，工作人员可以控制这些运行中断事件，并且最大限度地减小对运营的影响。最重要的是能够了解不可控资源不可用的原因。因为，当不可控资源不可用的时候，就产生了不可控的运行中断事件。这些运行中断事件通常由硬件故障、软件缺陷及病毒和拒绝服务（DoS）攻击等恶意行为引起。

2. 机密性

信息的机密性是指信息不被泄露给非授权的用户、实体或过程，或供其利用的特性。机密性是在可用性的基础上，保障信息安全的重要手段。信息机密性的级别不同，如政府机密、商业机密等信息机密性较高。而随意共享的信息，如新闻稿、网站内容等不具有机密性。电子商务以开放的互联网为基础，在开展商务活动时，用户和企业的诸多信息跨越一系列网络、数据库、协作和集成应用系统。因此，要预防非法的信息存/取和信息在传输过程中被非法窃取。机密性一般通过密码技术实现，将数据加密成密文，然后进行传输。这样数据即使被窃取，也无法被识别。

3. 完整性

信息的完整性是指信息未经授权不能进行改变的特性，即信息在存储或传输过程中保持不被偶然或蓄意地删除、修改、伪造、乱序、重放、插入等破坏和丢失的特性。

电子商务简化了贸易过程，减少了人为干预。但是由于上述诸多原因可能导致贸易各方信息的差异。这将影响到贸易各方的决策。因此，贸易信息的完整性是电子商务应用的基础。完整性一般通过消息摘要、数字签名等技术实现。

4. 即时性

即时性也称即需性，指信息可被授权实体访问并在规定时间完成服务的特性。即时性是防止延迟或拒绝服务。对即时性的安全威胁也称为延迟服务或拒绝服务（DoS）攻击，其目的就是破坏正常的计算机处理或完全拒绝服务。在电子商务中，降低互联网服务的速度，会把客户推给竞争者。即时性通常采用主动防御技术和安全管理实现。

5. 不可抵赖性

不可抵赖性也称为不可否认性，指在信息交互过程中，确信参与者的真实同一性，即所有参与者都不可能否认或抵赖曾经完成的操作和承诺。抵赖行为有多种，例如：

（1）发信者事后否认曾经发送过某条信息或内容；

（2）收信者事后否认曾经收到过某条信息或内容；

（3）购买者下了订货单事后却不承认；

（4）商家卖出商品后却不承认原有的交易等。

在传统商务中，贸易双方在交易合同、契约或单据等书面文件上，手写签名或加盖印章，来确定这些商务文件的可靠性并预防抵赖行为的发生。这就是人们常说的“白纸黑字”。

在电子商务方式下，手写签名和加盖印章已是不可能的。因此，要在电子商务活动中，为每一个参与者建立唯一的标志——数字身份，并将其绑定到对应的操作和信息中。这就使得用户必须对他们的行为负责，也为法律提供了一种可信的证据。利用数字签名与数字时间戳实现不可抵赖性。

6. 身份认证

在浩瀚的互联网中，知道与谁做贸易，是开展电子商务的第一步。通过身份认证，使得交易双方能够在相互不见面的情况下确认对方的身份。

身份认证是证实一个声明的身份，如用户、机器或进程等，是否真实的过程。身份认证包含 2 个要素：识别和认证。识别是向系统声明身份的过程，一般通过用户名、账号或其他独一无二的代码来完成该过程。认证比识别更进一步，认证提供一种方法进而验证其声明的正确性，一般都通过认证中心（CA）和数字证书实现。

7. 访问控制

访问控制是对信息资源的访问范围及方式进行限制的策略。简单地说，就是防止合法用户的非法操作。访问控制建立在身份认证基础之上，对合法用户进行授权。

身份认证解决了访问者是否合法的问题，但并非身份合法就什么都可以做，还要根据不同的访问者，分别规定他们可以访问哪些资源，以何种方式访问这些资源。对资源的访问方式称为权限，如读、写、修改、删除等。设定用户的权限称为授权。

访问控制是基于权限管理的一种非常重要的安全策略。在用户身份认证和授权之后，访问控制机制将根据预先设定的规则对用户访问某项资源进行控制，只有规则允许时才能访问，否则被拒绝。资源可以是信息资源、处理资源、通信资源或物理资源。

1.3.3　电子商务安全体系

没有绝对的安全，安全实际上是一种平衡。尽管攻击者实施攻击的手段和方法越来越多，但是总是有限的。因此安全设计的思路是：让攻击者为破坏系统所付出的代价，远远大于破坏之后所能得到的。

电子商务系统是建立在计算机网络之上的应用系统，因而如同计算机网络一样，电子商务系统是一个多层应用系统，每一层都应该有其自身的安全，并且与其他层协调一致。如果电子商务环境的每一个环节都是安全的，那么电子商务安全就会成为可能。电子商务安全体系结构如图 1-7 所示。

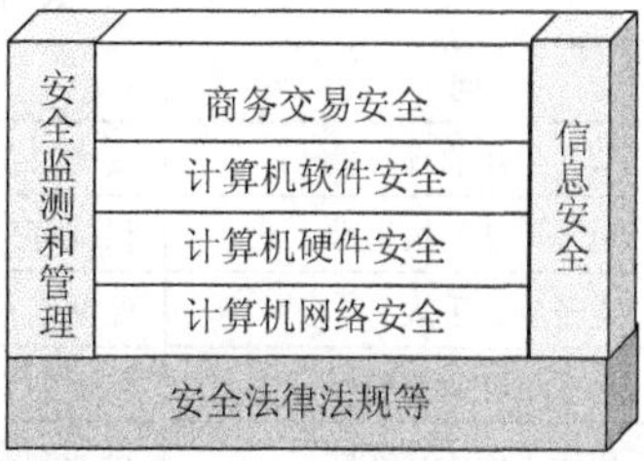

图 1-7　电子商务安全体系结构

电子商务安全是一项复杂的系统工程，是技术和管理的有机结合，仅仅依靠安全产品的堆积来应对迅速发展变化的各种攻击是不能持续有效的。电子商务作为一种新的经济形式，其发展需要一系列相关的法律法规、规范和约束。

在电子商务活动中，人是主体。因此，人是电子商务安全中最关键的因素，同时更应该清醒地认识到人也是其中最薄弱的环节。所以，电子商务安全监测和管理十分必要，俗话说三分靠技术，七分靠管理，也正是这个道理。

电子商务安全的技术保障来自于计算机网络安全、计算机软 / 硬件安全、信息安全和商务交易安全。计算机网络安全包括：计算机主机安全、网络设备安全、传输信道安全、身份认证与访问控制。信息安全主要包括：信息的机密性、完整性、即时性和可追溯性。

为实现电子交易安全，必须建立一条“信任供应链”。供应链上的每一个环节，用户、企业、合作伙伴，都想要保护各自的商业机密，保护各自的数据不被未授权用户破坏和误用，这就需要安全的电子交易协议。

在复杂、多层面的电子商务生态系统中，仅仅靠技术无法实现真正的安全。随着应用系统越来越复杂，必然会有这样或那样的不足或漏洞。病毒和黑客的轮番攻击，让人们心有余悸。因此，主动的安全监测和管理是成功开展电子商务的重要环节。

1.4　电子交易常见问题及解决方法

电子交易中常见的问题及解决技术如表 1-4 所示。这些常见问题直接关系着电子商务交易的安全性，通过上一节介绍的安全技术，可以很好地解决这些问题。

（1）贸易伙伴的真实性。贸易伙伴的真实身份与其声明的身份是一致的。常用的处理技术是身份认证。方法有口令、令牌、智能卡、生物特征识别等。这些方法与 PKI 技术结合使用，可以实现强身份认证，获得更好的安全性。

（2）电子单证的机密性。在任何时间和地点，在传输和存储过程中，都能保证电子单证的内容不被非授权的第三方获取。常用的处理技术是数据加密 / 解密技术和密钥管理技术。电子单证的安全性依赖于使用的加密算法和密钥的长度。

表 1-4　电子交易中常见的问题及解决技术

问　题	含　义	解决技术
贸易伙伴的真实性	真实身份与其所声明的一致	身份认证
电子单证的机密性	保证存储和管理的信息不被篡改	数据加密、密钥管理
电子单证丢失	经网络传输的单证丢失	数字时间戳
电子单证的完整性	单证的内容未被篡改	消息摘要
电子单证的真实性	单证来源于期望的发送方	数字签名
交易的否认或抵赖	双方对单证产生争议	CA 认证、数字时间戳

（3）电子单证丢失。业务单证穿越浩瀚的 Internet 传输时应不会丢失，或者一旦丢失发送方可以发现。对于固定且具有频繁贸易往来的伙伴，可以采用单证传输的序列号检验，即为单证分配序列号，或者增加时间戳。也可采用双方约定的方法，即在规定的时间内，通过某种方式进行确认，包括采用特定的确认报文（如订单确认报文）、电子邮件或电话等。

（4）电子单证的完整性。保证电子单证的内容未被篡改。单证的完整性主要采用散列技术实现。对传输的单证通过散列算法进行处理，产生一个依赖于该单证的散列值（通常在 100～200 b），将该散列值附加在单证之后传输给接收方。接收方采用相同的散列算法对接收的单证进行检验。散列算法保证对于不同的单证产生相同的散列值的概率极小。常用的散列算法有 MD4、MD5、SHA-1 等。

（5）电子单证的真实性。即单证真的来源于期望的发送方。鉴别单证真实性的主要技术是数字签名。数字签名的基础是数据加密中的公开密钥加密技术，使用中常结合单证完整性一起处理。利用发送方的私钥对散列值进行加密就生成了数字签名。目前可用的数字签名算法很多，如 RSA 数字签名、ElGamal 数字签名等。

（6）解决或者仲裁收 / 发双方对交换的单证所产生的争议，包括发送方或接收方可能的否认或抵赖。这时需要认证中心参与，由 CA 发放密钥，传输的单证及其签名的备份发至 CA 保存，而且还需要数字时间戳机制。这样就为法律裁决保留了可信的电子证据。

本章小结

计算机技术、网络通信技术、WWW 技术等先进的 IT 技术推动了电子商务的产生和发展。电子商务是端到端的商务活动，每一个商务活动都是由客户机、通信网络和服务器组成的电子商务链实现的。

电子商务系统不是一个孤立的系统，它是一个社会化的系统工程，电子商务环境由社会环境、IT 基础设施、电子商务服务和电子商务应用等构成。其中 IT 基础设施、电子商务服务构成了重要的电子商务基础设施。

互联网的开放性、共享性和无序性，使得电子商务面临着多种风险和威胁。在客户机-互联网-服务器构成的电子商务链中，每个环节都存在着风险和威胁。一个电子商务系统应该具有 7 个安全要素，分别是可用性、机密性、完整性、即时性、不可否认性、身份认证和访问控制。电子商务系统是一个多层应用系统，每一层都应该有其自身的安全，并且与其他层协调一致。

思考题

1. 请论述科学技术与商务活动之间的关系。
2. 谈谈你对电子商务的理解。
3. 电子商务的主要类型有哪些?
4. 电子商务基础设施包括哪些内容?
5. 电子商务的安全要素有哪些? 作用是什么?
6. 电子商务的安全需求有哪些? 这些安全需求一般采用什么技术或方法满足?
7. 电子商务系统中有哪些漏洞? 它们带来的后果是什么?
8. 为什么说人是电子商务安全中最薄弱的环节?

第 2 章

信息加密技术

内容提要

采用密码技术对信息加密是最常用的保证信息安全的手段。本章目的是学习和掌握密码学的基础知识。内容包括：密码学的基本概念、对称密码技术、非对称密码技术和使用密码通信。首先介绍有关密码学的基本概念，然后分别对两类密码技术，即对称密码技术和非对称密码技术进行详细的讨论。通过本章的学习，读者应该掌握目前流行的几种加密算法的原理及加密体制，如 DES 加密标准、RSA 密码体制和数字签名等。了解当前密码学领域中最新的几种加密算法及体制，如 AES 加密标准、椭圆曲线密码体制等。

2.1 信息加密基本思想

通常，人们将信息保存在存储设备中，如磁盘、磁带、移动硬盘或U盘等，需要的时候通过网络进行传输。一旦存储设备丢失，其中存储的信息就会被读出，机密信息或个人隐私信息就会泄露。即使存储设备没有丢失，连接在网络上的计算机也存在丢失信息的风险，如木马等会盗窃信息，通过网络将信息传输出去。当信息通过网络传输时，也会存在各种风险，如搭线窃听、信息篡改等。

因此，需要对信息进行加密处理，明文信息经过加密处理以后，变成毫无意义的密文信息。这样，即使上述各情况发生，也不会泄露信息，因为密文毫无意义。信息加密基本原理如图 2-1 所示。

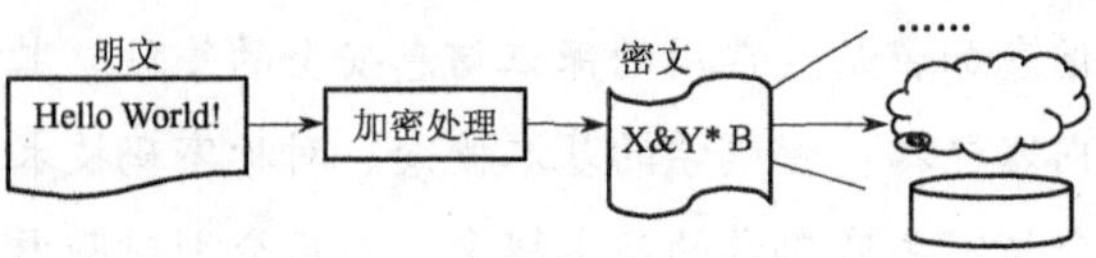

图 2-1 信息加密基本原理

2.1.1 密码系统的基本概念

明文：原始数据就是明文，明文具有明确的含义。

密文：明文被变换成看似无意义的随机信息。

加密：明文变换为密文的过程。

解密：加密的逆过程，即由密文恢复出原明文的过程。

加密算法：对明文进行加密时所采用的一组规则。

解密算法：接收者对密文进行解密时所采用的一组规则。

加密和解密算法的操作通常都是在一组密钥控制下进行的，分别称为加密密钥和解密密钥。传统密码体制所用的加密密钥和解密密钥相同，或实质上等同，即从一个易于得出另一个，被称为单钥或对称密码体制。若加密密钥和解密密钥不相同，从一个难于推出另一个，则被称为双钥或非对称密码体制。

保密通信系统模型如图 2-2 所示。在信息传输和处理系统中，除了预定的接收者外，还有非授权者。他们通过各种办法（如搭线窃听、电磁窃听、声音窃听等）窃取机密信息，被称为截收者。截收者虽然不知道系统所用的密钥，但通过分析可能从截获的密文推断出原来的明文或密钥。这一过程称为密码分析，从事这一工作的人称为密码分析员。研究如何从密文推演出明文、密钥或解密算法的学问称为密码分析学。对一个保密通信系统采取截获密文进行分析的攻击称为被动攻击。主动攻击是非法入侵者、攻击者或黑客主动向系统窜扰，采用删除、增添、重放、伪造等篡改手段向系统注入假信息，达到利己害人的目的。

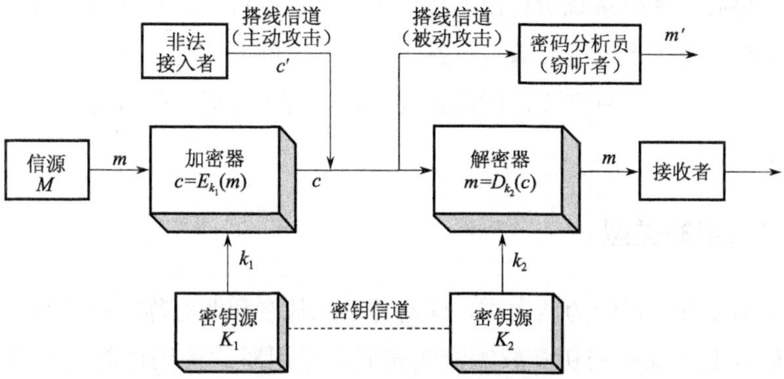

图 2-2　保密通信系统模型

2.1.2　密码系统的安全性

截收者总是企图通过各种办法从获得的密文中分析出部分或全部的机密信息。因此，一个密码系统必须经得起截收者的密码分析，这一指标称为密码系统的安全性。密码系统的安全性有两种：一种是无条件安全，另一种是计算安全。

截收者无论获取多少秘密文件，无论用什么方法，都不可能破译密文，这样的密码系统被称为无条件安全密码系统。一次性密码（One Time Pad，OTP）系统是典型的无条件安全密码系统。

一次一密密码系统中使用与信息长度等长的随机密钥，密钥只使用一次，即密钥使用一次后就丢失，不再使用。

具体而言：首先，选择一个随机位串作为密钥；其次，将明文转变成一个位串，如使用明文的 ASCII 表示法；最后，逐位计算这两个串的异或值得到密文。密文不可能被破解，因为即使有了足够数量的密文样本，每个字符的出现概率都是相等的，任意个字符组合出现的概率也是相等的。这种方法被称为“一次一密”。以逐比特加密的一次一密为例，它要求对明文信息的每个比特做一次加密，而且加密每个明文比特时，都要独立随机地选取一个密钥比特。无论明文的统计分布如何，一次一密都是无条件安全的，并且它使用的密钥量在所有无条件安全的密码体制中是最小的。因此，从这个意义上来说，一次一密是最优的。

一次一密的一个明显缺点就是它要求密钥与明文具有相同长度，这增加了密钥分配与管理的困难，这一缺陷极大地限制了它在实际中的应用。

目前，市面上商用密码系统大多数都是计算安全的。所谓计算安全是指以目前的科技发展水平，使用合理的计算设备，截收者破解密码系统需要数百年或更长的时间。计算安全密码系统设计的思想是：破译密码系统付出的代价大于信息本身的价值。对于截收者而言，如果破译密码系统所付出的代价大于信息的价值，那么破译就毫无意义。通常破译计算安全的密码系统需要数百年甚至更长的时间，可是信息的价值是具有时效性的。大部分信息只在当下有意义，因而需要保护。若干年后，时过境迁，信息就不具有保密的价值了。

2.1.3 密码系统的类型

密码体制从原理上可分为两大类，即对称密码体制和非对称密码体制。

对称密码体制的加密密钥和解密密钥相同。采用对称密码体制的系统的保密性主要取决于密钥的保密性，与算法的保密性无关，即由密文和加／解密算法不可能得到明文。换句话说，算法无须保密，需保密的仅是密钥。根据对称密码体制的这种特性，对称加／解密算法可通过低费用的芯片来实现。密钥可由发送方产生然后再经一个安全可靠的途径（如信使递送）送至接收方，或由第三方产生后安全可靠地分配给通信双方。如何产生满足保密要求的密钥，以及如何将密钥安全可靠地分配给通信双方是这类体制设计和实现的主要课题。密钥产生、分配、存储、销毁等问题，统称为密钥管理。这是影响系统安全的关键因素，即使密码算法再好，若密钥管理问题处理不好，就很难保证系统的安全保密。

1976 年，Diffie 和 Hellman 提出了非对称密码体制。采用非对称密码体制的每个用户都有一对选定的密钥：一个是可以公开的，可以像电话号码一样进行注册公布；另一个则是秘密的。因此非对称密码体制又称为公钥体制。非对称密码体制的主要特点是将加密和解密密钥分开，因而可以实现多个用户加密的信息只能由一个用户解读，或由一个用户加密的信息而使多个用户可以解读。前者可用于公共网络中实现保密通信，而后者可用于实现对用户的认证。

2.1.4 传统加密技术

数据加密是通过某种函数进行变换，把正常数据报文——明文转换为密文。下面介绍两个传统的基本变换方法。

1. 置换法

置换法是将明文中的每个字母都用其他字母代替。

一种最简单的加密技术。明文中的所有字母都在字母表上向后（或向前）按照一个固定数目进行偏移后被替换成密文。这个加密方法是以凯撒的名字命名的，当年凯撒曾用此方法与其将军们进行联系。例如，当偏移量是 3 的时候，所有的字母 A 将被替换成 D，B 变成 E，依此类推：

明文字母表：ABCDEFGHIJKLMNOPQRSTUVWXYZ

密文字母表：DEFGHIJKLMNOPQRSTUVWXYZABC

解密者则根据事先已知的偏移量反过来操作，得到原来的明文。但是和所有的利用字母表进行替换的加密技术一样，凯撒密码非常容易被破解，而且在实际应用中也无法保证通信安全。

2．代换法

代换法是将明文中字母的位置重新排列。最简单的换位就是逆序法，即将明文中的字母倒过来输出。例如：

明文：help me

密文：em pleh

在公钥密码学出现之前，大部分对称加密算法都是依靠巧妙地运用置换、换位这两种基本加密方法来实现的。

2.1.5　对密码系统的攻击

一般来说，攻击者对于加密算法，有以下 4 种典型的攻击方式。

（1）密文攻击。攻击者手里只有密文，对于明文的有关信息则一无所知，这是典型的攻击情况。如果密钥长度足够长，对于攻击者来说，很难破解密文。有些方法（如统计分析）可能会有帮助。

（2）已知明文攻击。攻击者知道部分明文 / 密文之间的对应关系。例如，攻击者知道明文“A”和密文“B”肯定会出现在密文中。

（3）选择明文攻击。攻击者可以选择一定数量的明文，并得到对应的密文，即攻击者知道明文和密文之间的对应关系。

（4）选择密文攻击。攻击者可以选择一段密文，并得到解密的明文。这种攻击主要针对公钥密码系统。

现代加密算法发展的目标是即使攻击者知道了算法，并且选择明文攻击方式来进行攻击，也很难破解。即从传统加密技术对加密算法的保密过渡到开放算法，而把安全性全部放在对密钥的保密上。之所以有这个目标，是因为在实际应用中，公开加密算法是很有必要的，这样可以使得不同厂商的产品之间可以相互通信，从而使得互联网中互不相识的用户也可以使用密码通信。而公开了算法，攻击者就可以进行选择明文的试探。另外，在很多安全应用中，攻击者可能输入一段明文，然后观察相应的密文。

2.2　对称密码技术

对称密码技术，也称为私钥密码技术，已使用了数千年，有各种形式：从简单的替换密码到较复杂的构造方式。其中，同一个密钥既用于加密也用于解密所涉及的文本。也就是说加密和解密数据使用同一个密钥，即加密和解密的密钥是对称的，这种密码系统也被称为单密钥密码系统。原始数据（即明文）经过对称加密算法处理后，变成了不可读的密文（即乱码）。解密原文时，必须使用同样的密码算法和密钥，即信息的加密和解密使用同样的算法和密钥。

对称密钥算法在数学上没有公钥算法复杂，算法中常运用的有加法、减法、乘法、位运算（XOR、AND、OR、NOT、移位）、替换等。为了提高安全性，可以采用非线性替换，即 S 盒。S 盒可以看成是一个查找表，将 *n* b 映射为 *m* b。在许多加密算法中，S 盒的设计是对称密钥算法的关键。

对称密钥算法的特点是计算量小、加密速度快。缺点是加密和解密使用同一个密钥，容易产生发送者或接收者单方面密钥泄露问题，在网络环境下应用时必须使用另外的安全信道来传输密钥，容易引起密钥泄露和信息失密问题。

2.2.1　DES 加密标准

IBM 提出了数据加密标准 DES（Data Encryption Standard），现已成为世界通用的一种基本的加密方法，在计算机网络通信中的应用极其广泛。

DES 算法的描述如下。

以对 64 b 的明文分组进行加密操作为例。

（1）首先通过一个初始置换，将 64 b 明文分组分成左半部分和右半部分，各为 32 b。

（2）然后进行 16 轮完全相同的运算，这些运算称为函数 *f*，在运算过程中，数据和密钥结合。

（3）经过 16 轮运算后，再通过一个初始置换的逆置换，将左半部分和右半部分合在一起，最终得到一个 64 b 的密文。

每一轮的运算步骤如下。

（1）首先进行密钥置换，通过移动密钥位，从 56 b 密钥中选出 48 b 密钥。

（2）然后进行 *f* 函数运算：

- 通过一个扩展置换（也称 E 置换）将数据的右半部分扩展成 48 b；
- 通过一个异或操作与 48 b 密钥结合，得到一个 48 b 数据；
- 通过 8 个 S 盒代换将 48 b 数据变换成 32 b 数据；

● 对 32 b 数据进行一次直接置换。

（3）通过一个异或操作将函数 f 的输出与左半部分结合，其结果为新的右半部分；而原来的右半部分成为新的左半部分。

每一轮运算的数学表达式为

$$L_i = R_{i-1}$$
$$R_i = L_{i-1} \oplus f(R_{i-1}, K_i)$$

其中，L_i 和 R_i 为第 i 轮迭代的左半部分和右半部分。

1. DES 算法的关键操作

1）初始置换、逆初始置换及其参数表

DES 算法在加密前，首先执行一个初始置换操作，按照规定的初始置换表将 64 b 明文的位置进行变换，得到一个乱序的 64 b 明文。

经过 16 轮运算后，通过一个逆初始置换操作，按照规定的逆初始置换表将左半部分（32 b）和右半部分（32 b）合在一起，得到一个 64 b 密文。

初始置换和逆初始置换并不影响 DES 的安全性，其主要目的是通过置换将明文和密文数据变换成字节形式输出，易于 DES 芯片的实现。

2）密钥置换及其参数表

在 64 b 密钥中，每个字节的第 8 b 为奇偶校验位，经过密钥置换表置换后去掉奇偶校验位，实际的密钥长度为 56 b。在每一轮运算中，将从 56 b 密钥中产生不同的 48 b 了密钥 K_i，这些了密钥按下列方式确定：

（1）将 56 b 密钥分成两部分，每部分为 28 b；

（2）根据运算的轮数，按照每轮左移位数表将这两部分分别循环左移 1 b 或 2 b；

（3）按照压缩置换表从 56 b 密钥中选出 48 b 子密钥，它也被称为压缩置换或压缩选择。

3）扩展置换及其参数表

按照扩展置换表将数据的右半部分 R_i 从 32 b 扩展成 48 b，以便与 48 b 密钥进行异或运算。

4）S 盒代换及其参数表

按照 8 个 S 盒代换表将异或运算得到的 48 b 结果变换成 32 b 数据。每个 S 盒为一个非线性代换网络，有 6 b 输入，4 b 输出，并且每个 S 盒代换都不相同。48 b 输入被分成 8 个 6 b 组，每个组对应一个 S 盒代换操作。

S 盒代换是 DES 算法的关键步骤，因为所有其他运算都是线性的，易于被分析，而 S 盒代换是非线性的，其安全性高于其他步骤。

5）P 盒置换及其参数表

S 盒输出的 32 b 结果还要按照 P 盒置换表将异或运算得到的结果进行一次 P 盒置换，其中任何一位不能被映射两次，也不能省略。

最后，P 盒置换的结果与 64 b 数据的左半部分进行一个异或操作，然后左半部分和右半部分进行交换，开始下一轮运算。

6）DES 解密

DES 使用相同的函数来加密或解密每个分组，但两者的密钥次序是相反的。例如，如果每轮的加密密钥次序为 $K_1,K_2,K_3,\cdots,K_{16}$，则对应的解密密钥次序为 $K_{16},K_{15},K_{14},\cdots,K_1$，并根据轮数密钥循环右移 1 b 或 2 b。

2. DES 的实现

自 DES 正式成为美国标准以来，已有许多公司设计并推出了实现 DES 算法的产品。有的设计专用 LSI 器件或芯片，有的用现成的微处理器实现。有的只限于实现 DES 算法，有的则可运行各种工作模式。

3. 三重 DES 算法

为了提高 DES 算法的安全性，人们还提出了一些 DES 变型算法，其中三重 DES 算法（简称 3DES）是经常使用的一种 DES 变型算法。

在 3DES 中，使用 2 个或 3 个密钥对一个分组进行 3 次加密。在使用 2 个密钥情况下，第 1 次使用密钥 K_1，第 2 次使用密钥 K_2，第 3 次再使用密钥 K_1；在使用 3 个密钥情况下，第 1 次使用密钥 K_1，第 2 次使用密钥 K_2，第 3 次再使用密钥 K_3。经过 3DES 加密的密文需要 2 112 次穷举搜索才能破译，而不是 256 次。3DES 算法进一步加强了 DES 的安全性。

4. DES 安全性评价

对一个密码系统的评价尚无严格的理论和统一的标准，只能从抵抗现有密码分析手段的能力来评价一个密码系统的好坏。目前的破译 DES 方法是密钥穷举搜索法。例如，有人利用一台高速计算机，使用穷举搜索法在 56 小时内破译了 DES。在 DES 数据加密系统中，可以通过增加 DES 的密钥长度（如 3DES）等方法来增强 DES 的安全强度。

2.2.2 AES 加密标准

高级加密标准（Advanced Encryption Standard，AES）是由比利时研究员 Daemen 和 Rijmen 创建的，所以也称为 Rijndael 算法，是一种可用来保护电子数据的新型加密算法，已经被网络硬件和软件供应商广泛采用。因此对 AES 算法进行研究并利用该算法对重要数据进行加密对保证数据的安全有着重要的意义。

AES 为分组密码算法，数据块长度为 128 b，密钥长度为 128、192、256 b 可选，分别称之为 AES-128、AES-192 和 AES-256。AES 密码系统主要由密钥扩展、加密模块和解密模块 3 部分组成。密钥长度、数据块长度及加密轮数的组合情况如表 2-1 所示。

表 2-1 密钥长度、数据块长度及加密轮数的组合情况

密码算法	密钥长度（N_k）单位：32 b	数据块长度（N_b）单位：32 b	加密轮数（N_r）
AES-128	4	4	10
AES-192	6	4	12
AES-256	8	4	14

AES 算法基于代换和置换运算。置换是对数据重新进行排列，代换是将一个数据单元替换成为另一个数据单元。AES 使用几种不同的方法来执行代换和置换运算。

AES 算法的执行过程如下。

（1）给定一个明文 x，将 State 初始化为 x，并进行 AddRoundKey 操作，将 RoundKey 与 State 异或。

（2）对前 N_r-1 轮中的每一轮，用 S 盒对进行一次代换操作，称为 SubBytes；对 State 作一次置换 ShiftRows；再对 State 做一次 MixColumns；然后进行 AddRoundKey 操作。

（3）依次进行 SubBytes、ShiftRows 和 AddRoundKey 操作。

（4）将 State 定义为密文 y。

2.2.3 流密码与 RC4

流密码又称为序列密码，与 DES、AES 等分组密码不同，流密码将明文信息按一定长度分组（长度较小），然后对各组使用相关但不同的密钥进行加密，产生相应的密文，相同的明文分组会因在明文序列中的位置不同而对应于不同的密文分组。在分组密码中，明文信息也是按一定长度分组（长度较长的），每组都使用完全相同的密钥进行加密，产生相应的密文，相同的明文分组不管处在明文序列的什么位置，总是对应相同的密文分组。

相对分组密码而言，流密码主要有以下优点：第一，在硬件实施上，流密码的速度一般要比分组密码快，而且不需要有很复杂的硬件电路；第二，在某些情况下（如对某些电信上的应用），当缓存不足或必须对收到的字符进行逐一处理时，流密码就显得更加必要和恰当；第三，流密码有较理想的数学分析工具，如频谱理论和技术、代数方法等；第四，流密码能较好地隐藏明文的统计特征。

目前关于流密码的理论和技术已取得长足的发展。学者们也提出了大量的流密码算法，有些算法已被广泛地应用于移动通信、军事等领域。

1. 流密码的原理

在流密码中，明文按一定长度分组后被表示成一个序列，并称为明文流，序列中的一项称为一个明文字。加密时，先由主密钥产生一个密钥流序列，该序列的每一项和明文字具有相同的比特长度，称为一个密钥字。然后依次把明文流和密钥流中的对应项输入加密函数，产生相应的密文字，由密文字构成密文流输出。

具体处理过程如下。

明文流为：$M=m_1,m_2,\cdots,m_i,\cdots$

密钥流为：$K=k_1,k_2,\cdots,k_i,\cdots$

则加密算法为：$C=c_1,c_2,\cdots,c_i,\cdots=E_{k_1}(m_1),E_{k_2}(m_2),\cdots,E_{k_i}(m_i),\cdots$

解密算法为：$M=m_1,m_2,\cdots,m_i,\cdots=D_{k_1}(c_1),D_{k_2}(c_2),\cdots,D_{k_i}(c_i),\cdots$

2. RC4 算法

RC4 是一种典型的流加密算法，广泛应用于无线局域网中。算法的原理很简单，包括初始化算法和伪随机子密码生成算法两大部分。假设 S 盒长度和密钥长度均为 n。算法的初始化部分（用类 C 伪代码表示）如下。

```
for (i=0; i<n; i++)
s=i;
j=0;
for (i=0; i<n; i++)
{
j=(j+s+k)%256;
swap(s,  s[j]);
}
```

在初始化的过程中，密钥的主要功能是将 S 盒搅乱，i 确保 S 盒的每个元素都得到处理，j 保证 S 盒的搅乱是随机的。而不同的 S 盒在经过伪随机子密码生成算法的处理后可以得到不同的子密钥序列，并且，该序列是随机的。

```
i=j=0;
while (明文未结束)
{
++i%=n;
j=(j+s)%n;
swap(s, s[j]);
sub_k=s((s+s[j])%n);
}
```

得到的子密码 sub_k 用来和明文进行 XOR 运算，得到密文，解密过程也完全相同。由于 RC4 算法采用 XOR 加密，所以，一旦子密钥序列出现了重复，密文就有可能被破解。有科学家指出 RC4 加密算法存在着漏洞，这可能对无线通信网络的安全构成威胁。有研究者发现，在使用“有线等效保密（WEP）规则”的无线网络中，在特定情况下，人们可以逆转 RC4 算法的加密过程，获取密钥，从而将已加密的信息解密。实现这一过程只须使用一台个人计算机对加密的数据进行分析，经过几个小时的时间就可以破译出信息的全部内容。这一发现可能促使人们重新设计无线通信网络，使用新的加密算法。

2.3 非对称密码技术

在公钥密码系统出现以前，所有的密码算法，包括原始手工计算的、由机械设备实现的以及由计算机实现的，都是基于代换和置换这两个基本工具。而公钥密码系统则为密码学的发展提供了新的理论和技术基础。一方面公钥密码系统的基本工具不再是代换和置换，而是数学函数；另一方面公钥密码系统是以非对称的形式使用两个密钥，两个密钥的使用对保密性、密钥分配、认证等都有着深刻的意义。

2.3.1 公钥密码体制的原理

公钥密码算法的最大特点是采用两个相关密钥将加密和解密处理分开，其中一个密钥是公开的，称为公开密钥，简称公开钥，用于加密；另一个密钥是用户专用，因而是保密的，称为秘密密钥，简称秘密钥，用于解密。因此公钥密码体制也被称为双钥密码体制。公钥密码算法的重要特性是：已知密码算法和加密密钥，求解秘密钥在计算上是不可行的。

图 2-3 所示是公钥密码系统加密的方法，加密步骤如下。

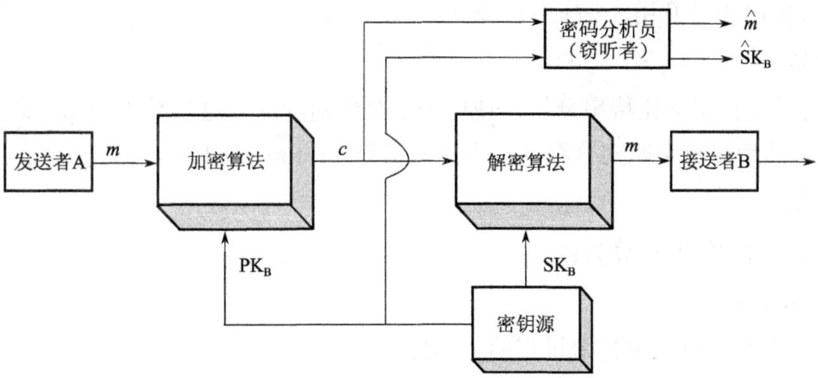

图 2-3 公钥密码系统加密的方法

（1）要求接收信息的端系统，产生一对用来加密和解密的密钥，如图中的接收者 B，产生一对密钥 PK_B,SK_B，其中 PK_B 是公开钥，SK_B 是秘密钥。

（2）端系统 B 将加密密钥（如图 2-3 中的 PK_B）予以公开。另一密钥则被保密（如图 2-3 中的 SK_B）。

（3）A 要想向 B 发送信息 m，则使用 B 的公开钥加密 m，表示为 $c=E_{PK_B}[m]$，其中

c 是密文，E 是加密算法。

（4）B 收到密文 c 后，用自己的秘密钥 SK_B 解密，表示为 $m=D_{SK_B}[c]$，其中 D 是解密算法。

因为只有 B 知道 SK_B，所以其他人都无法对 c 解密。

2.3.2 RSA 密码体制

RSA 算法是用 3 个发明人 Rivest、Shamir 和 Adleman 的名字命名的，它是第一个比较完善的公钥密码算法，既可用于加密数据，又可用于数字签名，并且容易理解和实现。RSA 算法经受住了多年的密码分析的攻击，具有较高的安全性和可信度。

1．算法描述

RSA 的安全性基于大数分解的难度，其公钥和私钥是一对大素数的函数，从一个公钥和密文中恢复出明文的难度等价于分解两个大素数之和。

1）密钥的产生

（1）选两个保密的大素数 p 和 q。

（2）计算 $n=pq$，$\phi(n)=(p-1)(q-1)$，$\phi(n)$是 n 的欧拉函数值。

（3）选一整数 e，满足 $1<e<\phi(n)$，且 $\gcd(\phi(n),e)=1$。

（4）计算 d，满足 $de\equiv 1 \bmod \phi(n)$，即 d 是 e 在模 $\phi(n)$下的乘法逆元，因 e 与 $\phi(n)$互素，由模运算可知，它的乘法逆元一定存在。

（5）以$\{e,n\}$为公开钥，$\{d,n\}$为秘密钥。

2）加密

加密时首先将明文比特串分组，使得每个分组对应的十进制数小于 n，即分组长度小于 $\log_2 n$。然后对每个明文分组 m，作加密运算：$c\equiv m^e \bmod n$。

3）解密

对密文分组的解密运算为：

$m\equiv c^d \bmod n$。

下面证明 RSA 算法中解密过程的正确性。

证明：由加密过程知 $c\equiv m^e \bmod n$，所以 $c^d \bmod n\equiv m^{ed} \bmod n\equiv m^{1-r\phi(n)} \bmod n=m$。

下面举例说明 RSA 算法。

（1）假设 $p=47$，$q=71$，则 $n=pq=3\,337$。

（2）选取加密密钥 e，如 $e=79$，且 e 和$(p-1)(q-1)=46\times 70=3\,220$ 互素（没有公因子）。

（3）计算解密密钥 $d=79^{-1} \bmod 3\,220=1\,019$，$d$ 和 n 也互素。

（4）e 和 n 是公钥，可公开；d 是私钥，需保密；丢弃 p 和 q，但不能泄露。

（5）假设一个明文消息 m＝6882326879666683，首先将它分解成小于模数 n 的数据分组，这里模数 n 为 4 位，每个数据分组 m_i 可分成 3 位。m 被分成六个数据分组：m_1＝688；m_2＝232；m_3＝687；m_4＝966；m_5＝668；m_6＝003（若位数不足，左边填充 0 补齐）。

（6）现在对每个数据分组 m_i 进行加密：$c_1=688^{79} \bmod 3\,337=1\,570$，$c_2=232^{79} \bmod 3\,337=2\,756$，……

（7）将密文分组 c_i 组合成密文输出：c＝1570 2756 2091 2276 2423 158。

（8）现在对每个密文分组 c_i 进行解密：$m_1=1\,570^{1\,019} \bmod 3\,337=688$，$m_2=2\,756^{1\,019} \bmod 3\,337=232$，……

（9）将每个解密的明文分组 m_i 组合成明文输出：m＝6882326879666683。

2. RSA 的安全性

RSA 的安全性是基于分解大整数的困难性假定，之所以为假定是因为至今还未能证明分解大整数就是 NP 问题，也许有尚未发现的多项式时间分解算法。如果 RSA 的模数 n 被成功地分解为 $p\times q$，则立即获得 $\phi(n)=(p-1)(q-1)$，从而能够确定 e 模 $\phi(n)$的乘法逆元 d，即 $d\equiv e^{-1} \bmod \phi(n)$，因此攻击成功。

随着人类计算能力的不断提高，原来被认为是不可能分解的大数已被成功分解。例如，RSA-129（即 n 为 129 位十进制数，大约 428 b）已在网络上通过分布式计算历时 8 个月于 1994 年 4 月被成功分解，RSA-130 已于 1996 年 4 月被成功分解。

对于大整数的威胁除了人类的计算能力外，还来自分解算法的进一步改进。分解算法过去都采用二次筛法，如对 RSA-129 的分解。而对 RSA-130 的分解则采用了一个新算法，称为推广的数域筛法。该算法在分解 RSA-130 时所做的计算仅比分解 RSA-129 多 10%。将来也可能还有更好的分解算法，因此在使用 RSA 算法时对其密钥的选取要特别注意其大小。估计在未来一段比较长的时期，密钥长度介于 1 024～2 048 b 之间的 RSA 是安全的。

2.3.3　椭圆曲线密码体制

为保证 RSA 算法的安全性，它的密钥长度需一再增大，使得它的运算负担越来越大。相比之下，椭圆曲线密码体制（Elliptic Curve Cryptography，ECC）可用短得多的密钥获得同样的安全性，因此具有广泛的应用前景。ECC 已被 IEEE 公钥密码标准 P1363 采用。

椭圆曲线并非椭圆，之所以称为椭圆曲线是因为它的曲线方程与计算椭圆周长的方程类似。一般来讲，椭圆曲线的曲线方程是如式（2-1）所示形式的三次方程：

$$y^2+axy+by=x^3+cx^2+dx+e \tag{2-1}$$

其中 a,b,c,d,e 是满足某些简单条件的实数。定义中包括一个称为无穷点的元素，记为 O。图 2-4 所示是椭圆曲线的两个例子。

从图 2-4 可见，椭圆曲线关于 x 轴对称。

椭圆曲线上的加法运算定义如下：如果其上的 3 个点位于同一直线上，那么它们的和为 O。进一步可如下定义椭圆曲线上的加法律（加法法则）。

（1）O 为加法单位元，即对椭圆曲线上任一点 P，有 P+O=P。

（2）设 $P_1=(x,y)$是椭圆曲线上的一点（见图 2-4），它的加法逆元定义为 $P_2=-P_1=(x,-y)$。

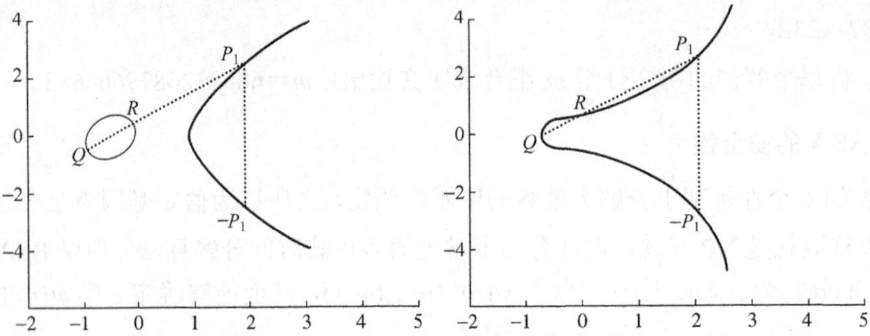

（a）$y^2=x^3-x$　　（b）$y^2=x^3+x+1$

图 2-4　椭圆曲线的两个例子

这是因为 P_1 和 P_2 的连线延长到无穷远时，得到椭圆曲线上的另一点 O，即椭圆曲线上的 3 点 P_1,P_2,O 共线，所以 P_1+P_2+O=O，P_1+P_2=O，即 $P_2=-P_1$。

由 O+O=O，还可得 O=−O。

（3）设 Q 和 R 是椭圆曲线上 x 坐标不同的两点，$Q+R$ 的定义如下：画一条通过 Q、R 的直线与椭圆曲线交于 P_1（这一交点是唯一的，除非所做的直线是 Q 点或 R 点的切线，此时分别取 $P_1=Q$ 或 $P_1=R$）。由 $Q+R+P_1$=O 得 $Q+R=-P_1$。

（4）点 Q 的倍数定义如下：在 Q 点做椭圆曲线的一条切线，设切线与椭圆曲线交于点 S，定义 $2Q=Q+Q=-S$。类似地可定义 $3Q=Q+Q+Q$，……

以上定义的加法具有加法运算的一般性质，如交换律、结合律等。

1．有限域上的椭圆曲线

密码中普遍采用的是有限域上的椭圆曲线，有限域上的椭圆曲线是指上述曲线方程定义式中，所有系数都是某一有限域 GF(p)中的元素（其中 p 为一大素数）。

其中最为常用的是式（2-2）：

$$y^2\equiv(x^3+ax+b)\bmod p\ \ (a,b\in \mathrm{GF}(p),(4a^3+27b^2)\bmod p\neq 0) \tag{2-2}$$

定义的曲线。令 $E_p(a,b)$表示 ECC 上的点集集合。

一般来说，$E_p(a,b)$由以下方式产生。

（1）对每一 x($0\leqslant x<p$ 且 x 为整数），计算$(x^3+ax+b)\bmod p$。

（2）决定（1）中求得的值在模 p 下是否有平方根，如果没有，则曲线上没有与这一 x 相对应的点；如果有，则求出两个平方根（y=0 时只有一个平方根）。

$E_p(a,b)$上的加法定义如下。

设 $P,Q\in E_p(a,b)$，则：

（1）P+O=P。

（2）如果 $P=(x,y)$，那么$(x,y)+(x,-y)$=O，即$(x,-y)$是 P 的加法逆元，表示为$-P$。

由 $E_p(a,b)$的产生方式知，$-P$ 也是 $E_p(a,b)$中的点，如 $E_{23}(1,1)$，$P=(13,7)\in E_{23}(1,1)$，$-P=(13,-7)$，而$-7 \bmod 23\equiv 16$，所以$-P=(13,16)$，也在 $E_{23}(1,1)$中。

（3）设 $P=(x_1,y_1)$，$Q=(x_2,y_2)$，$P\neq -Q$，则 $P+Q=(x_3,y_3)$由以下规则确定：

$$x_3\equiv(\lambda^2-x_1-x_2) \bmod p$$

$$y_3\equiv(\lambda(x_1-x_3)-y_1) \bmod p$$

其中

$$\lambda=\begin{cases}\dfrac{y_2-y_1}{x_2-x_1}, P\neq Q\\[2ex] \dfrac{3x_1^2+a}{2y_1}, P=Q\end{cases} \tag{2-3}$$

2. 椭圆曲线上的密码

为使用椭圆曲线构造密码体制，需要找出椭圆曲线上的数学困难问题。

在椭圆曲线构成的 Abel 群 $E_p(a,b)$上考虑方程 $Q=kP$，其中 $P,Q\in E_p(a,b)$，$k<p$，则由 k 和 P 易求 Q，但由 P、Q 求 k 则是困难的，这就是椭圆曲线上的离散对数问题，可应用于公钥密码体制。Diffie-Hellman 密钥交换和 ElGamal 密码体制是基于有限域上离散对数问题的公钥体制，下面考虑如何用椭圆曲线来实现这 2 种密码体制。

1）Diffie-Hellman 密钥交换

首先取一素数 $p\approx 2^{180}$ 和两个参数 a、b，则得式（2-2）表达的椭圆曲线及其上面的点构成的 Abel 群 $E_p(a,b)$。第 2 步，取 $E_p(a,b)$的一个生成元 $G(x_1,y_1)$，要求 G 的阶是一个非常大的素数，G 的阶是满足 nG=O 的最小正整数 n。$E_p(a,b)$和 G 作为公开参数。

两用户 A 和 B 之间的密钥交换如下进行。

（1）A 选一小于 n 的整数 n_A，作为秘密钥，并由 $P_A=n_AG$ 产生 $E_p(a,b)$上的一点作为公开钥。

（2）B 类似地选取自己的秘密钥 n_B 和公开钥 P_B。

（3）A、B 分别由 $k=n_AP_B$ 和 $k=n_BP_A$ 产生出双方共享的秘密钥。

这是因为 $k=n_AP_B=n_A(n_BG)=n_B(n_AG)=n_BP_A$。

攻击者若想获取 k，则必须由 P_A 和 G 求出 n_A，或由 P_B 和 G 求出 n_B，即必须求椭圆曲线上的离散对数，因此是不可行的。

2）ElGamal 密码体制

（1）ElGamal 密码体制的原理。

密钥产生过程：首先选择一素数 p 以及两个小于 p 的随机数 g 和 x，计算 $y \equiv g^x \bmod p$。以 (y,g,p) 作为公开密钥，x 作为秘密密钥。

加密过程：设欲加密明文消息 M，随机选一与 $p-1$ 互素的整数 k，计算 $C_1 \equiv g^k \bmod p$，$C_2 \equiv y^k M \bmod p$，密文为 $C=(C_1,C_2)$。

解密过程：

这是因为：

$$\frac{C_2}{C_1^x} \bmod p = \frac{y^k M}{g^{kx}} \bmod p = \frac{y^k M}{y^k} \bmod p = M \bmod p$$

（2）利用椭圆曲线实现 ElGamal 密码体制。

首先选取一条椭圆曲线，并得 $E_p(a,b)$，将明文消息 m 通过编码嵌入到曲线上的点 P_m，再对点 P_m 做加密变换。这里不对具体的编码方法做进一步介绍，读者可参考有关文献。

取 $E_p(a,b)$ 的一个生成元 G，$E_p(a,b)$ 和 G 作为公开参数。

用户 A 选 n_A 作为秘密钥，并以 $P_A=n_A G$ 作为公开钥。任一用户 B 若想向 A 发送消息 P_m，可选取一随机正整数 k，产生以下点对作为密文：

$$C_m=\{kG, P_m+kP_A\}$$

A 解密时，以密文点对中的第二个点减去用自己的秘密钥与第一个点的倍乘，即：

$$P_m+kP_A-n_A kG=P_m+k(n_A G)-n_A kG=P_m$$

攻击者若想由 C_m 得到 P_m，就必须知道 k。而要得到 k，只有通过椭圆曲线上的两个已知点 G 和 kG，这意味着必须求椭圆曲线上的离散对数，因此不可行。

3. 椭圆曲线密码体制的优点

与基于有限域上离散对数问题的公钥体制（如 Diffie-Hellman 密钥交换和 ElGamal 密码体制）相比，椭圆曲线密码体制有如下优点。

1）安全性高

攻击有限域上的离散对数问题可以用指数积分法，其运算复杂度为 $o(\exp\sqrt[3]{(\log p)(\log\log p)^2})$，其中 p 是模数（为素数）。而它对椭圆曲线上的离散对数问题并不有效。目前攻击椭圆曲线上的离散对数问题的方法只有适合攻击任何循环群上离散对数问题的大步小步法，其运算复杂度为 $o(\exp(\log\sqrt{p_{\max}})$，其中 $p_{\max}$ 是椭圆曲线所形成的 Abel 群的阶的最大素因子。因此，椭圆曲线密码体制比基于有限域上的离散对数问题的公钥体制更安全。

2）密钥量小

由攻击两者的算法复杂度可知，在实现相同的安全性能条件下，椭圆曲线密码体制所需的密钥量远比基于有限域上的离散对数问题的公钥体制的密钥量小。

3）灵活性好

有限域 GF(q)一定的情况下，其上的循环群（即 GF(q)−{0}）就定了。而 GF(q)上的椭圆曲线可以通过改变曲线参数，得到不同的曲线，形成不同的循环群。因此，椭圆曲线具有丰富的群结构和多选择性。

正是由于椭圆曲线具有丰富的群结构和多选择性，并可在保持和 RSA/DSA 体制同样安全性能的前提下大大缩短密钥长度（目前 160 b 足以保证安全性），因而在密码领域有着广阔的应用前景。

本章小结

通过加密技术能够实现数据内容本身的安全性。现代密码学主要有对称加密和非对称加密两种。对称加密体制要求通信双方采用相同的密码加密和解密。DES 是使用最为广泛的对称加密方法，本章还介绍了 DES 的变型算法——三重 DES 算法和 AES 加密算法。非对称加密体制使用两个不同的密钥，公钥用来加密信息，私钥用来解密信息。非对称加密系统可以用于加密 / 解密、鉴别和密钥交换。基于大数分解难度的 RSA 算法是迄今为止理论上最为成熟完善的一种非对称密码算法。本章还介绍了基于非对称加密原理的椭圆曲线密码体制。

思考题

1. 请说明信息加密的基本思想。
2. 解释下列名词术语：

明文，密文，加密，解密，密员，加密算法，解密算法。

3. 密码系统的类型有几种，各有什么特点？
4. 举例说明置换法进行信息加密的基本方法。
5. 请说明 DES 的基本原理。
6. 对称加密算法如表 2-2 所示，请填写表中的空白项。

表 2-2　对称加密算法

算　法	密钥长度	分组长度	循环次数
DES			
3DES			

续表

算　法	密钥长度	分组长度	循环次数
IDEA			
AES（Rijndael）			

7. 什么是公钥和私钥?

8. 结合非对称加密机制的原理，说明 RSA 算法的基本思想。

9. 分组密码和流密码的区别是什么?

10. 对称数据加密算法与非对称加密算法的区别?

第 3 章 信息鉴别技术

内容提要

在公开的网络上传送文件或信息，很容易遭受黑客或不法分子拦截篡改、新增、删除等攻击。此外，文件或信息也可能是他人冒名传送的。因此，接收信息时，必须确认：信息在传送的过程中，是否遭受了篡改、新增或删除了部分内容的攻击；信息是否确实是已知对方发送来的信息，而不是他人假冒的。

因此，需要对信息进行完整性检验，需要进行身份认证，即认证信息的来源是否正确。单向哈希函数是重要的信息完整性验证方法，著名的单向哈希函数有 MD5、SHA。数字签名和数字时间戳是重要的身份认证方法。

3.1 消息摘要

3.1.1 消息摘要的概念

消息摘要（Message Digest，MD）又称为数字摘要（Digital Digest，DD）。消息摘要是一个固定长度的值，由一个单向 Hash 函数对消息（或文本）进行运算产生。它与一段消息（或文本）一一对应，如果消息（或文本）发生了改变，那么其对应的消息摘要也会改变。通过消息摘要的比对就可以知道消息（或文本）是否在通信中被改变了。因此，消息摘要保证了消息的完整性。

图 3-1　消息摘要的产生过程

消息摘要的产生过程如图 3-1 所示。Hash 函数（哈希算法，Hash 算法）也称为散列算法，就是把任意长度的输入 M，通过 Hash 算法，变换成固定长度的输出，该输出就是 Hash 值。数学表述为：$h = \text{Hash}(M)$，其中 Hash( ) 为单向散列函数，M 为任意长度明文，h 为固定长度哈希值。

消息摘要在不需要加密全部数据的前提下，实现对数据完整性及认证性的验证。

为了防止数据在传输过程中被篡改和伪造，通常使用单向散列（Hash）函数保护数据的完整性。Hash 函数具有单向不可逆性，它赋予一个消息唯一的“指纹”，通过验证“指纹”就可判别出该消息的完整性。Hash 函数非常精确，能够检查出消息传输过程中所发生的任何变化。消息摘要对数据的保护体现在：如果原数据 m 改变为 m'，则由原始数据 m 计算而得的摘要 $H(m)$ 与由 m' 形成的摘要 $H(m')$ 不同。

在数据完整性保护中，一般采用加密短消息（如数据检查和）来证实数据完整性，而不是加密整段数据。发送者首先计算所发送数据的检查和，并使用 Hash 函数计算该检查和的散列值，然后将原文和散列值同时发送给接收者。

接收者使用相同算法独立计算所接收数据的检查和及散列值，然后与所接收的散列值进行比较，如果两者不相同，则说明数据被改动，从而验证了数据的真实性与完整性。

当 Hash 函数 $H()$ 作用于一个任意长度的消息 M 时，将返回一个固定长度 m 的散列值 h，即：$h=H(M)$，并具有如下性质。

（1）给定一个消息 M，很容易计算出散列值 h。

（2）给定的散列值 h，很难根据 $H(M)=h$ 计算出消息 M。

（3）给定一个消息 M，很难找到另一个消息 M' 且满足 $H(M)=H(M')$。

在实际中，常用的 Hash 函数有 MD5、SHA 等。

消息摘要最主要的应用是：信息完整性检查和数字签名。消息摘要算法通常比加密和数字签名算法速度快，消息摘要比原来的文档本身小，因此一般通过对信息摘要进行处理来实现数字签名的功能。

3.1.2 哈希算法特性

Hash 算法的 3 个关键特性：单向性（one-way）、抗冲突性（collision-resistant）以及映像结果分布均匀性和差分分布均匀性，决定了消息摘要能够保证信息的完整性。

1. 单向性

单向性指的是给出明文输入值 M 能够简单快速地计算出哈希值 $h=H(M)$。但是在计算上不可能构造一个输入值 M'，使其散列结果等于某个特定的 Hash 值，即不可能构造等式 $H(M')=h$。因此，Hash 值能在统计上唯一地表征输入值。

消息摘要采用单向 Hash 函数将需加密的明文（消息或文本）变换成一串一个固定长度的二进制密文，这一二进制串也称为数字指纹（Finger Print）。它长度固定，并且不同的明文其数字指纹总是不同的，而同样的明文其数字指纹必定一致。因此，数字指纹就可以验证明文是否是真的。

2. 抗冲突性

抗冲突性指的是在统计上无法产生 2 个 Hash 值相同的输入值。即给定 M，在计算上无法找到 M'，以满足 $H(M)=H(M')$，这一特性称为弱抗冲突性；在计算上也难以寻找到任意的一对 M 和 M'，使之满足 $H(M)=H(M')$，这一特性称为强抗冲突性。

Hash 函数的抗冲突特性，使得如果一段明文稍有变化，即使只改变一个字母，那么通过 Hash 函数运算后产生的 Hash 值也不会相同。Hash 函数的单向特性，使得找到 Hash 值相同的两个不同的消息（或文本），在计算上是不可能的。因此，使用消息摘要可以鉴别数据的完整性。

3. 映像结果分布均匀性和差分分布均匀性

Hash 值中，为 0 的位（b）和为 1 的位（b），其总数应该大致相等。输入中如有一位的变化，Hash 值中将有一半以上的位改变，这一特性也称为“雪崩效应（avalanche effect）”。要使得 Hash 值中出现一位的变化，那么输入值中至少有一半以上的位必须发生变化。其实质是必须使输入中每一位的信息，尽量均匀地反映到输出的每一位中去；输出中的每一位，都是输入中尽可能多的位的信息一起作用的结果。

Hash 函数对不同的输入能够生成不同的 Hash 值，这一特性使得无法找到两个具有相同哈希值的输入文本。因此，如果两个文本经 Hash 运算后生成相同的 Hash 值，就可以断定它们是同一文本。所以，当比较两个数据块是否相同时，就可以比较它们的 Hash 值。例如，可以通过比较电子邮件发送前和发送后的 Hash 值，就可以验证该电子邮件是否在传输过程中被拦截篡改。

3.2 MD5 算法

MD 系列算法都是美国 MIT 教授 Ronald L. Rivest 设计的单向散列函数，包括 MD2、MD3、MD4 和 MD5，其中 MD5 是 MD4 的改进版，两者采用相类似的设计思想和原则，对于输入的消息，都产生 128 b 散列值输出。

1990 年 Ronald L. Rivest 设计实现了 MD4（RFC 1320）。MD4 是基于 32 b 操作数的位操作来实现的，适于在 32 b 字长的处理器上用软件实现，并且运算速度很快。它的安全性不像 RSA 那样基于数学假设，因此，有学者很快就用分析和差分的方法，成功地攻击了其 3 轮变换中的 2 轮，证明了 MD4 并不像期望的那样安全。但是 MD4 的整个算法并没有真正被破解过，很快 Rivest 对其进行了改进。

1991 年 Ronald L. Rivest 对 MD4 进行改进，推出 MD5（RFC 1321）。MD5 比 MD4 复杂，因此运算速度较 MD4 要慢一些。但是 MD5 比 MD4 更安全，在抗分析和抗差分方面表现更好。

3.2.1 MD5 算法的目标

MD5 算法的设计目标有如下四个方面。

（1）安全性。通过计算找到两个具有相同散列值的消息是不可行的，不存在比穷举搜索法更有效的攻击方法。同时，算法的安全性不基于任何假设，如因子分解的难度。

（2）简单。算法尽可能简单，不需要使用复杂的数据结构和程序实现。

（3）高速度。算法基于 32 b 操作数的简单位操作，即使软件实现也具有很高的速度。

（4）适应性。算法非常适合微处理器结构，特别是 Intel 微处理器，其他大型计算机需要做必要的转换。

3.2.2 MD5 算法的处理过程

MD5 算法将输入的消息分成 512 b 分组，每个分组又分为 16 个 32 b 子分组。算法的输出是四个 32 b 分组，将它们级联起来形成一个 128 b 的散列值。

MD5 算法的处理过程分为如下四个步骤。

（1）消息填充。消息长度必须是一个 512 b 的整数倍，如果不满足，则必须进行填充。

（2）变量初始化。初始化四个 32 b 变量值（称链接变量），其十六进制表示为：

A=0x01234567；

B=0x89abcdef；

C=0xfedcba98；

D=0x76543210。

（3）主循环。一次处理 512 b 消息，循环次数是消息中 512 b 分组的数目。每次循环有四轮，每轮循环使用一个非线性函数，共使用了四个非线性函数。每一轮运算基本相似，共有 16 次操作。每次操作对消息分组和链接变量进行一次非线性运算，共进行 16 次非线性运算。这四个非线性函数是：

$F(X,Y,Z)=(X\wedge Y)\vee((\neg X)\wedge Z)$;

$G(X,Y,Z)=(X\wedge Z)\vee(Y\wedge(\neg Z))$;

$H(X,Y,Z)=X\oplus Y\oplus Z$;

$I(X,Y,Z)=Y\oplus(X\vee(\neg Z))$。

（4）输出结果。将最后输出的 A,B,C,D 级联起来，形成 128 b 散列值输出。

3.2.3 MD5 安全性

MD5 散列值长度较短，随着计算机运算能力提高，找到"碰撞"是可能的。2004 年，山东大学王小云教授证明了 MD5 算法可以产生碰撞。2008 年，荷兰埃因霍芬技术大学科学家成功把 2 个可执行文件进行了 MD5 碰撞，使得这 2 个运行结果不同的程序被计算出同一个 MD5。2008 年 12 月科研人员通过 MD5 碰撞成功生成了伪造的 SSL 证书，这使得在 HTTPS 协议中服务器可以伪造一些根 CA 的签名。所以 MD5 已经不再是安全的算法，在安全要求高的场合不建议使用 MD5。

3.3 SHA-1 算法

安全哈希算法（Secure Hash Algorithm，SHA）算法是美国国家标准和技术研究院（National Institute of Standards and Technology，NIST）开发的，该协会隶属于美国商务部，负责发放密码规程的标准。1993 年发布 SHA 算法，SHA 算法的安全性比其名称所暗示的要低。1994 年发布了 SHA 原始算法的修订版，称为 SHA-1。SHA-1 采用与 MD4 相同的原理。与 MD5 相比，SHA-1 明文信息的最大长度可达到 264 b，生成 160 b 的消息摘要，虽然执行更慢，却被认为更安全，SHA-1 抗穷举攻击性能更好。SHA 还有四种变体，以提升输出的范围和改进一些细微设计：SHA-224，SHA-256，SHA-384 和 SHA-512，这些算法有时候也被称作 SHA-2。

3.3.1 SHA-1 算法描述

SHA 与 MD5 算法相类似，也是以 512 b 分组来处理输入的消息，每个分组又划分为 80 个 32 b 子分组（从 16 个 32 b 子分组扩展成 80 个 32 b 子分组）。输出是 5 个 32 b 分组，将它们级联起来形成一个 160 b 散列值。SHA 算法的处理过程如下。

（1）消息填充。消息长度必须是一个 512 b 的整数倍，如果不满足，则必须进行填充。其填充方法与 MD5 完全相同。

（2）变量初始化。初始化 5 个 32 b 变量（MD5 为 4 个变量），其十六进制表示：

A=0x67452301；*B*=0xefcdab89；*C*=0x98badcfe；

D=0x10325476；*E*=0xc3d2e1f0。

（3）算法主循环。一次处理 512 b 消息，循环次数是消息中 512 b 分组的数目。每次循环有四轮，每轮循环使用一个非线性函数，共使用了四个非线性函数。每一轮运算基本相似，共有 20 次操作（MD5 为 16 次操作）。每次操作对链接变量和消息分组进行 1 次非线性运算，共进行 20 次非线性运算。这四个非线性函数是：

$Ft(X,Y,Z)= (X\wedge Y)\vee((\neg X)\wedge Z)$，$t$=0～19；

$Ft(X,Y,Z)= X\oplus Y\oplus Z$，$t$=20～39；

$Ft(X,Y,Z)= (X\wedge Y)\vee(X\wedge Z)\vee(Y\wedge Z)$，$t$=40～59；

$Ft(X,Y,Z)= X\oplus Y\oplus Z$，$t$=60～79。

（4）输出结果。将最后输出的 *A*,*B*,*C*,*D* 和 *E* 级联起来，形成 160 b 散列值输出。

3.3.2 SHA 安全性

SHA 模拟了 MD4 算法，但比 MD4 的安全性高，可以将 SHA 看作是 MD4 的改进版。另外，SHA-1 生成 160 b 的散列值，SHA-2 产生更长的散列值，都比 128 b 的 MD5 或其他散列函数更能抵抗穷举搜索攻击或其他方法攻击。

2005 年王小云等发表一种 SHA-1 攻击法，能在 2^{63} 个计算复杂度内找到碰撞。2006 年有学者宣布他们能在容许攻击者决定部分原信息的条件之下，找到 SHA-1 的一个碰撞。所以 SHA-1 也存在安全威胁，而 SHA-2 这些新的杂凑函数并没有接受像 SHA-1 一样的来自公众的详细检验，安全性还不被广泛信任。

3.3.3 MAC 算法

消息鉴别码（Message Authentication Code，MAC）是一种与密钥相关的单向散列函数。MAC 除了具有与其他单向散列函数同样的性质外，还包括一个密钥。只有拥有相同密钥的人才能鉴别这个散列值，这对于没有保密情况下提供消息的可鉴别性是非常有用的。

MAC 既可用于验证多个用户之间数据通信的完整性，也用于单个用户鉴别磁盘文件的完整性。对于后者，用户首先计算磁盘文件的 MAC，并将 MAC 存放在一个表中。如果用户的磁盘文件被非法修改，则可通过计算和比较 MAC 来鉴别出来。

由于 MAC 受到密钥的保护，黑客并不知道该密钥，从而防止了对原来 MAC 的修改。

如果使用单纯的 Hash 函数，则黑客在修改文件的同时，也可能重新计算其散列值，并替换原散列值，这样磁盘文件的完整性得不到有效的保护。

将单向散列函数转换成 MAC 可以通过对称加密算法加密散列值来实现。相反，将 MAC 转换成单向散列函数只需将密钥公开即可。

MAC 算法有很多种，常用的 MAC 是基于分组加密算法和单向散列函数组合的实现方案。可以有两种组合方案：

（1）先散列消息，然后再加密散列值；

（2）先加密消息，然后再散列密文。

3.4　数字签名

3.4.1　数字签名概念

现实生活中的书信或文件是根据亲笔签名或印章来证明其真实性的。签名的作用有两点：一是因为自己的签名难以否认，从而确认了文件已签署这一事实；二是因为签名不易仿冒，从而确定了文件是真的这一事实。在计算机网络中传送报文的数字签名过程如图 3-2 所示。

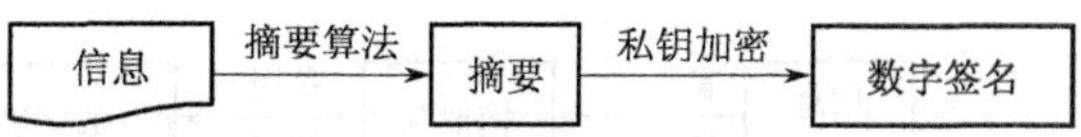

图 3-2　数字签名过程

数字签名与书面文件签名有相同之处，采用数字签名，也能确认以下两方面的事实。

（1）信息是由签名者发送的。

（2）信息自签发后到收到为止未曾做过任何修改。

这样就可以采用数字签名防止电子数字信息被修改；或冒用别人名义发送信息；或发出（收到）信件后又加以否认等情况发生。

数字签名基于非对称密钥加密体制的认证系统原理。在数字签名中，密钥算法被反向执行以确认发送方的身份。由于非对称密钥加密体制中，唯一的公钥对应于唯一的私钥。接收方通过用与唯一私钥匹配的公钥进行解密，从而确定私钥，进而确定发送方身份。

由于公钥的公开性，导致发送方用私钥加密的信息很容易被攻击者通过其公钥解密，因此发送方在用私钥加密了信息之后，还需要使用接收方的公钥对加密结果再次加密。这样就能保证数据的机密性，只有接收方能够获取消息内容。这就是数字签名的本质。

通过数字签名技术，不仅可以对用户身份进行验证与鉴别，也可以对信息的真实性和可靠性进行验证和鉴别。这样就可以解决冒充、抵赖、伪造、篡改等问题。在电子银行、电子贸易中数字签名技术应用最为广泛。

3.4.2 数字签名工作过程

数字签名并非用手书签名类型的图形标志。数字签名采用双重加密的方法保证信息的完整性和发送者不可抵赖性。数字签名的工作原理如图 3-3 所示。

（1）被发送消息用哈希算法加密产生 128 b 的消息摘要 *A*。

（2）发送方用自己的私用密钥对消息摘要 *A* 再加密，这就形成了数字签名。

（3）发送方通过某种关联方式，比如封装，将消息原文和数字签名同时传给接收方。

（4）接收方用发送方的公开密钥对数字签名解密，得到消息摘要 *A*；如果无法解密，则说明该信息不是由发送方发送的。如果能够正常解密，则发送方对发送的消息就具有不可抵赖性。

（5）接收方同时对收到的文件用约定的同一哈希算法加密产生又一摘要 *B*。

（6）接收方将对摘要 *A* 和摘要 *B* 相互对比。如两者一致，则说明传送过程中信息没有被破坏或篡改过，否则不然。

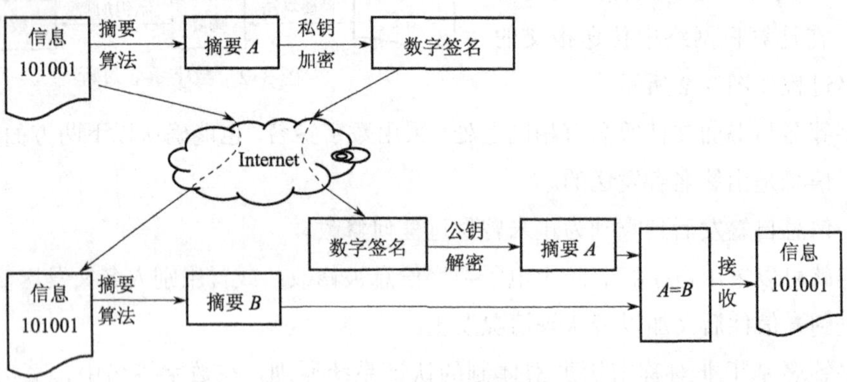

图 3-3 数字签名的工作原理

3.4.3 数字签名算法 DSA

当前最通用的数字签名是 MD5 消息摘要算法和 RSA 公钥解密机制相结合。另一类数字签名是使用 SHA 和 ElGamal 公钥机制这两个算法在一起构成。

NIST DSA（Digital Signature Algorithm）数字签名算法初于 1991 年公布，于 1993 年公布了其修改版。DSA 是在 ElGamal 和 Schnorr 两个签字方案的基础上设计的，其安全性基于求离散对数的困难性，DSA 算法框图如图 3-4 所示。

算法描述如下。

（1）全局公开钥。

p：L 位长的素数，其中 $512 \leqslant L \leqslant 1\,024$ 且 L 是 64 的倍数。

q：$p-1$ 的 160 b 的素因子。

g：$g\equiv h(p-1)/q \bmod p$，其中 h 是满足 $1<h<p-1$ 且使得 $h(p-1)/q \bmod p>1$ 的任一整数。

（2）用户秘密钥 x。x 是满足 $0<x<q$ 的随机数或伪随机数。

（3）用户的公开钥 y。$y\equiv g^x \bmod p$。

（4）用户为待签消息选取的秘密数 k。k 是满足 $0<k<q$ 的随机数或伪随机数。

（5）签字过程。用户对消息 M 的签字为(r,s)，其中 $r\equiv(g^k \bmod p) \bmod q$，$s\equiv[k^{-1}(H(M)+x^r)] \bmod q$，$H(M)$是由 SHA 求出的杂凑值。

（6）验证过程。设接收方收到的消息为 M'，签字为(r',s')。计算：

$$w\equiv(s')^{-1} \bmod q，u_1\equiv[H(M')w] \bmod q$$

$$u_2\equiv r'w \bmod q，v\equiv[(g^{u1}y^{u2}) \bmod p] \bmod q$$

检查 v 是否等于 r'，若相等，则认为签字有效。这是因为若$(M',r',s')=(M,r,s)$，则：

$$v\equiv[(g^w g^{xrw}) \bmod p] \bmod q\equiv[g^{(H(M)+xr)s^{-1}} \bmod p] \bmod q\equiv(g^k \bmod p) \bmod q\equiv r$$。

DSA 算法框图如图 3-4 所示，其中的 4 个函数分别为：

$$s\equiv f_1[H(M),k,x,r,q]\equiv[k^{-1}(H(M)+xr)] \bmod q$$

$$r=f_2(k,p,q,g)\equiv(g^k \bmod p) \bmod q$$

$$w=f_3(s',q)\equiv(s')^{-1} \bmod q$$

$$v=f_4(y,q,g,H(M'),w,r')$$
$$\equiv[(g^{(H(M')w) \bmod q}y^{r'w \bmod q}) \bmod p] \bmod q$$

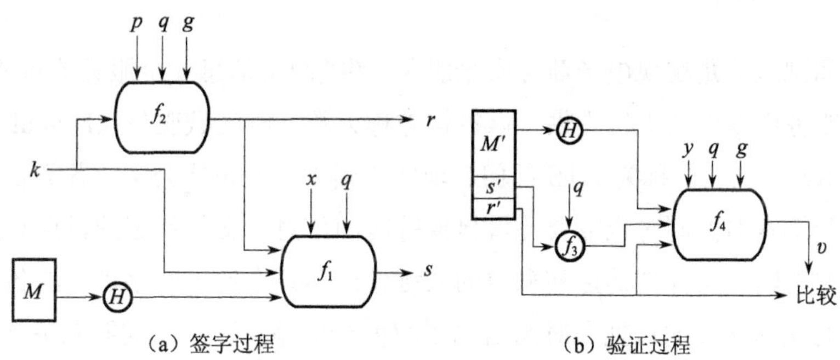

图 3-4　DSA 算法框图

3.4.4　阈下信道

阈下信道是指在公开信道中所建立的一种实现隐蔽通信的信道。传统密码体制中不存在阈下信道。分组密码（如 DES 加密方案）中也不存在阈下信道，因为与明文块（长度为 64 b）相对应的密文块（长度为 64 b）的大小是相同的。如果存在阈下信道，则一个明文块要对应多个不同的密文块，而事实上在 DES（数据加密标准）方案中明、密文块是一一对应的。但在大多数基于公钥体制的数字签名方案中，明文 m 与数字签名 $S(m)$

不是一一对应的，这是由于会话密钥具有可选择性，从而对同一个消息可产生多个数字签名，即对每个 m 可以有多个 $S(m)$。但这并不影响对签名的验证，即对于多个不同的签名，只要私钥相同，则验证者可以通过计算 $S^{-1}(S(m))=m$ 来验证签名的有效性，这就为阈下信道的存在提供了条件，阈下收方可以根据这些不同的数字签名获取公开收方无法得到的阈下信息。研究表明，绝大多数数字签名方案都可包含阈下信道的通信，其最大特点是阈下信息包含于数字签名之中，但对数字签名和验证的过程无任何影响，这正是其隐蔽性所在。即使监视者知道要寻找的内容，也无法发现信道的使用和获取正在传送的阈下消息，因为阈下信道的特性决定了其安全保密性要么是无条件的，要么是计算上不可攻破的。

阈下信道在国家安全方面的应用价值很大。如果采用全球性标准，那么世界上任何地方的用户检查点都能即时检查出数字证件上的信息完整性，并能确定持证人是否是合法持证人。将来可以在数字签名的数字证件中建立阈下信道，把持证人是否为恐怖主义分子、毒品犯、走私犯或重罪犯等情况告诉发证国的海关人员，以及向金融机构、商业实体透露持证人的信用评价、支付史等情况，而仅检查公开信息的人是无法看到此类阈下信息的，持证人自己也无法获得和修改这些阈下信息。

3.5　数字时间戳

3.5.1　数字时间戳概念

数字时间戳服务是实现电子商务安全服务、各类网上信息安全服务的重要技术之一。数字时间戳服务由专门的机构提供，该机构被称为数字时间戳服务（Digital Time-stamp Service，DTS）部门，简称为 DTS 部门。现实生活中，在正式公文、各类合同或交易凭证上，进行亲笔签名的同时也需要签署日期等时间信息。文件签署的日期和签名一样，均是十分重要的防止文件被伪造和篡改的关键性内容。在通过网络进行的各种商务活动中，同样需对交易文件的日期和时间信息采取安全措施。数字时间戳服务（DTS）能够提供电子交易文件、电子公文等发表时间的安全保护。

书面文件的签署时间是由签署人自己手写上。可是，数字时间戳则不同，数字时间戳是由可信的第三方加盖的，DTS 部门就是通过认证的可信第三方。它是由认证单位 DTS 加盖的，以 DTS 部门收到文件的时间为准，为文件加盖时间戳。时间戳可用于多个方面，除了电子商务以外，还可以为科学家的科学发明时间进行认证。

3.5.2　数字时间戳的构成

数字时间戳是一个经加密后形成的证书文档，它包括三个部分：

（1）需要加盖时间戳的文件的摘要（digest）；

（2）DTS 收到文件的日期和时间；

（3）DTS 的数字签名。

3.5.3　数字时间戳产生过程

对文件 M 加盖时间戳的过程如下：

用户的操作：（1）对文件 M 进行 Hash 运算，生成消息摘要 h=Hash(M)；

（2）将消息摘要 h 发送给 DTS。

DTS 部门的操作：（1）在 h 上增加日期和时间，形成新的文件 h-DTS；

（2）对文件 h-DTS 进行 Hash 运算，生成消息摘要 h'=Hash(h-DTS)；

（3）对 h' 用私钥加密，生成 DTS 的数字签名；

（4）将签名后的文件发回给用户，完成时间戳加盖。

本章小结

消息摘要是一个固定长度的值，由一个单向 Hash 函数对消息（或文本）进行运算产生。Hash 算法的单向性、抗冲突性及映像结果分布均匀性和差分分布均匀性，决定了消息摘要能够保证信息的完整性。消息摘要在不需要加密全部数据的前提下，可以实现对数据完整性及认证性的验证。

MD5 算法对输入的消息，都产生 128 b 散列值输出。与 MD5 相比，SHA-1 明文信息的最大长度可达到 264 b，生成 160 b 的消息摘要，虽然执行更慢，却更安全，SHA-1 抗穷举攻击性能更好。

数字签名能确认信息是由签名者发送的，信息自签发后到收到为止未曾做过任何修改。因此，数字签名可以防止电子数字信息被修改；或冒用别人名义发送信息；或发出（收到）信件后又加以否认等情况发生。

数字时间戳能够提供电子交易文件、电子公文等发表时间的安全保护。

思考题

1. 解释下列名词术语：

消息摘要、数字摘要、数字指纹、消息鉴别码、数字签名和数字时间戳。

2. 请说明消息摘要产生的过程，消息摘要有什么作用？

3. Hash 函数有哪些特性？请详细解释这些特性。

4. MD5、SHA-1 密钥有多长？哪一个更安全？

5. 请说明MD5算法的处理过程。

6. 为什么用散列函数而不是用对称密码构造消息认证码?

7. 请说明数字签名实现信息完整性的过程。

8. 数字时间戳有几部分构成?

9. 数字时间戳有什么作用?数字时间戳是如何产生的?

10. 数据加密算法与数字签名之间的关系有哪些?

第 4 章 公钥基础设施

内容提要

公钥基础设施（PKI）是利用公钥理论和技术建立的提供安全服务的基础设施。公钥基础设施就是要建立一套凭证管理系统，以实现对数字证书的签发、使用管理和注销等。公钥基础设施真正意义上解决了互联网上身份认证、信息完整性和抗抵赖等安全问题，确保了电子交易有效、安全地进行，从而大大地推动了电子商务的发展。

本章重点介绍了公钥基础设施的概念、数字证书及公钥基础设施的主要内容。然后讨论了信任模型的基本概念和常见的信任模型及其特点。最后介绍了公钥基础设施标准、服务和应用。

4.1 公钥基础设施的概念

公钥基础设施（Public Key Infrastructure，PKI）是利用公钥密码技术实现并提供安全服务的具有通用性的安全基础设施。它的基础是公钥加密技术，核心是证书服务。它可通过一个基于认证的框架处理所有的数据加密和数字签名工作，并进行密钥管理和交叉认证。

PKI 作为一个遵循标准的密钥管理平台，能够为所有网络应用集中地、透明地提供易于管理的安全服务，使应用程序之间能够进行安全通信。使用 PKI 建立安全通信信任机制的基础是：任何通信都是建立在公钥的基础之上，而与公钥配对的私钥掌握在通信的另一方手中。这个信任的基础通过公钥证书来实现。首先有一个第三方可信任机构——认证中心（Certificate Authority，CA）来证实用户的身份，然后 CA 对结合了用户身份和公钥信息的证书进行数字签名以证实证书的有效性。PKI 把公钥密码和对称密码结合起来，在 Internet 上实现密钥的自动管理，验证用户的身份，保证数据的安全传输。

PKI 的核心任务是确定网络中各种行为主体身份的唯一性、真实性和合法性，将可信的身份与密码机制结合，从而提供诸如数字签名验证、认证等安全服务，保护网络空间中各种行为主体的安全利益。总而言之，就是要解决网络中的信任问题。

PKI 必须解决以下问题：

（1）安全生成密钥；

（2）初始身份确认；

（3）颁发、更新及终止证书；

（4）证书的有效性验证；

（5）证书的分发；

（6）密钥的安全存档和恢复；

（7）产生签名和时间戳；

（8）建立和管理信任关系。

PKI 由认证机构、证书库、密钥备份及恢复系统、证书作废处理系统和 PKI 应用接口系统 5 部分组成。

（1）认证机构。认证机构简称 CA，是 PKI 的核心组成部分，也称作认证中心。它是数字证书的签发机构，是 PKI 应用中权威的、可信任的、公正的第三方。

（2）证书库。用于存储数字证书和公钥。用户可以从证书库获得所需的证书和公钥。

（3）密钥备份及恢复系统。为避免密钥丢失，PKI 提供了密钥备份与密钥恢复系统。当用户证书生成时，加密密钥即被 CA 备份存储。当需要恢复时，用户只需向 CA 提出申请，CA 就会为用户自动进行恢复。

（4）证书作废处理系统。通过 CA 签发的证书来把用户的身份和密钥绑定在一起，如果当用户的身份改变或密钥遭到破坏时，就必须存在一种机制来撤销这种认可。

（5）PKI 应用接口系统。应用接口系统为外界提供使用 PKI 安全服务的入口。应用接口系统一般采用 API、JavaBean、COM 等多种形式。

PKI 从技术上解决了网上身份认证、信息完整性和抗抵赖等安全问题，为网络应用提供可靠的安全保障。除此以外，它还涉及电子政务、电子商务及国家信息化的整体发展战略等多层面问题。因此，PKI 是相关技术、应用、组织和法律法规的总和，是一个宏观体系。在实际运用中，PKI 必须与企业内外的安全机制结合才可以实现真正的价值。PKI 作为一个基础设施还在不断趋于成熟。

在国外，PKI 应用已经有了长足的发展。很多厂家如 Baltimore Technologies，Entrust 和 Microsoft 等都推出了 PKI 产品。有些公司如 VeriSign 已经开始提供 PKI 服务。加拿大政府公开密钥基础设施 GOCPKI（Government Of Canada Public Key Infrastructure）是世界上最早的大规模政府 PKI 计划，已在各行各业取得了成效。但总的来说，PKI 系统仅仅还处于示范工程阶段，PKI 的结构、对称及非对称密钥算法、密钥生命周期管理的方案等还在不断变化。

在中国，PKI 建设在几年前就已开始启动。目前在国内存在的 CA 基本上可以分为三类：第一类是行业性的 CA，如中国金融认证中心（CFCA）、海关 CA、商务部 CA（国富安 CA）等，这些 CA 是由相应行业的主管部门牵头建立的；第二类是地方性 CA，如北京 CA、上海 CA、浙江 CA 等，这些 CA 是由当地地方政府牵头建立的；第三类 CA 是商业性 CA，如天威诚信 CA。这类 CA 进行商业化经营，并不从属于任何行业或地域，但它们也必须具有良好的公信力，必须由国家主管部门审批通过才能投入运营，以确保其权威、公正性。如何推广 PKI 应用，加强系统之间、部门之间、国家之间 PKI 体系的互连互通是目前 PKI 建设的重要问题。

4.2　数字证书

公钥密码体制实现了数字签名，也方便了密钥管理。实体所拥有的公钥和其身份信息的一致性是整个 PKI 得以实施的基础，因此必须提供一种机制能够把公钥和它的所有者绑定并且能够保证公钥以及与公钥相关的其他信息不被篡改，这种机制就是数字证书。数字证书是 PKI 得以实施的保证。

4.2.1　数字证书的概念

数字证书是经证书认证中心 CA 数字签名，并且包含公开密钥拥有者信息及公开密钥的文件。类似于实际生活中的身份证，数字证书是各类实体（持卡人/个人、商户/企业、网关/银行等）在网上进行信息交流及商务活动的身份证明，用于在 Internet、Extranet 和 Intranet 上进行身份验证并确保数据交换的安全。

数字证书将公钥的值与持有相应私钥的主体（个人、设备和服务）的身份绑定在一起。通过在证书上签名，CA 可以核实证书上公钥相应的私钥是否为证书所指定的主体所拥有。以数字证书为核心的加密技术可以对网络上传输的信息进行加密、解密、数字签名和签名验证，确保网上信息传递的机密性、完整性及实体身份的真实性、签名信息的不可否认性，从而保障网络应用的安全性。

数字证书的用途很广，如 Web 用户身份验证、Web 服务器身份验证、使用安全 / 多用途 Internet 邮件扩充协议（Secure/Multipurpose Internet Mail Extensions，S/MIME）的安全电子邮件、IP 安全性（IP Security）、安全套接层/事务层安全性（Secure Socket Layer/Transaction Layer Security，SSL/TLS）和代码签名。如果在一个组织内部使用 Windows 2000 企业证书颁发机构（在“Windows 2000 Certificate Services”白皮书中说明），证书可用于登录到 Windows 2000 域。证书还可以由一个 CA 颁发给另一个 CA，以建立证书层次结构。

4.2.2 数字证书的格式

数字证书的格式一般采用 X.509 国际标准，该标准提供了网间实体认证功能，允许选择和使用包括 RSA 算法在内的多种加密和散列函数来实现认证功能。X.509 定义了公钥证书的结构，最初版本公布于 1988 年，1993 年和 1996 年进行了两次修订。最新版本为 X.509 v3（X.509 version 3）。采用 X.509 标准的证书称为 X.509 证书。X.509 证书的一般格式如图 4-1 所示。

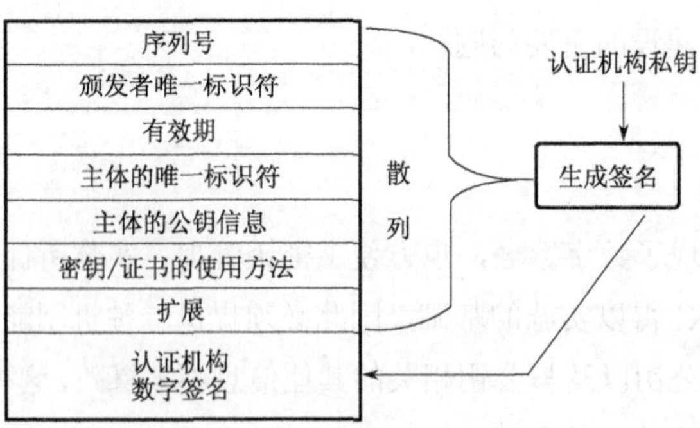

图 4-1 X.509 证书的一般格式

X.509 证书包括的内容如下。

序列号：序列号是 CA 给每一个证书分配的一个整数，它是特定 CA 签发的证书唯一代码，即发行者名称和序列号可以唯一标示一张数字证书。

颁发者唯一标识符：这个字段只出现在 X.509 v2 或者 X.509 v3 中，用来处理在超出有效时间的主题或发行者名字再使用的可能性。

有效期：证书的有效期是时间间隔，在这期间 CA 保证关于证书的情况的信息。2049 年以前的证书有效期以 UTC Time 类型编码，2050 年以后的证书有效期以 Generalized Time 类型编码。

主体的唯一标识符：使得主题可以唯一地被标示出来，避免重名；仅在 X.509 v2 或 X.509 v3 中有要求，属于可选项。

主体的公钥信息：这个字段携带了公开密钥和密钥使用算法的标识符。

密钥/证书的使用方法：定义了密钥/证书用途、使用方法。

扩展：扩展字段仅出现在 X.509 v3 中，它为用户提供公开密钥和证书管理等级制度相结合的附加属性的方法。

4.2.3　证书撤销列表（CRL）

证书撤销列表（Certificate Revocation List，CRL，又称证书黑名单）为应用程序和其他系统提供了一种检验证书有效性的方式。任何一个证书废除以后，证书机构 CA 会通过发布 CRL 的方式来通知各个相关方。目前，同 X.509 v3 证书对应的 CRL 为 X.509 v2 CRL。

PKI 中，CRL 是通过轻量级目录访问协议（Lightweight Directory Access Protocol，LDAP）系统进行发布的。产生 CRL 的步骤为：首先，CA 管理员撤销相关证书，建立与 CA 中心的连接；其次，CA 公布被废除的证书的序列号并且将该证书放入作废证书数据库，将序列号放入 CRL 中；最后，系统通过 LDAP 发送新的 CRL。

图 4-2 为 CRL 的基本格式。为了提高检索速度，CRL 只存放证书的序列号等信息，而不存放证书内容。CRL 颁发者对 CRL 的基本信息和标志信息进行散列，然后用私钥对得到的散列值进行加密产生一个数字签名，该数字签名签署在对应的 CRL 中。

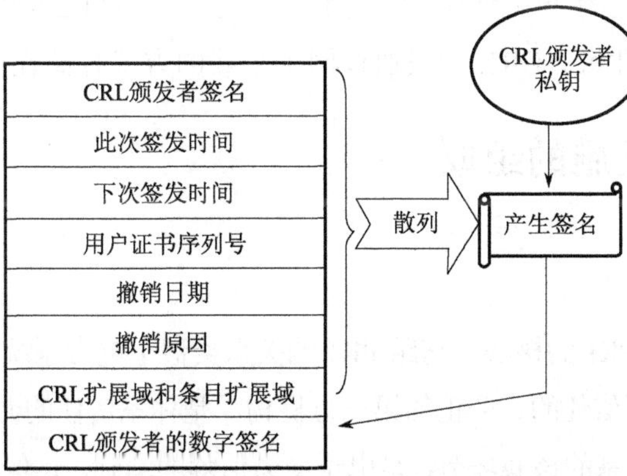

图 4-2　CRL 的基本格式

CRL 包含的主要内容如下。

CRL 颁发者签名：签发撤销列表的机构名称。

此次签发时间：此次 GRL 签发时间，遵循 ITU-T X.509 v2 标准的 CA 在 2049 年以前把这个域编码为 UTC Time 类型，到 2050 年以后把这个域编码为 Generalized Time 类型。

下次签发时间，下次 CRL 签发时间，遵循 ITU-T X.509 v2 标准的 CA 在 2049 年以前把这个域编码为 UTC Time 类型，在 2050 年以后把这个域编码为 Generalized Time 类型。

用户证书序列号：序列号是 CA 给每一个证书分配的一个整数，它是特定 CA 签发的证书的唯一代码，即发行者名称和序列号可以唯一标示一张数字证书。

CRL 颁发者的数字签名：证书签发机构对 CRL 内容的签名值。CRL 由可信撤销服务的私钥签名以确保不能被修改。

CRL 扩展域和条目扩域：CRL 扩展域用于提供与 CRL 有关的额外信息部分，允许团体和组织定义私有的 CRL 扩展域来传送他们独有的信息；CRL 条目扩展域则提供与 CRL 条目有关的额外信息部分，允许团体和组织定义私有的 CRL 条目扩展域来传送他们独有的信息。

4.2.4 证书的存放

数字证书作为一种电子数据格式，可以直接从网上下载，也可以通过其他方式存放。

一种方式是使用 IC 卡存放用户证书。即把用户的数字证书写到 IC 卡中，供用户随身携带，大大方便了用户使用。这样的话，在所有能够读 IC 卡证书的电子商务终端上用户都可以享受安全的电子商务服务。

另一种方式是将用户证书直接存放在磁盘或终端上。用户把从 CA 申请来的证书下载或复制到磁盘或自己的 PC 或智能终端上。当用户使用自己的终端享受电子商务服务时，直接从终端读入即可。CRL 一般通过网上下载的方式存储在用户端。

4.3 公钥基础设施的组成

4.3.1 认证中心

认证中心是整个 PKI 的核心，它跟 PKI 的关系类似于电力系统和发电厂的关系。它是 PKI 应用中权威的、可信任的、公正的第三方机构，是体系信任的源头。

CA 是电子商务体系的核心环节，是电子交易信赖的基础，是保证网上电子交易安全的关键环节。CA 专门负责数字证书的发放与管理，确保网上信息的安全。CA 通过自身的注册审核体系，检查核实进行证书申请的用户身份和各项相关信息使得参与电子交易的实体的属性的真实性与证书上的一致。各级 CA 认证中心的存在构成了整个电子商务的信任链。

CA 的组成结构如图 4-3 所示，CA 主要由以下 6 部分组成。

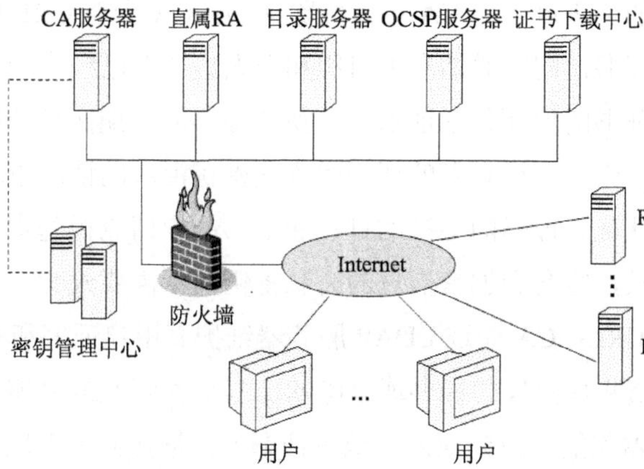

图 4-3　CA 的组成结构

（1）CA 服务器：这是 CA 的核心，是数字证书生成、发放的运行实体，同时提供发放证书的管理、证书撤销列表的生成和处理等服务。

（2）证书下载中心：该中心连接在互联网上，用户通过登录 CA 网站访问证书下载中心，CA 服务器生成的证书通过证书下载中心供用户下载。

（3）目录服务器：它的功能是提供数字证书的存储，以及数字证书和证书撤销列表的查询。目录服务的技术标准遵循轻量级目录访问协议。

（4）OCSP（Online Certificate Status Protocol，在线证书状态协议）服务器：该服务器向用户提供证书在线状态的查询。

（5）密钥管理中心（Key Manager Center，KMC）：根据国家密码管理规定，加密用的私钥必须由权威、可靠的机构进行备份和保管。

（6）证书注册机构（Registration Authority，RA）：它负责受理证书的申请和审核，其主要功能是接受客户证书申请并进行审核。注册中心是可选的，在不必设立注册中心的地方，可以将注册中心的功能并入 CA 中心。

CA 的主要职责包括：证书颁发、证书更新、证书废除、证书和 CRL 的公布、证书状态的在线查询、证书认证和制定政策等。

（1）证书颁发：申请者可以在线申请，也可以到注册中心去申请。CA 为将要颁发给申请者的证书签署数字签名用以鉴别申请者身份，同时公证人为该签名和申请人的身份进行公证。此外，CA 还为这份证书盖上过期日期。通常，CA 会将证书返回给证书申请系统或者寄给证书库。因此，证书的颁发可采取两种方式：一是在线直接从 CA 下载；

二是 CA 将证书制作成磁盘或 IC 卡后，由申请者带走。

（2）证书废除：在实际中，证书往往会在还没有超过有效日期的时候就失效。例如，一位公司职员将离职或更改名字，或者某个私钥被泄露需要修改。在这些情况下，证书持有者或证书持有者的上级可以向 CA 申请废除证书。CA 会在 CRL 中公布该证书的序列号以表示已撤销该证书，同时通知有关组织和个人该证书已经作废。

（3）证书更新：证书的更新包括证书的更换和证书的延期两种情况。证书的更换实际上是重新颁发证书。当证书持有者的证书丢失或密钥泄露的情况下就需要更换证书，以继续参与网上身份认证。证书的更换的过程和证书的申请流程基本一致。证书的延期只是将证书有效期延长，签名和加密信息的公私密钥都不需要改变。

（4）维护证书和 CRL：CA 通过 LDAP 服务器维护着用户证书和 CRL。它向用户提供目录浏览服务，负责将新签发的证书或废除的证书加入到 LDAP 服务器上。这样用户通过访问 LDAP 服务器就能够得到他人的数字证书或能够访问证书废除列表。

（5）证书状态查询：用户可以通过查看 CRL 来看自己的证书是否被废除，但 CRL 的状态同当前证书状态有一定的滞后，因为通常 CRL 签发为一天一次。证书状态的在线查询向 OCSP 服务器发送 OCSP 查询包，包中含有待验证证书的序列号，验证时间戳。OCSP 服务器返回证书的当前状态并对返回结果加以签名。可见，在线证书状态查询比 CRL 更具有时效性。

（6）证书认证：在进行网上交易时，为验证双方身份，交易双方互相提供自己的证书和数字签名，由 CA 来对证书进行有效性和真实性的认证。每个交易方必须至少有一个对方信任的 CA 颁发的证书。在实际中，一个 CA 很难得到所有用户的信任并接受它所发行的所有公钥用户的证书，这就需要多个 CA。在多个 CA 系统中，一个特定 CA 发放证书的用户组成一个域。如果两个持有不同 CA 所颁发的证书的交易双方需要进行安全通信，就需要解决跨域的公钥安全认证和递送，需要建立一个可信赖的证书链或证书通路。高层 CA 称作根 CA，它向低层 CA 发放公钥证书。

（7）制定政策：普通用户信任一个 CA，不仅关心的是它的技术是否过硬，还关心它的政策是否公开、周到、合理。CA 的政策指的是 CA 必须对信任它的各方负责，它的责任大部分体现在政策的制定和实施上。

CA 的政策包含以下六个方面。

（1）私钥的保护：私钥是证书的灵魂，私钥一旦泄露或毁损，证书也就名存实亡。因此 CA 签发证书所用的私钥要受到严格的保护，防止毁坏和非法使用。

（2）密钥对的产生方式：生成密钥对有两种办法：一种是在客户端生成，另一种是在 CA 的服务器端生成。提交申请时，要决定密钥对的生成方式。究竟采用哪一种申请方式，还要取决于 CA 的政策。用户在申请证书之前应仔细阅读 CA 这方面的政策。

（3）CRL 的更新频率：CRL 的更新如果太慢的话就会影响用户及时查询证书状态。CA 的管理员可以设定一个时间间隔，系统会按时更新 CRL。

（4）CA 服务器的维护：CA 服务器的安全直接影响到证书的安全使用，因此必须采取严密的措施以保证 CA 服务器的安全，保证该主机不被任何未被授权的人直接访问（CA 使用的 HTTP 服务端口除外）。

（5）通告服务：对于用户的申请和证书过期、废除等对用户进行通告。

（6）审计与日志检查：为了安全起见，CA 对一些重要的操作应记入系统日志。在 CA 发生事故后，要根据系统日志做事后追踪处理，即审计。CA 管理员须定期检查日志文件，尽早发现可能出现的隐患。

4.3.2　证书库

证书库是 PKI 系统的数据存储中心和发布中心，用于发布所有通过认证中心认可的 X.509 证书和证书撤销列表，它是 PKI 体系的一个组成部分，PKI 大部分组件的管理操作都和证书库密切相关。证书库是一种逻辑上集中的数据库。用户可以从此处获得其他用户的证书和公钥。由于证书具有不可伪造性，所以可以在数据库中公布证书，无须用任何形式的要求来保护证书。

传统的 PKI 系统一般在文件系统或数据库的基础上实现 PKI 证书库，但它们分别有检索方式单一、不易管理和开发工作量大、可移植性和互操作性差等缺点，随着轻量级目录访问协议（LDAP）标准的日益成熟和 LDAP 目录服务的广泛应用，用 LDAP 目录服务来设计 PKI 证书库逐渐成为新一代的解决方案。通常，证书库是采用支持 LDAP 协议的目录系统，LDAP 是对用于在目录中定位信息的访问方法和协议的描述，一个 LDAP 兼容的目录可以是普通文件、关系数据库，也可以是 X.500 的目录。但是，无论是什么都必须符合 LDAP 标准的要求。客户端可以通过多种访问协议从证书库查询信息，并且可以实时查询证书和证书撤销信息。系统必须保证证书库的完整性，防止伪造、篡改证书。

4.3.3　密钥备份及恢复

实际中存在很多用户丢失密钥的情况，这些情况通常包括如下两个方面。

（1）遗失或忘记口令。虽然用户的加密私钥在物理上是存在的，但实际上用户无法使用。

（2）介质的破坏。如硬盘和 IC 卡损坏。

如果用户由于某种原因丢失了解密私钥，则被加密的数据因无法解开而造成数据的丢失。例如，在某项业务中的重要文件被对称密钥加密，而对称密钥又被某个用户的公钥加密起来，假如该用户的解密私钥丢失了，这些文件将无法恢复。为了避免这种情况的发生，PKI 提供了一种密钥备份与解密密钥的恢复机制，用以恢复用户丢失的密钥，为用户提供方便，这就是密钥备份及恢复系统。

在一个系统中，维护密钥对的备份至关重要，否则当密钥丢失后加密数据将会完全丢失，对于一些重要数据，这将引起灾难性后果。因此，密钥的备份和恢复也是密钥管理中的重要一环。使用的企业和组织必须能够得到确认：即使密钥丢失，加密保护的重要信息也必须能够恢复，并且不能让一个独立的个人完全控制最重要的主密钥，否则将引起严重后果。另外，企业自身也应该考虑所使用密钥的生命周期，包括密钥和证书的有效时间，以及已撤销密钥和证书的维护时间等。

密钥的备份和恢复发生在证书初始化注册阶段和证书的颁发阶段。

需要强调的是，密钥备份与恢复只能针对解密密钥，而用户用于数字签名的私钥是绝对不能备份的，因为数字签名是用于支持不可否认性服务的。

用户在申请证书的初始阶段，如果注册声明公/私钥对用于加密，出于对数据的机密性考虑，在初始化阶段，可信任的第三方机构 CA 即可对该用户的密钥和证书进行备份。密钥的备份可采用与密钥保存类似的分散方法，以避免知道密钥的人太多。密钥的备份也可以采用职责分离方式，使保管备份密钥的人不能接触数据。另外密钥的备份可以和使用结合起来考虑，例如使用智能卡方式：持卡人可以使用密钥来进行加密 / 解密，但不知密钥的具体内容，同时对卡的使用可以进行审计。

密钥恢复功能发生在密钥管理生命周期的颁发阶段，是对终端用户因为某种原因而丢失的解密密钥给以恢复。这种恢复由可信任的密钥恢复中心或 CA 来完成。密钥恢复的手段可以是远程设备恢复，也可以是本地设备恢复。

4.3.4 证书撤销

同日常生活中的各种证件一样，证书在 CA 为其签署的有效期内也可能作废。作废的原因可能是以下几种情况：

（1）证书过期；

（2）证书拥有者的身份信息变更；

（3）密钥泄露；

（4）用户提前申请停止使用；

（5）证书被冻结或挂起。

PKI 必须提供作废证书的一系列机制。作废证书有如下三种情况：作废一个或多个主体的证书；作废由某一对密钥签发的所有证书；作废由某 CA 签发的所有证书。

证书撤销原理如图 4-4 所示。首先由终端实体提出证书撤销申请，然后将申请提交给 CA 或者 RA。CA 或 RA 对实体的申请进行一系列审核后做出相应的响应。在某些特殊情况下，CA 也有权直接撤销用户的证书。

作废证书一般通过将证书列入 CRL 来完成。通常，在系统中由 CA 负责创建并维护一张及时更新的 CRL，由用户在验证证书时负责检查该证书是否在 CRL 之列。CRL 一般存放在目录系统中。证书的作废处理必须在安全及可验证的情况下进行，系统还必须保证 CRL 的完整性。

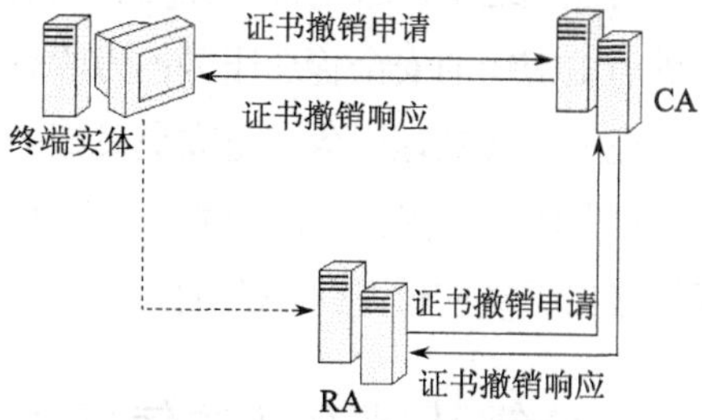

图 4-4　证书撤销原理

4.3.5　密钥更新

理论上有密码算法和确定长度密钥被破译的可能，因此为安全起见，密钥需要定期更换。更换内容包括用户登记更新、密钥更新。但对 PKI 用户来说，手工完成密钥更新几乎是不可行的，因为用户自己经常会忽视证书已过期，只有使用失败时才能发觉。因此，需要 PKI 系统提供密钥的自动更新功能。

无论用户的证书用于何种目的，在认证时，都会在线自动检查有效期，当失效日期到来之前的某个时间间隔内自动启动更新程序，生成一个新的证书来代替旧证书，新旧证书的序列号不一样。

密钥更新对于加密密钥对和签名密钥对，由于其安全性要求的不一样，其自动过程并不完全一样。

对于加密密钥对和证书的更新，PKI 系统采取对管理员和用户透明的方式进行，提供全面的密钥、证书及生命周期的管理。系统对快要过期的证书进行自动更新，不需要管理员和用户干预。当加密密钥对接近过期时，系统将生成新的加密密钥对。这个过程基本上跟证书发放过程相同，即 CA 使用 LDAP 协议将新的加密证书发送给目录服务器，以供用户下载。

签名密钥对的更新是当系统检查证书是否过期时，对接近过期的证书，将创建新的签名密钥对。利用当前证书建立与认证中心之间的连接，认证中心将创建新的认证证书，并将证书发回 RA，在归档的同时，供用户在线下载。

4.3.6　应用程序接口

一个完整的 PKI 必须提供良好的应用接口系统，以便各种应用都能够以安全、一致、可信的方式与 PKI 交互，确保所建立起来的网络环境的可信性。

为了向应用系统屏蔽密钥管理细节，PKI 应用接口系统需要实现以下功能：完成证书的验证工作；为应用提供统一的密钥备份与恢复支持；确保用户的签名私钥始终只在用户本人的控制之下，阻止备份签名私钥的行为；根据安全策略自动为用户更换密钥；向应用提供历史密钥的安全管理服务；为所有应用访问公用证书库提供支持；为所有应用提供统一的证书作废处理服务；完成交叉证书的验证工作，为所有应用提供统一模式的交叉验证支持；支持多种密钥存放介质，包括IC卡、PC卡、安全文件等。最后需要说明的是，PKI应用接口系统应该是跨平台的。一个有效的PKI系统必须是安全、透明的。

4.4 公钥基础设施的信任模型

4.4.1 什么是信任模型

信任模型提供了建立和管理信任关系的框架，即信任关系是如何在两个 CA 间建立起来的。在明确信任模型的概念之前，必须首先明白以下几个概念。

1. 信任

ITU-T 推荐的标准 X.509 中是这样定义信任的：Entity A trusts entity B when assumes that B will behave exactly as A expects。翻译成中文就是：如果一个实体假定另一个实体会严格并准确地按照它所期望的那样行动，那么它就信任该实体。这种定义信任的方式涉及假设、预期和行为，也体现了实体双方的一种关系及对该关系的一些期望。这样的定义也明确地意味着信任是不可能被定量测量的，信任是与风险相联系的，信任的建立不可能总是全自动的。

对信任定义中的假设和预期可以使用信任水平的概念，信任水平与实体双方的位置有直接关系。位置是对双方距离程度的估计和度量，如果一方对另一方很了解而且对它的期望是建立在过去的经验基础之上的，那么该实体会在自己建立的信任中拥有一个较高的信任水平。如果实体双方距离很远，或者对对方实体的行为方式了解得很少，那么信任水平就越低。

某些情况下，双方距离得很远，结果双方对互相的信任水平都很低，这时就需要引入可信的第三方——认证机构 CA，建立相应的 PKI 信任模型。使用第三方实际是通过信任传递来建立信任关系。

2. 信任域

简单地说，信任域就是信任的范围。通常在一个体系中，信任域被定义为公共控制下或服从于一组公共策略的实体集合。例如，对于一个公司或单位而言，这个公共策略包括机构制定的操作规则和安全章程。

识别信任域及其边界对构建 PKI 很重要。由于信任的建立实质上取决于实体之间的关系，因此在定义信任域边界和信任关系时，实体之间的主观判断起到了更重要的作用。

使用另一信任域中的CA签发的证书通常比使用相同信任域的CA签发的证书复杂得多。

在一个体系中，信任域可以按照组织结构和地理界限来划分。一个 PKI 体系中完全可能存在多个信任域，其中有的信任域会发生重叠。当各个信任域开始声明特定的策略和操作程序时，而不同的信任域之间需要进行互操作时，事情就变得相当复杂。多数情况下，确立了公共操作要求的一组高级策略可以把不同的信任域联系起来，形成一个整体来运作。对于建成包括认证机构在内的安全基础设施，能否建立一个可确定本地信任模型的广泛策略的信任域，对于 PKI 部署的成败有重大关系。

3. 信任锚

信任锚就是 PKI 体系中的信任起点。在信任模型中，当可以确定一个实体身份或者有一个足够可信的身份签发者证明该实体的身份时，另一个实体就能做出对它信任的决定，这个可信的身份签发者就称为信任锚。

如何确定信任锚呢？一种情况是一个实体对待识别的实体很熟悉，有直接的了解，可以相信该实体就是它自己所声明的身份。这种情况中，实体直接验证了对方的身份，不需要外部信任锚，也可以说该实体就是自己的信任锚。另一种情况则比较复杂：如果一个实体和待识别的实体没有直接的联系，但是有一个和它经常交互的实体能证明待识别实体的身份，就可以采用信任传递的方式——根据它对熟识实体的信任以及熟识实体与待识别实体已经建立的信任关系，该实体就可以相信待识别实体的身份，同时也向它证明了自己的身份。这种情况下，熟识的实体就是信任锚，这时的信任锚与该实体较近。最后还有一种情况是，对于一个实体来说如果有一个高度可信却距离较远的实体，虽然它们并不直接认识，但前一个实体可根据后者足够高的可信声誉而信任它，同时也应该信任它证明的其他实体，这时的信任锚距离实体较远。

4. 信任路径

信任路径也称证书链。它是指通过采用交叉认证技术建立信任关系和验证证书时寻找和遍历信任路径，提供了建立和管理 PKI 间信任关系的框架。在一个实体需要确认另一个实体身份时，它先确定信任锚，再由信任锚找出一条到达待确认实体的各个证书，这些证书组成的路径称为信任路径。

5. 信任关系

在 PKI 中，当两个认证机构相互或者一方给另一方颁发证书时，两者便建立了信任关系。通过信任路径可以传递信任关系。信任关系可以是双向的也可以是单向的，多数情况下采取双向的形式，即某实体相信另一个实体，那么另一个实体也相信它。这也是建立信任模型最简单的情形，因为信任链从两个方向都可以建立或验证。但一些特殊情形只能采用单向信任关系，比如从绝密信任域跨越到开放信任域的时候，信任关系只能在一个方向上延续。信任模型描述了如何建立信任关系，找寻和遍历信任路径的规则。信任模型可以划分用户群，允许验证建立信任关系时的那些明确规则，这些规则使得建立的信任验证路径最短。

根据 PKI 信任模型的不同，CA 扮演的角色也不同，CA 相应的构建方式也不同。CA 的构建方式的不同又反过来影响了各种 PKI 信任模型的性能指标。

最后给出信任模型的概念。信任模型是指建立信任关系和验证证书时寻找和遍历信任路径的模型。信任模型是建立在一定长度的信任路径的模型。它研究的是 PKI 体系中用户和 CA 以及 CA 之间的信任关系，用以解决 PKI 产品和相关体系的兼容性问题。信任模型的评价指标有：信任域扩展的灵活性、信任路径构建的难易程度、信任关系的可靠程度、信任建立方式的安全性、证书管理的复杂度等。

4.4.2 交叉认证

交叉认证机制是信任模型的基础，通过把之前无关的 CA 连接在一起的机制，使各自主体群之间的安全通信成为可能。简单地说，就是多个 PKI 域之间实现互操作。

交叉认证实现的方法有多种：一种方法是桥接 CA，即用一个第三方 CA 作为桥，将多个 CA 连接起来，成为一个可信任的统一体；另一种方法是多个 CA 的根 CA（RCA）互相签发根证书，这样当不同 PKI 域中的终端用户沿着不同的认证链检验认证到根时，就能达到互相信任的目的。

交叉认证可以分为域内交叉认证（CA 同属于相同的域）和域间交叉认证（CA 属于不同的域）。交叉认证可以是单向的，也可以是双向的，并可以在不同的依托群体中扩展信任。同时，使用一个或多个为交叉认证定义的标准扩展，带给信任扩展的明显优势是控制。

交叉认证技术的主要作用是扩大信任域的范围，使用户能够在更加广泛的范围内建立起相互的信任关系，是解决 PKI 互操作性的一般性技术框架。

4.4.3 常用的信任模型

在构筑和运作基于 PKI 的安全基础设施过程中，根据实际情况选择适当的信任模型以及与它相应的安全级别是非常重要的。信任模型决定了 PKI 所涉及的网络中所有的主体所采用的信任形式以及该形式所带来的信任风险，构建合适的信任模型不但可以明确建立信任关系时的详细规则，而且能够提供最短的信任验证路径。

CA 一般是采用分级模式来管理大量用户，特别是作为国家信息化安全基础设施，各地 PKI 中心及各职能部门 CA 之间必然存在着相互信任、相互认证的关系，各级 CA

之间的联系构成了 PKI 架构的信任层次模型。当前较为流行的基于 X.509 证书的 PKI 多级信任模型包括：下属层次型信任模型、网状信任模型、混合型信任模型、桥 CA 信任模型和 Web 信任模型，下面对它们的特点进行分析。

1. 下属层次型信任模型

下属层次型信任模型如图 4-5 所示。在下属层次型信任摸型中，根 CA 具有特殊性：它被任命为所有最终用户的唯一公共信任锚，信任关系是从根 CA 建立起来的，所以没有别的认证机构可以为根 CA 颁发证书。因此根 CA 给自己颁发一个证书。这个证书的特点是它是自签名的，也就是说，证书的主体和其颁发者是相同的。

此外，根 CA 的特殊性还表现在，根 CA 的密钥一旦泄露会引发灾难性后果，对信任模型的运作产生巨大的破坏。原因是在下属层次型信任模型中，根 CA 是所有路径的必经之路，它的位置极其关键。一旦泄密，根 CA 必须要及时地撤销密钥，然后把颁发的新的证书再分发给所有的证书用户。所有的可疑的下属证书及密钥也要重新生成。

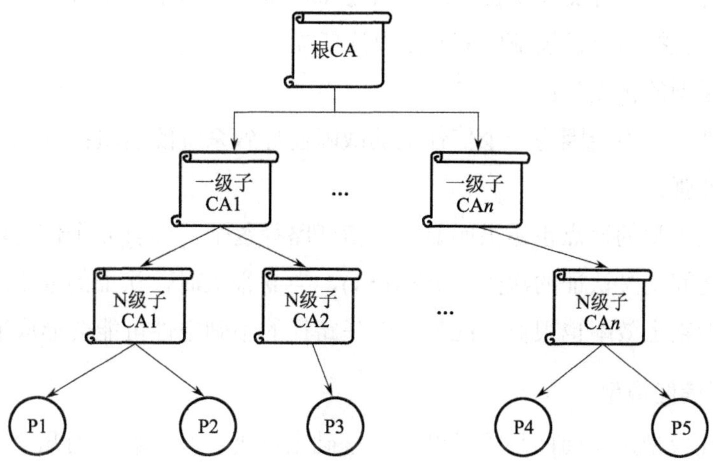

图 4-5　下属层次型信任模型

所以，这种模型的缺点是由于只存在一个根 CA，根 CA 的负载非常大，且容易成为攻击目标，系统的可靠性和稳定性较差。

由于根 CA 通常不直接给终端用户颁发证书，而只给子 CA 颁发证书，而且是单向证明下一层下属子 CA，终端用户通过根 CA 来对证书的真实性和有效性进行验证。因而模型的扩展性好、证书路径相对较短、应用简单。

2. 网状信任模型

如图 4-6 所示，网状信任模型是目前应用最为广泛的模型。不同于下属层次型信任模型，网状信任模型中不存在所有实体都信任的根 CA，而是把信任分散在两个或多个 CA 上。所有的 CA 实际上都是相互独立的同位体（在这个结构中没有子 CA）。

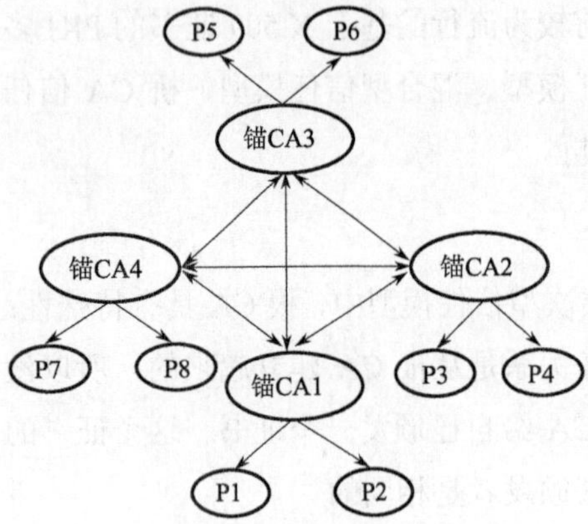

图 4-6 网状信任模型

网状信任模型尤其适用于通信机构间没有上下级层次关系的情况下。通常，网状信任模型中的遍历要求交叉证书必须是在两个方向上相互颁发的。该模型中，每一个验证者还需要建立自己的信任锚的路径。网状信任模型中的路径构造相对于层次模型来说复杂许多。此时，路径构造算法应具有处理交叉证书及检测循环的能力。由于任意两点间可能存在多条路径，因此，在路径构造中有必要采用适当的优化措施。其中的封闭环路一定要检测出来并丢弃掉，对可能存在的多路径要进行过滤和优先级的设置。

在网状信任模型中，允许对等交叉认证的存在。为了建立一组信任关系，允许每个参与者与其他对等方进行交叉认证。这样就使得网状信任模型可以有多个信任锚，终端实体通常都选取直接给自己发证的 CA 作为信任锚。

网状信任模型的优点是：

（1）安全性高，不会因为一个信任锚的故障而导致系统的崩溃；

（2）兼容性强。

但网状信任模型的缺点也是很明显的：信任路径复杂，当有 n 个信任域的时候，各信任域的锚点之间交叉认证的次数为 $n\times(n-1)$，当 n 很大时，认证的成本就很高，而且在信任路径的搜索上效率也很低。此外，信任路径的不确定性可能会形成证书环路。

3．混合型信任模型

混合型信任模型是在前两种模型结合的基础上再进一步扩展。当几个下属层次型模型需要相互认证的时候，可以把它们的锚 CA 彼此交叉认证，也就是说混合型信任模型中有多个信任域存在，每个信任域内的结构都是下属层次型信任模型，信任域锚 CA 之间采取网状模型互连。在此基础上，不同信任域的非根 CA 之间也可以进行交叉认证，以缩短证书链的长度。

混合型信任模型有如下特点：

（1）存在多个根 CA；

（2）任意两个根 CA 间都要建立交叉认证，也就是根 CA 间要建立完全的交叉认证网；

（3）每一个层次结构都在根级有一个单一的交叉证书通向另一个层次结构。

混合信任模型的优点有：

（1）假如根间的交叉认证并不复杂的话，则可构建简单的单一认证路径。因此对于较小范围的认证，灵活性较强；

（2）对于连接两个层次结构中的低层节点的高频路径可以加入交叉认证。

混合信任模型的缺点是：在域间进行扩展时，每加入一个域，则域间的交叉认证的个数就会以平方的数量级增长，不利于进行大规模的扩展。

4．桥 CA 信任模型

桥 CA（BCA）信任模型也是解决不同信任域互连的一种信任模型，它通过指定一个证书机构来给不同信任模型的锚 CA 颁发交叉认证证书，这个证书机构就是桥 CA。而且桥 CA 信任模型对加入的信任域模型的类型没有特殊要求，只要有一个信任锚即可。

如图 4-7 所示，桥 CA 信任模型是一种“集线器”式的非层次化模型。在该结构中，每一套独立的 CA 体系都与一个处于中心地位的桥 CA 进行交叉认证，桥 CA 只是一个中介，它既不是一个树状结构的根 CA，也不像网状 CA 直接向用户颁发证书，而是作为交叉认证的中介，它与不同的信任域之间建立对等的信任关系，允许用户保留他们自己的原始信任点。

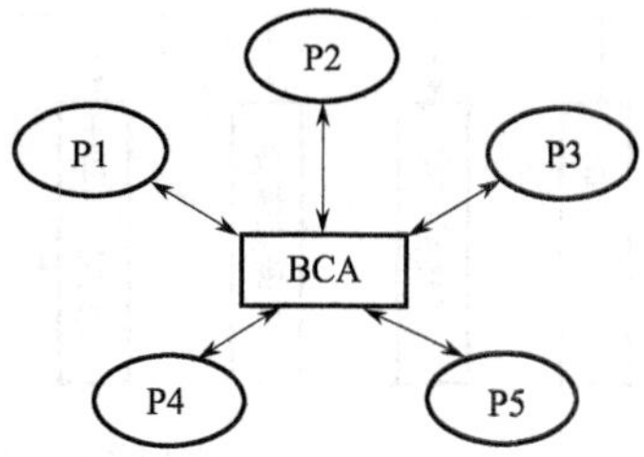

图 4-7　桥 CA 信任模型

桥 CA 信任模型的优点是：

（1）证书路径短。

（2）可扩展且扩展性强。对 n 个根 CA 来说完全连接时仅需 n 个交叉认证协议即可，信任域的扩展非常容易，且不受数量限制。

（3）安全风险被分散到各个认证机构中。

（4）连接的各个独立 CA 体系可以是任何传统类型的信任模型。

桥 CA 信任模型的缺点是：它需要一个第三方的共信桥 CA，在大范围部署时，更是需要多级的桥 CA 来负载均衡。而确定这样的共信的第三方桥 CA 是一件很困难的事情。

5．Web 信任模型

Web 信任模型是在互联网上诞生的且依赖于流行的浏览器，如 Navigator 和 Internet Explorer。在这个模型中，需要给客户端提供一套可信的根的公钥，浏览器厂商在浏览器中内置了多个根 CA，各个根 CA 间互相是平等的，浏览器用户同时信任这些根 CA，并把它们作为自己的信任锚。

从本质来看，Web 信任模型类似于下属层次型模型，因为浏览器厂商起到了根 CA 的作用，而与被嵌入密钥对应的 CA 是它所认证的 CA。

Web 信任模型的显著优点就是：方便、简单，可操作性强，证书路径的验证也非常简单。由于不需要依赖目录服务器，这种模型在方便性和简单互操作性方面有明显的优势。

Web 信任模型的缺点是安全性太差，原因是浏览器内置的根 CA 并不是通过签发证书来实现的，而是物理的嵌入到浏览器中的，用户一般不知道收到的证书的签发来源，而且没有实用的机制来废除嵌入到浏览器中的根证书。如果发现一个根密钥是“坏的”或者与根密钥相应的私钥被泄密了，让全世界数百万个浏览器都有效地废止那个密钥的使用是不太可能的。此外，该模型还缺少有效方法在 CA 和用户之间建立合法协议。所有的责任最终不能由 CA 和用户一起分担，而全部落在用户头上。

4.5　公钥基础设施的服务和实现

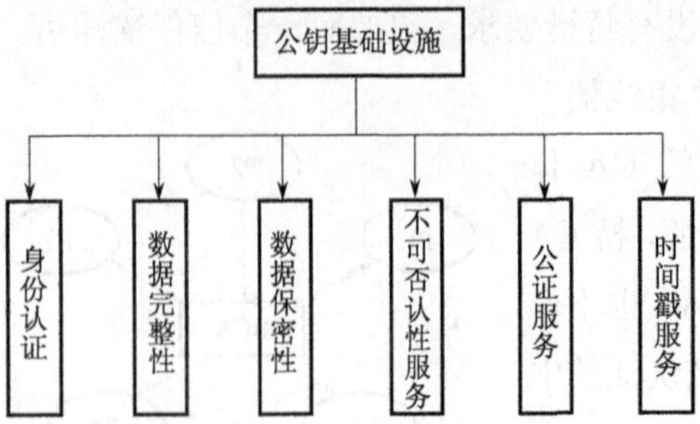

图 4-8　PKI 的主要服务

PKI 作为安全基础设施，能为不同的用户提供多样化的安全服务。如图 4-8 所示，PKI 的主要服务有：身份认证、数据完整性、数据保密性、不可否认性服务、公证服务、时间戳服务。

4.5.1　身份认证

认证就是身份识别与鉴别，简单地说就是确认“甲就是甲”，即确认一个实体就是自己声明的实体，鉴别实体身份的真伪。

在现实生活中，认证采用的方式通常是两个人事前进行协商，确定一个秘密，然后，依据这个秘密进行相互认证。随着网络的扩大和用户的增加，事前协商秘密会变得非常复杂，特别是在电子政务中，经常会有新聘用和退休的情况。另外，在大规模的网络中，两两进行协商几乎是不可能的。透过一个密钥管理中心来协调也会有很大的困难，而且当网络规模巨大时，密钥管理中心甚至有可能成为网络通信的瓶颈。

PKI 通过证书进行认证，认证时对方知道你就是你，但却无法知道你为什么是你。在这里，证书是一个可信的第三方证明，通过它，通信双方可以安全地进行互相认证，而不用担心对方是假冒的。

在应用程序中一般有两种认证方式：实体鉴别和数据来源鉴别。

实体鉴别：服务器只是简单地认证实体本身的身份，不会和实体想要进行何种活动联系起来。但实体通常是希望在鉴别身份的基础上执行其他操作，所以它的作用是有限的。在实际工作中，实体鉴别通常会产生一个明确的结果，允许实体进行其他活动或通信。例如：在实体鉴别过程中将产生一个对称密钥，可以用来解密一个文件进行读 / 写，或者与其他实体建立一个安全通信通道。实体身份一旦获得认证，也可以和访问控制列表中的权限关联起来，决定能否进行访问控制。例如，李四验证张三的过程如下。

首先，李四验证张三所持证书的真伪。李四用 CA 这个权威机构的公钥解开张三传给他的证书上 CA 的数字签名。若签名通过验证，证明张三的证书有效。

其次，李四验证张三身份的真伪。张三将自己的口令用自己的私钥进行数字签名，并且传递给李四。李四从证书库查得张三的公钥并且用该公钥去验证张三的数字签名。如果通过验证，那么张三的身份就是真实的。此过程如图 4-9 所示。

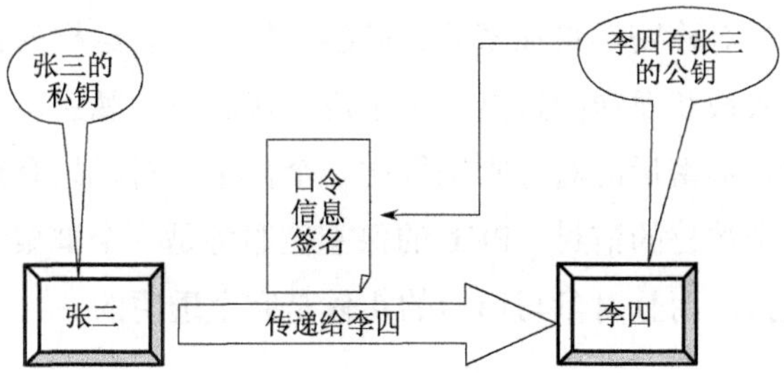

图 4-9　李四验证张三的过程

数据来源鉴别：就是鉴定某个指定的数据是否来源于某个特定的实体。这既不是孤立地鉴别一个实体，也不是为了允许实体执行下一步的操作而鉴别它的身份。而是为了确定被鉴别的实体与一些特定数据有着静态的不可分割的联系，而不是考虑实体下一步可能会采取什么操作。

4.5.2　数据完整性

数据完整性就是确认数据是否在传输或存储过程中被篡改。一般来说，完整性可以通过双方协商一个秘密来解决，但一方有意抵赖时，这种完整性就无法接受第三方的仲裁。而 PKI 提供的完整性是可以通过第三方仲裁的，并且这种可以由第三方进行仲裁的完整性是通信双方都不可否认的。

数据完整性服务的实现依靠的是数字签名技术和消息认证码。

数字签名：数字签名技术不仅可以提供认证，而且可以确保被签名的数据的完整性。这是建立在哈希算法加密技术和签名算法的基础之上的。因为哈希算法的特点是输入数据的任何微小变化都会引起输出数据的不可预料的巨大变化。而签名是用自己的私钥将该哈希值加密并且将数据一起传输给接收方。如果关键数据在传输过程中被篡改，接收方对数据签名的验证必将失败。

消息认证码：消息认证码是利用密钥对要认证的消息产生新的数据块并对数据块加密生成的。它对于要保护的信息来说是唯一和一一对应的。因此可以有效地保护消息的完整性，以及实现发送方消息的不可抵赖和不能伪造。

4.5.3　数据保密性

保密性服务就是确保数据的秘密，防止秘密泄露，即非指定实体不能读出该数据。PKI 的保密性服务采用“数字信封”机制。即发送方先产生一个对称密钥并且用该密钥加密敏感数据，同时用接收者的公钥加密该对称密钥。然后，发送方将加密后的数据和加密后的对称密钥一并发送给接收方。接收方收到后，首先用自己的私钥对加密过的对称密钥解密，用得到的对称密钥将加密后的敏感数据解密。这样的话就确保了数据的保密性，因为即使其他人截获发送的数据，由于没有接收方的私钥，无法读出和读懂该敏感数据。在此过程中，加密后的对称密钥好比一个数字信封，只有指定的接收方才可以用自己的私钥拆开这个神秘的信封。PKI 的保密性服务是一个框架结构，通过它可以完成算法协商和密钥交换，而且对参与通信的实体是完全透明的。

4.5.4　不可否认性服务

不可否认性服务为当事双方发生的相互作用提供不可否认的事实。不可否认性分为很多种。最常使用的不可否认性是发送的不可否认性和接收的不可否认性。此外，还包括传输的不可否认性、创建的不可否认性和同意的不可否认性等。

PKI 的不可否认性服务用数字签名技术防止实体对其行为的否认。完整的数字签名包括签名和验证两大部分。如果第三方冒充发送方发出了一个文件，因为接收方在对数字签名进行解密时使用的是发送方的公开密钥，只要第三方不知道发送方的私有密钥，解密出来的数字签名和经过计算的数字签名必然是不相同的。这就提供了一个安全的确认发送方身份的方法。

安全的数字签名使接收方可以得到保证：文件确实来自声明的发送方。鉴于签名私钥只有发送方自己保存，他人无法做一样的数字签名，因此他不能否认他参与了交易。

4.5.5　公证服务

与传统的公证人服务不同，PKI 的公证服务提供的是数据认证的服务，认证机构 CA 证明数据是有效或正确的。通常，PKI 中被验证的数据是基于哈希算法的数字签名，公钥的正确性和签名私钥的合法性。PKI 公证人是一个被其他 PKI 实体信任的具有一定权威性的实体，提供公正的服务。

4.5.6　时间戳服务

时间戳也叫安全时间戳，是一个可信的时间权威，使用一段可以认证的完整数据表示的时间戳。最重要的不是时间本身的精确性，而是相关时间、日期的安全性。也就是说，时间值必须特别安全地传送。

PKI 中必须存在用户可信任的权威时间源，权威时间源提供的时间并不需要正确，仅仅需要用户作为一个参照时间，以便完成基于 PKI 的事务处理，如事件 A 发生在事件 B 的前面等。一般的 PKI 系统中都设置一个时钟系统以统一 PKI 的时间。当然也可以使用世界官方时间源所提供的时间，其实现方法是从网络中这个时钟位置获得安全时间。要求实体在需要的时候向这些权威请求在数据上盖上时间戳。一份文档上的时间戳涉及对时间和文档内容的哈希值的数字签名。

虽然安全时间戳是 PKI 支撑的服务，但它依然可以在不依赖 PKI 的情况下实现安全时间戳服务。一个 PKI 体系中是否需要实现时间戳服务，完全依照应用的需求来决定。

4.6　公钥基础设施的应用

4.6.1　PKI 相关标准

目前 PKI 体系中已经包含了众多的标准，可以分为两大类：一类是专门定义 PKI，另一类是基于 PKI 的标准协议，但并不定义 PKI。

图 4-10 为 PKI 相关标准和应用示意图。最著名的 PKI 标准当属 IETF（Internet Engineering Task Force）的 PKIX（PKI for X.509 Certificates）。PKIX 工作组在 1995 年 10 月成立，旨在开发一套互联网标准来支持可互操作的 PKI。PKIX 系列标准是建立在另外两个标准之上的：一个是来自国际电信联盟（International Telecommunications Union，ITU）的 X.509，另一个是来自 RSA 工作组的 PKCS（Public Key Cryptography Standards）。

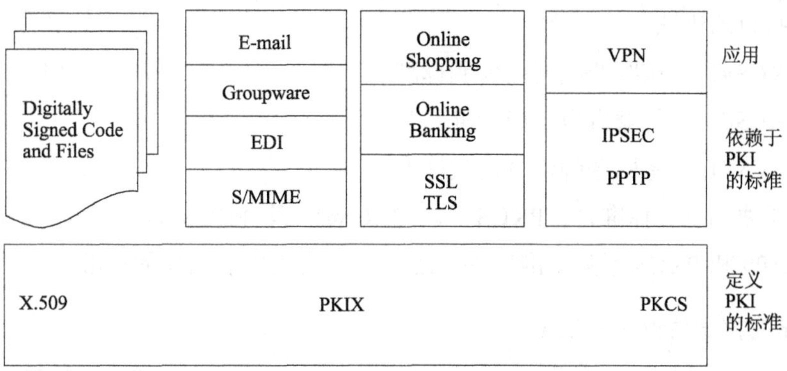

图 4-10　PKI 相关标准和应用

X.509 是一种数字证书标准。在 X.500 确保用户名称唯一性的基础上，X.509 为 X.500 用户名称提供了通信实体的鉴别机制，并规定了实体鉴别过程中广泛适用的证书语法和数据接口。

PKCS 系列标准，是一套针对 PKI 体系的加 / 解密、签名、密钥交换、分发格式及行为标准。该标准目前已经成为 PKI 体系中不可缺少的一部分。这些标准连同系列中的其他标准都是当今所有 PKI 实现的基础。PKCS 系列标准简述如下。

（1）PKCS#1：定义 RSA 公开密钥算法加密和签名机制，主要用于组织 PKCS#7 中所描述的数字签名和数字信封。

（2）PKCS#3：定义 Diffie-Hellman 密钥交换协议。

（3）PKCS#5：描述一种利用从口令派生出来的安全密钥加密字符串的方法。使用 MD2 或 MD5 从口令中派生密钥，并采用 DES-CBC 模式加密。主要用于加密从一个计算机传送到另一个计算机的私人密钥，不能用于加密消息。

（4）PKCS#6：描述了公钥证书的标准语法，主要描述 X.509 证书的扩展格式。

（5）PKCS#7：定义一种通用的消息语法，包括数字签名和加密等用于增强的加密机制，PKCS#7 与 PEM 兼容，所以不需其他密码操作，就可以将加密的消息转换成 PEM 消息。

（6）PKCS#8：描述私有密钥信息格式，该信息包括公开密钥算法的私有密钥及可选的属性集等。

（7）PKCS#9：定义一些用于 PKCS#6 证书扩展、PKCS#7 数字签名和 PKCS#8 私钥加密信息的属性类型。

（8）PKCS#10：描述证书请求语法。

（9）PKCS#11：称为 Cyptoki，定义了一套独立于技术的程序设计接口，用于智能卡和 PCMCIA 卡之类的加密设备。

（10）PKCS#12：描述个人信息交换语法标准。描述了将用户公钥、私钥、证书和其他相关信息打包的语法。

（11）PKCS#13：椭圆曲线密码体制标准。

（12）PKCS#14：伪随机数生成标准。

（13）PKCS#15：密码令牌信息格式标准。

其中最重要的三个标准是：PKCS#7、 PKCS#10 及 PKCS#12。

除了 X.509 和 PKCS 系列标准以外，还有一系列依赖于 PKI 的标准。

1. 安全套接层协议——SSL

安全套接层（Secure Socket Layer， SSL）使用对称加密来保证通信的保密性，使用消息验证码（MAC）来保证数据的完整性。SSL 主要使用 PKI 在建立连接时对通信双方进行身份认证。

浏览Web页面或许是人们最常用的访问Internet的方式。为了透明地解决Web的安全问题，最合适的入手点是浏览器。现在，无论是Internet Explorer还是Netscape Navigator，都支持SSL协议。这是一个在传输层和应用层之间的安全通信层，在两个实体进行通信之前，先要建立SSL连接，以此实现对应用层透明的安全通信。利用PKI技术，SSL协议允许在浏览器和服务器之间进行加密通信。此外还可以利用数字证书保证通信安全，服务器端和浏览器端分别由可信的第三方颁发数字证书，这样在交易时，双方可以通过数字证书确认对方的身份。需要注意的是，SSL协议本身并不能提供对不可否认性的支持，这部分的工作必须由数字证书完成。

2. 安全/多用途Internet电子邮件扩展——S/MIME

基于公开密钥技术的安全电子邮件产品应用得非常广泛，包括Microsoft Exchange和Netscape Messenger等电子邮件应用程序，这些系统依靠PKI技术提供了数字签名和加密服务。

电子邮件的传输是基于存储转发（Store-and-Forward）技术，如果邮件以明文传输，邮件内容在传输途中很可能受到截取、窃听或篡改等攻击。S/MIME标准的制定正是为了解决邮件内容的完整性和发送人身份的真实性，同时支持邮件内容或附件加密，而且不需要双方预先拥有共享秘密。

支持S/MIME协议的邮件系统使用用户的私有密钥对所发送的邮件进行签名，而用户的证书则随着邮件本身一起发送，接收者可以利用该证书验证签名的有效性。如果需要对邮件进行加密，用户首先需要通过目录服务或先前的邮件获取接收方的证书，一旦证书的有效性得到验证，用户就可以使用证书包含的公开密钥来加密会话密钥，并使用后者加密邮件内容和附件。

3. IPSec

IPSec协议为网络层通信定义了一个安全框架和一组安全服务，协议的一些部分用到了PKI。IPSec可用于IPv4和IPv6环境。

基于PKI技术的IPSec协议现在已经成为架构VPN的基础，它可以为路由器之间、防火墙之间或路由器和放火墙之间提供经过加密和认证的通信。虽然它的实现会复杂一些，但其安全性比其他协议都完善得多。由于IPSec是IP层上的协议，因此很容易在全世界范围内形成一种规范，具有非常好的通用性。IPSec还是一个发展中的协议，随着成熟的公钥密码技术越来越多地嵌入到IPSec中，相信该协议会在VPN世界里扮演越来越重要的角色。

4. 网上安全电子交易——SET

鉴于Internet的快速发展，上网人数的日渐增加，网络上的商机也日渐增加，VISA

及 MasterCard 两大信用卡公司于 1995 年共同推出其使用 Internet 的商业交易标准 SET（Secure Electronic Transaction），将传统的信用卡以私有网络交换数据的方式，移植到 Internet 上。

SET 计划最主要目的就是解决在 Internet 上信用卡交易的安全问题，商业交易若没有安全的保障，那么再便利的传输媒体也是枉然，不可能让网络使用者放心地进行任何商业活动。

在 SET 协议中有三个主要的个体：持卡者（cardholder），商家（merchant）及银行接口（payment gateway）。它们是此协议中三个所要保护的对象。SET 协议运用密码学的技术，让这三者在交易过程的信息获得保障。

SET 协议采用 RSA 的公开密钥密码技术，它对作为 PKI 的极重要基础之一的认证中心的运作方式，有很详细的定义。持卡者在运用 SET 执行交易之前，首先必须向认证中心取得数字证书。之后，再连上 Internet，利用数字证书证明身份，通过双重签名进行交易。

5．时间戳协议——TSP

在电子文件中，由于用户桌面时间很容易改变（不准确或可人为改变），由该时间产生的时间戳不可信赖，因此需要一个第三方来提供时间戳服务。时间戳协议通过时间戳机构（TSA）来提供数据在特定时间存在的证据。

TSP 是基于简单的请求 / 响应模式的协议。请求时间戳的实体发送一个 TimeStampReq 消息给 TSA，请求一个时间戳。TimeStampReq 消息中包含了待加时间戳的数据的散列值，TSA 在 TimeStampReq 消息中将时间戳再传送给请求端。TimeStampReq 消息包含请求状态和时间戳。

6．在线证书状态协议——OCSP

OCSP 在线证书状态协议，是 IETF 颁布的用于检查数字证书在某一交易时间是否有效的标准。在 OCSP 之前，用户没有一种方便的途径来复查证书的有效性。OCSP 为电子商务提供了一种检验数字证书有效性的途径，比下载和处理 CRL 的传统方式更快、更方便和更具独立性。它使 PKI 体系能够更有效、更安全地在各个领域中被广泛应用。

由于证书机构没有经常签发 CRL，或由于撤销证书的数量很大及用户基础很大，所以 CRL 常常会越变越大。当它们体积过于庞大变得难以使用时就带来了另一个问题，即每次 CRL 分发会大量消耗网络带宽和客户机处理能力。此外，业务伙伴可能需要几天的时间才能收到有关撤销证书的通知，从而增加了破坏安全性的可能。OCSP 实时在线地向用户提供证书状态，其结果是它比 CRL 处理快得多，并避免了令人头痛的逻辑问题和处理开销。OCSP 给证书认证过程带来了效率并节省了费用，增强了用户交易的安全性。

7. 轻量级目录访问协议——LDAP

LDAP 规范（RFC 1487）简化了笨重的 X.500 目录访问协议，并且在功能性、数据表示、编码和传输方面都进行了相应的修改。1997 年，LDAP 第 3 版本成为互联网标准。目前，LDAP v3 已经在 PKI 体系中被广泛应用于证书信息发布、CRL 信息发布、CA 政策及与信息发布相关的各个方面。

4.6.2 基于 PKI 的应用领域

随着 Internet 的发展与普及，网络上的基于信息交换的各种应用都必须得到安全保障。PKI 作为一种标准的安全基础设施，应用范围非常广泛，并且在不断发展之中，下面介绍几种比较典型的应用 PKI 技术的实例。

PKI 提供的安全服务，也正是电子商务、电子政务、网上银行、网上证券等金融业交易的安全需求，是这些活动必备而不可缺少的安全保证，没有这些安全服务提供各种安全保证，电子商务、电子政务、网上银行、网上证券等是开通不了的。

1. 电子商务

计算机技术、网络技术及其他高科技技术的发展，使得社会生活中传统的犯罪和不道德行为更加隐蔽和难以控制。人们从面对面的交易和作业，变成网上互相不见面的操作，没有国界，没有时间限制，可以利用互联网的资源和工具进行访问、攻击甚至破坏。概括起来，电子商务面临的安全威胁主要有：

（1）信息在网络的传输过程中被截获；

（2）信息在网络的传输过程中被篡改；

（3）身份假冒；

（4）不承认已经做过的交易，抵赖。

为了保障交易各方的合法权益，保证能够在安全的前提下开展电子商务，以下基本要求必须得到满足：保密性、完整性、身份的真实性、不可抵赖性。

电子商务按应用模式分 B2B、B2C、B2G 等。一般电子商务的参与方有买方、卖方、银行和作为中介的电子交易市场。由于网上交易的人们不可能都互相认识，为了确保交易的顺利进行，必须在互连通信网络中建立并维持一种令人可以信任的环境和机制。应用最有效的安全技术，建立电子商务安全体系结构，成为电子商务建设中首先需要解决的问题。基于 PKI 的数字证书解决方案，现已被普遍采用。电子商务中安全措施的实现主要围绕数字证书展开。

买方通过自己的浏览器上网，登录到电子交易市场的服务器，寻找卖方虚拟电子商场。当买方登录服务器时，互相要验证对方证书，相互确认对方身份，称双向图数据完整性及保密性过程认证要求。

互相身份确认以后，建立起安全通道，买方浏览卖方的商品，进行讨价还价之后向商场提交订单，其中电子交易市场起中介作用。订单里有两种信息，一部分是订货信息，包括商品名称和价格，另一部分是提交银行的支付信息，包括金额和支付账号。买方对这两种信息进行“双重数字签名”，分别用商场和银行的证书公钥加密上述信息。当商场收到这些交易信息后，留下订货单信息，而将支付信息转发给银行。商场只能用自己专有的私钥解开用自己的公钥加密的订货单信息，验证签名，而因没有银行的私钥，解不开加密的支付信息，看不到买方的账号。同理，银行只能用自己的私钥解开加密的支付信息，验证签名，进行划账，而看不到买方买的什么商品，做到隐私权的保护。银行在完成划账以后，通知起中介作用的电子交易市场、物流中心和买方，并进行商品配送。整个交易过程都是在 PKI 所提供的安全服务之下进行，做到了安全、可靠、保密和不可否认性。

2. 电子政务

电子政务是指政府机构将计算机网络技术应用于政务领域，实现政府组织结构和工作流程的重组优化，超越时间、空间和部门分隔的制约，建成一个精简、高效、廉洁、公平的政府运作模式。其主要内容有网上信息发布、办公自动化、网上办公、信息资源共享等。按应用模式也可分为 G2C、G2B、G2G。PKI 在电子政务中的应用，主要解决身份认证、数据完整性、数据保密性和不可抵赖性等问题。

电子政务的应用领域很多，如一个保密文件发给谁，某个保密文件哪一级的公务员有权查阅等。这就需要进行身份认证，与身份认证相关的就是访问控制，即权限控制。认证是通过证书进行的，访问控制是通过属性证书或访问控制列表完成的。有些文件在网上传输中要加密、保证数据的保密性。有些文件在网上传输要求不能被丢失和被篡改。特别是一些保密文件的收发必须要有数字签名，抵抗否认性。电子政务中的这些安全需求，只有 PKI 提供的安全服务才能得到保证。

3. 网上银行

网上银行就是指借助于互联网技术向客户提供信息服务和金融交易服务的新兴业务。银行在互联网上建立站点，通过互联网向客户提供信息查询、对账、网上支付、资金划转、信贷业务及投资理财等金融服务。网上银行的应用模式有个人业务、公司业务两种。显然，在网上开通这种虚拟银行的关键问题是解决安全问题。

加强网上银行用户的身份管理，防止用户身份的泄露，是公认的消除网上银行安全隐患的最有效措施。身份认证主要包括两方面：一方面是对网银用户的认证，即使用网上银行服务的这个人是不是银行认定的网银客户；另一方面是网银用户对银行的认证，即他所登录的网上银行系统是不是真正的银行系统。如果没有完善的双向认证机制，后果将是极其可怕的。因此绝大部分银行的专业版网上银行系统都是基于 PKI 技术和数字证书建立起来的。

PKI 是网上银行安全的基础保证。网上银行的交易方式是点对点的，即客户对银行。客户浏览器端装有客户证书，银行服务器端装有服务器证书。当客户上网访问银行服务器时，银行端首先要验证客户端证书，检查客户的真实身份，确认是否为银行真实客户。同时服务器还要到目录服务器，通过协议查询该客户证书的有效期和是否进入“黑名单”。认证通过后，客户端还要验证银行服务器端证书。如上所述，此为双向认证。双向认证通过以后，建立起安全通道。客户端提交交易信息，经过客户的数字签名并加密后传送到银行服务器，网关转换后，送到银行后台信息系统进行划账，并将结果进行数字签名返回客户端。这样就做到了支付信息的保密和完整，交易双方的不可否认性。可以说，PKI 的服务与网上银行的安全要求进行了完美的结合。

4. 网上证券

网上证券广义地讲是证券业的电子商务，它包括网上证券信息服务、网上股票交易和网上银行转账等。

网上证券业务的主要风险来源于数据安全和系统本身的可靠性，因此网上交易系统的安全必须包括：网络系统安全、交易数据传输安全、应用系统的实时监控等。但交易数据的安全性是网上证券交易中最重要的一个环节，其安全性的设计要保证数据传输的保密性、完整性、真实性和不可抵赖性。采用 SSL/SET 等安全传输机制和基于 PKI 的安全认证机制，可以有效地满足网上证券交易系统的安全保证。

网上证券一般属于应用模式。股民为客户端，装有个人证书，券商为服务器端装有证书。在线交易时，券商服务器只要认证股民证书即可，验证是否为合法股民，是单向认证过程。认证通过后，建立安全通道。股民在网上的交易提交同样要进行数字签名，网上信息要加密传输，券商服务器收到交易请求并解密，进行资金划账作数字签名，将结果返回给客户端。网上证券的每一交易步骤，都离不开 PKI 的支持。

4.6.3　PKI 技术的发展

随着 PKI 技术应用的不断深入，PKI 技术本身也在不断发展与变化，近年来比较重要的变化有以下方面。

1. 属性证书

X.509 v4 增加了属性证书的概念。属性证书不同于公钥证书。国际电信联盟（ITU）给属性证书下的定义是：对用户的属性和其他信息用发行此证书的权威的私钥进行数字签名而形成的证书。

说起属性证书就不能不提起授权管理基础设施（Privilege Management Infrastructure，PMI）。PMI 授权技术的核心思想是以资源管理为核心，将对资源的访问控制权统一交由授权机构进行管理，即由资源的所有者来进行访问控制管理。

在 PKI 信任技术中，授权证书非常适合于细粒度的、基于角色的访问控制领域。X.509 公钥证书原始的含义非常简单，即为某个人的身份提供不可更改的证据。但是，人们很快发现，在许多应用领域，如电子政务、电子商务应用中，需要的信息远不止是身份信息，尤其是当交易的双方在以前彼此没有过任何关系的时候。在这种情况下，关于一个人的权限或属性信息远比其身份信息更为重要。即 PKI 和 PMI 的主要区别是，PKI 证明用户的身份，并将身份信息保存在用户的公钥证书中；PMI 证明这个用户有什么权限、能干什么，并将用户的所有属性信息保存在授权证书中。

为了使附加信息能够保存在证书中，X.509 v4 中引入了公钥证书扩展项，这种证书扩展项可以保存任何类型的附加数据。随后，各个证书系统纷纷引入自己的专有证书扩展项，以满足各自应用的需求。

2．漫游证书

证书应用的普及产生了证书的便携性需要，而到目前，能提供证书和其对应私钥移动性的实际解决方案只有两种：第一种是智能卡技术。在该技术中，公/私钥对存放在卡上。但这种方法存在缺陷，如容易丢失和损坏，并且依赖读卡器（虽然带 USB 接口的智能钥匙不依赖读卡器，但成本太高）；第二种选择是将证书和私钥复制到一张软盘备用，但软盘不仅容易丢失和损坏，而且安全性也较差。

一个新的解决方案就是使用漫游证书，它通过第三方软件提供，只需在任何系统中正确地配置，该软件（或插件）就可以允许用户访问自己的公/私钥对。它的基本原理很简单，即将用户的证书和私钥放在一个安全的中央服务器上，当用户登录到一个本地系统时，从服务器安全地检索出公/私钥对，并将其放在本地系统的内存中以备后用，当用户完成工作并从本地系统注销后，该软件自动删除存放在本地系统中的用户证书和私钥。

3．无线 PKI（WPKI）

随着无线通信技术的广泛应用，无线通信领域的安全问题也引起了广泛的重视。将 PKI 技术直接应用于无线通信领域存在两方面的问题：一是无线终端的资源有限（运算能力、存储能力、电源等）；二是通信模式不同。为适应这些需求，目前已公布了 WPKI 草案，其内容涉及 WPKI 的运作方式、WPKI 如何与现行的 PKI 服务相结合等。

WPKI 即“无线公开密钥体系”，它是将 PKI 安全机制引入到无线网络环境中的一套遵循既定标准的密钥及证书管理平台体系，用它来管理在移动网络环境中使用的公开密钥和数字证书，有效建立安全、值得信赖的无线网络环境。

WPKI 并不是一个全新的 PKI 标准，它是传统的 PKI 技术应用于无线环境的优化扩展。它采用了优化的 ECC 椭圆曲线加密和压缩的 X.509 数字证书。它同样采用证书管理公钥，通过 CA 验证用户的身份，从而实现信息的安全传输。

WPKI 中定义了三种不同的通信安全模式，在证书编码方面，WPKI 证书格式想尽量减少常规证书所需的存储量。采用的机制有两种：其一是重新定义一种证书格式，以此减小 X.509 证书尺寸；其二是采用 ECC 算法，减小证书的尺寸，因为 ECC 密钥的长度比其他算法的密钥要短得多。

WPKI 技术虽然有着广泛的应用前景，但在技术实现和应用方面仍面临着一些问题。

（1）相对于有线终端，无线终端的资源有限。它处理能力低，存储能力小，需要尽量减小证书的数据长度和处理难度。

（2）无线网络和有线网络的通信模式不同，由于 WPKI 证书是 IETF PKIX 证书的一个分支，还需要考虑 WPKI 与标准 PKI 之间的互通性。

（3）无线信道资源短缺，带宽成本高，时延长，连接可靠性较低，因而技术实现上需要保证各项安全操作的速度，这是 WPKI 技术成功的关键之一。

目前，国际上很多国家都在研究 WPKI 技术，美国、日本和欧洲各国都已发展出自己的信息安全技术和产业，WPKI 领域的主流体系有 WAP FORUM 制定的 WAP PKI、日本 NTT 的 I-MODE 的安全体系、美国 PALM 公司的安全体系。这些组织的 WPKI 体系都具备自己完整的协议体系，并且已经在无线数据业务中得到实际应用，国内的一些厂商也正在着手 WPKI 技术的研究和开发，目前也取得了一定程度的进展。对 WPKI 技术的研究与应用正处于探索之中，它代表了 PKI 技术发展的一个重要趋势。

本章小结

本章首先介绍了公钥基础设施的概念、核心产品及内容。数字证书是 PKI 得以实施的基础。数字证书类似于实际生活中的身份证，用于在 Internet、Extranet 和 Intranet 上进行身份验证并确保数据交换的安全。证书颁发机构（CA）是证书的颁发者和签署者。一个完整的 PKI 系统必须具有 CA、数字证书库、密钥备份及恢复系统、证书作废系统和应用接口（API）这五大组件。

公钥基础设施的信任模型提供了建立和管理信任关系的框架，解决在两个 CA 间建立信任关系的问题。

实施 PKI 服务的实体概括起来分为管理实体、终端实体和证书库。这些实体能为用户提供多样化的安全服务，主要服务包括认证、数据完整性、数据保密性、不可否认性、公证服务和时间戳服务。

PKI 的应用是建立在基于 PKI 的一系列相关标准之上的，通过 PKI 可以构建一个可控的、安全的互连网络；通过 PKI 可以在互联网中构建一个完整的授权服务体系；通过 PKI 可以建设一个普适性好、安全性高的统一平台。

思考题

1. 什么是 PKI？有哪些组成部分？有哪些功能？
2. 公钥基础设施的作用是什么？
3. 什么叫数字证书？有什么功能？
4. 请说明 X.509 证书的格式。
5. 什么是 CRL？
6. 谈谈 CA 的作用。
7. 在中国数字认证网申请一张数字证书，并用它与别人通信。
8. 常用的信任模型有哪些？谈谈它们各自的优/缺点。
9. PKI 能够提供哪些服务？
10. PKI 如何实现用户身份认证？
11. PKI 如何保证不可抵赖性？
12. 试分析一个电子商务网站，看看它是如何利用 PKI 来保证交易的安全的。

第 5 章

信息隐藏技术

内容提要

使用 IT 技术，任何信息都可以转换成数据资料，通过网络广泛地传播，如下列情况：隐私权及知识产权遭到侵犯；出版物被复制、歪曲、伪造、割裂或篡改；资料被窃取、监听或偷窥等都是人们迫切关心的问题。在互联网早期，人们利用加密技术对信息提供保护。然而，随着破译技术的迅速发展和计算机速度的不断提高，破译密码的难度在不断降低。因此，信息隐藏技术作为另一种对信息保护的手段日益受到人们的关注。

密码技术主要是研究如何将机密信息进行特殊的编码，以形成不可识别的密文进行传递；而信息隐藏则主要是研究如何将某一机密信息秘密隐藏于另一公开的信息中，然后通过公开信息的传输来传递机密信息。本章将从历史渊源、工作原理、技术算法和技术应用等几个方面介绍信息隐藏技术。

5.1　信息隐藏技术概述

5.1.1　历史渊源

信息隐藏的发展历史可以一直追溯到“匿形术（Steganography）”的使用。“匿形术”一词来源于古希腊文中“隐藏的”和“图形”两个词语的组合。虽然匿形术与密码术（Cryptography）都是致力于信息保密的技术，但是，两者的设计思想却完全不同。

密码术主要通过设计加密技术，使保密信息不可读，但是对于非授权者来讲，虽然他无法获知保密信息的具体内容，但却能意识到保密信息的存在。匿形术则致力于通过设计精妙的方法，使得非授权者根本无从得知保密信息的存在与否。相对于现代密码学来讲，信息隐藏的最大优势在于它并不限制对主信息（用于隐藏信息的藏体，也称为隐秘载体）的存取和访问，而是致力于对签字信息的安全保密性。

中国四大名著之一《水浒传》中，有一段“吴用智取玉麒麟”的故事。梁山为了拉卢俊义入伙，“智多星”吴用和宋江便利用卢俊义正在躲避“血光之灾”的惶恐心理，口占四句卦歌：“芦花丛中一扁舟，俊杰俄从此地游。义士若能知此理，反躬难逃可无忧。”卦歌中暗藏“卢俊义反”四字，广为传播。结果可想而知，成了官府治罪卢俊义的证据，终于把卢俊义“逼”上了梁山。

庐剧《无双缘》中，无双也以藏头诗表明心志：“早妆未罢暗凝眉，迎户愁看紫燕飞，无力回天春已老，双栖画栋不如归。”诗中暗藏“早迎无双”四字。

文人士大夫中也不乏藏头诗高手。比如明朝大学者徐渭游西湖，面对平湖秋月胜景，即席写下了七绝一首：“平湖一色万顷秋，湖光渺渺水长流。秋月圆圆世间少，月好四时最宜秋。”其中就藏头“平湖秋月”四字。

这种藏头诗文化就是中国古代对信息隐藏思想的一种应用。

5.1.2　技术特点

信息隐藏技术，是将秘密信息伪装隐藏在公开的非机密文档或数据中，通过公开的信道进行传递，使观察者和监测系统无法察觉秘密信息的存在，从而实现安全通信的一种保密技术。

信息加密技术和信息隐藏技术是传统密码学的两个分支，具有一定的共性，但因为两者采用的保护信息手段的不同，在发展过程中也产生了明显的区别。

信息加密技术通常用于保护数字信息的安全，发送方利用技术手段把重要的数据信息加密变为乱码传送，到达目的地后再用相同或不同的手段解密还原。由于第三方无法知晓秘钥，所以可以保证第三方无法解密获取这些数据。但是在公共通道上传输加密后的乱码数据，容易引起真正有心的第三方怀疑，被截获或破坏，从而带来其他不良的后果。

信息隐藏技术则是把有意义的信息隐藏在一个普通信息（如普通的图像）的载体中，因为将秘密信息嵌入载体的动作不会造成太大的影响，所以将藏有数据的媒体在公共信道上传输，并不会引起其他人的注意，尽管第三方可以得到包含有机密信息的载体，但却不会轻易知道这个普通信息中是否隐藏了秘密信息，进而达到有效保护数据的目的。

举个通俗的例子，现在需要用信纸传递一段简短的机密消息，如采用信息加密技术则需将这段消息利用加密算法和加密秘钥使其变为不可读的“乱码”，然后发送。而采用信息隐藏技术，则需先在信纸上写下一段非机密的信息，然后利用热敏显色墨水将机密消息写在信纸背面，待其褪色后将这封信当做非机密的普通信件发送。因而在一定程度上，后者会更为安全可靠。

总之，这两种保密技术的本质区别在于：信息加密技术隐藏了信息的“内容”，信息隐藏技术隐藏了信息的“存在”。

5.1.3　技术分类

1999 年，学者 Petitcolas 对信息隐藏技术（Information Hiding）做了初步的分类，如图 5-1 所示。

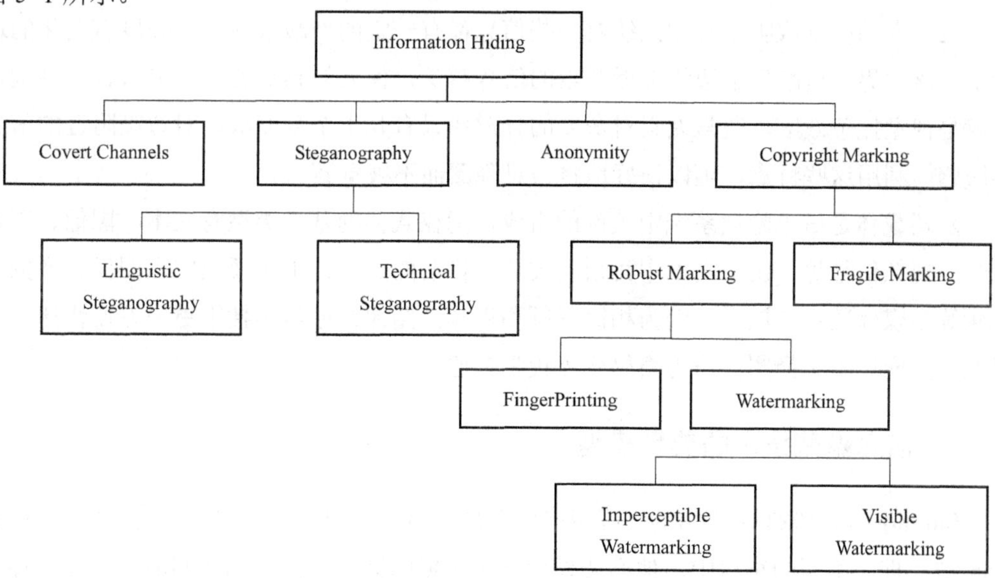

图 5-1　信息隐藏技术的分类[1]

隐秘通道（Covert Channels）：表示找到一个让管理者无法察觉的隐秘通道，将机密信息泄露出去，因此第三方可以利用隐秘通道窃取到内部资料。木马就是常见的隐秘通道之一。

匿名（Anonymity）：指传送端或接收端在传递消息时，隐藏彼此的相关信息，让其他人无法追踪到来源。匿名的主要目的是保护个人资料在网络通信中不会被截取，常见的方法是发送匿名电子邮件。

隐藏学（Steganography）：指将机密消息隐藏到媒体中，以产生隐藏媒体，因为隐藏媒体和原来的媒体非常相似，所以隐藏媒体在传输过程中，不会引起其他人的注意。

著作权标记（Copyright Marking）：为了宣告所有权或检查媒体是否有被篡改，著作权人可以在媒体中加入代表版权的信息。

本章中讨论的信息隐藏技术主要指隐藏学和著作权标记。

5.2 信息隐藏技术

5.2.1 信息隐藏技术的基本原理

信息隐藏技术通常使用文字、图像、声音及视频等作为载体。信息之所以能够隐藏在多媒体数据中，主要是利用了多媒体信息的时间或空间冗余性和人对信息变化的掩蔽效应。

（1）多媒体信息本身存在很大的冗余性，从信息论的角度看，未压缩的多媒体信息的编码效率是很低的，所以将某些信息嵌入到多媒体信息中进行秘密传送是完全可行的，并不会影响多媒体信息本身的语义和使用。

（2）人的视觉或听觉感官系统对某些信息都有一定的掩蔽效应。在亮度有变化的边缘上，该边界“掩蔽”了边缘邻近像素的信号感觉，使人的感觉变得不灵敏、不准确，这就是视觉掩蔽效应。通常人眼对灰度的分辨率只有几十个灰度级，对边缘附近的信息不敏感。利用这些特点，可以很好地将信息隐藏而不被觉察。

隐秘载体是信息隐藏系统中关键的组成，隐秘载体的基本类型有文本、图像、声音信号、视频信号等。由于文本中冗余的欠缺，目前的隐写技术主要集中在图像、音频和视频等多媒体数字领域。而因为相比音频和视频，图像在通信传播中更为方便快捷，所以在实际应用中选择图像作为隐秘载体较为普遍。

5.2.2 信息隐藏技术的典型模型

Simmons 在 1983 年提出的“囚犯问题”是隐写技术的典型模型。两名囚犯 Alice 和 Bob 被关押在不同的牢房中，他们要设计一个越狱的计划，但他们之间所有的通信都要接受看守人 Wendy 的监督，如果 Wendy 察觉到存在任何敏感信息，他们的越狱计划将会失败。因此 Alice 和 Bob 必须找到某种方法将需要传递的秘密信息隐藏起来。

隐写术基本原理如图 5-2 所示，发送方 Alice 要将秘密信息 m 通过公开信道 Wendy 传递给接收方 Bob，需要经过如下四个步骤。

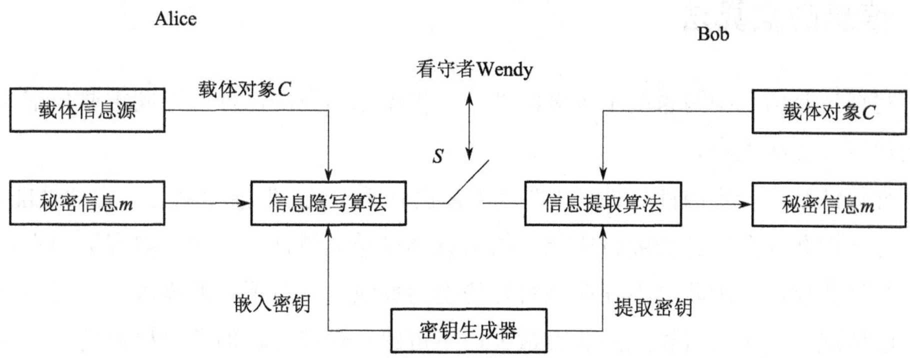

图 5-2　隐写术基本原理

第 1 步，发送方 Alice 在载体信息源中选取一个看似平常的信息 *C*，称之为隐秘载体。

第 2 步，根据相应的隐写算法，将秘密信息 *m* 嵌入到隐秘载体 *C* 中（这个过程中有时需要嵌入密钥控制），隐秘载体变成了含密载体 *S*。

第 3 步，含密载体通过看守者 Wendy 公开传递至接收方 Bob。

第 4 步，接收方 Bob 接收含密载体 *S* 后，根据信息隐写算法相对应的信息提取算法（如使用密钥嵌入，则还需密钥控制），将隐藏在 *S* 中的秘密信息 *m* 提取出来。

在上述步骤中，第 1 步和第 2 步为隐写过程，第 4 步为提取过程。在信息隐写的过程中，要求含密载体 *S* 尽可能地保持原有载体 *C* 的特征不变，使得看守者即使知道了含密载体 *S*，也无法检测到秘密消息 *m* 的存在。在提取过程中一般需要原始的隐秘载体 *C*，不需要原始载体的提取算法称为盲提取。

5.2.3　信息隐藏技术的基本要求

为了更加安全、有效地隐藏秘密信息，信息隐藏技术通常有下列基本要求。

（1）不可感知性。当原始载体 *C* 嵌入秘密信息后，应不易被观察者和检测系统察觉，同时又不会影响原始载体信息 *C* 的主观质量。当秘密信息嵌入以后，原数字载体的主观质量不应改变，而且原数字载体的统计规律也不应改变，从而使得运用统计检查工具检查隐秘载体时，很难发现其中隐藏的秘密信息。

（2）鲁棒性。指即使隐秘载体 *S* 受到一定的扰动，也仍然能恢复隐藏的信息。信息隐藏时，对信息数据往往要做有损压缩处理，以减小文件的规模，节省存储空间和传输时间。信息在传输过程中也会受到各种干扰或人为破坏。因此，一定的鲁棒性要求是必不可少的。

（3）隐藏容量。将信息隐藏技术应用于隐蔽通信中时，为了提高通信的效率，往往希望每一个数字载体文件能够携带更多的秘密数据。隐藏容量是反映这种能力的一个指标，它是指在隐藏秘密数据后仍满足不可感知性的前提下，数字载体中可以隐藏秘密信息的最大比特数。

5.3 信息隐藏算法

隐写算法是信息隐写系统中关键的部分，根据隐写算法原理的不同主要分空间域算法和变换域算法两大类。

各种算法都有一定的针对性，其性能指标也有所不同，但需要满足一定的性能要求，如不可感知性和安全性。一般希望隐藏的信息容量越大越好，然而隐藏容量和不可感知性、鲁棒性成反比，因此，不存在绝对好的隐写算法。针对不同的需求，采用不同的算法。一般情况下，空间域算法隐藏容量大，不可感知性较好，但其鲁棒性较差；变换域算法鲁棒性较好，但其隐藏的信息容量比空间域算法小得多。

5.3.1 空间域隐写算法

空间域隐写算法通过直接改变载体数据的值，将秘密信息隐藏于载体中。

1．最低有效位（Least Significant Bits，LSB）算法

最低有效位（LSB）算法的主要思想是，将秘密信息嵌入载体信息的最低有效位，也称为最不显著位，因为改变这一位对载体的品质影响很小，所有隐藏的信息在视觉和听觉上很难被发现。

以图像载体为例，LSB 算法的信息隐藏过程如下。

（1）将原始载体图像的空域像素值由十进制转换为二进制，以大小为 3×3 像素的图像块为例，如图 5-3 所示。

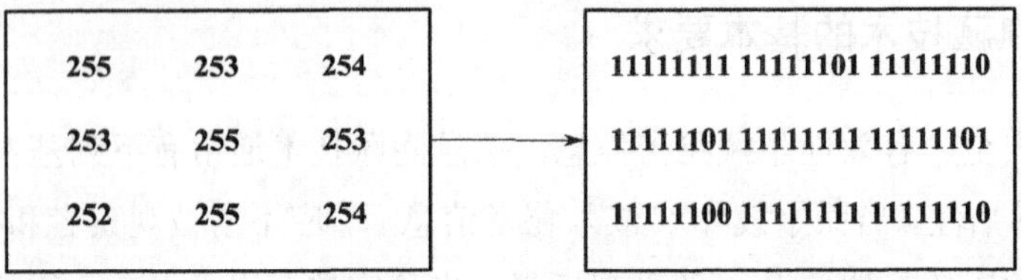

图 5-3 十进制变二进制

（2）将二进制秘密信息中的每一比特位信息嵌入载体数据的最低有效位，假设待隐藏的二进制秘密信息序列为[0 1 1 0 0 0 1 0 0]，则替换过程如图 5-4 所示。

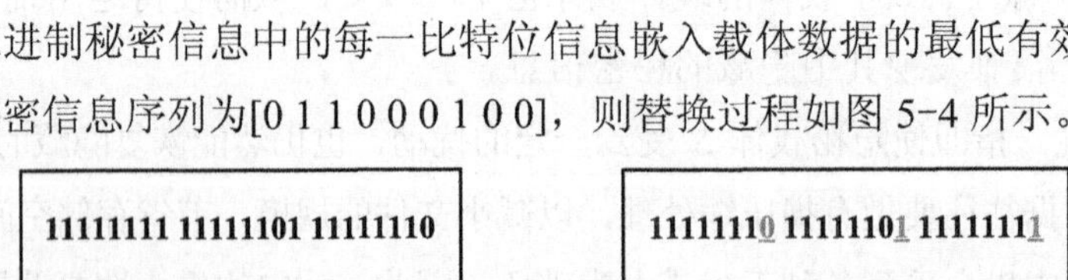

图 5-4 替换最低位信息

（3）将得到的含密信息二进制数据转换回十进制像素值，从而获得含密载体的图像，如图 5-5 所示。

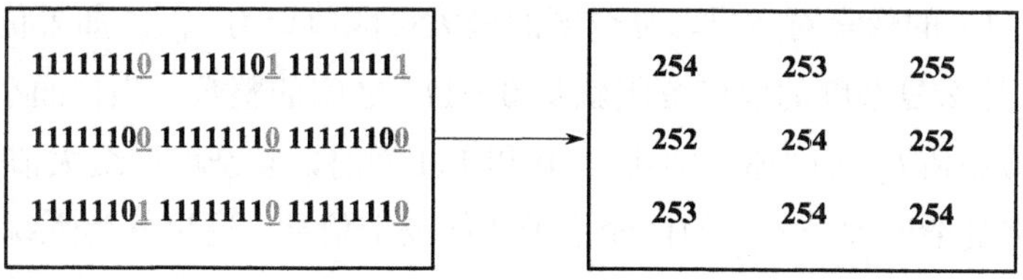

图 5-5　二进制转回十进制

图 5-6 为图像实例，它给出了载体图像和秘密信息图像，并且可以看出经过 LSB 算法嵌入之后，并没有可感知的不同之处，其中载体图像为 512×512 像素的标准 Lena 图，秘密信息图像是 48×48 像素的二值图像。

图 5-6　图像实例

由 LSB 算法原理可知，其信息隐藏比为 1/8，隐藏容量很大，且对原始数据改变较小，不可见性好，同时由于算法简单，提取也很方便，因而实用性很强，目前大多数信息隐藏软件都是基于 LSB 算法实现的。

但是，从基本原理上分析，LSB 算法的鲁棒性较差，因为它无法承受某些无意或有意的信息破坏。例如，当载体图片遭到剪切或划痕，就很难提取到隐藏在载体中的秘密信息。

2．位平面复杂度分割（Bit-plane Complexity Segmentation，BPCS）算法

位平面复杂度分割（BPCS）算法是由 LSB 隐写算法发展而来的，其主旨是将载体数据的多个位平面划分成固定大小的小块，由于人的视觉器官对那些变化激烈、复杂度高的位面小块不敏感，所以这些小块更适合隐藏秘密信息。

BPCS 算法信息隐藏的过程如下。

第 1 步，将载体图像的所有位平面分成相同大小的小块，通常为 8×8 像素。

第 2 步，计算每个小块的复杂度，复杂度定义为所有相邻像素对中取值不同（即一个为 0，一个为 1）的像素对数目，复杂度的最大可能值记为 c_{max}，如果位面小块的大小为 8×8 像素，那么复杂度的取值范围就是 0～112 之间的整数。当位面小块全 0 或全 1 时，复杂度取最小值 0；而当位面小块为 0 和 1 相间时，复杂度取最大值 112。

第 3 步，将复杂度大于 $\alpha_{c_{max}}$ 的位面用于负载秘密信息，这里 α 为系统参数，α 越小，可嵌入的信息量就越多。

第 4 步，将秘密信息同样划分为 8×8 像素的小块，并计算其复杂度，若其复杂度大于 $\alpha_{c_{max}}$，直接替换原位平面小块；否则进行共轭处理，即将秘密信息组成的位面小块与棋盘状小块作异或生成新的小块，用新的小块替换原始数据位面小块。

第 5 步，记录经过共轭处理的位面小块，并将这部分信息嵌入到载体数据中。

与 LSB 算法相比较，BPCS 算法采用满足复杂度的位平面小块进行秘密信息隐藏，因而提高了隐写隐藏的不可感知性和安全性，但是同样的，该算法的鲁棒性较差，抗干扰的能力比较弱。

3. Patchwork 算法

与 LSB 算法不同，Patchwork 将秘密信息隐藏在图像数据的亮度统计特性中，其算法思想是从载体数据中选择一些数据组成两个集合，通过修改这两个集合之间的某种关系来隐藏秘密信息。

Patchwork 算法的基本步骤如下。

第 1 步，由伪随机序列生成器在图像中生成两个坐标序列 A 和 B。

第 2 步，将 A 序列中元素坐标像素亮度降低，同时升高 B 序列中对应的像素亮度，并修改两个对应坐标的关系，可以是大小关系、奇偶性关系、能量关系等。

第 3 步，提取时，根据伪随机序列生成器得到对应的两个序列，并且根据两个序列中对应集合之间的变换关系提取出秘密信息。

在 Patchwork 算法中，由于坐标点随机分布，并不集中，并且亮度变化的幅度很小，故不会影响图片的质量。该算法对有损压缩和一些恶意的攻击行为有抵抗能力，所以具有较强的鲁棒性。

5.3.2 变换域隐写算法

与空间域算法不同，变换域算法利用某种数学变换，将数据用变换域表示，通过改变某些变换域系数藏入秘密信息，再通过反变换生成含有秘密信息的数据。

目前最常用的变换域算法有离散余弦变换（Discerte Cosine Transformation，DCT），离散小波变换（Discerte Wavelet Transformation，DWT）等，在 DCT 算法中 F5 是目前

较好的算法。

F5 隐写算法的基本原理如图 5-7 所示。

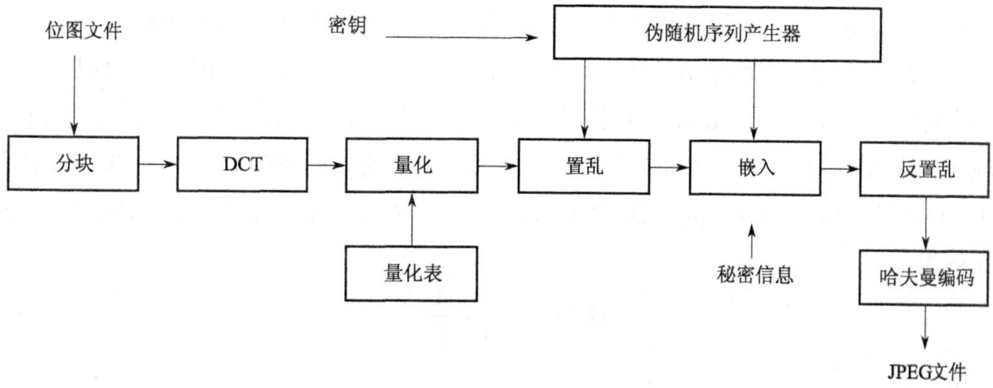

图 5-7　F5 隐写算法的基本原理

在 JPEG 图像有损压缩格式中，首先将无损的位图文件分为 8×8 的小块，然后对每个 8×8 的小块分别进行 DCT 离散余弦变换，根据量化表对得出的 DCT 系数进行量化，量化的作用是在一定的主观保真度图像质量的前提下，丢掉那些对视觉影响不大的信息，以获得较高的压缩比，最后利用游程编码和熵编码对量化后的 DCT 系数进行编码，将编码结果保存为 JPEG 文件格式。F5 算法中首先对位图进行 JPEG 压缩，在压缩过程进行到量化过程以后，将秘密信息嵌入量化后的非零 DCT 系数当中。在嵌入之前，首先对非零 DCT 系数进行置乱，以便将秘密信息均匀分布在所有可嵌入系数中，增强安全性。F5 算法的嵌入方式是基于 LSB 算法的，但利用了矩阵编码技术提高嵌入效率。

（1）随机置乱。在 F5 算法中，采用随机置乱的方法来完成随机嵌入。具体的过程是：首先对可嵌入的信息的 DCT 量化系数进行随机置乱，在置乱后的 DCT 系数序列中顺序嵌入秘密信息，最后再进行反置乱恢复原 DCT 系数的排列顺序并继续进行 JPEG 压缩。

（2）矩阵编码。R.Crandall 首先提出可以利用矩阵编码技术提高 LSB 隐写技术的嵌入效率，Westfeld 首先实现了矩阵编码的思想，并将该技术用于他所提出的变换域隐写技术 F5 中。假设 LSB 替换嵌入中，秘密信息和 LSB 都是均匀分布的，按概率推算在常规的嵌入方式下，嵌入 1 b 的信息要改变 0.5 个像素，反过来说，即改变 1 个像素可以嵌入 2 b 的信息。而矩阵编码技术在嵌入同样长度的信息的情况下，可以使改变的像素更少。

下面的例子说明了矩阵编码的优势。如果希望嵌入 2 b 信息 x_1,x_2 到三个可修改的像素 a_1,a_2,a_3，但是最多只能修改一个位置，所有可能的情况只有四种：

（1）$x_1 = a_1 \oplus a_3, x_2 = a_2 \oplus a_3$，此时无须改变；

（2）$x_1 \neq a_1 \oplus a_3, x_2 = a_2 \oplus a_3$，此时改变$a_1$；

（3）$x_1 = a_1 \oplus a_3, x_2 \neq a_2 \oplus a_3$，此时改变$a_2$；

（4）$x_1 \neq a_1 \oplus a_3, x_2 \neq a_3$，此时改变$a_3$。

四种情况下最多只改变了 1 个像素，这样平均改变像素为 0.75 个，嵌入信息为 2 b。与常规嵌入方式嵌入 2 b 信息改变 1 个像素相比，矩阵编码的嵌入效率更高。

一般地，假设存在码字 a，具有 n 个可修改的位置，用来嵌入 k b 的秘密信息 x。这一码字可以用一个三元组($d_{\max}$,n, k)表示：长度为 n 的码字，在改变其中不超过 $d_{\max}$ b 的情况下，嵌入 k b 的信息。在 F5 算法中，采用最简单的(1,n,k)编码，即在长度为 n 的码字中，只修改 1 b，嵌入 k b 的信息。在(1,n,k)中，n 和 k 的关系为 $n=2^k-1$。此时改变位（b）的比例为：

$$D(k) = \frac{1}{n+1} = \frac{1}{2^k} \tag{5-1}$$

嵌入率为：

$$R(k) = \frac{k}{n} = \frac{1}{n} ld(n+1) = \frac{k}{2^k - 1} \tag{5-2}$$

嵌入效率为：

$$W(k) = \frac{R(k)}{D(k)} = \frac{2^k}{2^k - 1} k \tag{5-3}$$

对于不同的矩阵编码方式，表 5-1 给出了 k 为 1～9 时，其嵌入比例、嵌入率和嵌入效率之间的关系。

表 5-1 嵌入比例、嵌入率和嵌入效率之间的关系

k	n	嵌入比例（%）	嵌入率（%）	嵌 入 效 率
1	1	50.00	100.00	2
2	3	25.00	66.67	2.67
3	7	12.50	42.86	3.43
4	15	6.25	26.67	4.27
5	31	3.12	16.13	5.16
6	63	1.56	9.52	6.09
7	127	0.78	5.51	7.06
8	255	0.39	3.14	8.03
9	511	0.20	1.76	9.02

在 F5 算法中，根据秘密信息长度和载体的隐藏容量来确定 n 和 k 的值，以达到最大嵌入效率。在嵌入时，若嵌入位置的 DCT 离散余弦系数为正数，则使其减一；若为负数，则使其加一。提取时，当 DCT 系数为正数，则该系数的 LSB 就是相应的秘密信息比特；若 DCT 系数为负数，则该系数的 LSB 的反码为相应的秘密信息比特。

F5 算法利用了矩阵编码技术提高嵌入效率。在嵌入相同长度的信息的情况下，相比一般方法对原载体的改变更少，嵌入时用绝对值减一取代了 LSB 的直接替换，从而提高

了安全性，并且由于该算法为变换域隐写算法，故具有较强的鲁棒性，该算法与同类算法相比具有优势。

5.4　信息隐藏技术应用

利用数字化媒体进行信息隐藏是一个重要的研究领域，新的应用需求推动了信息隐藏技术的迅速发展，使其能够横跨数字信号处理、图像处理、语音处理、模式识别、数字通信、多媒体技术、密码学等多个学科。信息隐藏是一项与具体应用十分密切的应用技术，随着数字化和网络化的发展，其应用领域会越来越广泛，应用价值会越发突出。

5.4.1　数字水印

1. 数字水印特点

数字水印是通过一定的算法，在图像、视频、音频等多媒体数据中嵌入一个可以标示其知识产权的水印信息。水印信息可以是文字、商标、印章或序列号等可以识别作品的作者、来源、版本、拥有者、发行人或合法使用人对数字产品的拥有权。水印信息通过特殊的方式，可以从宿主信号中提取出水印或是检测出它的存在性。水印不占用额外的带宽。是原始数据不可分离的一部分，并且它可以经历一些不破坏源数据使用价值或商用价值的操作而存活下来。

数字水印所携带的信息能够被唯一地、确定地鉴别，从而能够为已经受到版权保护的信息产品提供完全的、可靠的所有权归属证明的证据。

一般认为数字水印应具有以下特征。

（1）不需要原始媒体即可进行水印还原。

（2）水印信号在经历多种无意或有意的信号处理后，仍能保持其完整性或仍能被准确鉴别的特性。

（3）数字水印的嵌入不应引起数字作品的视/听觉质量下降，即不向原始载体数据中引入任何可知觉的附加数据。这一特性也称为“知觉透明性”。

（4）水印嵌入过程（嵌入方法和水印结构）应该是秘密的。

（5）嵌入的数字水印是统计上不可检测的，非授权用户无法检测和破坏水印。对于通过改变水印图像来消除和破坏水印的企图，水印应该能一直保持存在，直到图像已严重失真而丧失使用价值。

（6）数字水印的藏入算法应该是公开的。

2. 数字水印技术算法

数字水印常用的藏入方式同样是基于空间域算法和基于频域算法两种。

最简单的空域藏入方式就是利用 LSB 算法，将水印直接藏入像素值中。这种方法的优点是只需要少量的运算，而且不会大幅度地影响图像作品的品质。但其缺点是水印的强韧度较差，只要一些轻微的影像处理，如失真压缩、模糊化、锐利化等，像素中的 LSB 值就会被破坏。

频域中的数字水印技术则是先将被保护的图像利用离散余弦变换或小波变换等将图像转换至频域中，然后将水印藏入到频率系数的高频中。频域数字水印技术的优点是强韧度较高，能够抵抗部分图像处理带来的破坏，但由于需要先将图像做频域转换，所需要的计算量较大。

这两类方法的共同问题在于，如果每次都将水印固定藏入到图像的 LSB 或者频率系数的高频中，这些方法虽然简单但却不怎么安全。因为第三方如果想破坏其中的水印，只需要对每个像素的 LSB 或频率系数的高频位置进行破坏，即可破坏水印。

一种解决此问题的方法是：不固定地将水印藏入 LSB 或频率系数的高频位置，即将水印的藏入位置打乱。可以利用一个具有安全性的乱数生成器，在选取一个乱数生成器的种子后，利用产生的一组乱数，确定水印的藏入位置。

下面举一种基于空域的藏入方法，这种方法不仅可能将水印藏入像素的 LSB 中，还可能将水印藏入像素的 MSB 中，然后通过失真补偿保证图像品质的良好。同时，这个方法也打乱了水印的藏入位置，也加强了其安全性。

第一步，选定乱数生成器和种子，并由它们得到一组乱数$\{(x,y,z)\}$，其中(x,y)代表所要藏入的像素的位置坐标，z 代表所要藏入的数位在像素中的位置。若藏入坐标点重复出现，则对这组坐标弃而不用。

第二步，将水印的像素值位元藏入乱数组指出的像素 P 的数位中。

第三步，做失真补偿。将像素 P 的 $z-1$ 位置的位元改为 1，$z+1$ 至末位的位元值改为 0，得到像素值 P_1；然后，将像素 P 的 $z-1$ 位置的位元改为 0，$z+1$ 至末位的位元值改为 1，得到像素值 P_2。将原始像素 P 与 P_1、P_2 作比较，若原始像素 P 与 P_1 的差值较小则将 P 替换为 P_1，反之，则将 P 替换为 P_2。

重复第二步及第三步，直到水印的所有位藏完。

如产生的第一组乱数为(2,8,2)，表示水印的第一个位元将藏入图像中坐标为(2,8)的像素的第 2 位。设坐标为(2,8)的像素值为 P=170=10101010，而水印的第一个位元值为 0。那么将 0 藏入 10101010 的第二位（从左至右依次为第 0,1,⋯,7 位）。则藏入后的像素值为 10001010=138，计算 P_1=11000000=192，P_2=10011111=159，可以发现 P 与 P_2 误差较小，故取 P 为 P_2。

利用这种方法，藏入水印后的图像品质与原图像相差不大，人眼难以辨识，而水印又不会被轻易取出或破坏。图片若是经过模糊化等处理后，取出的水印虽然会有噪声干扰，但仍可辨识。

5.4.2　其他应用领域与发展前景

信息隐藏技术在信息安全保障体系的诸多方面发挥着重要作用，主要可归结为下列几个方面。

（1）数据保密通信。信息隐藏技术可应用于数据保密通信，通信双方将秘密信息隐藏在数字载体中，通过公开信道进行传递。在军事、商业、金融等方面，如军事情报、电子商务中的敏感数据、谈判双方的秘密协议及合同、网上银行信息等的传递。信息隐藏技术在数据保密通信方面具有广泛的应用前景。

（2）身份认证。信息通信的任何一方不能抵赖自己曾经做出的行为，也不能否认曾经接收到对方的信息，这是信息系统中的一个重要环节。可利用信息隐藏技术将各自的身份标记隐藏到要发送的载体中，以此确认其身份。

（3）数字作品的版权保护与盗版追踪。版权保护是信息隐藏技术所试图解决的重要问题之一。随着数字化技术的不断深入，人们所享受的数字服务将会越来越多，如数字图书馆、数字电影、数字新闻等。这类数字作品具有易修改和易复制的特点，其版权保护已经成为要迫切解决的现实问题。利用信息隐藏中的鲁棒数字水印技术（Robust Marking）可以有效解决此类问题。服务提供商在向用户发放作品的同时，将服务商和用户的识别信息以水印的形式隐藏在作品中，这种水印从理论上讲是不能被移除的。当发现数字作品在非法传播时，可以通过提取的识别信息追查非法传播者。

（4）完整性、真实性鉴定与内容恢复。可以在数字作品中嵌入基于作品全部信息的恢复水印和基于作品内容的认证水印，由认证水印实施对数字作品完整性和真实性的鉴别并进行篡改区域定位，由恢复水印对所篡改区域实施恢复。

由于信息隐藏技术是一个相当开放的研究领域，不同背景的研究人员，从不同的切入点和不同应用目的出发，均可进行研究，因此必然会带来百花纷呈的研究成果。相信随着信息时代和知识经济时代的到来，信息隐藏技术在理论体系上会日臻完善，应用也将会拥有十分广泛的市场。

本章小结

随着互联网的不断发展，解决网络通信过程中的信息安全问题已经成为当前的重要课题。本章从历史渊源、基本原理、技术算法和技术应用等几个方面介绍了信息保密技术中的信息隐藏技术。首先，介绍了信息隐藏技术的发展、特点和分类。其次，阐述了信息隐藏技术的基本原理、典型模型及基本性能要求，详细讲解了空间域算法中的 LSB

算法、BPCS 算法和 Patchwork 算法，变换域算法中的 F5 算法的基本原理，并且分析了各个算法的优 / 缺点。最后，以数字水印为例，介绍了信息隐藏技术的应用，并讨论了信息隐藏技术在实际中的应用状况和发展前景。

思考题

1. 信息隐藏技术是如何进行分类的？
2. 请说明信息加密技术和信息隐藏技术的区别。
3. 请画出信息隐藏技术的原理示意图，并说明其基本原理。
4. 一个信息隐藏技术应该具有哪些最基本的属性要求？
5. 请说明 LSB 算法的基本流程和基本原理。
6. 请说明 BPCS 算法相对于 LSB 算法有哪些优点？为什么？
7. 基于 DCT 的 F5 算法中应用了矩阵编码的技术，请分析矩阵编码通过什么方式提高了嵌入率。
8. 什么是数字水印？数字水印有哪些特征？数字水印通常用在哪些领域？
9. 举例说明信息隐藏技术的应用。

第 6 章

用户身份认证技术

内容提要

身份认证是证实客户的真实身份与其所声明的身份是否相符的过程，是电子商务安全的第一道防线，是保证电子商务过程安全的重要手段。通过进行身份认证可以较好地避免网上交易面临的假冒、诈骗、伪造等威胁。本章将重点介绍身份认证技术，包括身份认证原理、一些基本的身份认证方法；同时介绍 Kerberos 身份认证服务协议的认证过程和工作原理。

6.1　身份认证技术概述

6.1.1　什么是身份认证

身份认证是证实客户的真实身份与其所声明的身份是否相符的过程。每个系统都要求用户遵循一定的安全策略，如要求输入用户名和口令，这就是身份认证。

身份认证解决“你是谁？”的问题。其必要性显而易见。

日常生活中，身份认证的事例不胜枚举。例如，中国公民身份认证主要通过中华人民共和国居民身份证进行确认，当然在要求不太严格的情况下户口簿、军官证、驾驶证、护照等均可承担身份认证的功能。

在虚拟的网络世界中，实现身份认证的机制尽管十分复杂，但却非常必要。网络特有的匿名性、不确定性和复杂性等原因，使人们不能轻易地相信在网络的另一端用户声明的身份。很多有趣的图片、卡通画形象地反映了这一问题，如图 6-1 所示。

电子商务以互联网为基础，参与交易的主体互相之间不见面，为了保证每个交易活动的参与者，如个人、商家、银行等，都能唯一而且被无误地识别，这就需要进行身份认证。因此，身份认证是保证电子商务安全的重要技术。

如图 6-2 所示，身份认证是电子商务系统安全的第一道防线。只有通过了身份认证的用户才能进入系统、访问资源、使用服务。而非法用户被阻止在系统之外。因此，身份认证是防止对网络系统进行主动攻击的重要技术之一。

图 6-1　网络的用户身份问题

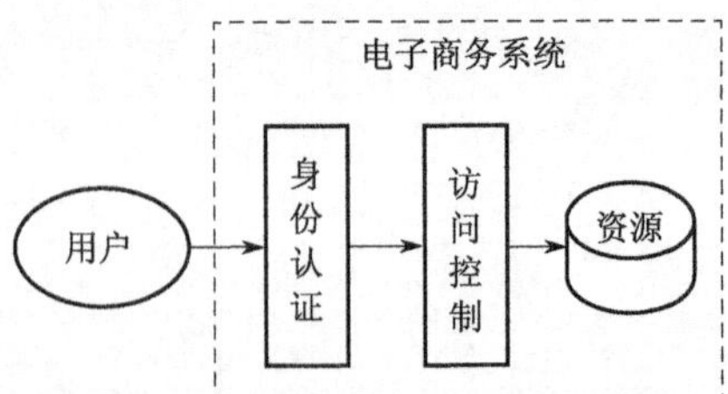

图 6-2　身份认证是第一道防线

身份认证能够识别合法用户和非法用户，是访问控制和审计的前提，如图 6-2 所示。用户在访问安全系统之前首先经过身份认证系统进行身份识别，然后访问控制器根据用户的身份和授权数据库决定用户是否对某个资源进行访问。授权数据库由安全管理员按照需要进行配置管理。身份认证通常是很多系统的第一道安全防线，如登录网站等。一旦身份认证系统被攻破，那么系统的所有其他安全措施将形同虚设。

6.1.2　身份认证的原理

身份认证确定的是身份而不是一个人。例如，某同学登录到班级的共享邮箱，因为他拥有邮箱的用户名和密码，所以他被认证为同学中的一个，因而可以访问邮箱。但是他并没有被独一无二地鉴别出来是哪一个同学。

认证是在必要的担保级别上确定身份的过程。秘密是电子认证的基础，秘密通常表现为：

（1）用户所知。用户知道的或掌握的信息，如口令、密码等。

（2）用户所有。用户所具有的物理实体，如智能卡、硬件令牌等。

（3）生物特征。如指纹、声音、视网膜、人脸等。

（4）用户知道一个秘密，系统要该用户证明确实拥有该秘密。系统利用源于这个秘密的其他事项验证用户的身份。双方通过都知道的共同秘密实现双方认证。

认证时使用秘密的个数常称为“因素”。1-因素也称为单因素，如口令。因为口令仅仅包含“用户所知”。如果有人知道了某一用户的口令，就可以访问所有通过该口令保护的任何资源。2-因素也称为双因素，如令牌。使用令牌认证，需要有令牌即“用户所有”和正确的 PIN（Personal Identification Number）码即“用户所知”。如果攻击者获得其中任何一个因素都是徒劳的，只有两个因素同时获得才可以实施攻击。显而易见，双因素认证获得了更高的安全性。

从使用的角度出发，身份认证系统至少要达到以下要求：

（1）被验证者 A 能向验证者 B 证明他的确是 A；

（2）在被验证者 A 向 B 证明他的身份后，验证者 B 不能获得 A 的任何秘密信息，因而 B 不能模仿 A 向第三方证明他是 A；

（3）秘密参数必须安全存储。

举个简单的例子，用户 A 登录网站 B，用户 A 输入密码，用户 B 接受输入进行某种特定运算如 MD5 加密，并和数据库中的密码进行比对，比对结果一样则身份认证成功。但是网站 B 的运营者并不能显式地知道用户输入的密码是什么，因此他不能模仿 A 的身份登录。由于密码是加密以后存储在数据库中的，因而保证了密码的安全。

6.1.3　身份认证的方法

身份认证主要分为单向认证和双向认证。顾名思义，单向认证是指通信的双方只需要一方认证。口令就是单向认证，即系统可以认证用户，而用户无法对系统进行认证。双向认证则指通信双方均需要被认证通过。双向认证协议是最为常用的身份认证协议，它使得通信双方能互相认证对方的身份。DCE/Kerberos 是安全的双向身份认证技术。DCE/Kerberos 的身份认证强调了客户机对服务器的认证，而其他产品只解决了服务器对客户机的认证。

按照使用的密码技术可以分为基于对称密码的认证协议和基于公钥密码的认证

协议。

身份认证方法主要有：口令认证、认证令牌、基于IC卡和USB Key的身份认证、基于数字证书的身份认证、PKI可以实现的强身份认证。

6.2 认证口令

口令是根据“用户所知”进行身份认证的方法，属于单因素身份认证，是最常用、最简单的认证方式。因为，使用口令既不要求用户拥有特殊的硬件，也不需要专门的口令输入器。

口令认证方式要求每个用户都要预先在系统中注册一个用户名/口令，以后每次用户登录时，系统都要根据用户名/口令验证用户身份的合法性，对于非法的口令，系统拒绝该用户登录。这里有很多安全问题需要很好地解决。

6.2.1 关键问题

1. 口令传输

明文口令通过 Internet 传输会被截获，从而泄密。解决的办法是加密输入终端和认证系统之间的会话。事实上，很多的 Web 站点就是通过运行服务器方的 SSL 会话来简单地保护用户从 Web 浏览器中输入的口令的完整性的。

2. 口令存储

无论在客户端还是认证服务器端存储明文口令，都会产生严重的问题。

客户端和认证服务器都会成为攻击的首选目标。毕竟攻破它们可以获得各种各样的用户口令。系统管理员登录认证数据库，就清楚地知道每一个用户的口令，不仅用户没有任何秘密，而且会给用户带来极大的安全隐患。如果认证服务器不慎染上木马，该木马就有机会提取明文口令。因此，明文口令不能存储在任何地方。

解决的办法是使用散列算法，如MD4、MD5或SHA-1等，计算出口令摘要。认证过程中，无论传输还是认证数据库中存储的都是口令摘要。

尽管如此，又有了新的威胁：重放攻击。

3. 重放攻击

通过搭线窃听等方法，如果能记录从客户端发送到认证服务器的消息，那么就可以把这些消息重放给认证系统，以获得对用户账户的访问。这种类型的攻击称作重放攻击。此时，攻击者并不知道用户真正的口令，但是无关紧要，因为系统看到正确的摘要后就允许访问系统，显然攻击成功了。

6.2.2　挑战/响应认证机制

挑战 / 响应机制是口令认证的基础。在挑战/响应（Challenge/Response）认证机制中，"挑战"是每次认证时，认证服务器发送给客户端的一个不同的随机数。客户端对"挑战"的随机数加密处理，产生"响应"，然后将响应返回到认证服务器。

挑战 / 响应认证机制的基本原理是引入一个变量即随机数，从而使每次认证的会话都不一样。因而可以有效地防止重放攻击，提高了安全性。挑战/响应认证机制的原理如图 6-3 所示。

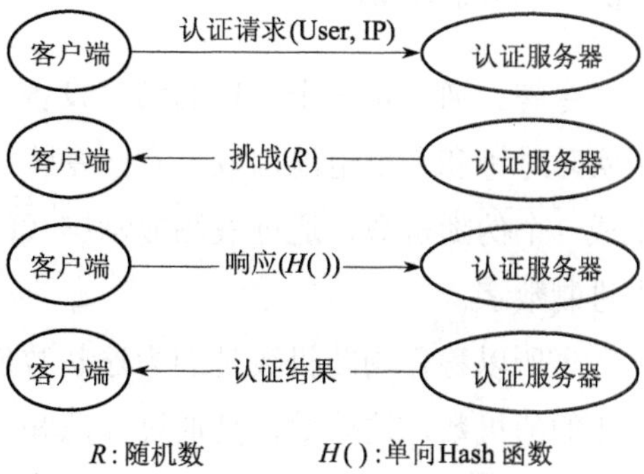

图 6-3　挑战/响应认证机制的原理

挑战/响应认证机制的认证过程如下。

（1）客户端用户输入自己的明文口令，明文口令用散列算法（如 MD5）产生摘要，然后把口令从内存中删除。接着向认证服务器发送认证请求。

（2）认证服务器收到请求后，检查是否是合法用户，若不是，则不做任何处理；若为合法用户，认证服务器产生一个新的随机数即"挑战"。挑战用明文的方式从认证服务器送到客户端。挑战客户端向认证服务器证明其拥有正确的用户口令。认证数据库中预先已经存储了用户口令摘要的一个副本。

根据客户端产生"响应"的不同，挑战/响应认证机制有两种模型。

（1）加密/解密模型。客户端收到挑战后，用口令摘要作为对称加密密钥对挑战加密，加密的结果称为响应。客户端把响应返回给认证服务器。

认证服务器从认证数据库中提取保存的用户口令摘要，作为对称密钥解密收到的响应，恢复初始挑战。如果恢复得到的挑战与先前产生的挑战匹配，那么认证服务器就断定客户端具有真实用户口令摘要，而这个口令摘要是用户输入的口令产生的，从而认证了用户并允许访问。否则，认证失败。

（2）并行密码计算模型。客户端收到挑战后，将挑战和用户口令摘要合并在一起，然后进行散列运算产生新的摘要，该摘要即为"响应"。客户端把响应返回给认证服务器。

由于认证数据库中存储了用户口令摘要的一个副本，因此，认证服务器和客户端一样，可以计算用户口令摘要和挑战共同产生的新的摘要，因而产生出另一个响应。如果该响应与从客户端收到的响应相匹配，则认证成功，允许访问。否则，认证失败。

例如，Windows NT 4.0 口令认证就采用了挑战/响应机制。用户口令摘要用散列算法 MD4 产生，认证数据库为安全账号管理（Security Account Manager，SAM）。挑战是 16 b 的随机数。

6.3 认证令牌

令牌认证是根据“用户所知”即PIN和“用户所有”即令牌进行身份认证的方法，属于双因素身份认证，并且是一次一密，即每个令牌码只能使用一次。

6.3.1 几个术语

令牌。通常是一个小巧的物理设备，由一个处理器、一个液晶显示屏（LCD）、一个实时时钟和一个电池构成。有些令牌可能还有一个可供输入信息的小键盘。其作用是生成一个伪随机数，通过液晶显示屏（LCD）显示给用户。令牌输出的伪随机数通常是十进制数字。

之所以称作伪随机数是因为这些数值在值域区间均匀分布，很像随机数。但是并非真正的随机数，这些数值是通过算法和一定的参数生成的，如果知道该算法和参数就可以计算出任何一个特定值。

令牌码：令牌产生的伪随机数称为令牌码，每个令牌码只能用于一次认证。

种子：每个令牌都有一个 64 b 或 128 b 的值，作为生成令牌码的参数，由于在令牌生产时保证了不同的令牌具有不同的种子，所以可确保每个令牌产生唯一的令牌码序列。

PIN：个人信息码，是由令牌的使用者指定的一个字符串，用户需要保证其不被别人窃取。

密码：PIN+令牌码，在认证时需要用户输入。

令牌认证的原理是：访问受保护的资源时，用户输入用户名、令牌上显示的令牌码和 PIN。认证服务器根据事先保存的用户令牌的种子和 PIN，计算令牌码，进行核对以确定用户的合法性。

有两类认证令牌：挑战/响应令牌和时间令牌。和挑战/响应令牌相比时间令牌尽管实现复杂，但是用户使用简单，因而获得了广泛的应用。

6.3.2 时间令牌

1. 工作原理

每个令牌都有一个唯一的种子，认证服务器保存着这些种子的备份。厂家生产令牌时将种子和标准时间写入令牌。

时间令牌维护着一个实时时钟，用种子作为加密密钥对当前时间值进行加密和变换产生一个伪随机数，然后截取适当长度的数字作为令牌码，令牌码显示在令牌的液晶显示屏（LCD）上。时间令牌能持续地产生令牌码。一般地，每隔 60 s 就产生一个新的令牌码。

认证服务器也有一个时钟，当认证服务器收到令牌码后，和令牌一样用种子作为加密密钥对当前时间值进行加密和变换得到一个伪随机数，然后截取相同的位数作为令牌码。如果这个令牌码与令牌产生的一样，同时认证服务器中保存的用户 PIN 与收到 PIN 也一致，则认证成功。

2. 时间窗口

令牌技术采用一次一密的方法，有效地保证了用户身份的安全性。但是如果令牌与认证服务器的时间不能保持良好的同步，就可能发生合法用户无法通过认证的问题。

令牌和认证服务器时钟很难保证完全同步。令牌和服务器没有任何的连接关系，它们的时钟是完全独立的，由于晶振的误差，随着时间的推移，令牌不可避免地和认证服务器失去同步。

为了避免由于时间不同步而造成合法用户无法正确认证，当基于时间的认证服务器发现令牌的令牌码不匹配时，它不会马上报告认证失败，而会把它的时钟调快一分钟再尝试一下，如果仍然失败，那么它就会把时钟调慢一分钟再试。如果再次失败，那么就调整两分钟，以此类推。

通常的解决方法是：认证服务器通过以服务器时间为基准，加上或减去 1 min、2 min……来进行尝试。所减去的最大时间和所加的最大时间，这个范围称为时间窗口，如果服务器在时间窗口内匹配了令牌码，就认为认证成功，与此同时，服务器也记住了令牌与服务器的时间偏移量，下次认证时会在当前时间的基础上加上偏移。

如果服务器在时间窗口内没有找到匹配的令牌码，可以选择一个更大的时间窗口，比如加上或者减去 10 min，然后再尝试。如果令牌码在这个更大的时间窗口中得到匹配，认证服务器则要求用户输入令牌上产生的下一个令牌码，以确保用户输入的令牌码不是猜测的。倘若第二个令牌码通过认证，那么用户认证成功而且认证服务器将保存新的时钟偏移量。

这些技术使得认证服务器可以跟踪每个令牌的时钟偏移，只要令牌经常被使用，就不会发生由于时间不同步造成合法用户无法认证的情况。

为了进一步提高安全性，每次认证成功后，认证服务器会记录令牌码所对应的时间。对于任何新的认证，服务器只会检查该时间以后所产生的令牌码。即认证服务器不允许令牌的时间滞后。

时间令牌没有输入小键盘。用户在使用时只需在客户端输入令牌码和 PIN。

时间令牌是迄今为止最成功的认证令牌。

6.4 生物特征认证

生物特征有指纹、掌纹、语音、视网膜、虹膜、人脸、体形、键盘敲击特征和签名等。由于生物特征独一无二，随身携带、难伪造、可信度高，因此生物特征认证是公认的最好的认证方法。

在所有的系统中，必须先创建生物特征模板。人们进行身份认证时，会被要求出示个人身份特征，然后系统把新采集到的身份特征数据与数据库中的相应数据（如指纹）对比，如果匹配，则用户得到授权。

6.4.1　足够有效

生物特征认证是以“足够有效”匹配的思想为基础。“足够有效”有两层含义。

（1）认证系统每次采集到的生物特征数据都存在着一些小小的差异。以指纹为例，指纹的读取一般有两种方式：一种是读取设备拍下指纹的图像并对该图像做一些处理，产生生物特征数据；另一种是通过传感器检测由指纹的凹凸呈现出来的电信号的微小差异来获取数据。对采集到的数据进行处理以创建生物特征数据。

每次把手指放到读取设备上时，产生的生物特征数据是不同的。这主要有几个原因，如：不可能每次把手指都固定在同一个位置上；有时手指比较脏；有时手指破了；有时读取设备出现问题等。

（2）认证系统没有生物特征的完整记录，生物特征数据是相当简洁的。以指纹为例，认证系统并没有指纹的完整图像记录。事实上，系统中存储的是指纹的一些特征点及其位置。使用指纹认证时，系统定位一些特征点，如指纹的纹路始/末端或出现弯曲的地方。一个指纹模板还不到 500 B。

6.4.2　生物特征模板

在生物特征认证系统中，用户必须首先注册。注册是生物特征认证中最重要的一个阶段，目的是采集生物特征数据，用于创建生物特征模板。

可以把某一次的生物特征数据和另一次的数据差异归结为噪声。噪声具有随机性，而信号则相对稳定。因此，如果多次采集生物特征数据，然后进行均匀化处理，噪声就能被抵消，而信号将得到加强。

如果希望创建最佳的生物特征模板，那么在注册过程中就会要求用户多次出示生物特征，然后认证系统加工处理采集到的信息生成特征模板。从安全和生物特征匹配观点看，应该收集尽可能多的特征数据以产生一个有效的特征模板。然而，用户却希望注册过程越简单越好。因此，注册时需要出示几次生物特征需要在易用性和安全性方面进行权衡。

一种权衡就是采取二次注册。首次注册很简单，一般只要求两次特征数据采集，这样得出的模板有很多不足。当用户使用系统时，如果认证成功，系统就把当前收集的用户生物特征数据和存储在系统中的模板均衡化，并用新模板替换旧模板。通过这种方式，用户认证系统的次数越多，模板就越有效。

6.4.3　认证匹配

密码系统进行的是精确匹配，而生物特征则使用近似匹配。

在一个生物特征认证系统中，匹配软件把新收集到的生物特征数据与存储在数据库中的模板进行匹配，看结果是否在有效范围内。决定有效性的办法取决于生物特征的类型和系统使用的匹配算法。最基本的，系统要有 2 个可配置参数：错误接收比率（False Accept Ratio，FAR）和错误拒绝比率（False Rejcet Ratio，FRR）。

FAR 是衡量用户本应该遇到拒绝却被系统接受的可能性。FRR 是衡量用户本该被系统接受反而遭到拒绝的可能性。FAR 和 FRR 互相制约。如果减少系统拒绝合法用户的可能性，那么非法用户通过认证的概率就大大增加；如果使用更加严格的策略使非法用户进入系统的可能减少，那么合法用户被拒之门外的概率也将随之上升。

匹配策略就是要在方便性、安全性、FAR、FRR、价格和性能之间进行权衡。因此，不同的匹配策略有各自的特点。

6.4.4　易用性和安全性

易用性和安全性始终是一对矛盾。为了达到易用性的目的，生物特征认证通常采用单因素认证方案。为了提高安全性，将生物特征与其他因素结合，构成双因素认证方案，如生物特征结合口令（“用户所知”）或利用生物特征激活智能卡（“用户所有”）等。也可以进一步产生 3-因素认证方案，如生物待征（如指纹、人脸）、智能卡、用于开启智能卡的 PIN。3-因素认证确实增加了安全性，但是认证系统却变得复杂难以使用。选择单因素、双因素还是 3-因素认证，取决于强调安全性还是强调易用性。

6.4.5　存储特征模板

现在人们经常使用生物特征（如指纹、人脸）认证，启动 PDA、手机和笔记本计算机等。最大的好处就是方便，但是却隐藏了安全性问题。如果系统启动仅仅需要出示指纹，系统中的 BIOS 软件就必须访问明文的特征模板进行匹配。

系统要正常工作，模板或者以明文方式存在或者以存储在 PC 硬件上的静态口令加密存储，这是因为使用时用户不用输入口令也不必通过智能卡的其他方式提供密钥，如果除了生物特征认证之外，用户还要提供 PIN 或口令，那么就背离了易用性的设计原则。归根到底，生物特征模板是以明文方式存储在 BIOS 扩展区中的，这绝不是安全方案。

通常，只要用户出示生物特征进行认证，并且特征模板是存储在生物特征识别器中的生物特征认证系统中，特征模板可能就是以明文或用静态口令加密存储。

在大多数安全的生物特征认证方案中，特征模板被存储在第二方，通常是一个后台认证服务器。用户在客户端（通常是 PC）出示生物特征后，新采集的特征数据通过加密会话（如服务器端 SSL）传到后台服务器，后台服务器查找数据库中的用户模板进行比较。如果匹配有效，客户端将收到认证成功的消息。出于安全的考虑，存储生物特征模板的数据库必须加密存储，而且其加密密钥将用智能卡或其他令牌保存。对数据库的保护可以根据实际情况采用不同的方案。

6.4.6　存在的问题

生物特征认证领域还存在一些问题，其中主要表现如下：

（1）生物特征模板是极具个性化的信息，必须得到恰当的保护。应该采用加密存储，尽可能使用一些可撤销生物特征模板的技术。

（2）总有某些用户群体不能使用生物特征。

（3）会遭受欺骗或重放等攻击，因此需要某些机制的保护，如新鲜性检测或者要求用户在每次认证时做一些不同的特定操作。

（4）面临的社会问题是多层面的。

（5）生物特征是不可撤销的凭证。

6.5　Kerberos 身份认证协议

6.5.1　Kerberos 协议简介

Kerberos 身份认证服务协议最早是美国麻省理工学院（MIT）开发。Kerberos 协议本身是一种应用于开放式网络环境，基于可信任第三方的 TCP/IP（Transmission Control Protocol 传输控制协议/Internet Protocol 网际协议）网络安全认证协议，其认证模型基于 Needham-Schroeder，以加密为基础，对用户及网络连接进行认证，提供增强网络安全的服务。

麻省理工学院最早为 Kerberos 协议开发过一套计算机网络安全系统。这个 Kerberos 系统采用了用户端＋系统服务器的结构，同时使用了 DES 加密技术，并且能够使它们之间可以进行相互认证，即用户端和系统服务器都可以要求对双方的身份进行认证。这种双向的身份认证模式可以用于需要进行防止窃听、重放攻击和保护数据完整性等场合。而在加密技术的使用上，Kerberos 安全系统使用的是一种应用对称密钥体制进行密钥管理的系统。当然，Kerberos 安全系统也可以使用公开密钥加密模式，以满足对更高安全级别的身份认证需求。

目前 Kerberos 协议共有五个协议版本。为了不断推动 Kerberos 协议在世界范围内的应用和持续发展，2007 年麻省理工学院组织成立了一个 Kerberos 协会。Windows 2000 和后续的操作系统都默认 Kerberos 为其最基本和标准的认证方法。RFC 3244 记录和整理了 Microsoft 对 Kerberos 协议软件包的添加。苹果的 Mac OS X，以及 Red Hat Enterprise Linux 4 和后续的操作系统，也都使用了第五版本的 Kerberos 协议，以增强其在身份认证过程中的安全性。IETF 的工作小组在 2005 年对 Kerberos 协议做了更新后的说明规范，最近的更新包括："加密和检查和细则"（RFC 3961），和"针对 Kerberos 版本 5 的高级加密算法（AES）加密"（RFC 3962）。

6.5.2 Kerberos 的认证过程

Kerberos 身份认证协议的认证过程：用户端向 Kerberos 认证服务器（AS）发送访问请求，要求得到某个服务器系统的证书，而认证服务器 AS 则对用户端进行响应，并向用户端提交包含这些用户密钥的加密证书。

用户密钥加密证书的构成为：

（1）服务器的票据信息"ticket"；

（2）一个临时的加密密钥，该临时密钥又被称为会话密钥，即"session key"。

用户端将服务器的票据信息 ticket 传送到服务器上，而会话密钥则对用户端或认证服务器进行认证。同时，会话密钥也可用来为通信双方在以后的通信过程中提供加密服务，并进一步通过交换子会话密钥为通信双方提供通信加密服务。

这一认证交换过程需要访问 Kerberos 协议数据库，并且只能是以只读的权限方式进行访问。如果 Kerberos 协议数据库中的记录需要添加新的规则或对规则密钥进行更改时，则更改过程必须通过用户端和第三方的 Kerberos 协议服务器之间的安全协议来完成。另外也存在一种协议用于维护不少于一个的 Kerberos 数据库备份，并且会不断改变以适应各种不同数据库技术。

6.5.3 Kerberos 的工作模式

Kerberos 协议的工作原理主要是在收到用户端提交的用户身份验证信息之后，比对自己集中数据库中的信息列表。如果比对结果一致，则 Kerberos 身份认证服务器就会确认用户的合法身份，同时按照用户端的要求向用户提供系统服务的授权票据，以及通信双方在进行通信传输过程中对数据信息加密 / 解密的共享密钥。在这个 Kerberos 身份认证服务器工作的过程中，使用对称密码体制中的 DES 加 / 解密算法来保证通信传输过程中信息和密钥的安全，从而在提供服务的系统服务器和需要访问服务的用户之间建立一种安全的沟通渠道。通过执行这样的身份认证机制，可以在很大程度上消除在访问系统服务器和网络通信过程中诸多潜在的安全问题。

Kerberos 身份认证协议主要的工作模式有 2 种，即域间认证模式和域内认证模式。

如图 6-4 所示，域间认证模式的工作原理主要是：如果用户需要访问的系统服务与用户自己并不在同一个域内，那么用户就不能将进行身份认证的信息传送给本域内的 Kerberos 身份认证服务器进行身份认证，而是要将相关信息传送给要访问的服务系统所在域中的 Kerberos 身份认证服务器进行身份认证。如果服务系统所在域中的 Kerberos 身份认证服务器对用户的身份进行验证通过的话，该 Kerberos 身份认证服务器将向该用户提供允许访问本域内用户指定的服务系统的访问授权票据。通过分析上述过程，域间的身份认证模式主要是在两个 Kerberos 身份认证域内通过某种既定的模式建立一种彼此信任的沟通渠道和关系。

如图 6-5 所示，域内认证模式的工作原理从本质上来讲，是与域间认证模式类似的。所不同的是用户直接将需要访问域内系统服务的请求和自己身份验证信息传给域内的 Kerberos 身份认证服务器，不需要通过其他的方式和途径进行域间的通信和信息传输。

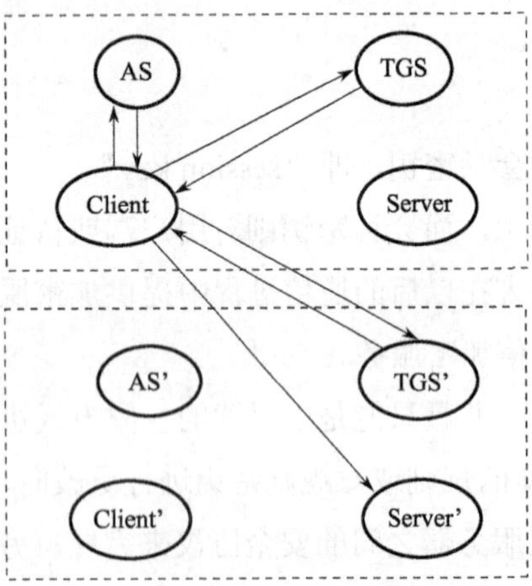

图 6-4　域间认证模式

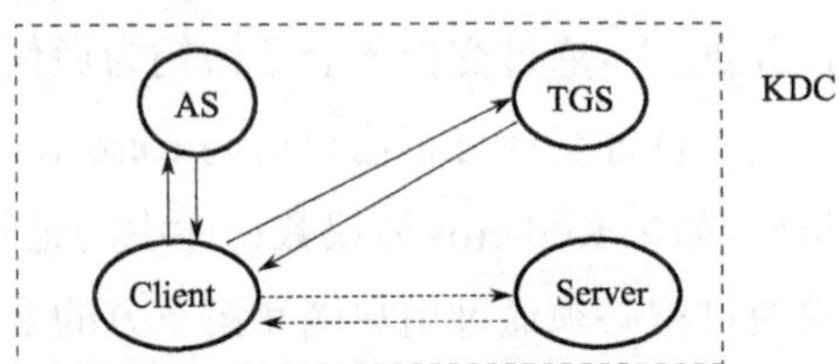

图 6-5　域内认证模式

如图 6-5 所示，整个认证的过程如下。

第一步，用户向身份认证服务器 AS 提交可以证明自己合法用户身份的验证信息，等待身份认证服务器 AS 的身份验证。

第二步，身份认证服务器 AS 接收到用户提交的身份验证信息后，与自己的数据库列表信息进行比对。如果比对结果一致，身份认证服务器 AS 则向用户给出“已通过合法身份验证”的证明。

第三步，用户收到认证服务器 AS 回传过来的“已通过合法身份验证”的证明后，随即将此证明提交给到票据授权服务器 TGS，并向票据授权服务器 TGS 提出自己想要进行访问的是哪一个应用服务。

第四步，票据授权服务器 TGS 收到用户提交的“已通过合法身份验证”的证明、用户想要访问的应用服务器申请之后，会对这个“已通过合法身份验证”的证明通过某种机制进行验证。如果验证通过，票据授权服务器 TGS 会认为该用户是已经通过了认证服务器 AS 的身份验证，是属于合法的服务访问用户。于是票据授权服务器 TGS 就会按照用户的要求向其提供用户希望访问的应用服务器的票据授权票。

第五步，用户收到票据授权服务器 TGS 给到的将要进行访问的应用服务器票据授权票之后，将该票据授权票提交给应用服务系统，等待应用服务器的应答响应。

第六步，应用服务器收到用户提交的信息之后，会对这个票据授权票通过某种机制进行验证。如果验证通过，应用服务器就会认为该用户是已经通过了认证服务器 AS 的身份验证，并且确实是已经在票据授权服务器 TGS 处获得了对自已提供服务的访问授权。这时，应用服务器会给用户一个应答，通知用户可以与其开始建立通信传输线路了。

经过以上六个步骤，用户正式完成了所有的身份验证过程并最终达到了要访问某个应用服务的目的。这一系列的过程，就是域内认证模型的主要工作流程。上述的第四步和第五步都提到了“通过某种机制进行验证”的过程，这里的机制指的就是通过对称加密和解密的技术方法，通过比对解密后的信息是否与通信方和授权方给到的信息是否一致，来对用户的身份进行验证，以进入下一环节的操作。同时，TGS 票据授权服务器还会提供供用户和应用系统服务器之间进行通信的共享密钥，来保证通信双方的安全性要求。

本章小结

身份认证是证实客户的真实身份与其所声明的身份是否相符的过程。是电子商务系统的第一道防线，是主动防御技术之一。

身份认证确定的是身份而不是一个人。秘密是电子认证的基础。秘密通常表现为：用户所知、用户所有、生物特征等。认证时使用秘密的个数常称为“因素”，常用单因素或双因素认证，3-因素显然安全性更高，但是易用性最差。各种安全策略必须在易用性和安全性方面进行权衡，易用不安全或安全到无法使用都没有任何意义。

认证系统必须确保秘密安全，安全的策略要求认证系统不能用明文存储、传输秘密，即使系统管理员也无法获知用户的秘密。换句话说，就是除了用户自己以外，明文秘密不出现在认证系统中。

口令就是单向认证，即系统可以认证用户，而用户无法对系统进行认证。DCE/Kerberos 是安全的双向身份认证技术。DCE/Kerberos 的身份认证强调了客户机对服务器的认证，而其他产品只解决了服务器对客户机的认证。

口令是根据“用户所知”进行身份认证的方法，属于单因素身份认证，是最常用最简单的认证方式。但是由于用户常常不按规则使用，所以口令容易泄密，因而成为最昂贵的方式。

挑战/响应机制是口令认证的基础。它引入一个变量即随机数（挑战），从而使每次认证的会话都不一样，因而可以有效地防止重放攻击，提高了安全性。

令牌认证是根据“用户所知”即PIN和“用户所有”即令牌进行身份认证的方法，属于双因素身份认证，并且是一次一密机制。时间令牌是迄今为止最成功的认证令牌。

生物特征认证是公认的最好的认证方法，它以“足够有效”匹配的思想为基础。要解决的关键问题是：生物特征模板的采集和存储，协调易用性和安全性等。然而目前大多数方案中都是明文存储生物特征模板，带来了极大的安全隐患。

还有基于IC卡和USB Key的身份认证、基于数字证书的身份认证；PKI是一个电子商务安全解决方案，可以实现强身份认证功能。

Kerberos 身份认证服务协议是一种应用于开放式网络环境，以加密为基础，对用户及网络连接进行认证，提供增强网络安全的服务。

思考题

1. 什么是身份认证？请说明身份认证的基本原理。
2. 身份认证的基础是什么？
3. 身份认证系统中的“因素”是什么？请分析3-因素认证的利弊。
4. 使用过口令认证方式吗？举例说明口令认证系统的工作原理。
5. 简述挑战/响应机制的工作原理。
6. 解释令牌认证中的术语：令牌、种子、令牌码、PIN、密码。
7. 为什么说令牌认证是一次一密机制？有什么好处？
8. 请说明时间令牌的工作原理。
9. 令牌认证中是如何解决令牌与认证服务器时间同步问题的？
10. 请解释生物特征认证的“足够有效”匹配的思想。
11. 请说明 Kerberos 身份认证协议的认证过程。
12. Kerberos 的工作模式有几种？请说明每一种模式的工作原理。

第 7 章 访问控制技术

内容提要

身份认证解决了访问者是否是合法者的问题。但并非身份合法就什么都可以做，还要根据不同的访问者，规定他们分别可以访问哪些资源，以及用什么方式访问这些资源。访问控制就是解决这个问题的。

本章阐述了访问控制机制的概念和实现原理，然后分别介绍了访问控制结构、访问控制策略、访问控制模型。

7.1 访问控制的概念与原理

身份认证解决了访问者是否是合法者的问题。但并非身份合法就什么都可以做，还要根据不同的访问者，规定他们分别可以访问哪些资源，以及用什么方式访问这些资源（如读、写、删除等）。访问控制就是解决这个问题的。

访问控制建立在身份认证的基础之上，目的是控制和管理合法用户访问资源的范围和访问方式，防止非法用户的入侵或合法用户对资源的误用或滥用，因而能保证资源受控地、合理地使用。访问控制是基于权限管理的一种非常重要的安全策略，是实现信息系统安全的重要技术之一。

访问控制主要包含以下要素。

（1）主体（Subject）。发起访问的一方，如用户、客户端，也可以是任何主动发出访问请求的智能体，包括程序、进程、服务等。

（2）客体（Object）。接受访问的一方，包括所有能被主体访问的资源，如程序、进程，数据、文件、内存、应用系统、设备、设施等。在不同应用背景下可以有相当广泛的定义，如在操作系统中可以是一段内存空间，在数据库里可以是一个表中的记录，在 Web 上可以是一个页面。也可以是各种物理设备或设施，在这些设备或设施中运行着重要的应用系统，或者存储着机密的数据。

（3）访问控制安全策略。访问控制就是控制和管理主体对客体的访问。访问控制策略是对这些访问进行约束的一组规则，这些规则就规定了主体用什么方式访问客体，从而保证了主体对客体的使用是受控的。

（4）权限。主体对客体的访问方式称为权限。通常是对客体的一种操作，如读、写、修改、复制、删除、执行等。具体方式取决于客体的类型，如请求分配一块内存空间，修改数据库中表的记录，浏览网页等。权限由访问控制策略制定。

（5）授权。设定主体访问权限的机制称为授权。

访问控制的基本原理如图 7-1 所示。

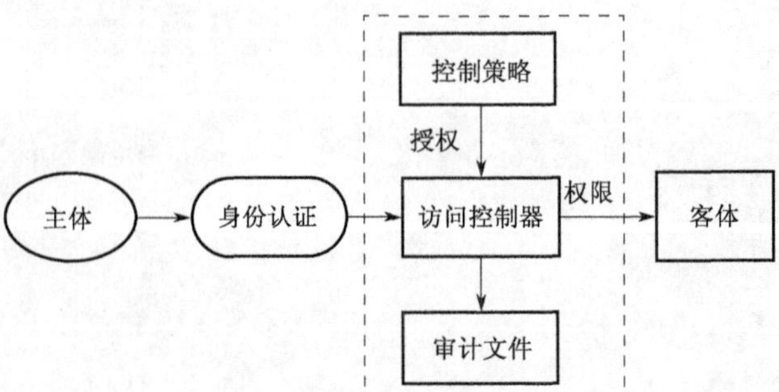

图 7-1 访问控制的基本原理

身份认证是电子商务系统的第一道防线，经过身份认证识别出合法主体，拒绝非法主体的访问请求。

访问控制器根据预先设定的控制策略对合法主体进行授权。通过授权，主体可以在一个规定的、受控的范围使用客体。访问控制器实时监控主体对客体的每一次访问，并把相关的信息，如主体、客体、访问时间、操作权限等，存入审计文件中。

安全审计可以创建主体活动的事件记录，通过这些记录可检查异常或可疑的活动。如果无法记录对安全控制策略的遵守程度，那么建立安全控制策略就毫无意义。因此，没有恰当的审核，就没有真正的安全。

通过访问控制使主体对客体的访问是可控的。访问控制不仅保护了客体的安全，维护了主体的利益，更重要的是建立了良好的电子商务秩序。访问控制是一个安全系统所必须具备的能力。

7.2　访问控制结构

对于单个主体和客体可进行单独的定义。但是对于数量众多的主体和客体，就要设计一种合适的实现结构了。下面介绍几种常用的访问控制结构。

7.2.1　访问控制矩阵

访问控制矩阵也称访问许可矩阵，是二维控制矩阵。每行代表一个主体，如用户。每列代表一个客体，即存取目标。在行、列交叉点上的值是主体对客体访问权限的集合。表 7-1 为一个访问控制矩阵的例子。

表 7-1　访问控制矩阵的例子

	数据库表 1	数据库表 2	数据库表 3
用户 A	Own,R,W	Own,R,W	
用户 B	R		Own,R,W
用户 C	R,W	R	R,W

在表 7-1 中，Own 权限的含义是可以授予（Authorize）或撤销（Revoke）其他用户对该资源的访问控制权限。例如，用户 A 对数据库表 2 具有 Own 权限，所以他可以授予或撤销用户 B 或用户 C 对数据库表 2 的读（R）写（W）权限。

访问矩阵比较直观，但是表中会出现空白。在较大的系统中，访问控制矩阵将变得非常巨大，而且矩阵中的许多格可能都为空，造成很大的存储空间浪费，因此在实际应用中，访问控制很少利用矩阵方式实现。

7.2.2　访问能力表

能力（Capability）是受一定机制保护的客体标志，标记了某一主体对客体的访问权限。某一主体对某一客体有无访问能力，表示了该主体能不能访问那个客体；而具有什么样的能力，表示能对那个客体进行一些什么样的访问。

访问能力表着眼于某一主体的访问权限，从主体出发描述控制信息，很容易获得一个主体被授权可以访问的客体及其权限。但要从客体出发获得哪些主体可以访问它，就困难了。针对表 7-1，构造访问能力示意图如图 7-2 所示。

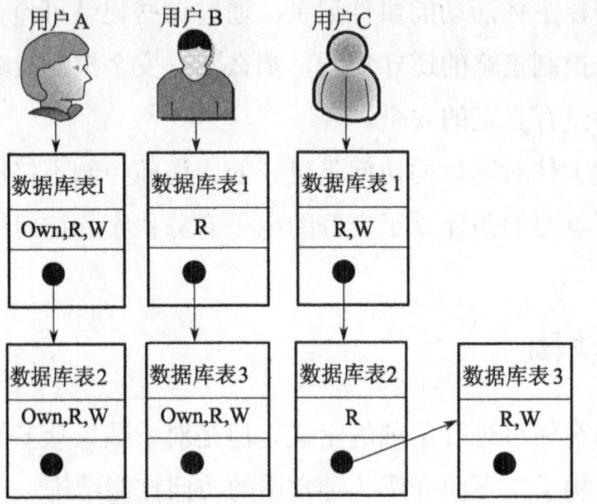

图 7-2　访问能力示意图

7.2.3　访问控制表

访问控制表（Access Control List，ACL）与访问能力表正好相反，是从客体出发描述控制信息，可以用来对某一资源指定任意一个用户的访问权限。图 7-3 所示是针对表 7-1 的访问控制表。

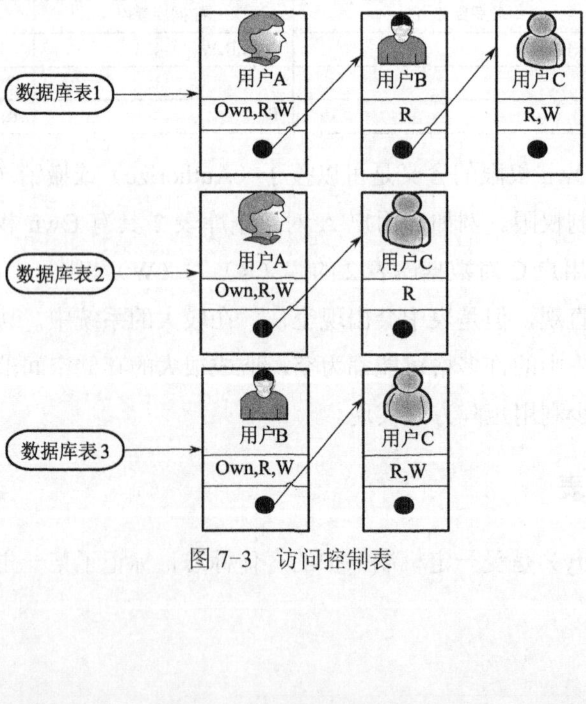

图 7-3　访问控制表

ACL 的优点是可以容易地查出对某一特定资源拥有访问权的所有用户，有效地实施授权管理，是目前采用的最多的一种实现形式。

7.2.4　授权关系表

授权关系表（Authorization Relations List，ARL）描述了主体和客体之间各种授权关系的组合。授权关系表便于使用关系数据库进行存储。按照主体进行排序，就得到了与访问控制表相对应的二维表；按照客体进行排序，就得到了与访问能力表相对应的二维表。表 7-2 是表 7-1 的授权关系表。

表 7-2　授权关系表

主　体	访问权限	客　体
用户 A	Own	数据库表 1
用户 A	R	数据库表 1
用户 A	W	数据库表 1
用户 A	Own	数据库表 2
用户 A	R	数据库表 2
用户 A	W	数据库表 2
用户 B	R	数据库表 1
用户 B	Own	数据库表 3
用户 B	R	数据库表 3
用户 B	W	数据库表 3
用户 C	R	数据库表 1
用户 C	W	数据库表 1
用户 C	R	数据库表 2
用户 C	R	数据库表 3
用户 C	W	数据库表 3

7.3　访问控制策略

访问控制安全策略是指在一个特定的环境里，为保证提供一定级别的安全保护所必须遵守的规则。制定控制安全策略时主要考虑的因素如下。

（1）在哪一个级别上做授权决策。一些策略假定全部决策都是在有组织的级别上被控制；而其他策略支持授权机构代表，决策由为具体的目标负责任的个人做出。

（2）用户和目标用哪种方法连在一起以达到共同操作的目标。

（3）策略的哪些扩展可根据由系统部件自动实施的一般规则来陈述。

访问控制安全策略分为自主式安全策略和强制式安全策略。对一个安全区域通常采用强制式安全策略。它基于能自动实施的规则。为了将这样的规则付诸实施，用户和目标必须使用一个很大的组。自主式策略为特定的用户提供访问信息。就自主式策略而言，如何把用户和目标分组有很大的灵活性，其范围可从单个用户和目标的清晰识别到大组的使用。

OSI 安全体系结构用的不是强制式/自主式的术语，而是改为用基于身份和基于规则的策略。从实际应用来看，基于身份的策略等同于自主式策略，基于规则的策略等同于强制式策略。

7.3.1 基于身份的安全策略

基于身份的安全策略，目的是对数据或资源的访问进行筛选。即用户可访问资源的一部分（访问控制表），或由系统授予用户特权标记或权力。两种情况下，数据项的多少会有很大变化。基于身份的策略分为基于个体的策略和基于组的策略。

（1）基于个体的策略。一个基于个体的策略使用用户可以对一个目标实施哪一种行为的列表来表示。这等价于用一个目标的访问矩阵来描述，如表 7-3 所示。基于表 7-3 可以给出对目标的访问策略，如对目标数据库表 1，允许用户用户 A 读、写和管理，允许用户 B 读，允许用户 C 和用户 D 读和写。

表 7-3 访问控制矩阵

用户	数据库表 1	数据库表 2	数据库表 3
用户 A	Own,R,W	Own,R,W	
用户 B	R		Own,R,W
用户 C	R,W	R	R,W
用户 D	R,W	R	R,W

基于身份的策略陈述总是依赖于一个暗含的或清晰的默认策略，而基于个体的策略是基于身份策略的一种类型，所以基于个体的策略陈述也总是依赖于一个暗含的或清晰的默认策略。在表 7-3 的例子中，假定的默认是所有用户被所有的许可否决。这就是最常用的默认策略。这类策略遵循最小特权原则。最小特权原则要求最大限度地限制每个用户为实施授权任务所需要的许可集。这种原则的应用限制了来自偶然事件、错误或未授权用户的危险。

在一个公开的公告板环境中，默认也许是所有的可得到的公开信息。另外，像在后面讨论的企业雇员例子那样，多重策略可同时应用于一个目标。有效的默认也可能是某一类别的策略，该策略对某一用户或某些用户提供清晰的访问许可。由于这个原因，对确定的用户关于确定的目标基于身份的策略通常也提供清晰的否认许可。

例如，在一个企业中，一般的规则是允许雇员以读操作访问所有的专业技术信息。然而，有时也有例外。例如，一个雇员由于违纪行为也许不允许访问更多的敏感目标。

这可通过保持一个简单的默认策略（许可读）来达到。

对处理像窃取口令、偷窃个人认证器件这样的情况，否认限制是有价值的。方法是：对关心的所有目标，在已存在的策略集之上简单地添加一个合适的否认限制。

（2）基于组的策略。基于组的策略是允许一组用户对一个目标具有同样的访问许可。例如，当许可被分配给一个队的所有成员或一个组织的一个部门的所有成员时，采取的就是这种策略。将多个用户组织在一起并赋予一个共同的识别标识符时，就可以把访问控制矩阵的多个行压缩成一行。例如，在表 7-3 中，假定用户 A 和用户 D 形成一个组。那么对目标数据库表的访问控制策略可通过下列陈述表达：

- 用户组由用户 A 和用户 D 组成；
- 对目标数据库表 1，允许用户 A 读、修改和管理。而允许用户组读和写。

其中，第 1 条陈述可被其中的目标重复使用，例如目标数据库表 1。另外，组的成员可以被改变而不会影响许可陈述（例如，第 2 条陈述）。这些特征往往使基于组的策略在表示和实现方面比基于个体的策略更容易和更有效。

7.3.2 基于规则的安全策略

基于规则的策略分为多级策略和基于间隔的策略。

（1）多级策略。多级策略被广泛地应用于政府机密部门，也可以用于非机密的部门中。这些策略应该自动控制执行，用于限制数据的非法泄露和保护数据的完整性。

一个多级策略分配给每个目标一个密级，密级的层次如表 7-4 所示。每个用户从相同的层次中分配一个等级。目标的分配反映了它的敏感性；用户的分配反映了他的可信程度。

表 7-4 密级层次表

密 级	英文对照	密 级	英文对照
绝密	TOP SECRET	限制	RESTRACTED
秘密	SECRET	无密级	UNCLASSIFIED
机密	CONEIDFNTIAL		

与这种类型的策略有关的传统规则在美国国防部可信计算机安全评估准则中有具体描述。基础的数学模型是由 Bell 和 LaPadula 得到的。这种模型定义了在用户和目标的安全级别之间的一种形式关系，称为统治关系。对于许可只读访问和只写访问都有明确规定。

只读访问规则又称作简单安全条件，它规定一个拥有给定等级的用户只能读具有相同等级或更低密级的数据。只写访问规则，通常称为*特性，它规定一个拥有给定等级的用户只能向具有相同或比他高的密级的目标写数据。制定这个规则是为了防止未授权用户无须授权就删除有密级的数据和防止特洛伊木马攻击。另外，当数据联结多个目标时，有一规则规定分配它们中的最高密级。Biba 提出了一个针对完整性情况的策略模型，应用这种模型，可为目标分配一个完整性密级和敏感性密级。

（2）基于间隔的策略。在基于间隔的策略中，目标集合关联于安全间隔或安全类别，通过它们来分离其他目标。用户需要给一个间隔分配一个不同的等级，以便能访问该间隔中的目标。例如，在一个公司中，不同的间隔可能定义为合同和职员。一个间隔的等级不必指示相同级别的其他间隔的等级。此外，在一个间隔中的访问可能受控于特殊的规则。例如，在一个特定的间隔内，两个消除了的用户为了能恢复数据可能需要提出一个联合请求。

7.4 访问控制模型

实现严格的访问控制必须建立规范的访问控制模型。1985 年美国军方提出可信计算机系统评估准则（TCSEC），其中给出了两种著名的访问控制模型：自主访问控制（Discretionary Access Control，DAC）模型和强制访问控制（Mandatory Access Control，MAC）模型。1992 年 Ferraiolo 和 Kuhn 提出了基于角色的访问控制（Role-Based Access Control，RBAC）模型，RBAC 模型广泛用于多用户企业信息系统。1997 年 Thomas 和 Sandhu 提出基于任务的访问控制（Task-based Access Control，TBAC）模型，用于解决在执行过程中，各工作之间因为并行访问同一资源产生的并发控制问题。

7.4.1 自主访问控制

自主访问控制是根据自主访问控制策略建立的一种模型，是一种常用的访问控制方法。自主是指主体能够自主地（可能是间接的）将访问权或访问权的某个子集授予其他主体，允许合法用户以用户或用户组的身份访问规定的客体，同时阻止非授权用户访问客体，某些用户还可以自主地把自己拥有的客体访问权限授予其他用户。简言之，自主访问控制就是由拥有资源的用户自己决定另一个或一组主体可以在什么程度上访问哪些资源。

为实现自主访问控制，访问控制矩阵内的内容必须以某种形式进行保存和管理。如果把整个矩阵保存下来，不仅实现起来不方便，而且效率很低。因此在具体实现时通常采用访问控制表和访问能力表。

自主访问控制的最大特点是由授权主体或特权主体（一般是系统管理员或高层领导）按照访问控制列表所赋予用户的权限，允许或限制其他用户访问某种客体资源。同时，某些特权用户甚至还可以自主地把自己拥有的客体访问权限授予其他用户。由于用户权限的传递，就会导致没有访问权限的用户最终获得了访问权限，或者获得了所需要的资源。可见自主访问控制是一种任意访问控制，它的安全防护程度较低，不能给系统提供足够的安全保护。

自主访问控制的自主性决定了它是一种限制比较弱的访问控制策略。这种方式给用户带来了灵活性的同时，也带来了更大的安全隐患。

7.4.2　强制访问控制

强制访问控制系统为所有的主体和客体指定安全级别，从高到低分为绝密级、机密级、秘密级和无密级，如表 7-4 所示。不同级别标记了不同重要程度和能力的实体。不同级别的主体对不同级别的客体的访问是在强制的安全策略下实现的。

在强制访问控制机制中，将安全级别进行排序，如按照从高到低排列，规定高级别可以单向访问低级别，也可以规定低级别可以单向访问高级别。访问操作可以是读、写或修改。

主体对客体的访问方式主要有四种。

（1）向上读（read up）：主体安全级别低于客体信息资源安全级别时允许的读操作；

（2）向下读（read down）：主体安全级别高于客体信息资源的安全级别时允许查阅的读操作；

（3）向上写（write up）：主体安全级别低于客体安全级别时允许执行的动作或写操作；

（4）向下写（write down）：主体安全级别高于客体信息资源的安全级别时允许的写操作。

上述读、写方式都保证了信息流是单向的。上读/下写方式保证了数据的完整性，上写/下读方式保证了信息的秘密性。

为了保障信息的完整性，低级别的主体可以读高级别客体的信息（不保密），但低级别的主体不能写高级别的客体（保障信息完整），因此采用的是上读/下写策略。即属于某一个安全级的主体可以读本级和本级以上的客体，可以写本级和本级以下的客体。例如，机密级主体可以读绝密级、机密级的客体，可以写机密级、秘密级、无密级的客体。这样，低密级的用户可以看到高密级的信息，因此，信息内容可以无限扩散，从而使信息的保密性无法保障；但低密级的用户永远无法修改高密级的信息，从而保障信息的完整性。

与保障完整性策略相反，为了保障信息的保密性，低级别的主体不可以读高级别的信息（保密），但低级别的主体可以写高级别的客体（完整性可能破坏），因此采用的是下读/上写策略。即属于某一个安全级的主体可以写本级和本级以上的客体，可以读本级和本级以下的客体。例如，机密级主体可以写绝密级、机密级的客体，可以读机密级、秘密级、无密级的客体。这样，低密级的用户可以修改高密级的信息，因此，信息完整性得不到保障；但低密级的用户永远无法看到高密级的信息，从而保障信息的保密性。

实体的安全级别是由敏感标记（Sensitivity Label）来表示。敏感标记，简称标记，是表示实体安全级别的一组信息，在安全机制中把敏感标记作为强制访问控制决策的依据。当输入未加安全级别的数据时，系统应该向授权用户要求这些数据的安全级别，并对收到的安全级别进行审计。

强制访问控制和自主访问控制最大的区别是：相应的安全策略是否允许用户改变自己所属对象的安全标志。但是，在强制访问控制之下，所有的访问标志和访问权限变更处于一个集中的策略管理器的管理之下，用户甚至不能改变自己创建的对象的安全标签。强制访问控制进行了很强的等级划分，所以经常用于军事用途。强制访问中，最著名的是多级安全系统，这种系统以敏感度来划分资源的安全级别。多级别访问控制策略是通过对主、客体的安全级别和对客体操作的限制来实现的。

自主访问控制较弱，而强制访问控制又太强，会给用户带来许多不便。因此，实际应用中，往往将自主访问控制和强制访问控制结合在一起使用。自主访问控制作为基础的、常用的控制手段；强制访问控制作为增强的、更加严格的控制手段。某些客体可以通过自主访问控制保护，重要资源必须通过强制访问控制保护。

7.4.3 基于角色的访问控制

20 世纪 70 年代提出了基于角色的访问控制（RBAC）模型。1996 年 Ravi Sandhu 等人于是提出 RBAC96 模型。ARBAC97 模型也称为分布式角色管理模型，其基本思想是利用 RBAC 模型本身进行 RBAC 模型的管理。2001 年 8 月美国国家标准与技术研究院（NIST）发表了 RBAC 建议标准。ARBAC2001 建议标准综合了该领域众多研究者的共识，包括 2 个部分：RBAC 参考模型和功能规范。参考模型定义了 RBAC 的通用术语和模型构件，并且界定了标准所讨论的 RBAC 领域范围，包括四个部分：核心 RBAC（Core RBAC）、等级 RBAC（Hierarchal RBAC）、静态职责分离 SSD（Static Separation of Duty）和动态职责分离 DSD（Dynamic Separation of Duty）。功能规范定义了 RBAC 的 3 类管理操作：管理功能、系统支持功能和审查功能。

1. RBAC 的基本概念

主体（Subject）。能访问或使用客体的活动实体称作主体。通常是系统用户或代表用户进行操作的进程、作业或任务。

客体（Object）。被访问的对象。所有系统内的活动都可看作对客体的一系列操作。通常将客体形象化为一个文件，包括操作系统中的文件或目录，还有数据库系统中的列、行、表、视图或系统可以使用的资源（如打印机、磁盘空间等）。

用户（User）。一个可以独立访问计算机系统中的数据或数据表示的其他资源的主体。可以是人、进程等，一般指人。

角色（Role）。指一个组织中的某一特定的职能岗位，带有特定的任务范畴，如经理、会计、出纳、教师等。

权限（Permission）。是对特定对象的操作模式的许可。表示对系统中的客体进行特定模式的访问操作，与实现的机制密切相关。权限的本质取决于系统的实现细节，如操作系统中保护的对象是文件、目录、设备、端口等资源，相应的操作模式有读、写、执行等；而在关系数据库管理系统中保护的对象是关系、元组、属性、视图，相应的操作模式有查询、更新、删除和插入等。

用户-角色分配（User-Role Assignment）。为用户分配一定的角色，即建立用户与角色的多对多关系。

角色-权限分配（Permission-Role Assignment）。为角色分配一组访问权限，即建立角色与访问权限的多对多关系。这样通过角色将用户与访问权限联系起来。用户具有其所拥有各角色的访问权限的总和。

会话（Session）。会话对应于一个用户和一组激活的角色，表示用户的某种角色激活的过程。一个用户可以进行几次会话，在每次会话中激活不同的角色，这样用户也将具有激活的角色所具有的各种权限。用户必须通过会话才能激活角色。

2. RBAC 的基本思想

RBAC 是以角色为中介，对用户进行授权控制。系统安全管理员可根据需要定义各种角色，并为其设置合适的访问权限，然后根据用户所担任的工作职责或级别分配相应的角色，从而使用户获得相关的权限集。其中，角色可以看成是一个表达访问控制策略的语义结构，他可以表示承担特定工作的资格，如外科医生、药剂师等，也可以体现某种权利与责任，如护士长、值班医生等。一个学校可以有教师、学生和其他管理人员等角色。一个银行包含的角色可以有出纳员、会计师、贷款员等。他们的职能不同，拥有的访问权限也不相同。RBAC 根据用户在组织内所处的角色做出访问授权与控制。但用户不能自主地将访问权限传给他人。例如，在医院里，医生这个角色可以开处方，但他无权将开处方的权力传给护士。

引入角色的管理模式后，对资源授权管理过程将分成两个部分，即首先实现访问权限与角色相关联，然后再实现角色与用户相关联，从而实现了用户与访问权限的逻辑分离。基于角色的访问控制的基本思想如图 7-4 所示。

图 7-4　基于角色的访问控制的基本思想

RBAC 从控制主体的角度出发，根据管理中相对稳定的职权和责任来划分角色，将访问权限与角色相联系，这点与传统的 MAC 和 DAC 将权限直接授予用户的方式不同，通过给用户分配合适的角色，让用户与访问权限相联系。角色成为访问控制中访问主体和受控对象之间的一座桥梁。

同一个用户可以是多个角色的成员，即同一个用户可以扮演多种角色，如一个用户可以是教师，同时也可以是在职的学生。同样，一个角色可以拥有多个用户成员，这与现实是一致的。一个人可以在同一部门中担任多种职务，而且担任相同职务的可能不止一人。因此，RBAC 提供了一种描述用户和权限之间的多对多关系。角色可以划分成不同的等级，通过角色等级关系来反映一个组织的职权和责任关系，这种关系具有反身性、传递性和非对称性特点，通过继承行为形成了一个偏序关系。RBAC 中通常定义不同的约束规则来对模型中的各种关系进行限制，最基本的约束是“相互排斥”约束和“基数限制”约束，分别规定了模型中的互斥角色和一个角色可被分配的最大用户数。

RBAC 的优势在于它对管理能力的支持。一个 RBAC 系统建立起来后，主要的管理工作即为分配或取消用户的角色。用户的职责变化时，赋予不同的角色，也就改变了用户的权限。当组织的功能变化或演进时，只需删除角色的旧功能、增加新功能，或定义新角色，而不必更新每一个用户的权限设置。基于角色的访问控制技术不仅有效地克服了 DAC 和 MAC 存在的不足，而且还可以减少授权管理的复杂性、降低管理开销，并为管理员提供一个比较好的实现安全策略的环境。由于其在目前大量存在的商业和政府部门系统安全需求方面显示的极大优势，基于角色的访问控制方法已经成为传统访问控制方法的发展和补充。

7.5 RBAC 参考模型

7.5.1 RBAC0（Core RBAC）

RBAC0 模型为基本模型，规定了 RBAC 系统所必需的最小需求。核心 RBAC 结构模型如图 7-5 所示。

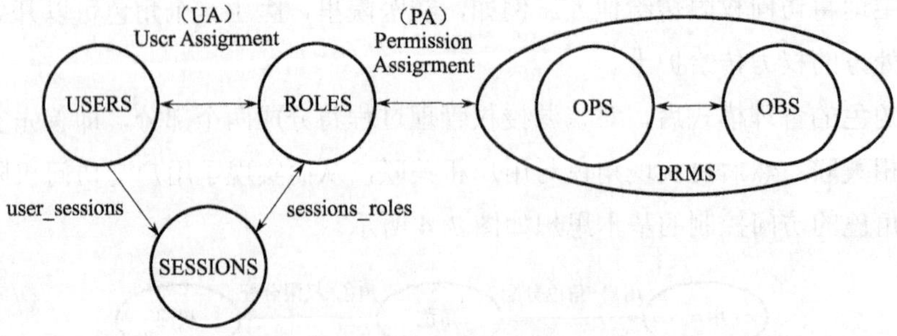

图 7-5 核心 RBAC 结构模型

RBAC 核心包括 5 个基本集合：users（USERS），roles（ROLES），objects（OBS），operations（OPS）和 permissions（PRMS）。其基本原理就是把权限分配给角色，把角色再分配给用户，用户通过角色获取相应的权限。RBAC 核心还包括 sessions 集合（SESSIONS），SESSIONS 中的每一个 session 是用户与用户所激活的角色集的映射。

定义 1：Core RBAC

（1）UESRS，ROLES，OPS，OBS 和 SESSIONS 分别表示用户集、角色集、操作方式集、操作对象集和会话集。

（2）$UA \subseteq USERS \times ROLES$。用户集与角色集的多对多关系。

（3）assigned_users：$(r\text{：}ROLES) \rightarrow 2^{USERS}$。角色的分配方式，为每一个角色指定能够胜任该角色的用户集。即 $assigned\_users(r) = \{u \in UESRS \mid (u,r) \in UA\}$。

（4）$PRMS = 2^{(OPS \times OBS)}$。访问权限的集合。

（5）$PA \subseteq PRMS \times ROLES$。权限集与角色集的多对多关系。

（6）assigned_permissions：$(r\text{：}ROLES) \rightarrow 2^{PRMS}$。权限的分配方式，为每一个角色指定该角色能够胜任的权限（任务）。即 $assigned\_permissions(r) = \{p \in PRMS \mid (p,r) \in PA\}$。

（7）OP：$(p\text{：}PRMS) \rightarrow \{op \in OPS\}$。权限集到操作方式集的映射，给出一组操作方式与权限 p 的关联。

（8）Ob：$(p\text{：}PRMS) \rightarrow \{ob \in OBS\}$。权限集与操作对象集的映射，给出一组操作对象与权限 p 的关联。

（9）user_sessions：$(u\text{：}USERS) \rightarrow 2^{SESSIONS}$。把用户 u 映射到一个 sessions 的集合，返回指定用户相关的会话。

（10）sessions_user：$(s\text{：}SESSIONS) \rightarrow USERS$。把会话 s 映射到相应的用户。

（11）session_roles：$(s\text{：}SESSIONS) \rightarrow 2^{ROLES}$。会话集到角色集合的对应函数，任一个会话与 ROLES 的一个子集对应。$session\_roles(s_i) \subseteq \{r \in ROLES \mid (session\_user(s_i), r) \in UA\}$。其中 $session_roles(s_i)$是会话 s 所属的用户。

（12）avail_session_perms：$(s\text{：}SESSIONS) \rightarrow 2^{PRMS}$。在某一会话中用户有效的权限，即 $\bigcup_{session\_roles(s)} assigned\_permissions(r)$。

每个会话都是动态产生的，从属于一个用户。会话根据用户的要求负责将它所代表的用户映射到多个角色中去。一个会话可能激活的角色是用户的全部角色的一个子集。对于用户而言，在一个会话内可获得被激活的角色所代表的访问许可权。角色和会话的设置的优点是容易实施最小特权原则。所谓最小特权原则是将超级用户的所有特权分解成一组细粒度的特权子集，定义成不同的“角色”，分别赋予不同的用户，每个用户仅拥有完成其工作所必需的最小特权，避免了超级用户的误操作或其身份被假冒后而产生的安全隐患。

在 RBAC 中，用户和角色、角色和权限的关系是多对多的关系。通过定义角色分离了用户与权限之间的直接关联，方便管理员进行人员管理和授权。授权机制可以视之为在系统内通过特定的操作（Action）将主体与客体联系起来，操作可以是允许读、允许修改等。

系统不同，客体的种类也不同。例如，在操作系统中考虑的客体一般是文件、目录、端口和设备等，操作则为读取、写入、打开、关闭和运行等。在 RBAC 模型中授权就是将这些客体的访问权限在可靠地控制下连同角色所需要的操作一起提供给那些角色所代表的用户。通过授权的管理机制，可以给一个角色赋予多个访问许可权，而一个访问许可权也可以赋予多个角色；同时一个用户可以扮演多个角色，一个角色也可以接纳多个用户。

RBAC 中核心的内容是角色的概念。角色联系了 User Assignment（用户分配，UA）和 Permission Assignment（权限分配，PA）这两个关系。这种多对多的关系使得权限的分配更加灵活，也使得权限分配更符合实际意义。例如，一个教学教务系统可以有教师、学生这两类用户，就可以在系统中设计教师和学生这两种角色。对于添加的用户不再逐一分配给他们可以使用的权限，只需要把他们所属的角色赋予他们即可。这样很简单他们就可以拥有合适的权限了。而且如果系统存在用户的工作岗位经常变动的情况，更能体现访问控制模式的优势。只需要收回原来的角色再赋予一个新的角色即可。由此可以看出 RBAC 是一种可以体现用户职责的控制方式，而职责的不同往往是权限不同的主要原因。它抓住了权限的本质。

为了对系统资源进行存取，用户与他所对应的角色集中的一部分建立映射关系，这一角色子集称为被会话激活的角色集。该次会话中，用户可以执行的操作就是该会话激活的角色集对应的权限所允许的操作。

7.5.2　RBAC1（Hierarchical RBAC）

RBAC1 在 RBAC0 的基础上引入了角色层次（Role Hierarchy，RH）的概念。一般的单位或组织中，特权或职权通常具有线性关系，角色层次的概念可以反映这种权利责任关系。RBAC1 通过角色层次的划分，实现上级领导“得到信息的”访问权限高于下级职员的权限。

角色的层次是 RBAC 模型中的重要概念，它定义了角色之间的继承关系。如果角色 $r2$ 中所有的权限都包含在 $r1$ 的权限中，就称为角色 $r2$ 继承了角色 $r1$ 的权限。角色的层次关系分为两类：一类是一般性层次关系，另一类是限制性层次关系。限制性层次关系简化了一般性层次关系，它规定角色可以有多个角色继承者，却只能从一个角色继承而来。层次 RBAC 的结构如图 7-6 所示。

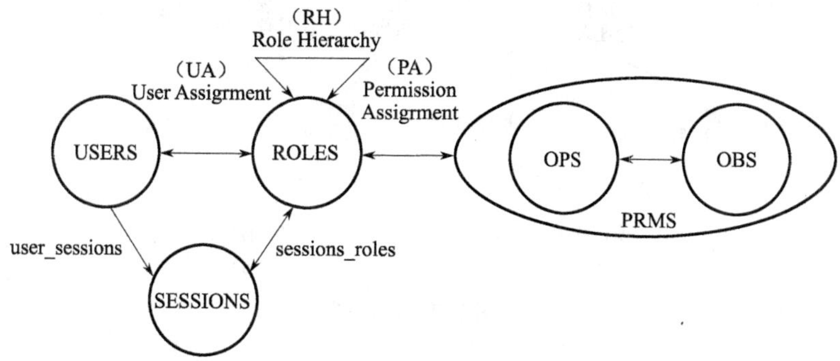

图 7-6　层次 RBAC 的结构

定义 2a：一般继承关系（General Role Hierarchy）

（1）RH⊆ROLES×ROLES 是角色集合上的一个偏序关系，记作“≥”，当且仅当 *r*2 所有的权限都包含在 *r*1 中，且 *r*1 中所有的用户都是 *r*2 的用户时记为 *r*1≥*r*2。

（2）authorized_users：(*r*∶ROLSES)→2^{USERS}，其中，authorized_users(*r*)={*u*∈USERS|*r*≥*r*∧((*u*,*r*?∈UA)}。即角色层次中，角色的用户分配关系。

（3）authorized_permissions：(*r*∶ROLES)→2^{RPMS}，其中，authorized_permissions(*r*)={*u*∈PRMS|*r*?≥*r*∧((*p*,*r*?∈PA)}。即，角色层次中，角色的权限分配关系。

（4）*r*1≥*r*2，(authorized_permissions(*r*2)⊆authorized_permissions(*r*1))∧(authorized_user(*r*1)⊆authorized_user(*r*2))。*r*1≥*r*2 来表示 *r*1 为 *r*2 的直接继承者，即 *r*1 与 *r*2 之间不存在其他的角色。

定义 2b：受限继承关系（Limited Role Hierarchy）

在定义 2a 的基础上增加了如下限制：∀*r*,*r*1,*r*2∈ROLES，*r*≥*r*1∧*r*≥*r*2⇒*r*1=*r*2。即角色只能从一个角色继承而来。但是一个角色可以拥有多个继承者。有时候，角色层次对限制继承范围非常有用，如图 7-7（a）所示的层次图，项目管理人员比测试工程师和程序员角色的级别都更高（在角色图中更上方的角色），若希望保留测试工程师角色的一些权限不继承给项目管理人员角色（这种情形的存在可能有法律上的应用），在 RBAC0 模型中不能实现这种要求，而在 RBAC1 中可以定义一个新角色测试工程师 1，如图 7-7（b）所示，测试工程师的私有权限可以指派给角色测试工程师 1，而公有权限放在原有角色中，这样，该问题就可以得到解决。

受限继承关系和一般继承关系区别是：受限继承可以有多个子节点但是只能有一个父节点，是一个反向树结构，而一般继承是图结构。

一般性角色层次支持多重继承。即可以从两个或更多的角色中继承权限同时继承用户集合。多重继承体现了重要的层次属性，限制性层次关系中的角色被限定为只能由一个角色继承而来。虽然限制性层次关系不支持多重继承，但是它使得 Core RBAC 的管理更清晰。

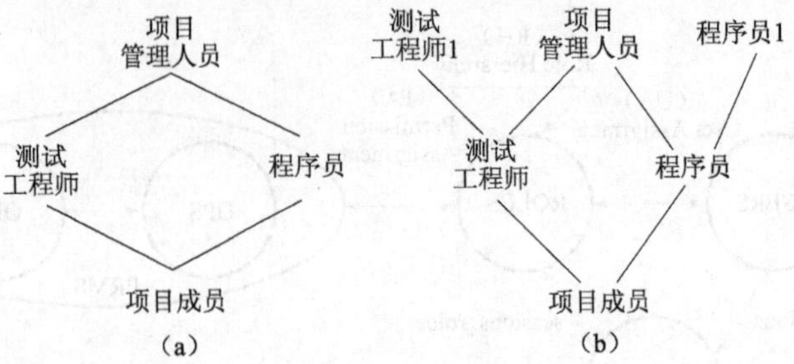

图 7-7　层次图

7.5.3　RBAC2（Constraint RBAC）

RBAC2 模型在 RBAC0 的基础上，引入了约束（Constraints）的概念，职责分离（Separation of Duty，SOD）用于增强利益冲突策略，这种策略某些组织机构可能会需要，即避免用户超出其当前职位合理的权限等级。简单地说，就是避免两个角色间的冲突。在多数组织中，除了角色的层次关系外，经常要考虑的问题是类似于下列情况：一个公司的采购员和出纳员虽然都不算是高层次的角色，但是任何一个公司都绝不会允许同时分配给某个人员这两个角色。很显然，这种工作安排必然导致欺诈行为的发生，因此有必要增加约束机制。

互斥角色（Mutually Exclusion Roles）：互斥角色限制指同一个用户只能分配到互斥角色集合中的最多一个角色。例如，财务部门中的出纳与会计，这两种角色应该是相互排斥的，因而同一用户不能同时拥有出纳和会计这两个角色。这样支持了职责分离的原则，而访问许可权的分配也有约束限制，对访问许可权的约束可以防止系统内的重要特权被失控地分散，从而保证强制控制的可靠实施。互斥限制是 RBAC 中最重要的限制。

基数约束（Cardinality Constraints）：一个用户可拥有的角色数目受限。同样，一个角色对应的访问许可权数目也受约束。

先决条件角色（Precondition Roles）：用户为获得某些高等级角色必须首先拥有低等级角色。同理，某一角色必须具备了某些权限才能获得更高的权限。例如，总会计师必须首先是会计师，要写文件必须首先拥有读文件的权限。

运行时约束（Run Constraints）：允许一个用户具有两个角色，但在运行中不可同时激活这两个角色。

根据实现机制的不同，Constraint RBAC 又分为静态职责分离（SSD）和动态职责分离（DSD）。SSD 在角色分配的时候实施限制，禁止为用户分配一对互斥的角色。在 RBAC 标准中，互斥角色被定义为一个二元关系，任何一个用户只能拥有其中的一个。DSD 在会话中对可激活的当前角色进行限制，即互斥角色可以赋予同一个人，但是在一个会话中用户不能同时扮演两个互斥角色。

定义 3：静态职责分离

静态职责分离如图 7-8 所示。

$SSD \subseteq (2^{ROLES}) \times N$，静态职责分离是二元组(rs,$n$)的集合，rs 为角色集合，$n$ 为一个大于或等于 2 的自然数，有

$\forall(rs,n) \in SSD, \forall t \subseteq rs : |t| \geqslant n \Rightarrow \bigcap_{r \in t} assigned\_user(r) = \Phi$。

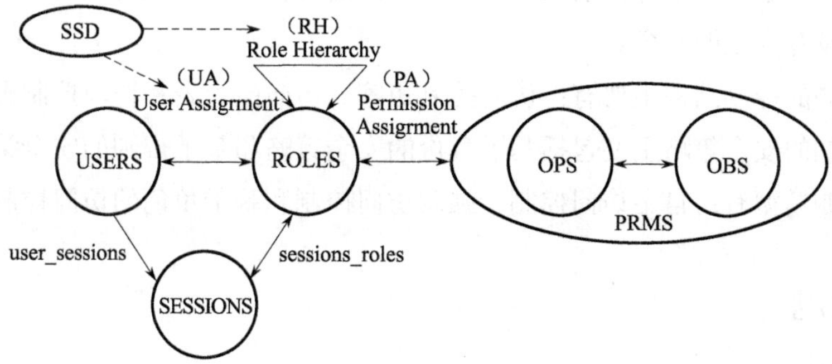

图 7-8　静态职责分离

定义 4：动态职责分离

动态职责分离的目的也是为了减少同一用户的权限过大的可能。它们的不同在于在动态职责分离中，约束可能会根据用户的不同或时间的改变而改变，如图 7-9 所示。但是这种模型的实现会很复杂。

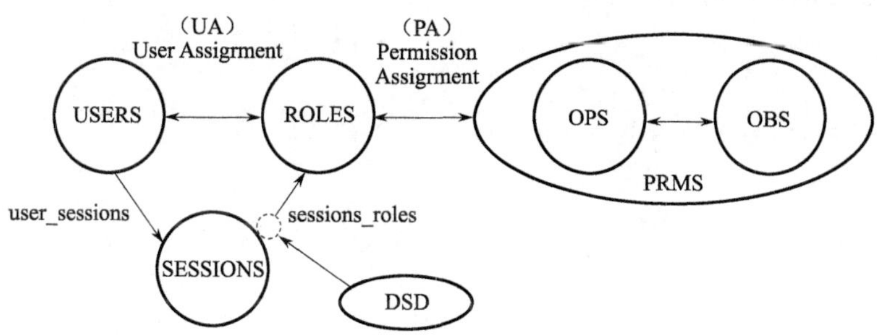

图 7-9　动态职责分离

$DSD \subseteq (2^{ROLES} \times N)$，是动态职责分离中(rs,$n$)的集合，rs 为角色集合，

- $\forall rs \in 2^{ROLES}, n \in N, (rs,n) \in DSD \Rightarrow (n \geqslant 2) \wedge (|rs| \geqslant n)$，
- $\forall s \in SESSIONS, \forall rs \in 2^{ROLES}, \forall role\_subset \in 2^{ROLES}, n \in N, (rs,n) \in DSD)$，
  $role\_subset \subseteq rs$,$role\_subset \subseteq session\_roles(s) \Rightarrow |role\_subset| < n$。

对于所有属于 $dsd \in DSD$ 的 rs 集合不可能同时激活 n 个或 n 个以上的角色。

在实现一个 RBAC 的时候，除 Core RBAC 外，其他构件都是可选的，所以 RBAC 模型具有很大的弹性。

本章小结

访问控制根据预先设定的控制策略对合法主体进行授权。通过授权，主体可以在一个规定的、受控的范围使用客体。访问控制系统实时监控主体对客体的每一次访问，并把相关的信息，如主体、客体、访问时间和操作权限等，存入审计文件中。

安全审计用于创建主体活动的事件记录，因而可检查异常或可疑的活动。没有恰当的审核，就没有真正的安全。

访问控制的控制结构主要有：访问控制矩阵、访问能力表和访问控制表等。

访问控制的安全策略主要包括基于身份的安全策略和基于规则的安全策略。

访问控制模型有：自主访问控制、强制访问控制和基于角色的访问控制等。

思考题

1. 什么是访问控制？访问控制的基本原理是什么？

2. 访问控制的要素有哪些？请解释它们各自的含义。

3. 访问控制的安全策略有哪些？

4. 什么是自主访问控制模型？什么是强制访问控制模型？什么是基于角色的访问控制模型？说说它们之间的区别。

5. 请论述 RBAC 的基本思想。

第 8 章 互联网安全技术

内容提要

电子商务系统是以互联网为基础的。互联网为电子商务带来的最大好处是：7d×24h 不间断的服务，降低了经营的成本，提高了信息交互的速度。然而，互联网是一个以资源共享为目的、开放的、公共的网络，安全性是互联网最薄弱的环节。因此，建设一个安全的网络环境才能更好地推动电子商务发展。

本章重点介绍了利用防火墙技术、入侵检测技术、虚拟专用网络、计算机病毒防治技术构建安全的网络环境。

8.1 网络安全概述

虽然互联网起源于军事网络，但是互联网的设计并未考虑安全性。原因是军方通常以密文传输重要的军事信息。军方建造网络的目的是提供多条路经传输关键的军事信息，即提供众多的、冗余的传输通路。当一个或多个通信线路被切断时，信息仍然可以及时地传送到目的地。

在互联网不断发展演变的过程中，并没有增加安全机制。今天，互联网的安全性与最初相比没有太大的改变。在互联网上传输信息，从起始节点到目标节点之间的路径是随机选择的，信息要通过许多中间节点才能到达最终的目标节点。即使在同一起始节点和目标节点之间发送信息时，每次所通过的路径都可能不同。用户根本无法控制传输路径，也不知道数据包经过的节点，所以某个中间节点就可能会截获信息、读取信息、篡改信息或删除信息。在互联网上传输的信息都会受到机密性、完整性、可用性等威胁。

8.1.1 网络安全的概念

网络安全是指网络系统的硬件、软件及系统中的数据受到保护，不受偶然的或恶意的原因而遭到破坏、更改、泄露，系统连续可靠正常地运行，网络服务不中断。

网络由节点和通信链路组成，节点又分为端节点和转接节点。端节点是通信的源和目标节点，如用户主机或用户终端。转接节点是网络通信过程中起控制和转发信息作用的节点，如交换机、集中器等。通信链路是传输信息的信道，如同轴电缆、光纤等。图 8-1 所示为计算机网络的组成。

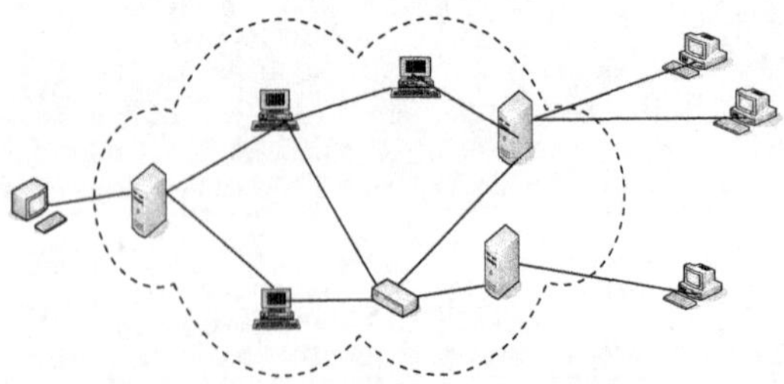

图 8-1 计算机网络的组成

因此，计算机网络安全包括：计算机主机安全、网络通信信道安全和信息安全。

（1）计算机安全。计算机安全是一种确定的状态，使计算机中的数据、程序和文档不被非授权人员、计算机或程序所访问、获取或修改。安全措施通常是：物理隔离，即将要保护的计算机系统物理地与非授权人员隔离开来；利用专用软件和口令等方式保护计算机系统；制定安全管理规范保证计算机安全。

（2）网络通信信道安全。网络通信信道由转接节点和通信链路组成，因此，通信信道安全就是保证转接节点安全和通信链路安全。保护网络通信信道安全的措施主要有：保护物理设备或物理区域的安全，保护软件及职员的安全，防止非授权的访问、偶发或蓄意的常规手段的干扰或破坏。

（3）信息安全。在保证信息可用性的同时，保护信息免遭偶发的或有意的非授权泄露、修改或破坏。

通常，凡是涉及网络中信息的机密性、完整性、可用性、真实性和可控性的相关技术和理论都是网络安全研究的内容。

8.1.2 网络系统面临的威胁

威胁是指对计算机网络安全的攻击。计算机网络系统潜在的安全威胁与网络应用环境密切相关。目前，网络应用环境通常分为三种。

（1）开放网络环境。主要是指 Internet 中向公众开放的各种信息服务系统或网站。网站与 Internet 连接，信息内容完全开放。任何用户都可以通过 Internet 浏览网站上的信息。这种网络应用是开放的，它面临的安全威胁主要是拒绝服务攻击、篡改网页内容等。

（2）专用网络环境。主要是指基于 Internet 互连的专用网络，如企业内部网络（Intranet）、金融网络、证券网络等。专用网络通过防火墙与 Internet 连接，网络资源只向授权的用户开放。用户可以通过 Internet 访问专用网络上的信息资源。这种网络应用是半开放的，它所面临的安全风险主要是假冒合法用户获取信息，以及在信息传输过程中非法截获或篡改信息等。

（3）私有网络环境。主要是指与 Internet 完全隔离的内部网络，如政务网络、军用网络等，私有网络与 Internet 是物理隔离的，网络资源只向授权的内部网用户开放。用户只能通过内部网络访问网络中的信息资源。这种网络应用是封闭的，它所面临的安全风险是内部用户的非授权访问，窃取机密信息、机密信息泄露和内部攻击等。

必须针对不同网络应用环境所面临的安全风险，采取适当的安全措施增强网络系统的安全性。

8.1.3 网络安全的基本原则

每个网络环境都有一定程度的漏洞和风险。因此，绝对的网络安全是不存在的。网络安全策略实际上是设计一种平衡策略，使得攻击者为破坏网络系统所付出的代价，远远大于破坏之后所能得到的。根据国际著名的网络安全研究公司 Hurwitz Group 的结论，从以下五个方面研究网络安全。

（1）网络层安全。网络层安全通过对网络的控制实现，即对进入网络的用户地址进行检查和控制。每一个用户都会通过一个独立的 IP 地址访问网络，用户的 IP 地址能够大致表明用户的地理位置和来源系统。目标网站通过分析源 IP 地址，能够初步判断来自这一 IP 地址的数据是否安全。

（2）操作系统安全。在操作系统安全性问题中，主要防止：病毒威胁，黑客侵入和破坏。

（3）用户安全。用户安全主要是识别合法用户。方法有身份认证和访问控制。通常根据不同的安全等级对用户进行分组管理。不同等级的用户只能访问与其等级相对应的系统资源和数据。然后采用强有力的身份认证，并确保密码难以被他人猜测到。

（4）应用程序安全。即只有合法的用户才能够对特定的数据进行合法的操作。包括应用程序对数据的合法权限和应用程序对用户的合法权限。

（5）数据安全。通常用加密的方法保护机密数据。在数据的保存过程中，机密数据即使处于安全的空间，也要对其进行加密处理，以保证万一数据失窃，他人读不懂其中的内容。这是一种被动的安全手段，但往往能够收到最好的效果。

这五层安全体系并非孤立分散，它们是互相影响、互相关联的。

8.1.4 网络安全关键技术

网络安全是一个复杂的、系统的工程，需要从系统的观点出发，从多个环节、综合运用一系列网络安全技术和措施，制定有效的安全策略或安全解决方案。网络安全关键技术和产品主要有防火墙、虚拟专用网络、入侵检测系统等。使用这些安全技术和产品可以在一定程度上保证网络安全，如防火墙的最主要功能是访问控制，虚拟专用网络可以实现加密传输，入侵检测系统可以实时检测并及时处理恶意入侵，等等。

（1）防火墙技术。在与 Internet 的连接中，防火墙已经成为企业网络不可或缺的部分，是企业网络安全的第一道防线。防火墙是一个或一组系统，用来在两个或多个网络间加强访问控制。通过防火墙，系统管理员可以设置哪些服务允许外部网络访问、允许哪些外部网络用户访问内部网络，以及允许内部用户访问哪些外部网络等。一方面，将未经授权的访问阻止在受保护的内部网络之外，另一方面，限制容易受到攻击的服务出入网络。

（2）虚拟专用网络。虚拟专用网络（Virtual Private Network，VPN）是从增值网络（Value-added Network，VAN）发展而来的，用以代替私有 VAN 的一种广域网（Wide Area Network，WAN）技术。IP VPN 是 VPN 的一种，是通过开放的、公用的 Internet 建立专用的数据传输通道，从而方便、快捷、低成本地扩展企业内部网络的范围，企业能够将地理位置分散的分支机构、移动办公员工、商业合作伙伴等连接在一起，安全地进行通信。

（3）入侵检测技术。入侵检测是一种积极主动地安全防护技术，提供了对内部攻击、外部攻击和误操作的实时保护。入侵检测通过收集和分析计算机网络或计算机系统中若干关键点的信息，检查网络或系统中是否存在违反安全策略的行为和被攻击的迹象。入侵检测系统处于防火墙之后对网络活动进行实时检测，可以和防火墙及路由器配合工作。应用入侵检测系统，能够及时检测到入侵攻击，并利用报警与防护系统驱逐入侵攻击；一旦入侵攻击发生，能有效减少入侵攻击所造成的损失；在入侵攻击之后，能收集入侵攻击的相关信息，作为防范攻击的知识，添加入知识库内，以增强系统的防范能力。

（4）病毒及防护。计算机网络遇到的最大的威胁是计算机病毒和黑客的攻击。各种互联网基础应用、计算机软/硬件大都存在一定的安全薄弱环节，为病毒提供了众多的侵入渠道。黑客和病毒制造者在强大的经济利益驱动下，日趋以集团化、产业化的态势批量制造各类计算机病毒。黑客-病毒产业链形成并日臻完善，网络成为病毒传播的主要途径。因此，尽管病毒防护不是万能的，但是不进行病毒防护是万万不行的。

8.2　防火墙

在网络经济时代，电子商务应用不断普及，黑客、恶意的竞争对手的攻击，病毒、木马等软件的蔓延，防火墙已经成为一个重要的安全工具。它不是可有可无的，而是网络或个人计算机的一个基本组成部分。防火墙是计算机网络管理员或个人计算机用户可以部署的最有效的安全工具之一。

8.2.1　防火墙的概述

在现实生活中，防火墙是用阻燃材料砌筑的墙，用来防止火灾蔓延。在网络中，防火墙是部署在不同网络或网络安全域之间的设施，如图 8-2 所示，防火墙将外部网络和内部网络隔离开，通过预先制定好的安全规则检查进入内部网络的信息，允许经过授权的通信通过，阻断未经授权的通信，从而保障内部网络的安全。

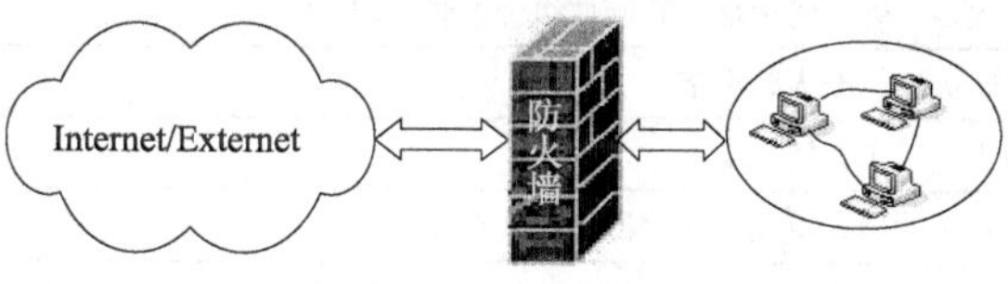

图 8-2　防火墙的概念

从安全的角度出发，网络分成两种：可信任网络（内部网络）和不可信任网络（外部网络）。防火墙主要从以下几个方面保护内部网络。

（1）禁止不可信网络的用户进入内部网络。

（2）允许可信任网络的用户进入内部网络，并以规定的权限访问网络资源。

（3）允许/禁止内部网络的用户访问某些外部网络/网站。

防火墙通常由专用的软件系统、硬件系统或软、硬件组合的系统实现。防火墙执行两个最基本的功能：数据包过滤和应用程序代理。一般采用两种安全策略实现防火墙系统。

（1）一切未被允许的都是禁止的。防火墙只允许用户访问开放的服务，未开放的服务都是禁止的。这种策略比较安全，因为允许访问的服务都是经过筛选的，但是却限制了用户使用的方便性，用户不能随心所欲地使用网络服务。

（2）一切未被禁止的都是允许的。防火墙允许用户访问一切未被禁止的服务，除非明确禁止某项服务。这种策略比较灵活，可为用户提供更多的服务，但安全性稍差一些，因为未被禁止的服务中可能存在着安全漏洞和隐患。

防火墙可以工作在不同的网络层次，以多种不同的方式保护内部网络，因此防火墙是最有效的网络安全措施之一。表 8-1 给出了在 ISO 的 OSI/RM 七层参考模型不同层次防火墙的实现技术。

表 8-1　OSI/RM 七层参考模型不同层次防火墙的实现技术

序　　号	OSI 七层模型	防火墙技术	TCP/IP
7	应用层	应用程序代理	应用层
6	表示层	加密	
5	会话层	SOCKS 代理服务器	
4	传输层		传输层
3	网络层	包过滤器、NAT	网络层
2	数据链路层	N/A	网络接口层
1	物理层	N/A	

从不同的角度对防火墙的分类不同，表 8-2 给出了常用的防火墙分类方法。

表 8-2　防火墙的分类方法

分 类 原 则	防火墙的类型
实现方式	软件防火墙、硬件防火墙、软硬件组合的防火墙
应用规模	企业及防火墙、个人防火墙
应用环境	网络防火墙、主机防火墙
实现技术	无状态包过滤器、有状态包过滤器、代理服务器
系统结构	屏蔽路由器、双宿主机网关、屏蔽主机网关、屏蔽子网网关、反向防火墙

8.2.2　防火墙的实现技术

1. 数据包过滤器

"数据包"也称为"数据报"或"分组"，是网络层的协议数据单元，即网络层数据传输的基本单位。网络层将要传送的信息分成大小相同的块，每一个块称为一个数据包。每个数据包都由报头和负载两部分构成，负载是真正要传送的数据信息。图 8-3 所示为 IPv4 和 IPv6 的数据报的格式。报头包含了一些控制信息，如图 8-4 所示。

（a）IPv4 数据报格式　　（b）IPv6 数据报格式

图 8-3 IPv4 和 IPv6 数据报格式

0　3	4　7	8　15	16　18　23	24　31
版本	IHL	服务类型	报文总长度	
标识符			标志	分段偏移量
生存期		上层协议号	报头校验和	
源 IP 地址				
目的 IP 地址				
任选项+填充				

（a）IPv4 报头格式

0　3	4　7	8　15	16　18　23	24　31
版本	优先级	流标志		
负载长度			下一报头	跳数限制
源 IP 地址				
目标 IP 地址				

（b）IPv6 报头格式

图 8-4 IPv4 和 IPv6 报头的结构

数据包过滤器简称包过滤器，工作在网络层。数据包过滤器仅仅检查数据包的报头信息，把报头信息与已经制定好的安全规则相比较，决定是否让数据包通过防火墙。根据数据包过滤的方法不同，又分为无状态包过滤器（静态数据包过滤器）和有状态包过滤器（动态数据包过滤器）。

1）无状态数据包过滤器

无状态包过滤不检查数据包的数据部分，也不关心通信连接的状态，仅仅检查数据包的报头信息。其基本工作原理是：根据网络安全策略，在防火墙中事先按目标 IP 地址和端口号制定的数据包过滤规则，如表 8-3 所示。对进入防火墙的数据包依据过滤规则，检查数据包的报头内容。通常需要检查的报头字段是：源 IP 地址、目的 IP 地址、协议类型（TCP、UDP 和 ICMP）、源和目的 TCP 端口、源和目的 UDP 端口、ICMP 消息类型及段标记、输出数据包的网络接口等。

表 8-3　按目标 IP 地址和端口号制定的数据包过滤规则

协议	传输协议	源 IP 地址	源端口号	目标 IP 地址	目标端口号	动作
HTTP	TCP	任意	任意	202.117.0.26	80	允许
HTTPS	TCP	任意	任意	202.117.0.26	443	允许
FTP	TCP	202.116.2.23	任意	202.117.0.1	20	允许
Telnet	TCP	202.116.2.27	任意	202.117.0.5	223	允许

无状态包过滤器基本的过滤原则如下：

（1）过滤规则按顺序排列。一个数据包到达时，按规则顺序依次检查，一旦数据包与一个规则相匹配，则不再继续检查其他规则。

（2）若数据包与一个拒绝转发的规则相匹配，则阻止该数据包通过。

（3）若数据包与一个允许转发的规则相匹配，则允许该数据包通过。

（4）若数据包不与任何规则相匹配，则阻止该数据包通过。即遵循“一切未被允许的都是禁止的”的原则。

无状态包过滤器的优点是网络性能损失较小、可扩展性好、易于实现；缺点是容易受到 IP 欺骗的攻击。因为只在网络层对数据包报头进行过滤检查，而不检查数据包中的数据内容，无法感知具体的应用。一旦防火墙被攻破，入侵者就不受任何阻挡地直接进入内部网络。

当完全阻止来自外部网络的通信时，无状态包过滤器是比较有用的。无状态包过滤型防火墙一般采用在路由器上设置无状态包过滤器的方法实现。

2）有状态包过滤器

有状态包过滤器，与无状态包过滤器一样，不检查数据包的数据部分，仅仅检查数据包的报头信息。但是与无状态包过滤器不同的是，有状态包过滤器可以维护数据包连接的状态。它从接收的数据包中提取并保存与安全规则相关的状态信息，形成一个状态表，作为对后续连接请求的决策依据，图 8-5 所示为一个有状态包过滤器的工作过程。

图 8-5 中内部网络的主机 A 欲访问网站 www.edu.com。路由器配置了有状态包过滤器，因此，路由器同时也是有状态防火墙。有状态防火墙中有一个过滤规则集和一个状态表。访问过程如下：

（1）主机 A 发出连接 www.edu.com 的请求；

（2）路由器检查状态表，因无连接存在，则在状态表中创建状态项，如图 8-6 所示；

（3）将请求转发给规则集，规则允许主机 A 访问 TCP/80 端口；

（4）路由器允许数据包通过，并进行路由操作；

（5）www.edu.com 收到数据包并处理；

（6）回复数据包发回到路由器（同时是有状态防火墙）；

（7）防火墙根据规则和状态表检测数据包的报头，允许通过；

（8）回复数据包转发给主机 A。

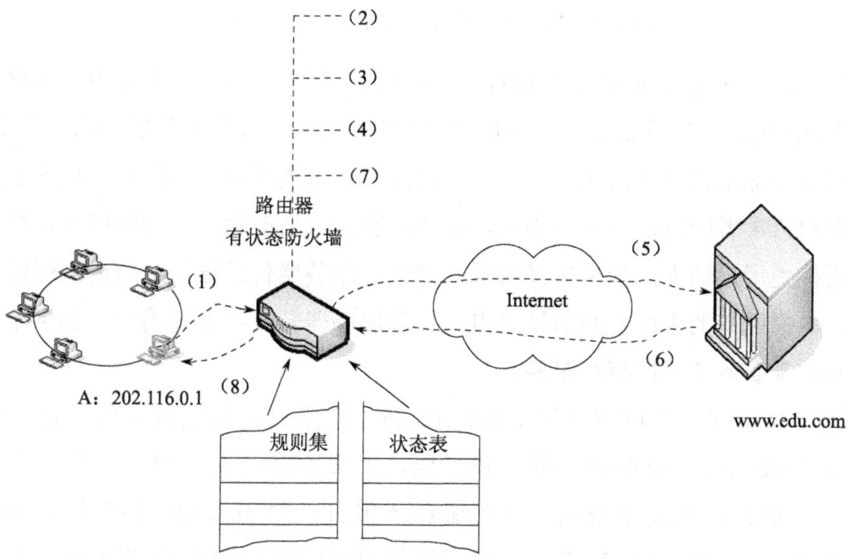

图 8-5　有状态包过滤器的工作过程

有状态包过滤器中有一个数据包过滤规则和一个记录当前连接的状态表。在决策是转发还是阻断数据包时，不仅按过滤规则检查数据包报头信息，还检测状态表。与状态表和过滤规则都匹配的数据包才允许通过，否则数据包被阻断。

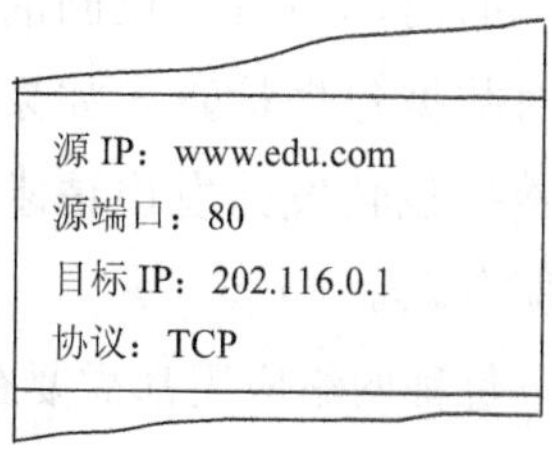

图 8-6　在状态表中创建状态项

网络连接状态反映了各个网络层次历史的通信状况。通过状态表，有状态包过滤器能够智能地判断哪些数据包是活动连接的一部分，哪些不是；进而转发数据包，正确地回应已确定的通信连接，或阻断虚假通信的数据包。

有状态包过滤器比无状态包过滤器提供了更好的安全性。有状态包过滤型防火墙一般也采用在路由器上设置有状态数据包过滤器的方法实现。

2. 代理服务器

代理服务器提供了强大的安全功能，目前大多数代理服务器都用作网络边界上的防火墙。代理服务器也常称为应用级网关、应用程序代理或代理服务。

代理服务器是在内部网络和外部网络之间转发数据的应用软件，如图 8-7 所示。它监测每一项服务所用的端口，检查出入/端口的数据，根据安全规则决策允许还是阻断出/入的数据。

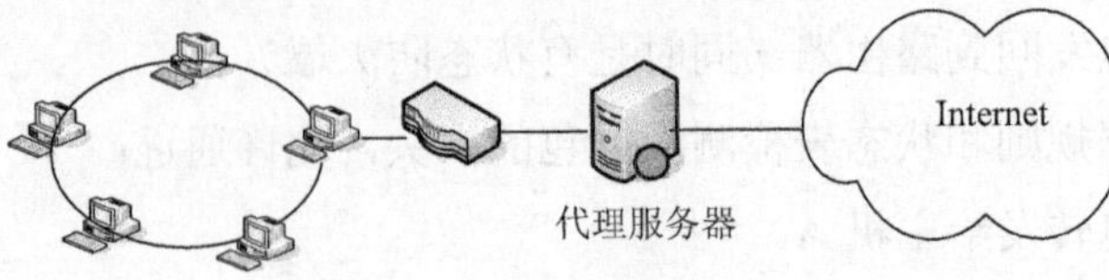

图 8-7　代理服务器是数据唯一的出/入口

当外部用户访问内部网络的主机时，所连接的是代理服务器，不是内部网络实际的主机。但是外部用户的感觉是访问了内部网络实际的主机。代理服务器隐藏了内部主机，使内部主机和外部主机不直接相连，因而对内部网络提供了更好的保护。代理服务器根据安全规则对请求者的身份、服务类型、服务内容、域名范围、登录时间等进行检查，以确定是否接受用户请求。如果接受请求，则代理服务器代替该用户向内部网络的主机发出请求，内部网络的主机返回的结果再由代理服务器转发给外部用户。如果不接受用户请求，则代理服务器直接拒绝服务。

当内部主机访问外部网络（如 Internet）时，请求首先到达代理服务器。代理服务器根据安全规则检查数据包的报头和数据，如果不符合安全规则，代理服务器直接阻断通信。如果符合安全规则，代理服务器用自己的 IP 地址替换数据包的源 IP 地址，将数据包发送到目标计算机。目标计算机显示数据包来自代理服务器而不是实际的内部主机。返回的数据包同样被传送到代理服务器，代理服务器依据安全规则对数据包做检查，如果与安全规则相匹配，代理服务器重建数据包目标 IP 地址，将数据包转发给发出请求的内部主机，此时，数据包表明来自外部主机，而不是代理服务器。

每种网络应用都需要有相应的代理程序，如 HTTP 代理、FTP 代理及 Telnet 代理等。内部网络通过代理服务器向外部网络（如 Internet）开放这些服务。

代理服务器的优点是安全性好，缺点之一是可伸缩性差、性能损失较大，因为每增加一种新的应用都必须增加相应的代理程序。并且代理程序将增加转发延迟，引起网络性能下降。另一个主要的缺点是会引发单点故障，因为一个代理服务型网关或防火墙坏了，那么整个网络通信就都被禁止了。

3. 防火墙实现技术比较

表 8-4 总结了防火墙的实现技术。硬件和软件都能够执行数据包过滤任务。路由器是最常见的数据包过滤器。操作系统通常都内置执行包过滤的实用程序，如 Windows 的 TCP/IP Filtering，Linux 的内核包过滤器 IPchains。通常个人软件防火墙使用无状态包过滤器。

代理服务器可以单独使用，也可以作为防火墙的一部分。通常将代理服务器、包过滤器和防火墙一同使用，提供更完善的安全方案。

表 8-4　防火墙的实现技术比较

比 较 内 容	无状态包过滤器	有状态包过滤器	代理服务器
网络层次	网络层	网络层	应用层
检查内容	检查数据包的报头	检查数据包的报头 连接状态	检查整个数据包 连接状态
数据包转发	原封不动地转发	原封不动地转发	重建数据包 IP 地址后再转发
源、目标主机的连接	直接连接	直接连接	不直接连接，隐藏内部主机
日志文件	简单	较好	详细
安全性	一般	较好	好
单点故障	无	无	有
转发延迟	小	中	大

8.2.3　防火墙的系统结构

由于网络拓扑结构和安全需求等方面的差异，在使用和部署网络防火墙时，采用的结构也不相同，常用的防火墙系统结构及特点如表 8-5 所示。

表 8-5　防火墙系统结构及特点

防火墙系统结构	结 构 特 点
屏蔽路由器	在内部网络和 Internet 之间的路由器上，安装数据包过滤实现
双宿主主机	与 Internet 直接相连的客户主机上，安装代理服务器软件实现
屏蔽主机网关	双重防火墙，一个是屏蔽路由器，另一个是堡垒主机
屏蔽子网网关	DMZ 中是公共服务器，单独设置为一个网段，内部网络有三道安全屏障：堡垒主机和两个屏蔽路由器
反向防火墙	检查、监控进而阻断从本地网络发出的信息

1．屏蔽路由器（Screened Router）

在内部网络与外部网络（如 Internet）之间设置一个路由器，在路由器中设置数据包过滤器，使路由器同时成为包过滤防火墙，执行数据包过滤的功能。屏蔽路由器通常只采用单一的数据包过滤技术，要么将路由器配置成无状态包过滤型防火墙，要么配置成有状态包过滤型防火墙。路由器有两个网络端口，每个网络端口都有自己唯一的 IP 地址，一个连接内部网络，另一个连接外部网络（如 Internet），如图 8-8 所示。

屏蔽路由器是较简单的安全设备。路由器根据预先设置的安全规则对进入内部网络的数据包进行安全检查，转发匹配的数据包，阻断不匹配数据包的通信。

这种防火墙也可以用单独的防火墙设备实现，此时防火墙设置在内部网络与路由器之间。

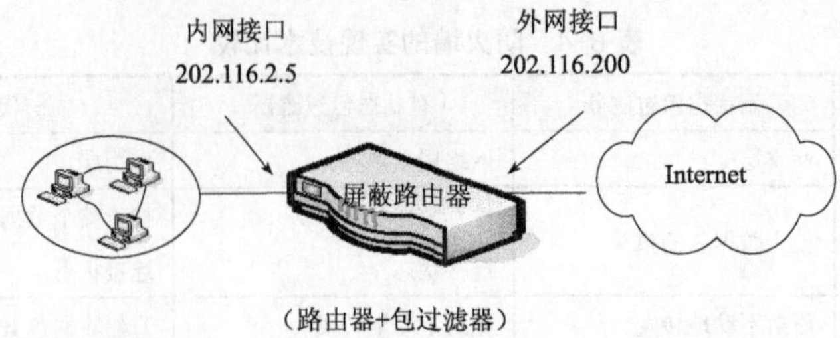

图 8-8　屏蔽路由器

2．双宿主主机（Dual-Homed Host）

双宿主主机是指一台计算机配置了两块网卡，因而具有两个独立的网络端口。一个网络端口连接内部网络，另一个网络端口连接外部网络（如 Internet）。

这种模式唯一可以采用的防火墙实现技术就是代理服务器。防火墙是在双宿主主机上运行代理服务器软件实现的，如图 8-9 所示。该主机将内部网络与外部网络分离开，使内部网络与外部网络之间不能直接建立连接，内部网络与外部网络之间的数据转发被禁止，内部网络用户只能通过代理的方式访问外部网络资源。

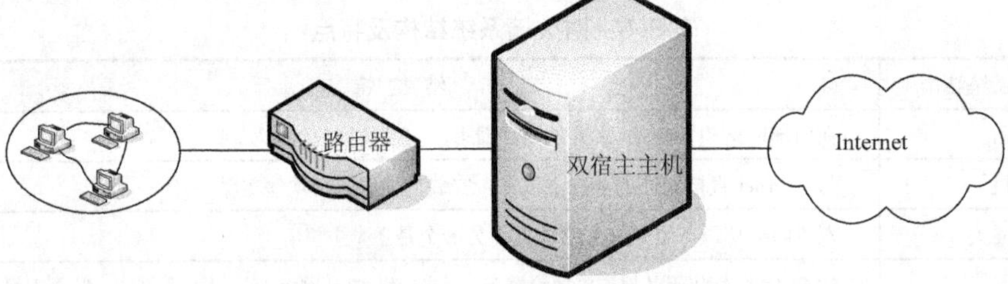

图 8-9　双宿主主机结构

这种应用模式的安全性略好一些，但仍比较脆弱，因为双宿主主机一旦被攻破，攻击便可以直接进入内部网。

3．屏蔽主机网关（Screened Host Gateway）

屏蔽主机也称为双宿主网关或堡垒主机。堡垒主机就是实际的屏蔽主机。堡垒主机是一台与外部网络（如 Internet）相连的服务器，该服务器经过了特别的安全强化和配置，设置了几乎所有必需的服务。

这种模式采用双重防火墙实现。一个是屏蔽路由器，构成内部网的第一道屏障；另一个是堡垒主机，构成内部网的第二道屏障。屏蔽路由器位于网络的最边缘，负责与外部网络连接，它只提供路由和数据包过滤功能，不提供任何其他的网络服务。因此屏蔽路由器被攻击的可能性比较小，较为安全。

如图 8-10 所示，由于屏蔽路由器构成了内部网络的第一道屏障，因而堡垒主机不直接与外部网络相连，它是内部网络唯一可以连接到外部网络的主机，也是外部网络唯一可以访问的内部主机。内部网络用户只能通过堡垒主机中的代理服务器访问外部网络。外部网络用户首先与堡垒主机建立连接，且只能通过堡垒主机访问内部网络的资源和服务。

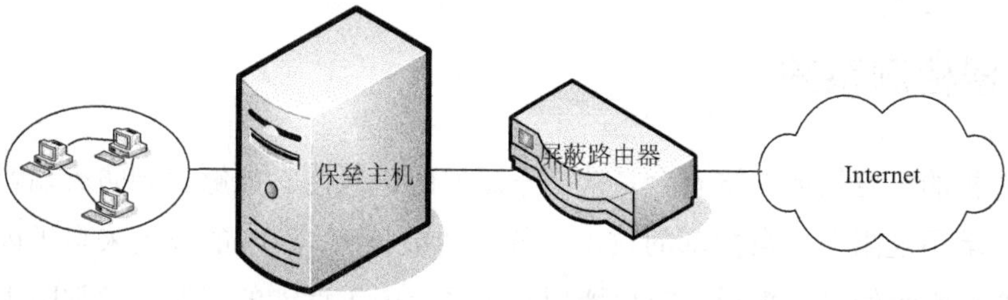

图 8-10　屏蔽式主机结构

这种结构设有两道安全屏障，由两种不同的防火墙构成，可以优势互补并相互协调，具有较高的安全性，灵活性较好。

4．屏蔽子网网关（Screened Subnet Gateway）

这种应用模式在内部网络与外部网络之间设置一个屏蔽子网，称为非军事区（Demilitarized Zone，DMZ）。为了配置管理方便，进一步提高内部网络的安全性，将内部网络中需要向外部网络提供服务的服务器放在一个单独的网段，这个网段便是非军事区，也称为停火区域服务网络。屏蔽子网网关如图 8-11 所示。

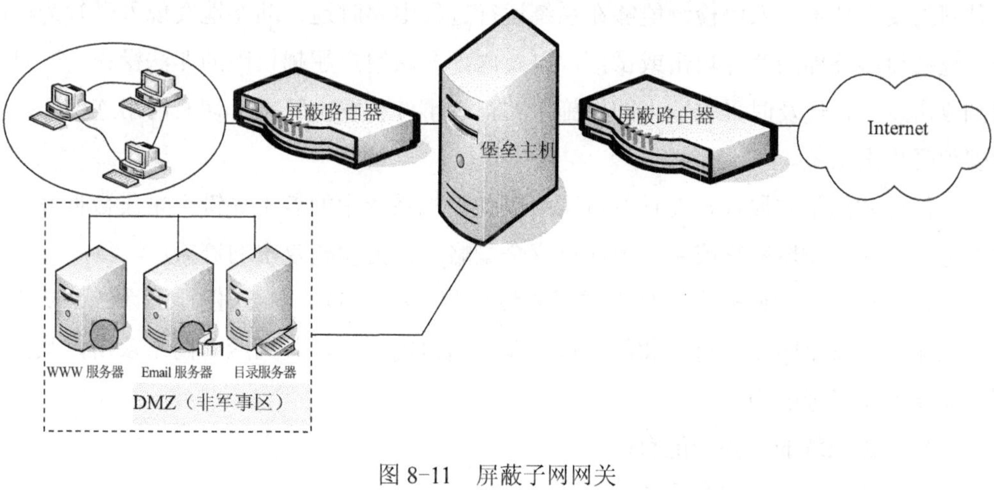

图 8-11　屏蔽子网网关

在内部网络与屏蔽子网之间、屏蔽子网与外部网络之间设置一个防火墙。该防火墙采用屏蔽路由器结构，也称为三宿主防火墙或三叉式防火墙。防火墙配置了三块网卡，有三个独立的网络端口，分别连接三个独立的网络：外部网络（如 Internet）、DMZ 屏蔽子网和内部网络。堡垒主机连接在屏蔽子网上，堡垒主机是唯一的内部网络和外部网络都可以访问的系统，但要接受屏蔽路由器过滤规则的检查。

在这种模式中，内部网络有三道安全屏障：堡垒主机和两个屏蔽路由器。入侵者要攻破两个屏蔽路由器和堡垒主机是相当困难的。因此，具有更高的安全性，比较适合保护大型网络，但成本也比较高。

8.3 入侵检测系统

只从防护的角度构造网络安全系统是不足够的，入侵者能够找到防火墙背后敞开的后门。防火墙不能阻止来自内部的攻击，统计结果表明，50%的攻击来自于内部，对于企业内部心怀不满的员工来说，防火墙形同虚设。由于性能的限制，通常防火墙不具备实时的入侵检测能力。为了有效地应对层出不穷的网络攻击方法，实时入侵检测至关重要。另外，防火墙对于病毒束手无策。

因此，在 Internet 入口处部署防火墙系统只能在某种程度上保护网络安全。入侵检测系统（Intrusion Detection System，IDS）可以弥补防火墙的不足，为网络安全提供实时的入侵检测并采取相应的防护手段，如记录证据用于跟踪、恢复、断开网络连接等。

8.3.1 入侵检测系统概述

入侵检测（Intrusion Detection）是主动检查并发现入侵行为，保护系统免受攻击的一种网络安全技术。入侵检测能够在系统运行过程中实时地、动态地发现入侵行为或踪迹，包括检测外界的恶意攻击或试探，以及内部合法用户超越权限的非法操作。一旦检测到攻击发生，便及时采取适当的措施，如记录事件、发出警报、切断网络连接等，从而保护受攻击系统。

入侵检测的基本原理是在计算机网络或计算机系统中的若干关键点采集数据并对其进行分析，从而发现网络或系统中违反安全策略的行为和被攻击的迹象。

实现入侵检测的硬件和软件组成了入侵检测系统（IDS）。入侵检测系统是防火墙之后的第二道安全防线，可以和防火墙、路由器协同工作，共同应对网络攻击，从而扩展了系统安全管理能力。

入侵检测系统的主要功能有：

（1）监测、分析用户和系统的活动；

（2）核查系统配置和漏洞；

（3）评估重要系统和数据文件的完整性；

（4）识别已知的攻击行为并采取适当的措施；

（5）统计分析异常行为；

（6）审计操作系统日志，识别违反安全策略的行为。

逻辑上，入侵检测系统由数据探测器、数据分析器和管理控制器三部分组成，如图 8-12 所示。

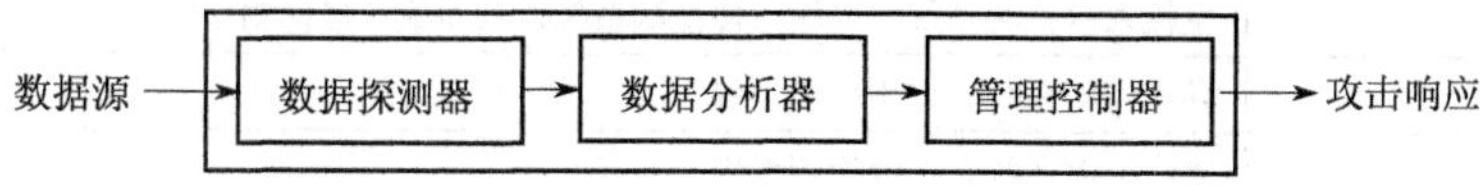

图 8-12　入侵检测系统

（1）数据探测器。数据探测器负责采集数据。数据采集是入侵检测的第一步，探测器的输入数据流包括任何可能包含入侵行为线索的数据。一个探测点的数据不足以判别入侵行为，通过比较多个探测点的信息一致性，能比较准确地辨识可疑行为或入侵活动。因此，需要在网络系统中的关键点（不同网段和不同主机）上设置若干个探测器采集数据，并尽可能地扩大探测范围，以提高探测精度。

数据采集机制的重要性不言而喻。就准确性、可靠性和效率而言，数据探测器采集到的数据是 IDS 进行检测和决策的基础。如果采集数据的时延太大，系统很可能在检测到攻击的时候，入侵者已经长驱直入了；如果数据不完整，系统的检测能力就会大打折扣；如果数据本身不正确，系统就无法检测出某些攻击，从而给用户造成一种虚假的安全感，后果更是不堪设想。

（2）数据分析器。数据分析器通常又称为入侵检测引擎，它从一个或多个探测器接收数据，通过分析数据来确定是否发生了非法入侵行为。数据分析器的输出是一系列指示信号，指示入侵行为是否发生和相关证据信息。

（3）管理控制器。管理控制器是入侵检测系统的用户接口，方便用户观察入侵检测指示信息，并实时处理入侵事件。

攻击响应的方法主要有如下几种。

（1）发出警报：发现了攻击事件或可疑行为时，立即将警报信息发送给管理控制器，或通知相关人员。

（2）终止连接：发现了攻击事件或可疑行为时，立即终止该连接，尽量减少攻击所带来的损失。

（3）断开链路：发现了系统正在遭受大规模网络攻击时，迅速断开该网络的物理链路，使系统迅速从攻击中解脱出来，将系统损失降低到最低限度。

（4）引入陷阱：发现了系统正在遭受网络攻击时，迅速将系统切换到一个“空”系统上，将攻击引入一个陷阱中（有时也称“蜜罐”），以便收集攻击者信息，追踪攻击者的踪迹。

在这些攻击响应的方法中，常用的方法是发出警报和终止连接，绝大多数的 IDS 产品都提供了这两种响应方法。

从不同的角度对入侵检测系统分类的方法不同，表 8-6 给出了常用的分类方法。

表 8-6 入侵检测系统的分类

分 类 原 则	类 型
检测的对象	主机入侵检测系统、网络入侵检测系统、分布式入侵检测系统
检测技术	异常检测系统、误用检测系统
检测定时	离线检测系统、在线检测系统

8.3.2 入侵检测系统的数据源

数据采集是入侵检测的第一步。数据是 IDS 进行检测和决策的基础，数据采集的可靠性和正确性直接决定了入侵检测系统的性能。入侵检测系统的数据源主要有如下 4 类。

1）系统日志文件信息

攻击者在攻击系统时，不管成功与否，都会在系统日志文件中留下踪迹和记录。因此系统日志文件是入侵检测系统主要的信息来源。

通常，操作系统及重要软件模块都会建立相应的日志文件，系统会自动地把系统中所发生的异常事件、违规操作及系统错误记录在日志文件中，作为日后安全审计和事件分析的依据。通过分析日志文件，可以发现系统是否发生被入侵的迹象、系统是否发生过入侵事件、系统当前是否正在被入侵等，根据分析结果，激活入侵应急响应程序，采取适当反应措施。

在日志文件中，记录有各种行为类型，每种类型又包含了多种信息。例如，在“用户活动”类型的日志记录中，包含了系统登录、用户 ID 的改变、用户访问的文件、违反权限的操作和身份认证等信息内容。对用户活动来说，重复的系统登录失败、企图访问未经授权的文件及登录到未经授权的网络资源上等，都被认为是异常的或不期望的行为。

2）目录和文件的完整性信息

在网络文件系统中，存储大量的程序文件和数据文件，其中包含有重要的系统文件和用户数据文件，它们是攻击者破坏或篡改的主要目标。如果在目录和文件中发生了不期望的改变，如修改、创建和删除，则意味着可能发生了入侵事件。

常用的攻击手法是获得系统访问权；安放恶意程序，破坏或篡改系统重要文件；修改系统日志文件，清除入侵活动痕迹。这类入侵事件可以通过检查目录和文件的完整性信息检测出来。

3）程序执行中的异常行为

网络系统中一般包括操作系统、网络服务和应用程序等，每个程序（进程）在具有不同权限的环境中执行，这种环境控制着进程可访问的系统资源、程序和数据文件等，不同进程所需的系统资源及权限不同。如果在一个进程中出现了异常行为，则表明系统可能被入侵。例如，攻击者使用病毒程序干扰程序正常执行，出现用户不期望的操作行为，或者通过病毒程序创建大量的非法进程，抢占有限的系统资源，导致系统拒绝服务。

4）物理形式的入侵信息

攻击者经常使用物理方法突破网络系统的安全防线，从而达到网络攻击的目的。例如，在支持拨号上网的网络中，如果用户在访问远程网络的敏感信息时没有实施有效的保护（如信息加密或 VPN 等），则可能被黑客截取，成为一种后门。黑客就会利用这个后门访问内部网，从而越过内部网络原有的防护措施。

8.3.3　入侵检测技术

入侵检测技术主要有两种：误用检测（Misuse Detection）和异常检测（Anomaly Detection）。随着研究的不断深入和相关技术的成熟，产生了许多新的入侵监测方法。目前提出的一些新的入侵检测技术主要有：数据挖掘、免疫系统和软件 Agent 等，这些技术提供了更具普遍意义的数据分析方法，对误用检测和异常检测都可以得到很好的应用。

1. 误用检测（Misuse Detection）

误用检测又称滥用监测，建立在已知的入侵行为和系统漏洞的基础之上。研究入侵行为和系统漏洞的过程与特征，对已知的攻击或入侵方式做出确定性描述，用一种模式表示出来，形成攻击特征库。当被审计的事件与攻击特征库中的某一模式相匹配时，即确认发生了入侵攻击，发出警报。

误用检测原理简单，容易配置，可以清楚地描述攻击特征，具有较高的识别精度和执行效率，用户可以采取清晰明确的预防保护措施。

误用检测的缺点是：收集所有的已知入侵行为和系统漏洞信息是一项艰苦的工作；对未知或无先验知识的攻击模式无能为力，然而未知攻击模式的发现往往是以系统被攻击并造成严重损失为代价；可移植性问题，因为关于网络攻击的信息绝大多数是与主机的操作系统、软件平台和应用系统密切相关，因此，带来的后果是入侵检测系统只能在某个特定的环境下生效；检测内部用户滥用权限的活动将变得相当的困难，因为通常这种行为并未利用任何系统缺陷。

误用检测的关键是如何表达入侵的模式，把真正的入侵活动与正常行为区分开来。学者们提出了各种数据分析技术，如特征分析技术、协议分析技术、状态协议分析技术、专家系统技术、Petri 网络分析技术等。

1）特征分析技术

特征分析技术需要收集入侵行为的各种知识，然后将入侵行为抽象成为一个事件序列、某种系统审计文件的数据样板模型或网络数据包中的数据样板模型，建立攻击特征库。将探测到的数据与攻击特征库进行比较，从而发现违背安全策略的入侵行为。检测相关的数据集合就能进行判断，能减少系统占用；并且技术已相当成熟，但检测准确率和效率需要提高。同时，该技术需要不断进行升级以对付不断出现的新攻击手法，不能检测未知攻击手段。

IDS 中的特征通常分为多种，常见的入侵特征及识别方法如表 8-7 所示。

表 8-7 常见的入侵特征及识别方法

入 侵 特 征	识 别 方 法
连接保留的 IP 地址	检查 IP 报头的源地址
带有非法 TCP 标志联合物的数据包	对比 TCP 报头中的标志集与已知正确和错误标记联合物的不同点
含有特殊病毒信息的 E-mail	● 对比每封 E-mail 的主题信息和病态 E-mail 的主题信息 ● 搜索特定名字的附件
未登录情况下使用文件和目录命令访问 FTP 服务服务器	创建具备状态跟踪的特征样板以监视成功登录的 FTP 对话、发现未经验证却发命令的入侵企图
查询负载中的 DNS 缓冲区溢出企图	● 解析 DNS 域及检查每个域的长度，识别利用 DNS 域的缓冲区溢出企图 ● 在负载中搜索“壳代码利用”（exploit shell code）的序列代码组合
对 POP3 服务器发出上千次同一命令而导致的 DoS 攻击	跟踪记录命令连续发出的次数，检查是否超过了预设上限，发出报警信息

2）协议分析技术

协议分析技术是在传统的特征分析技术基础之上发展起来的一种新的入侵检测技术。它充分利用了网络协议的高度有序性，并结合了高速数据包捕获、协议分析和命令解析等功能来快速检测某个攻击特征是否存在。协议分析大大减少了计算量，即使在高负载的高速网络上，也能逐个分析所有的数据包。

采用协议分析技术的 IDS 能够理解不同协议的原理，分析协议的流量，寻找可疑的或不正常行为。对每一种协议，分析不仅基于协议标准，而且基于协议的具体实现。因为很多协议的实现偏离了协议标准。协议分析技术能观察、验证所有的流量；当流量不是期望值时，IDS 就发出警告。协议分析能够寻找出任何偏离标准或期望值的行为，因此能够检测到已知和未知的攻击。但是，协议分析技术很容易被高级的黑客们绕过，因为单一请求或响应的流量可以做到非常小。于是就出现了“状态协议分析检测技术”。

3）状态协议分析技术

状态协议分析技术是在常规的协议分析技术的基础上，加入状态特性分析，即不仅仅检测单一的连接请求或响应，而是将一个会话的所有流量作为一个整体来检测。因为入侵攻击行为可能包含在多个请求中，这时仅检测单一的连接请求或响应是很难检测到入侵行为的，此时状态协议分析技术就显得十分必要。

4）专家系统

专家系统主要运用规则进行分析。专家系统中包含一系列的描述攻击行为的规则，专家系统首先将审计数据抽象成为可以理解的事实，然后应用推理机在事实和规则的基础上推出最后结论。采用专家系统技术的产品有 SRI 公司开发的入侵检测专家系统（Intrusion Detection Expert System，IDES），其系统结构如图 8-13 所示。由于处理速度等原因，专家系统技术目前常用于各种原型入侵检测系统的研究中。

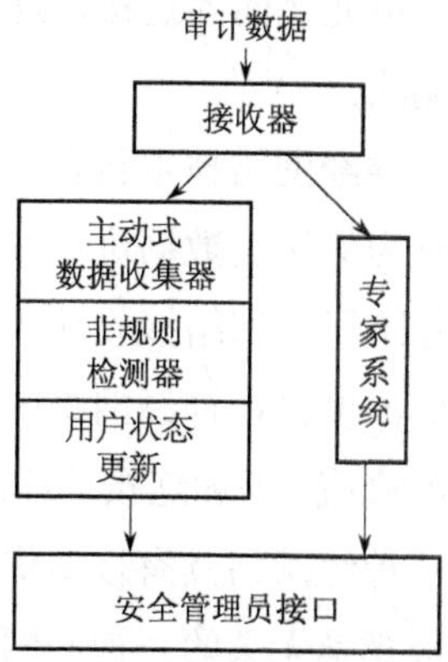

图 8-13　IDES 原型系统结构

2．异常检测（Anomaly Detection）

异常检测假设所有的入侵行为与正常行为不同，因而需要建立正常行为标准。正常行为标准是从以往大量的历史活动中总结出来的，如登录时间和次数、CPU 使用率、内存使用率、网络活动和文件修改等。将当前活动与正常行为标准进行比较，如果发现当前状态偏离了正常状态，则判定发生了入侵行为，发出警报。综上所述，任何不符合正常活动规律的行为都视为发生了入侵行为。

异常检测的优点是：可以检测出已知的和未知的攻击；某种程度上，异常检测系统较少地依赖特定的操作系统环境，因而具有较好的可移植性；增强了检测内部用户超越权限活动的能力。

异常检测的缺点是：较高的虚警率，因为系统的正常行为标准是逐步建立和完善的，而且系统的正常行为是不断变化的；检测时间比较长；检测效率不高。

异常检测的关键问题是建立正常行为标准，通常采用统计分析技术、神经网络技术、数据重组技术和行为分析技术等。

1）统计分析技术

按一定的时间间隔对系统或用户的当前行为进行采样、计算，并用一系列参数表示出来，创建统计描述。统计正常使用时的一些测量属性，如访问次数、操作失败次数和延时等。将测量属性的平均值与网络、系统的行为进行比较，根据平均偏差检查当前活动是否超过某一阀值，超过阀值时就认为有入侵发生。例如，用户一直是上午 9:00 登录，突然在午夜 1:00 登录，就认为有入侵发生。统计分析技术的优点是可以检测到未知的入侵和更为复杂的入侵；缺点是虚警率高，且不适应用户正常行为的突然改变。

2）神经网络技术

神经网络（Neural Network）使用自适应学习技术提取异常行为的特征，需要对训练数据集进行学习以得出正常的行为模式。它要求用于训练的数据不包含任何入侵或异常的用户行为。

神经网络由大量的处理元件组成，这些处理元件称为“单元”（units），单元之间通过带有权值的“连接”（connections）进行交互。网络所包含的知识体现在网络的结构（单元之间的连接、连接的权值）中，学习过程也就表现为权值的改变和连接的添加或删除。

神经网络技术包含两个阶段。第一阶段是构造入侵检测系统的检测器，使用代表用户行为的历史数据进行训练，完成网络的构建和组装；第二阶段是入侵检测系统的实际运作阶段，网络接收输入的事件数据，与参考的历史行为相比较，判断出两者的相似度或偏离度。在神经网络中，使用以下方法来标示异常的事件：改变单元的状态、改变连接的权值、添加连接或删除连接，同时也提供对所定义的正常模式进行逐步修正的功能。

神经网络具有很多优势：由于不使用固定的系统属性集来定义用户行为，因此属性的选择是无关的；神经网络对所选择的系统度量也不要求满足某种统计分布条件，因此与传统的统计分析相比，具备了非参量化统计分析的优点。

神经网络也存在一些问题。首先，在很多情况下，系统趋向于形成某种不稳定的网络结构，不能从训练数据中学习到特定的知识，这种情况目前尚不能完全确定产生的原因。其次，神经网络对判断为异常的事件不会提供任何解释或说明信息，这导致了用户无法确认入侵的责任人，也无法判定究竟是系统哪方面存在的问题导致了攻击者得以成功地入侵。最后，将神经网络应用于入侵检测，其检测的效率问题也是需要解决的。

3）数据重组技术

数据重组技术对网络连接的数据流进行重组再加以分析，而不仅仅分析单个数据包。当发现一段时间的数据流超过正常情况下的平均数据流时就会认为有入侵行为发生，立即向管理员发出警告。这一检测技术被认为更加科学，容易接受。因为单一通信的数据流不能全面反映整个系统的数据流状态。

4）行为分析技术

行为分析技术不仅简单分析单次攻击事件，还根据前后发生的事件确认是否确有攻击发生，攻击行为是否生效。由于算法处理和规则制定的难度很大，目前还不是非常成熟，但却是入侵检测技术发展的趋势。

8.3.4 入侵检测系统结构

从系统结构和检测对象上，通常入侵检测系统可以分成三种：基于主机的入侵检测系统（Host-based IDS，HIDS）、基于网络的入侵检测系统（Network-based IDS，NIDS）和分布式入侵检测系统（Distributed IDS，DIDS）。

1. 基于主机的入侵检测系统

HIDS 采用基于审计追踪的检测方法，通过分析和审计主机系统的日志文件发现入侵事件。这里的主机系统泛指网络环境下的某一系统，如路由器、交换机、防火墙、服务器和客户机等。

日志文件记录有主机系统的所有活动。在标准 UNIX 系统中，这些日志文件可根据系统管理员的设置，记录用户何时注册、在何处注册、要做什么，以及系统调用、程序运行结果等与安全性有关的操作信息。入侵检测系统则依据一定的算法对日志文件中的审计数据进行分析。审计追踪机制主要采用模式识别和统计分析技术，如专家系统、模型推理和神经网络等。由于 HIDS 是一种“事后”分析和追踪技术，对入侵事件反应迟钝，只能检测到已发生的入侵事件，一般用于系统的安全审计和事后追踪，而不适合于在实时入侵检测场合下应用。

基于审计追踪的安全机制不仅提供了对入侵行为的检测功能，而且还提供了用户行为的证明功能，可以用来证明一个受到怀疑的人是否有犯罪行为。因此，审计追踪机制不仅是一种技术手段，还具有行为约束能力。HIDS 可以监视特定的系统活动，部署不需要额外的硬件。

2．基于网络的入侵检测系统

NIDS 采用实时监测网络数据包的方法，动态检测网络入侵行为。网络适配器可以工作在 2 种不同的模式：正常模式和混杂模式。工作在正常模式时，网络适配器只接收共享网络中发向本机的数据包，丢弃其他目标主机的数据包；当工作在混杂模式时，网络适配器可以接收网络中传输的所有数据包，并提交给操作系统或应用程序进行分析。网络适配器的“混杂模式”为 NIDS 奠定了基础。NIDS 常用的入侵检测技术有：

（1）模式、表达式或字节匹配；

（2）频率或穿越阀值；

（3）低级事件的相关性；

（4）统计学意义上的非常规现象检测。

系统首先捕获和检查数据包头与内容，然后与已知的攻击模式相比较，一旦检测到攻击行为，立即响应攻击。NIDS 的优势如下：

（1）实时检测、实时响应；

（2）操作系统独立，与被监视的系统平台无关；

（3）证据转移困难；

（4）秘密进行入侵检测，被检测目标很难发现；

（5）能够检测未成功的攻击企图。

3．分布式入侵检测系统

无论是基于主机的还是基于网络的 IDS 在整个数据处理过程中，包括数据采集、数据分析，以及检测到入侵后采取的响应措施，都由单个监控设备或监控程序完成。然而，在面临大规模、分布式的应用环境时，这种传统的单机方式就遇到了极大的挑战。

分布式的应用环境要求在大范围网络中部署有效的入侵检测系统，各个入侵检测系统（监控设备或监控程序）之间能够实现高效的信息共享和协作检测。目前，实施分布式入侵检测系统的方法有：对现有的 IDS 进行规模上的扩展，或者通过 IDS 之间的信息共享实现。具体的处理方法分为两种：

（1）分布式信息收集、集中式处理；

（2）分布式信息收集、分布式处理。

由于采用了分布式计算方法，降低了对中心计算能力的依赖，同时也减少了对网络带宽带来的压力，因此具有更好的发展前景。分布式入侵检测系统由于采用了非集中的系统结构和处理方式，具有一些明显的优势：

（1）检测大范围的攻击行为；

（2）提高检测的准确度；

（3）提高检测效率；

（4）协调响应措施。

尽管理论上分布式入侵检测系统具有明显的优势，但是在实施的过程中需要解决如下关键问题：

（1）事件产生及存储：安全事件应该在系统的什么位置产生和存储。

（2）状态空间管理及规则复杂度：如何在规则的复杂程度和审计数据处理要求之间取得平衡。

（3）知识库管理：知识库存储检测规则。在分布式环境下，如何实现知识库快速的规则升级和分发。

（4）推理技术：对事件审计数据的处理工作应该在系统的哪个部分进行。

8.4　虚拟专用网络（VPN）

随着规模不断扩大，企业总部和分支机构处在不同的地理位置，日常业务常常需要将两个或两个以上的局域网连接在一起，以简化企业内部网络的建设，并确保信息传输安全。Internet 技术的成熟和广泛应用，为企业的这一需求提供了一个解决方案。

8.4.1　VPN 概述

1. 什么是 VPN

虚拟专用网络（VPN）是利用 Internet 将物理上分布在不同地点的内部网络（局域网络）安全地连接起来，或将一个或多个远程用户与局域网络安全地连接在一起，如

图 8-14 所示。

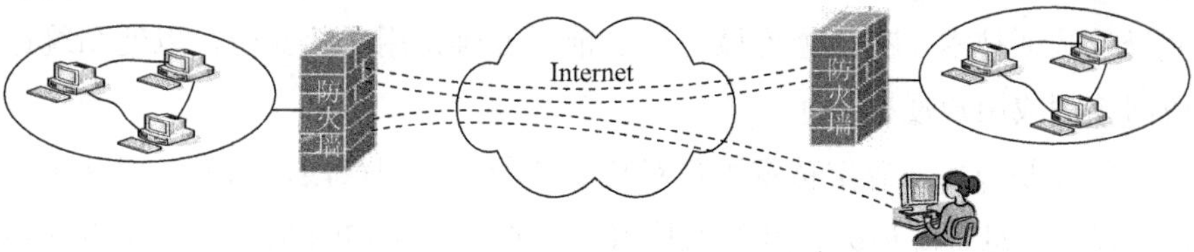

图 8-14　虚拟专用网络

很显然 VPN 不是真正的专用网络，但却能够实现专用网络的功能。“虚拟”是相对传统专用网络而言的。在传统专用网络中，任意两个节点之间有专用的、独占的端到端的物理链路，因而能够保证安全的数据传输。

VPN 建立在 Internet 之上，数据传输通过 Internet 完成。当需要时，VPN 从公用 Internet 中独占一部分带宽，作为私有专用网络进行通信；当通信结束后，VPN 释放这部分私有专用网络带宽，归还给公用 Internet。VPN 技术在浩瀚的 Internet 中建立了一条专用传输通路，因而公共的 Internet 起到了“专用”的效果。事实上，这条“专用”的传输通路是利用 Internet 的资源动态组成的专用逻辑链路。在 VPN 中，任意两个节点之间没有专用的、独占的端到端的物理链路，物理链路是共享的。

2. VPN 的关键技术

实现 VPN 的关键技术有：数据加密技术、隧道技术、身份认证技术和访问控制技术，如表 8-8 所示。

表 8-8　VPN 关键技术

名　称	作　用
数据加密技术	保证数据的机密性
隧道技术	创建隧道，封装数据；保证数据的完整性；是实现 VPN 的核心
身份认证技术	鉴别主机、端点的身份
访问控制技术	授权并监督用户访问数据的权限

（1）数据加密技术。本质上，VPN 工作于已知的非安全网络，如 Internet。通过加密技术对数据进行加密确保数据的机密性，从而实现在 VPN 中安全地传输数据。在接入点传来的数据到达网络之前 VPN 对其加密，加密的数据在 VPN 中传输，在到达目标用户之前，VPN 解密所有收到的数据流。

（2）隧道技术。隧道技术是利用一种协议传输另外一种协议的技术。隧道技术通过 IP 封装保护数据包，从而提供更高级别的保护。主要思想是：首先，将待传输的原始信息加密并进行协议封装处理；然后，将其再嵌套装入另一种协议的数据包并送入网络，从而能够像普通数据包一样进行传输。经过加密和封装处理后，只有源端和目标端的用户能够对隧道中的嵌套信息进行解释和处理，而对于其他用户而言只是无意义的信息。

（3）身份认证技术。在隧道连接开始之前需要确认用户的身份，以便系统进一步实施资源访问控制或用户授权。

（4）访问控制技术。确定特定用户对特定资源的访问权限，从而实现基于用户的访问控制，达到对信息资源最大程度的保护目的。通常，由 VPN 服务的提供者与最终网络信息资源的提供者共同协商用户对特定资源的访问权限。

3．VPN 的主要优点

VPN 通过开放的 Internet 建立私有数据传输通道，将移动办公人员、远程的分支机构、商业合作伙伴等安全地连接在一起。其性价比高，可扩展性好，有广泛的应用空间和巨大的市场潜力。VPN 的主要优点如下：

（1）通信安全。VPN 的关键技术，如数据加密技术、数据封装技术、身份认证和访问控制技术、隧道协议等，从多个方面保证了在开放的 Internet 上安全地传输数据。

（2）降低成本。VPN 技术将数据流转移到 Internet 上，不仅扩大了企业内部网的范围，而且大幅度地减少了用户花费在城域网和远程网络连接上的费用，从而降低了企业网络建设的成本。

（3）简化网络管理。随着企业业务的不断发展，需要更大范围的企业内部网络。VPN 技术利用 Internet 逻辑上扩大了企业内部网络的范围。企业也可以将 IP VPN 业务外包给运营商，从而将精力集中到自己的业务上，而不是网络上。

（4）可扩展性好。VPN 技术可以根据需要，动态地利用 Internet 扩展企业内部网的范围，从而方便、快速地连接新的用户和网站。例如，帮助远程用户、分支机构、战略合作伙伴同企业的内部网络建立可信的安全连接，保证数据的安全传输。

8.4.2 VPN 的分类

VPN 的分类方式比较多，从不同的角度对 VPN 的分类有不同。VPN 常用的分类方式如表 8-9 所示。还有其他的分类方式，如按承建主体划分等。

表 8-9 VPN 常用的分类方式

分类原则	VPN 的类型
实现方式	硬件 VPN，软件 VPN，硬件和软件组合 VPN
接入方式	专线 VPN、拨号 VPN（VPDN）
服务类型	Access VPN、Intranet VPN、Extranet VPN
隧道协议	第 2 层隧道协议、第 3 层隧道协议
隧道建立方式	自愿隧道、强制隧道

1. 按照接入方式分类

按照接入方式，VPN 分为：拨号 VPN（Virtual Private Dial Network，VPDN）、专线 VPN。与用户上网接入方式相类似，在 Internet 上组建 VPN，用户计算机或网络需要建立到 ISP 的连接。

VPDN：使用拨号连接，如模拟电话、ISDN 或 ADSL 等，连接到 ISP，是典型的按需连接方式，是一种非固定线路的 VPN。

专线 VPN：通过固定的线路连接到 ISP，如 DDN、帧中继等都是专线连接。

2. 按照服务类型分类

按照服务类型，VPN 分为：远程接入 VPN（Access VPN）、内联网 VPN（Intranet VPN）和外联网 VPN（Extranet VPN），这是最常用的分类方法。

远程接入 VPN（Access VPN）：用于实现移动用户（如出差的员工）或远程办公室（如在家办公的员工、远程分支机构等）通过公共网络（如 Internet）安全地访问企业内部网络。远程用户通常是一台主机，而不是网络，因此 VPN 的拓扑结构是主机连接到网络。远程接入 VPN 能使用户随时、随地、随需地访问企业内部资源，实现方式可以是拨号 VPN 或专线 VPN。

Intranet VPN：Intranet VPN 用于组建跨地区的企业内部互连网络，在企业远程分支机构和总部之间，通过 Internet 建立的 VPN。拓扑结构是网络到网络以对等的方式建立的连接。Intranet VPN 扩展了企业内部网络的范围。

Extranet VPN：Extranet VPN 用于企业与客户、合作伙伴之间建立互连网络。将企业与供应商、合作伙伴以及供应链上的其他组织，通过 Internet 安全地连接在一起。互连的每一个内部网络只开放部分资源而不是全部资源给外联网用户，而且对不同的用户授予不同的访问权限。因此，拓扑结构是网络到网络以不对等的方式建立的连接。与 Intranet VPN 的差别是安全策略不同。

3. 按隧道协议分类

按隧道协议划分的 VPN 分为第 2 层隧道协议和第 3 层隧道协议。L2TP、MPLS 和 IPSec 是目前市场上最流行隧道协议，区别如下。

（1）PPTP、L2F、L2TP 和 MPLS 都是第 2 层隧道协议。

（2）IPSec 和 GRE 是第 3 层隧道协议。

还可根据具体的协议进一步划分 VPN 类型，如 PPTP VPN、L2TP VPN、IPSec VPN 和 MPLS VPN 等。

另外，还有第 4 层隧道协议，如 SSL VPN。

4．按隧道建立方式分类

按隧道建立方式分为自愿隧道（Voluntary tunnel）、强制隧道（Compulsory tunnel）。

自愿隧道（Voluntary tunnel）：也称为基于用户设备的 VPN。VPN 的技术实现集中在 VPN 用户端，隧道的起始点和终止点都位于 VPN 用户端，隧道的建立、管理和维护都由用户负责。ISP 只提供通信线路，不承担建立隧道的业务。这种方式技术实现容易，但是对用户的要求较高。这是目前最普遍使用的 VPN 组网类型。

强制隧道（Compulsory tunnel）：也称为基于网络的 VPN，或服务器发起的 VPN。由 VPN 服务提供商配置并创建的隧道。VPN 的技术实现集中在 ISP，VPN 隧道的起始点和终止点都位于 ISP，隧道的建立、管理和维护都由 ISP 负责。VPN 用户不承担隧道业务，客户端无须安装 VPN 软件，VPN 隧道对用户是透明的。这种方式便于用户使用，增加了灵活性和扩展性，不过技术实现比较复杂，一般由电信运营商提供，或者由用户委托电信运营商实现。

8.4.3　隧道技术

1．隧道及组成

日常生活中的隧道是只在两端有出 / 入口的路，如海底隧道、穿山隧道等。VPN 中的隧道就是借用了日常生活中的隧道，来表明虚拟专用的含义。

隧道是利用一种协议传输另外一种协议的技术。物理上，隧道是在 Internet 中建立的一条端到端的、专用的、独占的数据传输通道，一条隧道可能穿越多个公共网络。究其本质，隧道是一个逻辑概念，是在逻辑链路层上建立的全程封闭，只在两端有出 / 入口的安全的链路连接。

隧道由三部分组成：隧道协议、隧道开通器和隧道终端器。

隧道开通器是隧道的起始点，其功能是在 Internet 中开出一条隧道。可以作为隧道开通器的设备或软件有：

（1）个人计算机上的 Modem 卡和有 VPN 拨号功能的软件，这些软件已经打包在操作系统中，如 Windows、Linux 等；

（2）有 VPN 功能的路由器（在企业分支机构中，或在网络服务商站点中）。

隧道终端器是隧道的终止点，指示隧道到此结束。可以作为隧道终端器的设备或软件有：

（1）专用的隧道终端器；

（2）企业网络中的防火墙；

（3）网络服务商路由器上的 VPN 网关。

隧道有点到点隧道和端到端隧道两种。在点到点隧道中，隧道由远程用户的个人计算机延伸到企业服务器，两边的设备负责隧道的建立及两点之间数据的加密和解密。在端到端隧道中，隧道连接两端局域网，起始/终止于防火墙等网络边缘设备。在数据包传输中，数据包可能通过一系列隧道，才能到达目的地。

可以方便、灵活地设置隧道。例如，一个远程用户通过 ISP 访问企业内部网络。隧道开通器可以是用户的个人计算机或被用户拨入的 ISP 路由器，隧道终端器一般是企业网络防火墙。这时隧道是由用户的个人计算机到企业防火墙，或者是由 ISP 路由器到企业防火墙。如果通过 VPN 实现互相访问的两个企业网分别使用不同的 ISP 服务，那么两个 ISP 公用网络之间也要建立相应的隧道。

2. 隧道协议

隧道是由隧道协议形成的。协议本质上是一套行为规则。隧道协议规定了如何在网络的不同层次实现数据封装。隧道技术制定了三种协议：隧道协议、承载协议和乘客协议等，图 8-15 所示为隧道协议的层次结构。下层协议将上层协议当作自己的数据进行传输，从而实现数据的封装。隧道协议中的封装关系如图 8-16 所示。

乘客协议
隧道协议
承载协议
底层传输协议

图 8-15　隧道协议的层次结构

承载协议	隧道协议	乘客协议
（IP/ATM）	（IPSec）	（TCP，UDP）

图 8-16　隧道协议中的封装关系

VPN 可以采用高层协议、高层与底层协议相结合的方法实现，与 TCP/IP 协议栈相对应的 VPN 隧道协议栈如图 8-17 所示。

应用层	SET/SMIME/IKE
传输层	SSL/SOCKS/TLS
网络层	IPSec（AH/ESP）/GRE
网络接口层	PPTP/L2F/L2TP/MPLS

图 8-17　隧道协议栈

网络接口层即第 2 层隧道协议，先把各种网络协议封装到 PPP 中，再把整个数据包装入隧道协议中，靠第 2 层隧道协议进行传输。第 2 层隧道协议可以支持多种路由协议，如 IP、IPX 和 AppleTalk，也可以支持多种广域网技术，如帧中继、ATM、X.25 或 SDH/SONET，还可以支持多种局域网技术，如以太网、令牌环网和 FDDI 网等。

网络层即第 3 层隧道协议有 IPSec、GRE、VTP 等。第 3 层隧道协议把各种网络协议直接装入隧道协议中，形成的数据包依靠第 3 层隧道协议进行传输。第 2 层和第 3 层隧道协议的区别主要是在网络协议栈的第几层封装用户数据。

8.4.4　常用的隧道协议

常用的典型隧道协议如表 8-10 所示，下面仅对 PPTP、L2TP、IPSec 和 SOCKS v5

进行讲述。

表 8-10 常用的典型隧道协议

常用的典型隧道协议
点到点隧道协议（PPTP，Point-to-Point Tunneling Protocol）
第 2 层隧道协议（L2TP，Layer 2 Tunneling Protocol）
多协议标记交换（MPLS）
IP 中的 IP（IP in IP）
IP 安全（IPSec，Internet Protocol Security）
通用路由封装（GRE）
安全套接层（SSL）
SOCKS v5

1. PPTP

1996 年 6 月，Microsoft、 Ascend、3Com 和 ECI 公司等在 PPP 协议的基础上开发了 PPTP（RFC 2637）。

PPP 是 IETF 的一个开放的国际标准协议（RFC 1661），是一种对称的对等协议，支持在一条点到点全双工串行链路上对包流进行封装和管理，通信双方的任何一方都可以发起或终止一条 PPP 连接。PPP 支持多种网络协议，可把 IP、IPX、AppleTalk 或 NetBEUI 的数据包封装在 PPP 包中。PPP 可以运行在多种不同类型的串行线路上，如以太网、帧中继、ATM 等，同时支持同步和异步方式。

PPTP 对 PPP 本身没做任何改动，只是使用 PPP 建立拨号连接，然后获取 PPP 数据包，再将整个报文封装在 PPTP 隧道协议包中，最后，嵌入 IP 报文（或帧中继、ATM）中进行传输。PPTP 可以工作在被动模式或主动模式。被动模式不需要在客户机上安装任何相关的 PPTP 软件，由位于 ISP 处的前端处理器建立与客户端之间相连的 PPTP 隧道，ISP 为用户提供所有的服务，优点是对客户的要求低，缺点是限制了用户访问 Internet 的其他部分。主动模式由客户建立一个与网络另一端服务器直接相连的 PPTP 隧道。主动模式 ISP 只提供透明的传输通道。优点是客户完全控制 PPTP，缺点是对客户要求高，需要在客户端安装支持 PPTP 的软件。VPN 服务器执行所有的安全检查和验证，并启用数据加密，使得在不安全的网络上发送信息变得更加安全。PPTP 用 PPP 协议的 PAP 或 CHAP（MS-CHAP）进行安全检测和认证；支持 Microsoft 的点到点加密技术（MPPE）。PPTP 最适合用于远程访问虚拟专用网 VPDN，还可以使用 PPTP 建立专用 LAN 到 LAN 的网络。

2. L2TP

1999 年 8 月，IETF 根据 Microsoft、Cisco 等公司的建议，经过多次修改，最终制定了开放的国际标准 L2TP（RFC 2661）。目前 L2TP 已经成为工业标准的 Internet 隧道协议。

L2TP 协议综合运用了 PPTP 和 L2F 协议的优点，定义了在包交换方式的公共网络基础设施中，如 IP 网络、帧中继或 ATM 网络等，封装链路层 PPP 帧的方法。L2TP 是封装协议，被封装的是链路层 PPP 协议，承载协议首选网络层的 IP 协议，也可以采用链路层的 X.25、帧中继或 ATM 等。L2TP 利用 PPP 协议的特点，支持多种拨号用户协议，如 IP、IPX、AppleTalk 或 NetBEUI 等，并且可以使用保留 IP 地址。L2TP 使用新的网际协议安全机制（IPSec）进行身份认证和数据加密。L2TP 本身不提供安全机制，需要与 IPSec 结合共同完成。L2TP 的安全性依赖于以下几个方面。

（1）PPP 协议的 PAP 或 CHAP（MS-CHAP）进行安全检测和认证。

（2）PPP 提供的链路层加密，如使用 DES 的 ECP，或 Microsoft 的点到点加密技术（MPPE）。

（3）IPSec 的保护。

L2TP 特别适合建设远程访问虚拟专用网 VPDN。

3. IPSec

1998 年 IETF IPSec 工作组制定了一组基于密码学的安全的、开放的 IP 安全体系结构——IP Security，简称 IPSec（RFC 2411）。IPSec 是第 3 层协议，为 IP 层及其以上层协议提供保护。IPSec 提供数据源认证、数据机密性、数据完整性、重放保护和自动密钥管理等安全服务。IPSec 最适合可信的 LAN 到 LAN 之间的虚拟专用网，即内部网虚拟专用网 Intranet VPN。

IPSec 体系结构如图 8-18 所示。

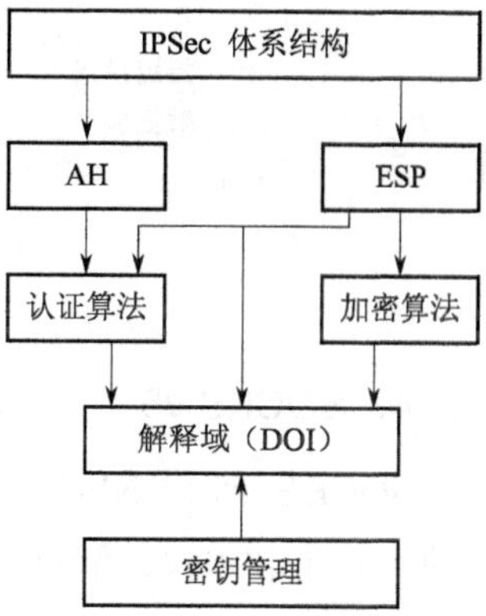

图 8-18　IPSec 体系结构

（1）AH（Authentication Header，AH）认证头协议。提供数据源认证、数据完整性和重放保护。这三种功能一起被作为认证。数据完整性由消息认证代码（如 MD5）生成的校验和实现，数据源认证由被认证的数据中心共享的密钥实现，重放保护由 AH 中的序列号实现。

（2）ESP（Encapsulation Security Payload，ESP）封装安全负载协议。提供数据机密性、数据源认证、数据完整性和重放保护。虽然 ESP 和 AH 都能提供认证、数据完整性检查和重放保护，但只有 ESP 能加密。当 ESP 用于认证时，将使用 AH 算法。ESP 和 AH 能够组合或嵌套。

（3）AH 和 ESP 可以单独使用，也可以配合使用。应用组合方式，可以在两台主机、两台安全网关（防火墙和路由器），或者主机与安全网关之间配置多种灵活的安全机制。

（4）DOI（解释域）。将所有的 IPSec 协议捆绑在一起，是 IPSec 安全参数的主要数据库。

（5）密钥管理。由网际密钥交换协议（Internet Key Exchange，IKE）和安全联盟（Security Association，SA）实现。两台 IPSec 计算机在数据交换之前，必须首先建立某种约定，这种约定，称为“安全联盟”。SA 对两台计算机之间的策略协议进行编码，指定它们将使用哪些加密算法和什么样的密钥长度，以及实际的密钥本身。IKE 的主要任务是生成和管理密钥，集中管理安全关联，减少连接时间。

IPSec 工作模式有传输模式和隧道模式。

传输模式为上层协议提供安全保护，如图 8-19 所示。传输模式使用原始明文 IP 头，并且只加密数据，通常用于两台主机之间的通信，如客户机与服务器，或者两台工作站。

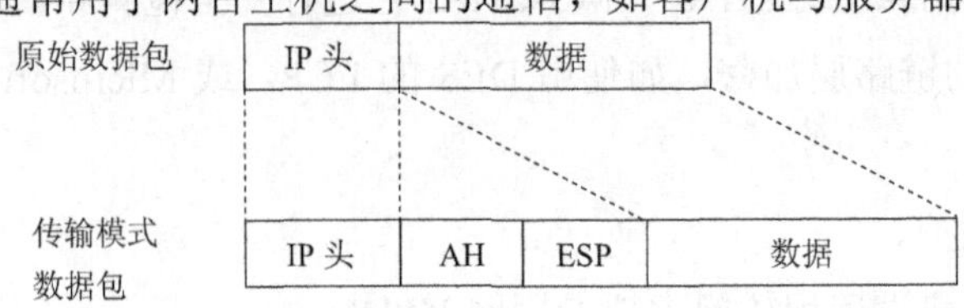

图 8-19　传输模式

隧道模式为整个 IP 包提供安全保护，如图 8-20 所示。隧道模式通常用在至少有一端是安全网关的架构中，如装有 IPSec 的路由器或防火墙。使用了隧道模式，防火墙内的主机可以使用内部地址进行通信，而且不需要安装 IPSec。

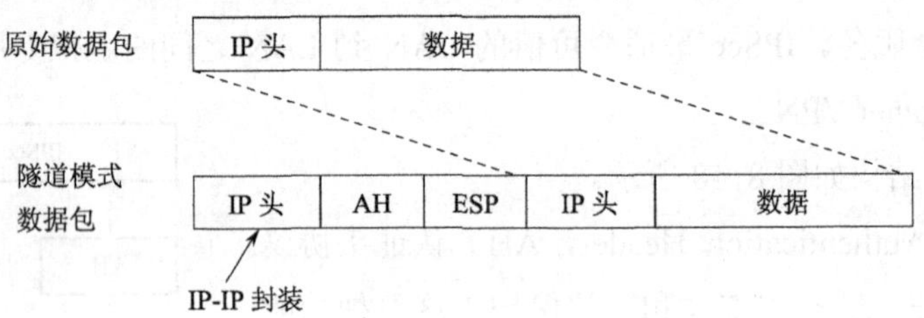

图 8-20　隧道模式

4．SOCKS v5

SOCKS v5 由 NEC 公司开发，是建立在 TCP 层上的安全协议。其功能是对连接请求进行认证和授权，解决了访问控制问题。SOCKS v5 是一个需要认证的防火墙协议，它在客户机和主机之间建立一条虚电路，从而监视并控制授权用户的访问操作。

SOCKS v5 可以方便地为与特定 TCP 端口相连的应用建立隧道，可协同 IPSec、L2TP、PPTP 等一起使用。当 SOCKS 同 SSL 协议配合使用时，可以建立高度安全的虚拟专用网络。目前 IETF 建议 SOCKS 协议（RFC 1928）作为建立虚拟专用网的标准，尽管还有一些其他协议，但 SOCKS 协议得到了一些著名公司如 Microsoft、Netscape、IBM 等的支持。

基于 SOCKS v5 的虚拟专用网络最适合用于客户机到服务器的连接模式，适合建立外联网虚拟专用网（Extranet VPN）。

8.5 病毒及防护

8.5.1 计算机病毒的产生和发展

在计算机科学和网络通信领域，有很多值得纪念的时间，如图 8-21 所示。

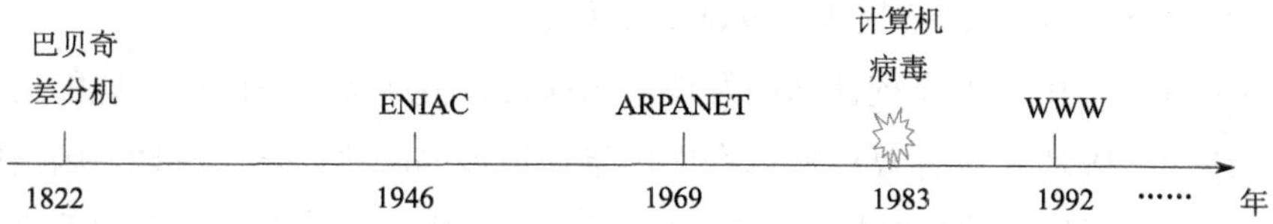

图 8-21　值得纪念的时间

1822 年，英国人查尔斯·巴贝奇设计出第一台差分机；1946 年，第一台电子数字计算机 ENIAC 问世；1969 年，ARPANET 建成，它是真正可行的组织间的网络，是 Internet 的雏形；1983 年，验证并确定计算机病毒的存在；1992 年，万维网（WWW）问世，Web 使 Internet 图形化，更易于使用，它支持信息发布和传播，推动了电子商务的发展。

其他的时间令人欣喜，但说到 1983 年的计算机病毒，则是一种别样的心情。从那时起，人们就不断地与计算机病毒作斗争。今天，随着计算机技术和网络技术的发展和进步，制造和传播计算机病毒的速度越来越快，计算机病毒产生的危害也越来越大。

在计算机的发展史上，冯·诺伊曼曾提出一种可能性——现在称为病毒，但没引起注意。1975 年，美国科普作家约翰·布鲁勒尔在他的《震荡波骑士》中，第一次描写了在信息社会中，计算机作为正义与邪恶双方斗争的工具，成为当年最佳畅销书之一。1977 年，科幻小说《P-1 的春天》成为美国的畅销书，作者托马斯·捷·瑞安在书中描写了一种可以在计算机中互相传染的病毒，病毒最后控制了 7 000 台计算机，造成了一场灾难。

历史上总有惊人相似的一幕。1983 年 11 月 3 日，弗雷德·科恩博士研制出在运行过程中可以复制自身的破坏性程序，伦·艾德勒曼将它命名为计算机病毒，该程序在 VAX11/750 计算机系统上运行，第一个病毒实验成功，一周后又进行了 5 次实验演示，最终验证了计算机病毒的存在。

1986 年年初，在巴基斯坦的拉合尔（Lahore），巴锡特（Basit）和阿姆杰德（Amjad）兄弟经营一家个人计算机商店，销售 IBM-PC 及其兼容机。1987 年，为了防止盗拷软件，兄弟俩编写了 C-BRAIN 程序随计算机销售。只要盗版他们的软件，C-BRAIN 就会发作，将盗版者剩余的硬盘空间消耗掉。

C-BRAIN 是业界公认的、具备完整特征的计算机病毒的始祖。后来一些人士以 C-BRAIN 为蓝图，制作出一些变种的病毒。从此，各种计算机病毒层出不穷。

1988 年 3 月 2 日，一种苹果机的病毒发作，受感染的苹果机停止工作，只显示“向所有苹果计算机的使用者宣布和平”的信息，以庆祝苹果机生日。

1988 年 11 月 2 日，莫里斯蠕虫发作。计算机病毒首次入侵计算机网络，造成 Internet 不能正常运行。美国政府立即做出反应，美国国防部成立了计算机应急行动小组。事件中遭受攻击的包括 5 个计算机中心和 12 个地区节点，连接着政府、大学、研究所的约 250 000 台计算机，直接经济损失达 9 600 万美元。

1988 年年底，中国国家统计部门发现小球病毒。小球病毒是国内发现的第一个计算机病毒。1989—1991 年是计算机病毒在中国迅速发展的阶段。这一时期，国内的程序开发高手迅速掌握了病毒的编写技术，广州一号、中国炸弹、“六 · 四”和毛毛虫等各种国产病毒纷纷登场。

从此，计算机病毒已不再神秘。今天，伴随着技术的进步，以及电子商务的发展，计算机病毒层出不穷。蠕虫、木马、后门病毒等轮番上阵，攻击互连网络、盗窃机密信息。人们已经从恐惧到理性地认识病毒。

8.5.2 计算机病毒及类型

1. 什么是计算机病毒

计算机病毒借用了生物医学上“病毒”的概念，因为它与生物医学上的“病毒”一样，具有传染和破坏的特性。但是不同的是，计算机病毒不是天然存在的，是利用计算机软 / 硬件所固有的缺陷，编写的具有特殊功能的程序。

从广义上说，凡能够引起计算机系统故障，破坏数据的程序统称为计算机病毒。因此，逻辑炸弹、蠕虫、木马、后门程序、间谍软件、钓鱼软件、流氓软件、僵尸网络等都是计算机病毒。

1994 年 2 月 18 日，中国正式颁布实施了《中华人民共和国计算机信息系统安全保护条例》（简称《条例》），在《条例》第二十八条中明确指出：“计算机病毒，是指编制或者在计算机程序中插入的破坏计算机功能或者毁坏数据，影响计算机使用，并能自我复制的一组计算机指令或者程序代码。”此定义具有法律性、权威性。

通常，计算机病毒具有一些基本特征。

（1）传染性：病毒能自我复制，从而传播自己，感染更多的目标。

（2）破坏性：病毒对计算机系统的软 / 硬件及数据产生不同程度的破坏。

（3）隐藏性：通常用户感觉不到病毒的存在。

（4）潜伏性：病毒一般不会立刻发作。

（5）可激活性：病毒因某个事件或数值的出现而发作。

（6）针对性：病毒的编制者往往有特殊的破坏目的。

2. 计算机病毒的类型

最初的计算机病毒是单机病毒。病毒通过软盘、光盘等存储介质进行传播。当用户交换数据时，隐藏在其中的计算机病毒就从一台计算机转移到了另外一台计算机中。

如今，计算机病毒主要是网络病毒。互联网成为病毒传播和攻击的主要途径。下载资料、浏览网页和 E-mail 的时候，都有可能被病毒传染。网络中的一台主机被病毒感染，就有可能通过网络传染同一网络的所有计算机，从而致使网络瘫痪。互联网将世界连在一起，也将病毒送往世界各地。

计算机病毒的主要类型如表 8-11 所示。

表 8-11　计算机病毒的主要类型

类　型	特　征	实　例
病毒	破坏性、传染性、隐蔽性、潜伏性、可激活性、针对性	宏病毒、小球病毒
蠕虫	不需要“宿主”自动复制传播、大量消耗内存、突发性、主动攻击、传播速度快	莫里斯蠕虫、尼姆达蠕虫、熊猫烧香、震荡波
木马	一种基于远程控制的黑客工具、非授权性、盗窃信息	灰鸽子、网银大盗
后门程序	软件漏洞、黑客攻击的主要手段	CIH 病毒：利用 Windows95 系统的一个漏洞实现
流氓软件	强制安装、浏览器劫持、无法（彻底）卸载、干扰其他软件运行	3721 上网助手、一搜工具条、网络猪
僵尸网络	一对多控制关系，廉价地实施分布式拒绝服务（DDos）攻击，控制大量的资源，是黑客攻击的主要手段	

（1）蠕虫。不占用除内存以外的任何资源，不修改磁盘文件，利用网络功能搜索网络地址，将自身向下一地址传播，有时也在网络服务器和启动文件中存在。

蠕虫是一种通过网络传播的恶性病毒。其主要目的是：消耗计算机系统和网络资源（内存或网络带宽），使计算机系统和网络瘫痪，从而实施拒绝服务攻击。蠕虫是黑客常用的攻击手段。典型的蠕虫病毒有熊猫烧香、震荡波等。

蠕虫除了具有病毒的一些共性，如传染性、隐蔽性、破坏性以外，还有其自身的特点。

普通病毒通过传染“宿主”程序或文件进行自我复制，而蠕虫不使用“宿主”程序或文件就能够在计算机系统之间自我复制，因此蠕虫一旦潜入计算机系统，受感染的计算机就会被他人远程控制。

普通病毒主要传染计算机内的文件系统，而蠕虫的传染目标是互联网内的所有计算机。一旦感染蠕虫，蠕虫即可自行传播，将自己从一台计算机复制到另一台计算机。局域网环境中的共享文件夹、电子邮件、恶意网页、存在着漏洞的服务器等，都成为蠕虫传播的良好途径，蠕虫可以在几个小时内蔓延整个网络，造成网络瘫痪。蠕虫的主动攻击性和突然爆发性使得人们手足无措。

（2）木马。借用希腊神话中的“特洛伊木马”命名，是指表面上是有用的，但是实际目的却是危害计算机系统安全并导致严重破坏的程序或文件，是一种基于远程控制的黑客工具，具有隐蔽性、非授权性的特点。

隐蔽性是指木马的设计者为了防止木马被发现，会采用多种手段隐藏木马，这样服务端即使发现感染了木马，也难以确定其具体位置；

非授权性是指一旦控制端与服务端连接后，控制端将窃取到服务端的很多操作权限，如修改文件、修改注册表、控制鼠标、键盘、窃取信息等。

一旦中了木马，系统可能就会门户大开，毫无秘密可言。

木马与病毒的重大区别是：木马不具传染性，它并不能像病毒那样复制自身，也并不“刻意”地去感染其他文件，它主要通过将自身伪装起来，吸引用户下载执行。木马中包含能够在触发时导致数据丢失甚至被窃的恶意代码，要使木马传播，必须在计算机上有效地启用这些程序，如打开电子邮件附件或者将木马捆绑在软件中放到网络吸引人下载执行等。现在的木马一般主要以窃取用户相关信息为主要目的，相对病毒而言，可以简单地说，病毒破坏信息，木马窃取信息。典型的木马有灰鸽子、网银大盗等。

（3）后门程序。后门程序一般是指那些绕过安全性控制而获取对程序或系统访问权的程序。在软件的开发阶段，程序员常常会在软件内创建后门程序以便可以修改程序设计中的缺陷。但是，如果这些后门被其他人知道，或是在发布软件之前没有删除后门程序，那么它就成了安全风险，容易被黑客当成漏洞进行攻击。

（4）流氓软件，是介于病毒和正规软件之间的软件。同时具备正常功能（如下载、媒体播放等）和恶意行为（如弹广告、打开后门等），给用户带来实质危害。其主要特点有：强制安装、浏览器劫持（自动在 IE 中添加按钮和菜单）、无法卸载或无法彻底卸载、诱导用户安装广告程序、干扰其他软件运行等。根据不同的特征和危害，流氓软件主要有如下几类。

广告软件（Adware）：指未经用户允许，下载并安装在用户计算机上；或与其他软件捆绑，通过弹出式广告等形式牟取商业利益的程序。此类软件往往会强制安装并无法卸载；在后台收集用户信息牟利，危及用户隐私；频繁弹出广告，消耗系统资源，使其运行变慢等。

间谍软件（Spyware）：是一种能够在用户不知情的情况下，在其计算机上安装后门、收集用户信息的软件。用户的隐私数据和重要信息会被“后门程序”捕获，并被发送给黑客、商业公司等。这些“后门程序”甚至能使用户的计算机被远程操纵，组成庞大的“僵尸网络”，这是目前网络安全的重要隐患之一。

浏览器劫持：是一种恶意程序，通过浏览器插件、BHO（浏览器辅助对象）、Winsock LSP 等形式对用户的浏览器进行篡改，使用户的浏览器配置不正常，被强行引导到商业网站。用户在浏览网站时会被强行安装此类插件，普通用户根本无法将其卸载，被劫持后，用户只要上网就会被强行引导到其指定的网站，严重影响正常上网浏览。

行为记录软件（Track Ware）：指未经用户许可，窃取并分析用户隐私数据，记录用户计算机使用习惯、网络浏览习惯等个人行为的软件。危及用户隐私，可能被黑客利用来进行网络诈骗。

恶意共享软件（Malicious Shareware）：指某些共享软件为了获取利益，采用诱骗手段、试用陷阱等方式强迫用户注册，或在软件体内捆绑各类恶意插件，未经允许即将其安装到用户机器里。使用“试用陷阱”强迫用户进行注册，否则可能会丢失个人资料等数据。软件集成的插件可能会造成用户浏览器被劫持、隐私被窃取等。

（5）僵尸网络（Botnet），是指采用一种或多种传播手段（如主动漏洞攻击、邮件病毒、各种病毒与蠕虫的联合等），将大量主机感染僵尸程序（bot 程序），从而在控制者和被感染主机之间形成一个可一对多控制的网络，如图 8-22 所示。僵尸程序（bot 程序）：是实现恶意控制功能的程序。僵尸计算机：被植入 bot 程序的计算机。僵尸网络：具有一定的分布性，随着 bot 程序不断地传播，不断有新位置的僵尸计算机添加到网络中来。

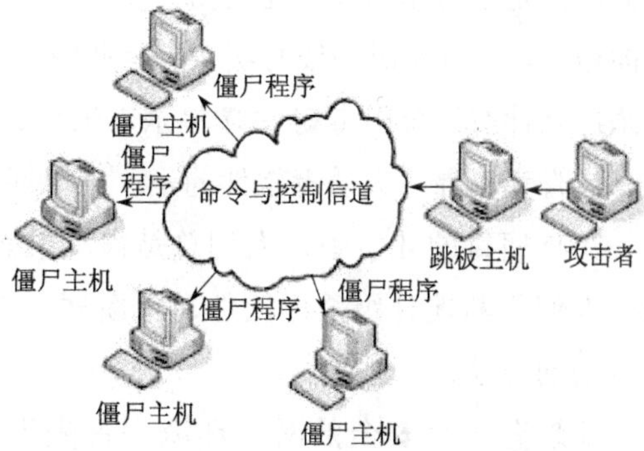

图 8-22　僵尸网络

Botnet 最主要的特点是：可以一对多地执行相同的恶意行为，如可以同时对某目标网站实施分布式拒绝服务（DDoS）攻击，同时发送大量的垃圾邮件等。此时，Botnet 成为了攻击的平台，因此 Botnet 不同于病毒、蠕虫或木马。正是这种一对多的控制关系，使得攻击者能够以极低的代价、高效地控制大量的资源为其服务，这也是 Botnet 攻击模式得到黑客青睐的根本原因。

8.5.3　计算机病毒防护

根据国际计算机安全联盟（International Computer Security Association，ICSA）的统计，目前网络是计算机病毒传播的主要渠道，其中包括 E-mail、网页、QQ 和 MSN 等。鉴于此，病毒防护应该从网络入手，在企业网络的关键部位部署防病毒系统，包括硬件防毒墙或防病毒软件等。只有把病毒传播、滋生的渠道完全堵死并不断维护，才能保证系统真正的安全。

（1）部署硬件防毒墙。企业网络边缘是病毒防护体系结构中的最外层。在网络边缘部署防毒墙进行全面扫描，避免病毒进入网络后消耗大量的人力和物力。一般硬件防毒墙支持 HTTP / FTP / SMTP / POP3 / MSN 和 IMAP 协议等查杀病毒。

（2）文件服务器的病毒防护。文件服务器是企业网络中最常见的服务器。经常会遭受到大量引导型病毒、DOS 病毒、宏病毒等的攻击。由于文件服务器为网络中所有工作站提供文件资源共享，因而也成为病毒理想的隐身潜伏场所，一旦条件具备，病毒将轻易地在网络中传播，感染所有工作站。

（3）工作站的病毒防护。网络工作站的防护位于企业防毒体系中的最底层，对企业计算机用户而言，也是最后一道查、杀、清、防病毒的要塞。

（4）邮件服务器的病毒防护。随着电子邮件应用日益普及，电子邮件成了病毒入侵的重要渠道。根据国际计算机安全协会（ICSA）的统计，因使用电子邮件而中毒的事件比率正在持续升高之中。电子邮件病毒会使企业邮件服务器关闭、企业内重要资料丢失。因此，保护企业邮件服务器免受病毒攻击十分重要。

查、杀病毒软件在计算机病毒的防护中起了非常重要的作用。尽管杀毒软件不是万能的，但是没有杀毒软件是万万不能的。目前，国内外杀毒软件技术都非常成熟，而且性能稳定，可以实时在线升级。有企业网络版、 个人用户版及各种专杀工具。国内著名的杀毒软件有：金山毒霸 、瑞星杀毒软件、江民杀毒软件、趋势杀毒软件等。国外著名的、被誉为世界三大杀毒软件的是：卡巴斯基、诺顿、MacAfee。

在与病毒的斗争中，人们总是被动的。病毒总是先出现，随后才有相应的杀毒措施。人们不断地升级杀毒软件、更新病毒库。因此，依靠杀毒软件防范病毒，本身就是被动的方法。

要想有一个安全的网络环境，首先提高网络安全意识，做到预防为主，查杀为辅。普通病毒、一些蠕虫、所有的木马是无法自我传播的。感染的途径通常是：运行了被感染有病毒、木马的程序；或者上网冲浪、浏览邮件时，病毒、木马利用了浏览器的漏洞，自动下载运行。因此，预防病毒首先要提高警惕，不要轻易打开来历不明的文件、网站、邮件等。其次，及时为系统打好补丁。最后，安装上实时监控的防火墙和杀毒软件并及时升级病毒库。如果做好了这几点，基本可以防止绝大多数病毒的入侵。

由于病毒防护总是被动的，因此，即使防护策略十分严密周到，也会有被病毒攻击的可能。因此掌握中毒后的处理方法会将损失降到最低。

首先，在解毒之前，先备份重要的数据文件和硬盘的主引导信息。这样，一旦解毒失败，还有机会恢复计算机系统的原貌，然后再用反病毒软件修复。

其次，启动反病毒软件，对硬盘的所有分区进行查毒，要注意对计算机“内存”、“压缩文件”和“邮件”进行检查。

一些文件被病毒感染时已经受到破坏。此时，应尽量隔离这些文件，并尽快送到反病毒软件厂商的研究中心，以供分析。

本章小结

伴随着网络和通信技术的成熟和发展，计算机网络成为重要的基础设施，推动了网络经济和电子商务的发展。但是 Internet 从设计之初就没有考虑安全问题，其主要目的是提供冗余的通信链路。所以，各种网络安全技术不断推陈出新。本章介绍了网络安全的概念，分析了网络面临的安全威胁。

防火墙部署在网络边界，是网络安全的第一道防线。防火墙执行两个最基本的功能：数据包过滤和应用程序代理。防火墙可以工作在不同的网络层次，以多种不同的方式保护内部网络，因此防火墙是最有效的网络安全措施之一。

防火墙不能阻止来自内部的攻击，入侵检测系统可以弥补防火墙的不足。所以，入侵检测系统是防火墙之后的第二道安全防线，它能够主动地、实时地监测网络并及时采取相应的防护手段，可以和防火墙、路由器协同工作，共同应对网络攻击，从而扩展了系统安全管理能力。

VPN 在公共的 Internet 中开辟出一条私有的专用通道，既保证了安全传输信息，又降低了成本。实现 VPN 的主要技术有：隧道协议用于创建隧道，是实现 VPN 的核心技术；数据加密技术保证了数据的机密性；数据封装技术保证了数据的完整性；身份认证和访问控制保证了合法用户按照规定的权限访问数据。

计算机病毒已不再神秘，人们已经从恐惧到理性地认识病毒。今天，伴随着电子商务的发展，计算机病毒层出不穷。蠕虫、木马、后门病毒等轮番上阵，攻击互连网络、盗窃机密信息。在与病毒的斗争中，人们总是被动的。要想有一个安全的网络环境，首先提高网络安全意识，做到预防为主，查杀为辅。

思考题

1. 请谈谈你对网络安全的理解。
2. 请简述计算机网络面临的主要威胁有哪些？
3. 网络安全的关键技术有哪些？并简述各自的作用。
4. 与软件防火墙相比较，硬件防火墙有哪些好处？
5. 请说明有状态包过滤防火墙的工作原理。
6. 请说明代理服务器的工作原理。
7. 请比较防火墙的实现技术，完成表 8-12。

表 8-12　防火墙的实现技术比较

比 较 内 容	无状态包过滤器	有状态包过滤器	代理服务器
网络层次			
检查内容			
数据包转发			
源、目标主机的连接			
日志文件			
安全性			
单点故障			
转发延迟			

8. 请安装一个个人防火墙，记录安装步骤、配置选项。

9. 解释下列术语：

VPDN、Access VPN、Intranet VPN、Extranet VPN、隧道、L2TP。

10. 入侵检测系统有哪些功能？

11. 入侵检测系统通常由哪几部分构成？每个部分的作用是什么？

12. 请说明异常检测的基本工作原理，并分析其优/缺点。

13. 按系统结构划分，入侵检测系统分为几种类型？说明各自的工作原理。

14. 什么是计算机病毒？它有哪些特征？

15. 解释下列术语，并比较它们的异同。

病毒、蠕虫、木马、流氓软件、后门程序、僵尸网络。

16. 如果发现文件中带有病毒，把这些文件删除可不可以彻底解决问题？

第 9 章
电子商务安全协议

内容提要

本章研究电子商务安全协议，重点对 SET 协议、SSL 协议和 HTTPS 协议进行介绍和分析。通过本章的学习，使学生掌握 SET 协议在电子商务安全中的作用、SET 安全协议的工作原理及 SET 的交易流程、SET 的安全体系；学习掌握 SSL 协议结构、分析比较 SSL 协议与 SET 协议，加深对协议的理解；学习掌握 HTTPS 协议结构、工作原理和安全机制。

9.1 电子商务安全协议概述

网络安全是实现电子商务的基础，电子商务的安全协议是保证电子商务网上交易的机密性、数据完整性、身份的合法性和不可否认性的基础。

电子商务安全协议是实现电子商务交易安全的关键技术之一。安全可靠的电子商务安全协议会对电子商务平台的整体性能产生很大的影响。

电子商务安全协议是完成信息安全交换的共同约定的逻辑操作规则，是保证网上交易的机密性、数据完整性、身份的合法性和不可否认性的重要技术。

经过多年的发展，已经产生了诸多的电子商务安全协议，包括：SET 协议、SSL 协议、STT（Secure Transaction Technology，STT）安全交易技术协议、HTTPS（安全超文本传输）协议、EDI（Electronic Data Interchange，电子数据交换）协议和 IPSec 协议等。其中最具代表性的是 SET 协议和 SSL 协议。

本章重点对 SET 协议和 SSL 协议进行介绍和分析，并简要介绍 HTTPS 协议、EDI 协议和 IPSec 协议。

9.2 安全电子交易协议

9.2.1 SET 协议概述

在开放的 Internet 上处理电子商务事务，首要问题就是保证买、卖双方传输数据的安全。为了满足电子交易日益增长的安全需求，Visa International、MasterCard International 两大信用卡公司与 IBM、Microsoft、Netscape、GTE、VeriSign、SAIC、Terisa 等厂商联合推出的基于信用卡在线支付的电子商务系统的安全协议——安全电子交易（SET）协议，并于 1997 年发布了 SET Specification version 1.0。

SET 协议主要应用于 B2C 电子商务系统，完全针对信用卡来制定，其内容包含了信用卡在电子商务交易中的交易协定、信息保密、资料完整等各个方面。

SET 协议是目前广泛使用的一种网络银行卡付款机制，是进行在线交易时保证银行卡安全支付的一个开放协议。它是保证在开放网络上进行安全支付的技术标准，是专为保护持卡人、商家 、发卡银行和收单银行之间，在 Internet 上进行信用卡支付的安全交易协议。目前，SET 协议已经成为电子商务交易领域事实上的工业标准。

SET 协议是一个基于可信的第三方认证中心的方案，它要实现的主要目标是[2]：

（1）保证信息及交易过程安全。包括确保网络上传输的信息的机密性及完整性；提供对交易各方（包括持卡人、特约商店、收单银行）的身份认证；保证电子商务参与者信息的相互隔离；定义安全服务所需要的演算法及相关协定。

（2）支持应用的互操作性。提供一个开放式的标准，促使不同厂家开发的软件具有兼容性和互操作功能，确保不同厂商开发的应用程序可共同运作，促成软件互通；允许在任何软 / 硬件平台上的执行，使标准达到相容性与接受性的目标。保证网上交易的实时性，使所有支付过程都是在线的。

（3）实现可推广性。SET 协议应该是一个具备易用性和可实施性的标准，特约商店、持卡人在实施 SET 协议时，不需要对自身系统做出较大修改。允许在目前使用者的应用软件下，嵌入付款协定的执行，对收单银行与特约商店、持卡人与发卡银行间的关系，以及信用卡组织的基础构架改变最少。

因此，SET 协议主要目的是实现网上交易的机密性、数据的完整性、交易的不可否认性和交易的身份认证。

此外，SET 协议还对证书的管理和交易处理过程等制定了严格的规定。

9.2.2　SET 交易的参与者

SET 协议交易过程中，需要六个角色的参与，它们分别是：信用卡持有者、信用卡发放银行、商家、支付网关、收款银行和认证中心。

（1）信用卡持有者。信用卡持有者是指使用信用卡进行电子商务交易的买主。在电子商务环境中，持卡人通过计算机访问商家，购买商品。持卡人使用发卡行发行的支付卡，并从认证中心获取数字签名证书。

（2）商家。在采用 SET 协议的电子商务环境中，商家是指在 Internet 上的商店。通常商家将自己提供的商品和服务的详细信息通过 Web 网页等形式展示给客户（信用卡持有者），客户可以任意挑选所需的商品。商家必须与相关的收款银行达成协议，确保能够接收信用卡持有者的信用卡付款，实现商家和信用卡持有者之间的安全电子交易。

（3）信用卡发放银行。信用卡发放银行是一个金融机构。信用卡发放银行为信用卡持有者建立账户，并能够向信用卡持有者发行支付卡。信用卡发放银行必须保证只对经过授权的交易进行付款。

（4）收款银行。信用卡发放银行是一个金融机构。它能够为参与电子商务交易的信用卡持有者和商家建立相关账户，同时能够对信用卡进行认证，并处理付款授权和付款结算。

（5）支付网关。是银行专网和 Internet 网络之间的接口，其主要作用是将不安全的 Internet 上的交易消息传给安全的银行专网，起到隔离和保护银行专网的作用。它通过一组服务器设备和相应的系统，将 Internet 上传输的数据转换为金融机构内部的数据，这些数据是处理电子交易时的支付数据及买主的支付请求。

（6）认证中心。认证中心就是一个负责发放和管理数字证书的权威机构。它通常采用一种多层次的分级结构，各级的认证中心类似于各级行政机关，上级认证中心负责签发和管理下级认证中心的证书，最下一级的认证中心直接面向最终用户。在 SET 协议中，认证中心负责发放和撤销信用卡持有者、商家和支付网关的数字证书，让信用卡持有者、商家和支付网关之间通过证书相互认证。

9.2.3　SET 协议的安全体系

SET 协议的安全体系如图 9-1 所示。SET 协议采用的主要技术包括加密技术和身份认证技术。其中，加密技术是 SET 协议中的核心技术，主要有对称密钥加密技术、非对称密钥加密技术、消息摘要技术、数字签名技术、数字信封技术、双重签名技术等。

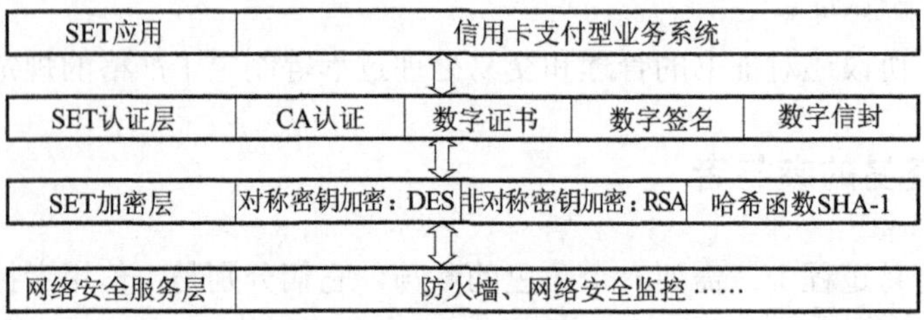

图 9-1　SET 协议的安全体系

在 SET 协议中，采用 DES、RSA 加密算法实现对数据加密；采用 SHA-1 和 RSA 算法实现数字签名；采用数字证书、数字签名、双重签名等技术实现身份认证。SET 将对称加密的快速、低成本和非对称加密的有效性完善地结合在一起。在 SET 协议下的一个电子购物结算交易中，SET 使用非对称加密算法 RSA 算法来完成数字签名和数字信封，而对称加密采用 DES 算法作为 SET 协议的默认算法，用于保护敏感的金融数据，而安全哈希算法则使用 SHA-1 哈希算法来完成数字签名及消息摘要。

9.2.4　SET 的交易流程

SET 协议解决了信用卡持有者、商家和银行之间通过信用卡支付的交易问题。采用 SET 协议的电子商务交易分为三个阶段。

（1）信用卡持有者与商家协商交易商品列表及所用的支付方式。

（2）信用卡持有者发送支付货款指令，商家与银行核实付款。

（3）商家向银行出示所有交易细节，而后银行以适当方式向商家转移货款。

SET 协议交易流程如图 9-2 所示。

（1）信用卡持有者首先确认商家的合法性。而后浏览商品明细清单，并选择要购买的商品。

（2）信用卡持有者填写订单，并选择付款方式。而后将完整的订单及要求付款的指令发送给商家。其中，订单和付款指令由持卡人进行数字签名。同时利用双重签名技术保证商家无法获得信用卡持有者的账号消息，并且银行无法获得持卡人的订单消息。

（3）商家接到订单后，向信用卡持有者的收款银行发出支付请求。支付请求通过支付网关到达收款银行，再到信用卡发放银行确认，批准交易。然后返回确认消息给商家。

（4）商家向信用卡持有者发送订单确认消息。

（5）商家给信用卡持有者交付货物。

（6）商家向银行请求支付。

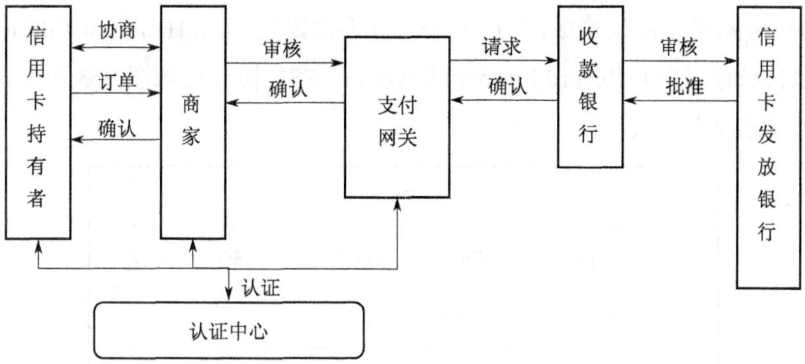

图 9-2　SET 协议交易流程

9.3　安全套接层协议

9.3.1　SSL 概述

SSL 协议是由 Netscape 公司开发的网络安全传输协议，是目前 Internet 上点到点之间，尤其是 Web 浏览器与服务器之间进行安全数据通信所采用的主要协议之一。SSL 采用 TCP 作为传输协议提供数据的可靠传送和接收。SSL 工作在 Socket 层上，因此可以为应用层协议，特别是 HTTP 提供透明、安全的服务。

SSL 提供的安全服务和 TCP 层一样，融合了非对称加密机制和对称加密机制对 Web 服务器和客户端的通信提供保密性、完整性和认证。其中，在 SSL 建立连接的过程中采用非对称密钥机制，协商会话所需的对称密钥，在会话过程中使用对称密钥机制，降低会话过程中服务器的负载。

SSL 协议提供的服务包括以下三个方面。

（1）用户和服务器的合法性认证。在 SSL 通信过程中，客户端和用户之间需要使用标准的非对称加密技术和可靠的认证中心（CA）的证书，来确认对方身份的合法性。同时，在连接交换数据的过程中做数字认证，用以保证用户的合法性。

（2）加密数据已隐藏被传送的数据。SSL 协议在握手和会话过程中，采用多种加密机制，以保证数据的机密性，并且经数字证书鉴别，从而防止攻击者在劫持数据后暴力破解。

（3）维护数据的完整性。SSL 协议采用密码散列函数和机密共享的方法，提供信息完整性服务，来建立客户机和服务器之间的安全通道，使所有经过 SSL 协议处理的数据，在传输过程中都能完整和准确地到达客户端浏览器。

9.3.2　SSL 协议结构

SSL 协议有两层子协议构成，分别是 SSL 握手协议层（SSL Handshake Protocol Layer）和 SSL 记录协议层（SSL Record Protocol Layer）。SSL 协议栈如图 9-3 所示，下层是记录协议，上层是握手协议。

HTTP		
SSL握手协议	SSL修改密文协议	SSL报警协议
SSL记录协议		
TCP		

图 9-3　SSL 协议栈

SSL 协议形成的逻辑安全通道如图 9-4 所示。

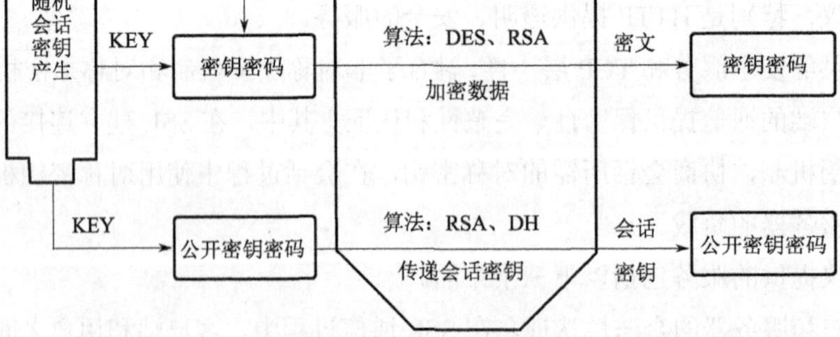

图 9-4　SSL 逻辑安全通道

9.3.3　SSL 记录协议

在 SSL 协议中，所有的传输数据都被封装在记录中。一个记录是由两部分构成的：记录头和长度不为 0 的记录数据。所有的 SSL 通信包括握手消息、安全空白记录、报警消息和 HTTP 应用层数据都需要使用 SSL 记录层。其中，SSL 握手消息必须放在一个 SSL 记录层的记录里，但应用层数据可以占用多个 SSL 记录进行传送。

SSL 记录协议层的功能是根据当前会话状态指定的压缩算法、Cipher Spec 制定的对称加密算法、MAC 算法、密钥长度、散列长度等参数，以及连接状态中指定的客户和服务器的随机数、加密密钥、MAC 密钥及消息序列号等，对当前的连接中要传送的高层数据实时压缩与解压缩、加密与解密、计算与检验 MAC 等操作。

对于应用层的数据，SSL 记录协议是通过将数据流分隔成一系列的片段，对其中的每个片段进行保护和传输。同样，在客户端，会对每个记录单独进行解密和验证。这种方案对应用数据的加密 / 解密速度起到了促进作用。对每个应用层数据分片，为了防止其遭受攻击，可以采取 MAC 方式，对数据分片进行 MAC 计算。将 MAC 级联到数据尾部，对整个部分进行加密保护后，与头信息进行级联，形成记录。

如图 9-5 所示，SSL 记录层发送方发送的步骤如下。

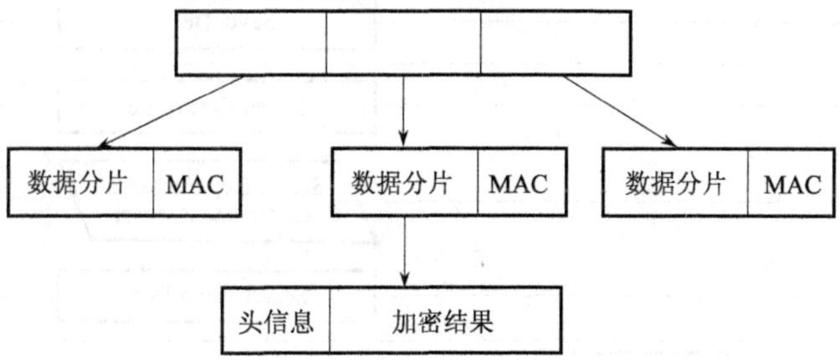

图 9-5　SSL 记录层

（1）从应用层接收要发送的数据（包括各种消息和数据，比如 HTTP 数据包）。

（2）对数据进行分片，形成 SSL 记录。

（3）根据制定的压缩方法对数据分片进行数据压缩，这一步是可选的。

（4）使用指定的 MAC 算法生成对应数据分片的 MAC。

（5）使用指定的加密算法进行数据分片加密。

（6）发送数据。

SSL 记录层接收方的工作步骤正好与发送步骤相反。

SSL 记录协议层封装了上层协议的数据，协议数据采用 SSL 握手协议中协商好的加密算法和 MAC 算法进行保护。记录协议传送的数据还包括一个序列号，这样就可以检测消息的丢失、改动和重放。如果协商好压缩算法，可以对数据分片进行压缩。

9.3.4 SSL 握手协议

SSL 握手协议是用来在客户端和服务器端传输应用数据而建立的安全通信机制。在SSL 握手阶段，需要完成三个方面的内容。

（1）密钥算法的协商。首次通信时，双方通过握手协议协商密钥加密算法、数据加密算法和文摘算法。

（2）客户端与服务器端的身份认证。在密钥协商完成后，客户端与服务器端通过证书检验对方身份。

（3）协商确定密钥。最后使用协商好的密钥交换算法产生一条秘密消息，客户端与服务器端使用这个秘密消息确定数据加密算法的参数。

图 9-6 描述了一次客户端与服务器端之间的 HTTPS 请求活动的过程，SSL 握手协议的具体工作由以下四个步骤完成。

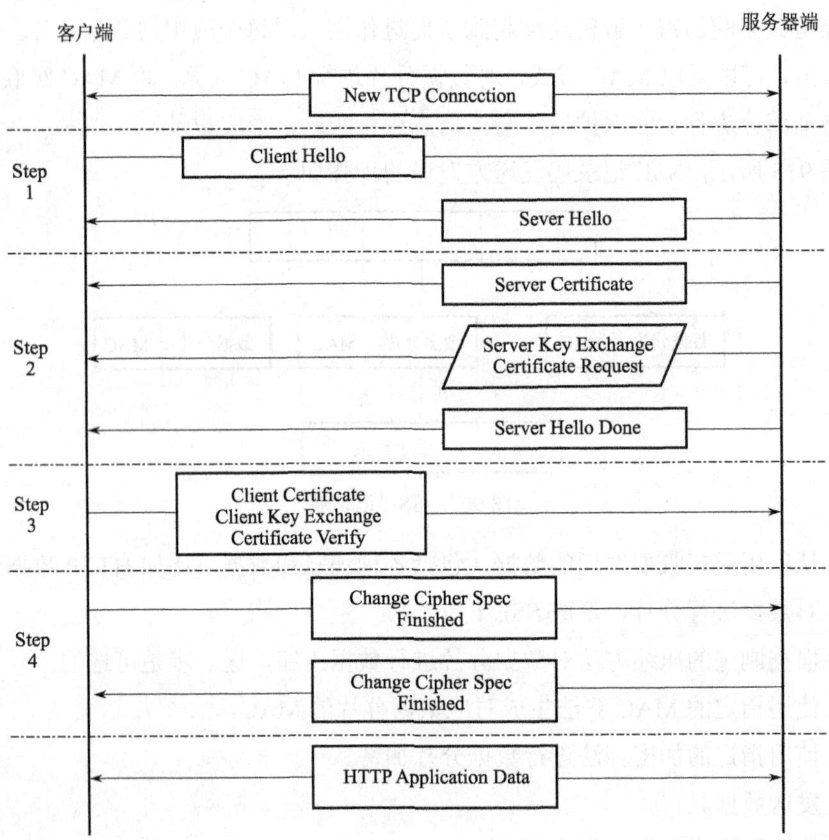

图 9-6 SSL 握手协议

Step1：建立安全能力。

HTTPS 客户端通过发送一个 Client Hello 消息发起握手，这个消息里面包含一个随机数列（防止重放攻击）random_c，主机所支持的密码组以及压缩方法；HTTPS 服务器端会回应一个 Server Hello 消息，同样包含一个随机序列 random_s，并确定此次通信使用的加密算法及压缩方法。其中，客户端及服务器端交换随机序列 random_c 以及 random_s 并保存在本地，其目的在于计算会话主密钥 master_key。

Step2：服务器端鉴别和密钥交换。

在双方协商建立安全能力后，HTTPS 服务器端向客户端发送证书消息（Server Certificate），以向客户端证明自己的身份，同时告知其服务器公钥 pub_s 及 X.509 数字证书链；服务器端密钥交换消息（Server Key Exchange）用来向客户端发送服务器端自己的密钥信息；客户端证书请求消息（Certificate Request）的目的是要求客户端向自己发送证书等消息，以便进行认证；Server Hello Done 表示服务器端 Hello 消息结束以及握手协议达成，服务器端等待客户端应答。

Step3：客户端验证和密钥交换。

客户端验证服务器端证书通过后，向 HTTPS 服务器端发送客户端证书消息（Client Certificate），以证明自己的身份；客户端密钥交换消息（Client Key Exchange）包含客户端生成的 48 B 的次密钥 pre_master_secret，并使用服务器端证书中的公钥或者服务器端密钥交换消息中的临时密钥进行加密，它用于生成主密钥 master_key。客户端证书校验消息（Certificate Verify)包含客户端证书 Hash 后的数据，使用客户端自己的私钥加密，便于服务器端验证客户端证书。客户端会在本地根据客户端的随机数 random_c 和服务器端的随机数 random_s 生成密钥块 key_blocks。在 key_blocks 中按顺序提取 mackcy_c、mackey_s、sesskey_c、sesskey_s、sessiv_c 和 sessiv_s。

Step4：握手完成，此阶段完成安全连接的设置。

客户端发送的修改密码规范消息（Change Cipher Spec）通知服务器端启用新的密钥和算法，并在此之后，客户端使用新的算法、密钥和密码发送新的完成消息，最后客户端发送完成消息（Finished）。服务器端在收到客户端的完成消息后，发送服务器端的修改密码规范消息（Change Cipher Spec）通知客户端启用新的密钥和算法，并在此之后，服务器端使用新的算法、密钥和密码发送新的完成消息，此时服务器端要从客户端发送的 Client Key Exehange 消息密文中，通过私钥 pri_s 解密得到 pre_maser_key，再计算会话密钥，得到 mackey_s，sesskey_s 和 sessiv_s，并计算 finished_s 消息，如双方验证通过，最后服务器端发送握手完成消息（Finished）。

握手协议完成后，客户端即可与服务器端传输应用加密数据，应用数据加密一般是用 Step2 中的密钥协商时确定的对称加密/解密密钥，如 DES、3DES 等，用于证书的验证。

以上是 SSL 协议握手的整个流程。在 HTTPS 的使用中，一些服务器端也会采用 SSL 客户端匿名的握手协议，在 SSL 握手过程中，只进行对服务器端的验证，而对于连接客户端不做要求，即不提供客户端验证，其结果可导致欺骗的发生。

在 SSL 握手过程中，每个握手信息都由头消息和消息体组成。头消息长为 4 B，由 1 B 的类型字段和 3 B 的长度字段组成。长度字段指的是剩余握手消息的长度（不包含类型与长度字段），余下的消息内容完全依赖于握手数据类型。握手数据类型在数据中占一个字节，共有 10 种类型的报文，如表 9-1 所示。其中，Finished 消息作为最后的密钥交换和身份认证参数，通过客户端与服务器端向对方发送协商后的主密钥和握手消息的摘要信息，并将接收到的摘要与本地计算所得摘要进行比较，验证是否被篡改。

表 9-1　SSL 握手协议数据类型

SSL 握手协议数据类型	参　数	描　述
Client Hello	版本、随机数（random_c），会话标识符（session ID），密钥组、压缩方法	客户端启动 SSL 握手会话，包含信息标识符密码和压缩方法列表
Server Hello	版本、随机数（random_s），会话标识符（session ID），密钥组、压缩方法	服务器端响应 SSL 握手会话，包含信息标识符密码和压缩方法列表
Server Certificate	X.509 证书链，服务器公钥（pub_s）	服务器端向客户端验证自己的消息
Server Key Exchange	密钥信息参数，签名	密钥交换
Certificate Request	类型，CA	服务器端要求客户端认证
Server Hello Down	空	Server Hello 消息发送完毕
Client Key Exchange	密钥信息（pre_master_key）$_{pub\_c}$，签名	密钥交换
Certificate Verify	签名	客户端证书验证
Change Cipher Spec	签名	通知对方启用新密钥
Finished	Hash 值	验证密钥交换和身份认证是否成功

9.3.5　SSL 报警协议

报警协议以报警消息的形式描述了错误的危害程度。报警消息由报警等级和报警描述两部分构成。根据报警消息描述的危害程度严重性，报警等级分为警告（Warning）和致命（Fatal）。当通信的一方收到一个致命警告消息时，当前连接立即中断，此时与该会话相关的其他连接继续保持连接状态，但必须禁止该会话再次连接，同时消除本地缓冲区的会话记录；而对警告消息通常只进行日志记录，但对通信过程不造成影响。

9.3.6　SSL 协议与 SET 协议的比较

SSL 协议和 SET 协议都提供了在互联网上进行电子交易支付的手段，两者都被广泛使用。它们都有各自的特点。

SSL 协议实现简单、使用方便、成本较低，它独立于应用层协议，大部分内置于浏览器和 Web 服务器中，运行机制简单灵活，易普及推广。SET 协议实施成本较高，要依赖于可信赖第三方认证机构，运行机制复杂。

SSL 协议是一个面向连接的协议，可以通过数字签名和数字证书实现浏览器和 Web 服务器双方的身份验证，不能实现多方认证。而 SET 协议能够对所有参与成员都进行身份认证。

SET 协议规范了整个商务活动的流程,对各个参与者之间的信息流必须采用的加密、认证都制定了严密的标准，从而最大限度地保证了安全性、商务性、服务性、协调性和集成性。而 SSL 只对客户端与服务器端之间的信息交换进行加密保护，可以看作是用于传输的那部分的技术规范。

SSL 协议和 SET 协议处在网络协议的不同层次位置。SSL 协议是基于传输层的通用安全协议，而 SET 协议主要位于应用层。由于两协议所处的网络层次不同，为电子商务提供的服务也不相同，因此在实践中可以根据具体情况来选择两种协议配合使用。

由于 SET 安全机制接近完美，网络和计算机处理要求较高，因而使得其性能不及 SSL 协议。SSL 配置简单，传输性能较高。

在应用领域方面，SSL 协议主要是应用在 Web 应用上，能够胜任只是通过 Web 或是电子邮件就可完成的电子商务应用。而 SET 协议能够为信用卡交易提供安全，应用更为广泛。

9.4　HTTPS 协议

9.4.1　HTTPS 协议概述

1．HTTP 的安全缺陷

HTTP 协议是互联网上最重要、最常见的应用层协议之一，是 Web 服务数据的传输通道。随着网络交易、网上银行等电子商务的兴起，Web 服务的安全性问题日益突出。因而，对于作为 Web 服务传输通道的 HTTP 协议的安全性要求也到了一个新的高度。

HTTP 协议虽然应用广泛，但该协议存在两个主要的安全缺陷。

（1）数据的明文传送。在 HTTP 数据传输过程中，所有的数据均不采用加密或数字签名的方式，而是以明文形式进行传送。针对明文传输的信息，攻击者最常用的方法是在传输过程中分析敏感数据，获取用户的私密信息，包括用户名、密码、身份证号、信用卡号，等等，导致严重的安全事故。

（2）数据的完整性检测。在 HTTP 数据传输过程中，对数据完整性的检验仅在报文的头部包含了本次传输数据的长度，并不对该数据的内容进行确认。攻击者可以在传输过程中，修改客户端与服务器端的传输数据，甚至插入恶意代码，在客户端或服务器端植入木马程序。

HTTP 协议的这两种安全缺陷，导致其不能满足电子商务应用中网络交易的安全性要求。为了增强 Web 服务的安全性，Netscape 提出了 HTTPS（Hyper Text Transfer Protocol over Secure Socket Layer）协议，以解决 HTTP 协议中的安全性问题。

2. HTTPS 的安全性

HTTPS 是以安全为目标的 HTTP 通道。它是由 Netscape 开发并内置于其浏览器中，用于对数据进行压缩和解压操作，以及返回网络上传送回的结果。该协议通过应用 Netscape 的安全套接层（SSL）作为 HTTP 应用层的子层，充分结合并利用了对称加密算法的快速性与非对称密钥的安全性，在 Web 服务基础传输通道 HTTP 上，创造性地运用非对称加密算法，实现了对称加密密钥的安全传输，从而保证了该通道内数据的安全性和机密性。

HTTPS 协议在通信的安全性方面，对 HTTP 协议进行了一定程度的增强，基本保证了客户端与服务器端的通信安全，所以被广泛用于互联网上敏感信息的通信，如网上银行账户、电子邮箱账户，以及交易支付等各个方面。具体从以下几个方面增强安全性。

（1）实现了客户端与服务器端的双向身份认证。客户端与服务器端在传输 HTTPS 数据之前，需要对双方的身份进行认证，认证过程通过交换各自的 X.509 数字证书的方式实现。

（2）保证了传输数据的机密性。客户端与服务器端在传输 HTTPS 数据之前，需要根据非对称加密算法协商传输过程中所需要使用的加密密钥，并在随后的数据传输过程中，使用该密钥进行对称加密。

（3）实现了数据的完整性检验。HTTPS 通过信息验证码的方式，对传输数据进行数字签名，因而当内容篡改发生时，由于对应 Hash 值的改变，攻击行为会被发现。

9.4.2 HTTPS 协议结构

HTTPS 是提供互联网上 Web 服务通信隐私性的安全协议。该协议允许客户端与服务器端应用之间进行防窃听、防消息篡改及消息伪造的安全 Web 服务通信。HTTPS 协议的结构如图 9-7 所示。

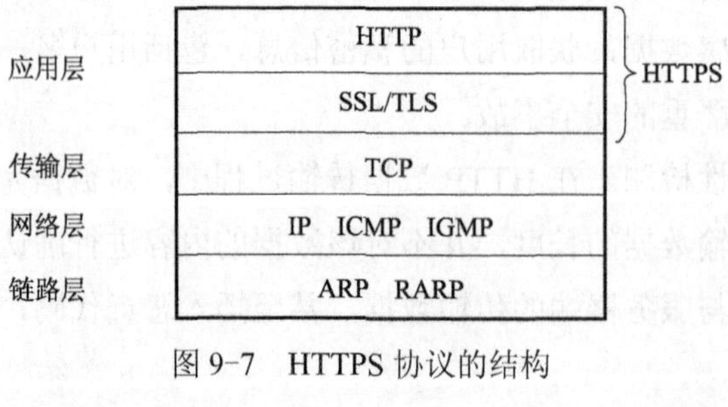

图 9-7　HTTPS 协议的结构

TCP/IP 是整个 Internet 数据传输和通信所使用的最基本的控制协议。

HTTP 作为应用层传输协议位于 TCP 之上，用于从服务器传输超文本到本地浏览器的传送协议，而 SSL 层位于 TCP/IP 与 HTTP 协议之间，作为一种数据安全协议存在，以保证超文本文件的认证性、机密性和完整性。

HTTPS 协议就是这两种协议的有机结合，通过作为子层的 SSL 协议来加强安全性，实现 HTTP 数据安全传输，有效地避免 HTTP 数据的窃听、篡改及信息的伪造。在传输过程中，HTTPS 的两个子层 HTTP 与 SSL 各司其职。其中，上层的 HTTP 协议只负责提供或接收 HTTP 数据包，数据的加密/解密工作对其是透明的，且均由 SSL 协议负责。

9.4.3　HTTPS 协议的工作原理

HTTPS 的工作原理：当客户端浏览器向服务器端发出 HTTPS 请求后，服务器端会响应该请求并提供相应内容给浏览器。其中，服务器端响应该命令的文字和 HTML 文档会在 HTTP 提供的通道中，由会话层套接字（Socket）的连接来传送，Socket 使两台远程的计算机能通过 Internet 虚拟互连，并进行通话。服务器端的内容在传送出去前，通过本地的 SSL 协议自动加密，而在客户端接收后，在客户端浏览器上被解密。整个过程，对于没有解密钥的攻击者来说，其中的资料是无法阅读的。

由此可见，HTTPS 协议的安全基础是 SSL 协议。

9.4.4　HTTPS 协议的安全性分析

HTTPS 是基于 SSL 的 Web 服务传输协议，通过介于应用层与传输层之间的 SSL 对明文传输的 HTTP 进行加密通信，确保信息传递的安全性。发送数据时，HTTP 数据经过 SSL 层时被加密，经过 TCP/IP 传输。接收数据时，被 SSL 加密的 HTTPS 数据通过 SSL 层时被解密，同时验证 HTTPS 通信双方的身份。SSL 提供的安全机制可以保证 HTTP 数据在传输时不被监听、伪造和篡改。

1．SSL 的安全机制

在 SSL 中，分别采用对称加密技术、公钥加密技术和数字签名技术。公钥加密技术用于对 SSL 进行初始化连接，对称密钥技术用于 SSL 连接后的安全通信。在该 SSL 安全机制下，下面的三部分内容处于一个核心的位置。

（1）SSL 采用的加密算法和会话密钥。SSL v2 及 SSL v3 协议支持的加密算法包括 RC4、RC2、IDEA 及 DES，而加密算法所用的密钥由消息散列函数 MD5 产生。其中 RC4、RC2 均由 RSA 定义，分别适用于块加密和流加密。

（2）SSL 的身份认证模式。SSL 协议提供两种基本的身份认证模式。 种是只针对服务器认证的“认证服务器匿名客户端”（Named-Server Anonymous-Client）模式；另一种是针对客户端和服务器均进行认证的“认证服务器认证客户端”（Named-Server Named-Client）模式。在现实应用中，出于对资金、效率及规模的考虑，第一种模式是更为常用的方式。

（3）高质量的随机数。SSL 协议是基于高质量的随机数进行加密。在 SSL 握手协议过程中多处用到随机数。

第一，客户端和服务器端都需要产生握手随机数，但是这种随机数大部分是无须安全产生的，因为它们是公开的。

第二，客户端和服务器端需要产生随机数来完成密钥交换。

第三，服务器端的私用密钥，以及可选的客户端的私用密钥都需要随机产生。

第四，如果使用 DSA 进行签名，那么就必须为每个签名产生一个随机数。

高质量的随机数对于基于 SSL 的 HTTPS 传输协议十分重要。通常，有两种产生随机数据的方法：一种是通过某种随机或几乎是随机的物理过程可以获得真正的随机性，另一种是使用能产生看似随机数序列的算法可以获得伪随机性。大多数 SSL 协议的实现中使用的是基于伪随机数发生器 PRNG（Pseudo-Random Number Generators）软件。PRNG 就是一种提供不可预测（尽管不是随机的）数字序列的算法。为了产生高质量的随机数，必须给 PRNG 提供一些随机数据为种子。种子数据通常是通过网络通信采样、系统内部变量、用户输入计时等内容来收集的。

2. 针对 HTTPS 的攻击

HTTPS 协议是为了保证电子商务过程中涉密信息的安全，是电子商务本身受网络攻击最频繁的一个领域。因此，自 HTTPS 诞生起，多种攻击类型或攻击方法都是针对 HTTPS 协议及其安全套接字子层 SSL 协议。而作为 HTTPS 安全基础的 SSL 自身也存在着漏洞及安全问题。针对 HTTPS 协议的典型攻击方法如下。

（1）通信业务流分析。HTTPS 协议由底层的 SSL 提供了通信消息的保密性和完整性，在选择适当的密码算法的基础上，所有在网络中传输的消息都被加密，并且使用加密 MAC（消息认证码）对消息的完整性进行保护。如果常规的攻击失败，攻击者可能会转向更复杂的攻击。

通信量分析是一种恶意的被动攻击，它的目标在于通过检查包中未加密的域及属性，以获得受保护会话的机密信息。虽然通信过程中的会话数据是加密的，但是在 SSL 协议的记录协议中记录头中许多域是没有被保护的。通信业务流分析试图通过检查被保护的会话中未进行保护的某些域或会话的属性，从而发现有价值的信息。例如，通过检查没有经过加密的 IP 包的源地址、目标地址、TCP 端口等内容，能够获得有关通信双方的 IP 地址、正在使用的网络服务等信息，在某些特定情况下，有时甚至可以获得有关商业或个人关系方面的有价值信息。

上述弱点之所以出现，是因为密文长度暴露了明文的长度。SSL 在块加密模式中支持随机填充，而在流加密模式中却不支持。

（2）百万消息攻击。百万消息攻击实际上是针对使用 SSL 握手协议中的算法 RSA 的，这种攻击模式导致使用 RSA 的 SSL 版本都有可能受到影响。这种攻击可以帮助攻击者恢复给定会话的 pre_master_key。密钥生成主要依赖于主密钥 master_key 的安全性，而主密钥 master_key 的安全性主要依赖于次密钥 pre_master_key 的安全性。因此可以这么说，一旦次密钥 pre_master_key 被攻破则整个通信都掌握在攻击者的手中。百万消息攻击者基于加密的 pre_master_key 产生一系列消息，然后选择一系列整数、进行计算：

$$c'=cs^e \bmod n$$

其中，c 是用于加密的 pre_master_key，e 是 RSA 的公共指数。

然后攻击者用被攻击者的服务器作为启发器，使用这些消息对其进行刺探并检查响应。攻击者与服务器初始化握手并在 Server_Key_Exchange 消息中发送 c'。当服务器对 c' 进行解密时，攻击者就恢复一条新的消息 m'，可以从数学上证明 m' 就是 m，这里的 m 就是原来的消息。然而，由于服务器没有给我们发送 m'，这种消息并不是直接有用。这种攻击的关键是攻击者需要能够用被攻击者的服务器作为获取有关 m' 信息的启发器，它可以用这些信息获得 m 的精确描述。这种攻击所使用的信息就是 m 是否具有正确的 RSA 格式。

攻击者通过找到一系列产生符合 RSA 格式明文的值消息来进行。可以使用这些值缩小 m 值的范围，直到完全判定为止，大概需要 220 条消息，这个数字大约一百万，也就是百万消息攻击名称的由来。

（3）HTTPS 中间人攻击。这种攻击主要是在 HTTPS 数据传输过程中，在客户端与服务器之间架设一台虚拟主机，通过中间人的方式截获客户端和服务器发送的 HTTPS 数据，利用已知的信息或协议的漏洞对数据进行分析、修改和伪造，通过获取握手协议产生的加密密钥或降低协议安全级别的方式，截获客户端的私密信息，同时保持无缝接入，攻击者面对客户端自称是服务器，同时对服务器端自称是客户端，然后在服务器和客户端进行消息篡改转发，进一步实现自己的攻击目的。

本章小结

本章介绍了几个主要的电子商务安全协议，重点论述了 SET 协议、SSL 协议和 HTTPS 协议。介绍了 SET 协议的工作原理及所涉及的关键技术，分析了 SET 的交易流程，研究了 SET 协议的安全体系。介绍了 SSL 协议的结构，对比分析了 SET 协议与 SSL 协议。介绍了 HTTPS 协议，描述了 HTTPS 协议的结构及工作原理，重点分析了 HTTPS

安全套接字子层协议 SSL。随后给出了 HTTPS 协议的安全性分析，总结了 HTTPS 所提供的安全机制及可能受到的攻击。

思考题

1. 请阐述电子商务安全协议在电子商务系统中的地位和作用。
2. 请说明 SET 协议双重签名的原理和主要作用。
3. 请阐述在 SET 协议的交易流程中，是如何保护信用卡持有者的隐私信息的。
4. 请阐述 SSL 协议中的握手协议和记录协议分别起到什么作用。
5. 请说明 SET 协议和 SSL 协议的主要区别和联系。它们的主要应用环境是什么？
6. 试分析 HTTP 的安全性。
7. HTTPS 协议是从哪几个方面增强其安全性的？
8. HTTPS 和 HTTP 的主要区别是什么？

第 10 章 数据高可用技术

内容提要

在电子商务领域数据安全问题必须提到相当的高度。因为一旦出现异常情况，如火灾、水灾或人为因素造成的破坏导致数据丢失，整个业务系统将无法正常运行，造成的损失将不可估量。本章介绍数据备份和恢复技术、数据容灾的概念及技术。数据容灾是保证数据高可用的必要手段。所谓数据容灾就是要在灾难发生时，能够全面、及时地恢复整个系统。数据备份是数据容灾的基础，没有备份的数据，任何容灾方案都没有现实意义。但光有备份是不够的，容灾也必不可少。衡量容灾系统有 RPO（Recovery Point Object）和 RTO（Recovery Time Object）两个主要指标。

10.1 数据备份和恢复

数据是电子商务系统中最宝贵的财富，许多因素都可能导致数据丢失和非授权地篡改，如外部攻击、软件或硬件故障等。由于任何原因造成的数据丢失和非授权地篡改，都将有可能带来无法弥补的损失。可靠的数据访问是电子商务系统和应用的先决条件，任何公司或机构都不可能置数据安全风险于不顾，由安全问题带来的损失将远远超过在安全解决方案上的投资。

数据备份与灾难恢复技术就是采用某种技术手段保存源数据的副本，当源数据由于某种原因遭到破坏时，将保存的数据副本恢复，重新加以利用的过程。对数据进行备份已经是电子商务系统的一个必需的工作。数据备份的根本目的是当源数据遭到破坏时的数据恢复，无法恢复的数据备份是毫无意义的，安全、方便、高效地恢复数据是数据备份的真正价值所在。

数据备份作为电子商务领域数据安全解决方案的一个重要组成部分，其地位和作用都是不容忽视的。对一个完整的电子商务系统而言，数据备份是其中必不可少的组成部分。其意义不仅在于防范意外事件的破坏，而且还是历史数据保存归档的最佳方式。

高性能的数据备份和灾难恢复技术能充分保护电子商务系统中有价值的信息，保证灾难发生时系统仍能正常工作，或者通过系统恢复，在短时间内恢复工作。目前，在计算机和信息安全领域，数据备份和灾难恢复已经成为一个备受瞩目的方向。

10.1.1 数据备份

通常数据备份系统由备份源、备份目标、备份通路、备份引擎和备份策略组成。

（1）备份源。备份源是指需要对其进行备份的数据，通常是指在正在运行的系统中的数据，如电子商务系统客户资料数据库中的数据等。

（2）备份目标。备份源最终将在备份目标上建立自身的一个副本。备份目标通常是一个存储设备，根据系统的规模、重要程度、性能要求，备份目标将具备不同的容量、可靠性和吞吐率。备份目标可以与备份源在同一台主机上，而更普遍的情况是备份目标与备份源分属不同的设备，甚至于部署在不同地理位置的不同设备上。

当备份目标与备份源在同一台主机上时，可以使用本地磁盘作为备份目标。将备份源备份到本地磁盘的其他目录、分区，或者本地机器的其他硬盘上。这种备份方式实现简单，备份速度也比较快。缺点是对工作服务器的性能影响较大，备份引擎将占用大量的系统资源。

当备份目标与备份源分属不同的设备时，备份目标通常是存储区域网络中的磁盘阵列、磁带库等。这种备份方式对备份源主机的性能影响较小，且有利于实现容灾，是电子商务系统普遍采用的备份技术。其缺点是系统成本较高、实现较复杂，且要占用大量的网络带宽资源。

（3）备份通路。备份源数据通过备份通路被复制到备份目标。备份通路有很多种，如总线、网络等。

（4）备份引擎。备份引擎用来将备份源数据复制到备份目标。备份引擎是备份系统的执行机构。

（5）备份策略。备份策略是指备份引擎运行所依据的规则。数据备份根据备份的内容、备份时间及备份方式等的不同，分为不同的策略。目前被采用最多的备份策略主要有以下三种。

完全备份。不论备份源是否被修改过，都将其机械地复制到备份目标。如果两次备份之间，数据没有任何更动，那么所有备份数据都是一样的。

该备份策略的优点是：当发生数据丢失时，只要用最近一次备份的备份源的副本，就可以恢复所有丢失的数据，且恢复手段相对简单。其缺点在于：首先，每次都对整个系统进行完全备份，造成备份的数据大量重复。这些重复的数据占用了大量的存储空间，增加了系统的成本。其次，由于需要备份的数据量较大，因此备份所需的时间也就较长，因而对于那些业务繁忙、备份时间有限的系统而言，不适合选择这种备份策略。

增量备份。增量备份是指备份前首先检测当前备份源与前一次备份数据的差异，备份引擎只备份变化的数据。与完全备份相比，这种备份策略极大地加快了备份的速度，降低了备份消耗的空间。

差分备份。差分备份是指备份前首先检测当前备份源与前一次完全备份的数据的差异，备份引擎只备份变化的数据。差分备份与增量备份的区别在于它们在寻找数据差异时所依据的数据基准不同，增量备份依据前一次备份数据，而差分备份依据前一次完全备份的数据。

差分备份占用的存储空间通常要高于增量备份，但是差分备份的优势在于其利于系统恢复。

10.1.2　数据恢复

数据备份保存了备份源数据的副本，当备份源数据被破坏或丢失时，该副本为数据恢复提供了依据。

数据恢复通常是通过备份引擎完成。数据恢复的方法与数据备份时所采用的策略是息息相关的。

如果系统采用完全备份策略，当备份源数据被破坏或丢失时，备份引擎将最近一次的备份数据通过备份通路复制到备份源数据的存储介质，就完成了数据恢复。

当系统采用增量备份策略时，数据恢复较为复杂。备份引擎首先恢复最近一次的完全备份，然后以备份时间为顺序，由远及近依次恢复每一次增量备份的数据。在数据恢复过程中，恢复的先后顺序要求极其严格，否则可能造成恢复的数据与原数据不一致，破坏数据完整性。此外，在数据恢复过程中不可以漏掉任何一次数据备份，否则也有可能破坏数据完整性。

采用差分备份策略的系统执行数据恢复的方法分两个步骤：第一步将最近一次的完全备份数据通过备份通路恢复到备份源，第二步将最近一次的差分备份数据通过备份通路恢复到备份源。

10.2 网络备份系统

10.2.1 单机备份和网络备份

单机备份是指备份源和备份部署在同一台主机上，备份引擎将备份源复制到本机其他磁盘等存储介质上，或者复制到与备份源同一磁盘上的其他分区或目录中。单机备份不影响任何其他服务器及共用网络，数据的流动完全限定在单机范围内。

单机备份的备份通道采用的是单机的总线。数据从本机磁盘读出，写入内存，然后从内存写入其他的分区。这个过程将占用大量的总线带宽资源、内存资源及 CPU 资源，会大大降低自身主机的性能。

此外，由于单机备份的备份数据全部存储在本机的存储介质中，因此由于本机物理上的某些破坏，可能会同时破坏掉备份的数据，例如磁盘失效、主机被盗等。这些都大大地局限了单机备份的应用范围。

由于单机备份的诸多局限，因而催生了网络备份。网络备份是指备份引擎以网络为备份通道，同时结合相应的硬件和存储设备，将备份源复制到部署网络中的备份目标中去。通过数据备份管理软件，对全网络的数据备份进行集中管理，从而实现自动化的备份、文件归档及灾难恢复等。

其工作原理是在网络上选择一台服务器，安装网络数据存储管理服务器端软件，作为整个网络的备份服务器，在备份服务器上连接大容量的存储设备，通常是磁带库。在网络中其他需要进行数据备份管理的服务器上安装备份客户端软件，通过网络将数据集中备份到存储设备上。网络系统数据备份与普通数据备份的区别在于它不仅要备份系统中的数据，还要备份网络中安装的应用程序、数据库系统、用户设置、系统参数等，以便在系统或网络发生故障时能迅速恢复整个网络。

网络备份实际上不仅仅是指网络上各计算机的文件备份，它实际上包含了整个网络系统的一套备份体系。网络备份系统主要有五个功能。

（1）文件备份和恢复。能够在备份服务器上实现整个网络的文件备份。

（2）数据库备份和恢复。目前，数据库系统已经相当复杂和庞大，再用文件的备份方式来备份数据库已不适用。能否将需要的数据从庞大的数据库文件中抽取出来，进行网络备份，已经成为网络备份系统的一个重要考核指标。

（3）系统灾难恢复。

（4）备份任务管理。用户能根据实际需求制订自动备份计划，备份系统会按预定计划自动执行。对于大多数机房管理人员来说，备份是一项繁重的任务。网络备份能够实现定时、自动备份，大大减轻管理员的压力。

（5）集中式管理。利用集中式管理工具，系统管理员可对整个网络的备份策略进行统一管理，备份服务器可以监控所有机器的备份作业，也可以修改备份策略，并可即时浏览所有目录。

10.2.2　网络备份系统的组成

网络备份系统的主要功能组件包括以下几个部分。

（1）备份客户端。所有备份源所处的需要备份数据的计算机都称为备份客户端，它们通常是应用程序、数据库或文件服务器。备份客户端还包括一个能够从在线系统的存储介质上读取备份源，并将其传送到备份服务器的软件。该软件安装在备份客户端主机上，是备份客户端的一部分。

（2）备份服务器。备份服务器负责将备份源数据复制到备份目标存储介质上。此外，备份服务器将历史备份信息保存在自身的存储介质上。

在备份服务器上需要部署备份管理软件，高性能的备份系统硬件是完成备份任务的基础，而好的备份管理软件能够充分发挥硬件的性能，进而发挥整个系统的性能。

在大型的网络系统中，备份服务器还将进一步细分，包括主备份服务器和介质服务器。其中主备份服务器负责管理系统的备份与恢复工作，同时还要维护存放备份数据的存储单元。介质服务器的主要工作是执行主备份服务器所发出的指令，这些指令将指导完成所有的数据备份和恢复操作。

（3）备份存储单元。用于存储备份数据的介质单元，通常是磁盘、磁带、光盘等。备份存储单元与介质服务器直接相连，由介质服务器控制和管理。

备份系统是由备份客户端、备份服务器和备份存储单元协作完成的。它的数据备份过程如下：

（1）主备份服务器根据预先设定的备份策略启动并监控备份工作，并依据备份策略和当前的条件为每个备份任务选择一个介质服务器。

（2）当某个客户端有数据备份的需要时，主备份服务器安排备份客户端启动数据备份任务，将要备份的数据从在线运行的系统存储介质中复制到由主备份服务器选定的介质服务器，并将实际备份过的文件列表传送到主备份服务器。

（3）介质服务器根据备份任务的要求，分配相应的备份存储单元，并接收由备份客户端通过网络发送过来的备份数据，并将数据写入存储介质中。

从备份系统中恢复数据的方法如下：

（1）首先由备份客户端向备份服务器提出恢复数据的请求。

（2）备份服务器依据备份客户端的请求，分析该客户端的具体状况，确定备份数据所处的介质服务器，而后向该介质服务器发送执行数据恢复操作的指令。

（3）收到数据恢复指令的介质服务器将根据指令要求，查找并准备相应的数据，而后将其发送到请求数据恢复的备份客户端。

（4）备份客户端接收到来自介质服务器的数据，然后将其恢复到备份源系统中，完成数据恢复任务。

10.2.3 网络备份系统方案

首先介绍一个银行系统集中存储网络备份方案，如图 10-1 所示。近几年来，银行业间的竞争越来越激烈，信息技术和思维方式对银行业传统管理模式和业务内容也带来了剧烈的冲击。银行数据大量集中进而实现的集约化经营已经成为各家银行应对激烈市场竞争的有效手段。数据的集中，改变了传统的管理模式和一线运营模式。在管理模式的转变过程中，不只是管理机构的简单合并，而是管理理念、管理技术、管理知识以及工作流程的转变。数据集中，能够为银行带来竞争优势，而要发挥这些优势必须要有好的管理模式。

本方案的重点在于数据的集中存储、集中管理、安全备份。整个系统的安全性要求非常高，同时用户对数据备份的性能、安全策略提出了较高的要求，备份系统设计时需要考虑备份作业时避免对生产系统应用产生影响。对于关键性的应用服务考虑采用热备系统，保证金融业务系统的实时运行，同时要满足用户未来几年的数据增长和业务发展的扩容需要。

1．方案需求

（1）实现集中存储，集中管理。

（2）能提供有效的方式对备份过程进行事中或事后的监控。

2．方案实施

备份服务器是专用的，在备份服务器上安装备份软件，实现混合环境下的跨平台统一备份和管理；业务运行系统可以采用双机热备系统形成集群，也可以单独运行。系统的备份通过业务运行系统上部署的备份客户端和备份服务器协作完成。

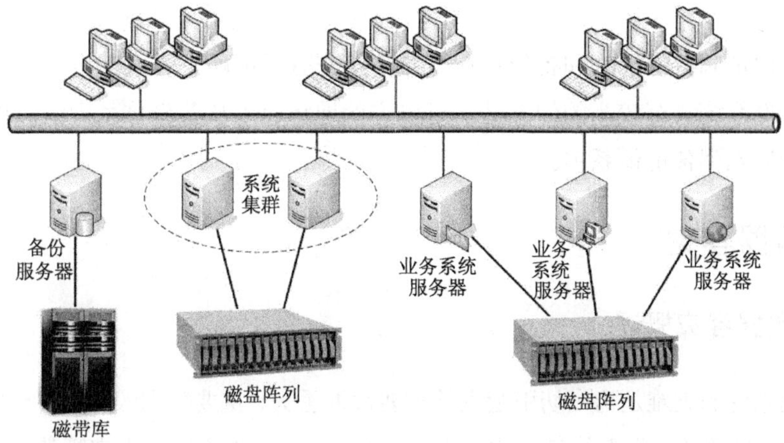

图 10-1　某银行系统集中存储网络备份方案

方案通过备份服务器及其相关软件能够对备份到集中存储设备上或磁带上的各种备份文件进行有效管理，一旦系统崩溃，能够迅速地定位恢复操作所需的全部备份文件；提供了有效的数据转储方式，能根据存储介质的保存期限提示操作人员进行数据转储，并能自动对需要更新的备份信息做更新；网络带宽的占用最小，可进行分权限管理，备份支持加密。数据集中以前，数据都是一些离散的死数据；数据集中以后，可以对数据进行深层次的挖掘和分析，为经营管理提供决策支持，使银行的管理决策由人为经验型转向科学决策型。

上述方案在执行系统备份时要共享业务运行系统的通道。将上述方案中的运行系统中的存储设备磁盘阵列和备份系统中的磁带库分离出来，组成存储区域网络，就形成了另外一个方案。基于 SAN 的网络备份方案如图 10-2 所示。

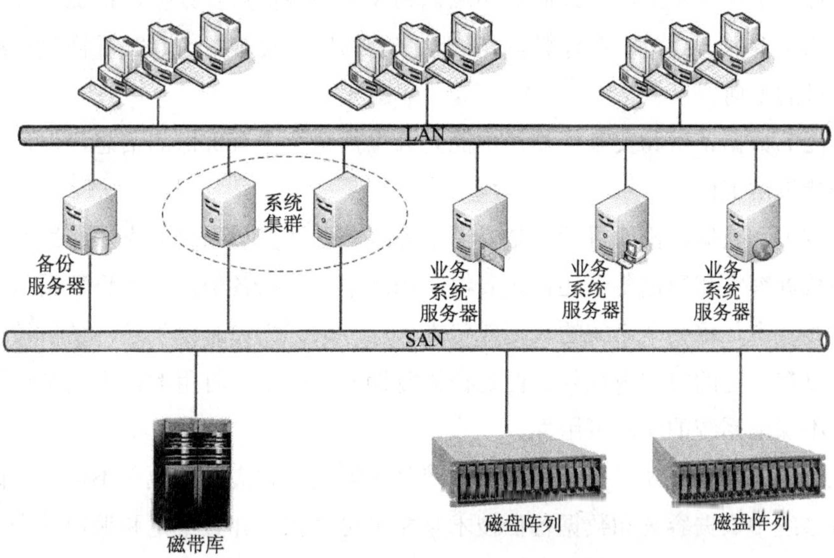

图 10-2　基于 SAN 的网络备份方案

该方案具备前一方案的所有优点。此外，通过采用相应的管理、备份软件，还具备如下优点：

（1）方便定制备份策略和备份作业，日常操作时尽可能少的人工干预。

（2）备份系统具有较高的伸缩性，可以方便地将应用从备份体系中剥离出来，或将新增的应用加入到备份体系中。

10.3 数据容灾

10.3.1 数据容灾概述

计算机系统的灾难是指一切引起系统重要数据丢失、重要数据毁坏，甚至导致非正常宕机的事件。导致计算机系统灾难的原因有许多种，如自然灾害、火灾等基础设施的突发性事故、计算机系统故障和外部攻击等各种人为因素等。电子商务系统的灾难会导致系统丧失全部或部分业务处理能力，损失重要数据，造成重大损失，甚至会威胁企业的生存。

由于多种客观原因，人们无法预测何时、何地会发生何种程度的计算机系统灾难，也不可能完全防止、控制其发生，使得人们对数据的安全性越来越担忧。电子商务系统中的关键数据的丢失，将会中断系统的正常运行，造成巨大的经济损失。许多企业在建立了备份系统后，就认定系统安全了。事实上此时企业还需要数据容灾系统。

数据容灾是指在计算机系统的灾难发生后，利用已备份的数据或其他手段，及时地恢复原系统的数据，并保证数据的安全性和业务系统运行的连续性。也就是说，当灾难发生时，系统所提供的服务和功能不会因此而间断。

“9 • 11”事件的发生，使人们更加意识到保护和备份重要数据，保证计算机系统的运行安全的重要性。目前，在计算机和信息安全领域，灾难备份和灾难恢复已经成为一个备受瞩目的方向。

高性能的数据备份和灾难恢复技术能充分保护系统中有价值的信息，保证灾难发生时系统仍能正常工作。

数据容灾和数据备份的目的都是为了消除或减弱计算机系统的灾难给系统造成的影响。但是数据容灾和数据备份还存在着根本的区别，数据备份侧重于将数据从在线状态剥离到离线状态，将整个系统的数据或状态保存下来。当灾难发生后，备份技术能够保证数据可以在一定的时间内恢复，但是在恢复期间系统是不可用的。也就是说，数据备份技术并不保证系统的实时可用性。

因此，电子商务系统只有数据备份系统是不够的，容灾系统也必不可少。因此，在电子商务系统中数据容灾和数据备份技术互相不可替代，并且稳定和谐地配合工作，共同保证着系统的正常运转。

10.3.2　数据容灾技术

从技术角度上来看，数据容灾技术主要包括灾难备份和灾难恢复两个部分。其中灾难备份是为了保护数据和系统的完整性，为灾难恢复提供必要的基础。而灾难恢复的主要目标是在灾难发生时，确保计算机系统能够恢复计算机系统的关键数据，重新建立业务处理系统，保持系统的业务连续性。

衡量容灾系统优劣的指标主要有两个：其一是 RPO（恢复点指标），是指灾难发生时刻与最近一次数据备份时刻的时间间隔。在这段间隔内系统产生的数据变动将没有进行备份，因而这部分数据是无法恢复的。RPO 衡量容灾系统数据恢复的质量。其二是 RTO（恢复时间指标），是指系统从停机到重新恢复业务运行的时间，代表系统恢复的能力。RTO 和 RPO 二者没有必然的关联性。

企业需要根据风险分析和业务影响分析的结果，并根据不同的业务需求来确定 RTO 和 RPO。RTO 时间越短，就意味着系统能够在越短的时间内恢复到可使用状态；RPO 越小就说明系统在灾难恢复后损失越小的数据量。理想状态下，RTO 和 RPO 都为 0，即灾难的发生对系统没有任何影响。但是通常情况下，RTO 和 RPO 的值越小，需要投入的成本越高。

设计一个容灾系统要考虑诸多方面的因素。其中包括技术层面的，如数据备份系统的容量和策略、数据备份系统与业务运行系统之间地理位置的部署、灾难发生时的恢复速度等。此外，还包括一些管理及运营层面的因素，如容灾系统的管理、系统成本等。根据这些因素和不同的应用场合，可以把容灾备份分为四个等级。

（1）本地保存的冷备份。在本地进行数据备份，并将数据保存到本地。这种备份方式的容灾能力非常弱，基本上只能恢复因业务系统自身出现的灾难，如机器损坏等。当发生火灾、地震等灾难时，数据备份可能会与业务系统同时付诸流水。

（2）异地保存的冷备份。在本地进行数据备份，然后将数据在异地妥善保存。当灾难发生后，按照预定的数据恢复程序恢复系统和数据。这种备份方式能够避免大多数灾难，但是，采用这种备份方式的容灾系统的 RTO 和 RPO 值都不会很理想。

（3）异地热备份。在异地为业务系统建立一个容灾备份点，业务系统实时将数据通过网络系统备份到这个容灾备份点。正常情况下，容灾备份点只承担数据备份工作。当灾难发生时，容灾备份点会自动接替业务系统的工作，从而维护业务运行的连续性。

（4）活动互援备份。在异地为业务系统建立一个容灾备份点，业务系统实时将数据通过网络系统备份到这个容灾备份点。与异地热备份不同的是，备份点也处于工作状态，能够处理业务系统的功能。这时业务系统与容灾备份点之间没有主备之分，而是互为备份。

异地容灾系统要建立两个数据中心，可以称其为生产中心和灾难备份中心。生产中心和灾难备份中心可以同属于一个城市，也可以部署在不同的城市（通常距离在 100 km

以上）。同城方案由于生产中心与灾备中心的距离比较近，比较容易实现数据的同步镜像，保证高度的数据完整性。同城灾难备份方案能够防范火灾、建筑物破坏、供电故障、计算机系统及人为破坏引起的灾难。异地（不同城市）方案除了能够防范同城灾难备份方案能够防范的灾难外，还能够有效地应对战争、地震、水灾、冰雹、雷电、飓风、火山爆发等突发事件导致企业信息系统的瘫痪和数据的丢失情况。缺点是异地灾备方案的成本较高。

容灾备份系统涉及许多关键技术，下面介绍其中主要的两种技术。

(1) 远程镜像技术。数据的镜像就是在存储系统上产生同一数据的多个备份的过程。镜像分为远程镜像技术和本地镜像技术。其中远程镜像技术是容灾系统的核心技术之一。它能够实现远程数据的同步和灾难恢复。

远程镜像技术还分为远程同步镜像和远程异步镜像。远程同步镜像是指本地数据要以完全同步的方式复制到异地。在同步镜像中，每一个本地的 I/O 处理事务都要将数据同时复制到异地，并等待远程的确认后才算完成。同步镜像方式的数据实时性强，灾难发生时备份数据能够与生产数据保持一致，几乎没有数据丢失，恢复时间短。同步镜像的 RPO 和 RTO 值是最理想的。其缺点是由于数据更新操作时间长，影响应用的性能。

远程异步镜像与远程同步镜像的区别在于本地的 I/O 处理事务无须等待远程的确认。异步镜像方式对数据的更新操作不必等远程的数据都更新完毕后才算是更新完成，因此减少了更新操作的时间，同时对主机性能的影响较小。缺点是会出现数据的丢失。

远程镜像技术的缺陷主要有两个。其一是系统的成本较高，主要体现在对软 / 硬件的要求较高，另外由于采用的是完全备份的策略，因此存储空间的利用效率较低。其二是远程镜像技术无法阻止数据丢失、误删除等事故的发生，因为如果主站点上发生数据丢失或误删除，镜像站点上会发生连锁的反应。

（2）快照技术。存储网络行业协会 SNIA 给出了快照的定义：关于指定数据集合的一个完全可用副本，该副本包括相应数据在某个时间点（副本开始的时间点）的映像。快照可以是其所表示的数据的一个副本，也可以是数据的一个复制品。

在线数据恢复是快照的主要功能。当存储设备发生故障或损坏时，可以将数据恢复到产生快照的时间点的状态，实现数据及时恢复。此外，快照的另外一个功能就是为存储用户提供另外一个数据访问通道，即访问快照数据。

目前，快照分为即写即拷（copy-on-write）快照和分割镜像快照两大类。其中即写即拷快照是指在每次数据发生变化时，都要及时生成对存储数据变动的快照。分割镜像快照实际就是数据的全镜像，即原样复制所有的数据，它会对系统性能造成一定负荷，且存储空间消耗较大，优点是即使原数据损坏也不会有太大影响。

本章小结

本章介绍了数据备份与恢复、数据容灾的相关内容。通过本章的学习使学生了解数据容灾是保证数据高可用的必要手段。

首先介绍数据备份和恢复技术及网络备份技术，然后介绍数据容灾的概念及相应的技术。目的是让读者了解在电子商务领域数据安全问题必须提到相当的高度。因为一旦出现异常情况，如火灾、水灾或人为因素造成的破坏导致数据丢失，整个业务系统将无法正常运行，造成的损失将不可估量。

思考题

1. 请说明数据容灾与数据备份的关系。

2. 请说明 RPO 和 RTO 的具体含义，并说明 RPO 的大小和 RTO 的长短所代表的意义。数据容灾系统是 RPO 越小、RTO 越短越好吗?

第 11 章 电子支付与安全

内容提要

20 世纪 90 年代，Internet 迅速走向普及化，逐步从大学、科研机构走向企业和家庭，其功能也从信息共享演变为一种大众化的信息传播手段，商业贸易活动逐步进入这个王国。通过使用 Internet，既降低了成本，也造就了更多的商业机会，电子商务技术从而得以发展，使其逐步成为了 Internet 应用的最大热点。为适应电子商务这一市场潮流，电子支付随之发展起来。

本章重点介绍了电子支付、电子支付面对的安全威胁及电子支付的安全解决方案。

11.1 电子支付

11.1.1 电子支付的产生及发展

在经济生活中，每个人都会发生交易行为，交易的结束必然伴随物品的所有权转移，而支付就是商品或劳务的转移及债务的清偿过程。

一般将支付定义为：为了清偿商品交换和劳务活动引起的债权债务关系，由银行所提供的金融服务业务。支付活动源于交换主体之间的经济交换活动，但由于存在银行信用中介，因此演化为银行与客户之间、客户开户行之间的资金收付关系，而银行之间的收付交易，又必须经过中央银行进行清算。

2005 年 10 月，中国人民银行公布《电子支付指引（第一号）》，规定：“电子支付是指单位、个人直接或授权他人通过电子终端发出支付指令，实现货币支付与资金转移的行为。电子支付的类型按照电子支付指令发起方式分为网上支付、电话支付、移动支付、销售点终端交易、自动柜员机交易和其他电子支付。”

电子支付的发展经历了五个阶段。

第一阶段，银行利用计算机处理银行之间的业务，办理结算。

第二阶段，银行计算机与其他机构计算机之间资金的结算，如代发工资等业务。

第三阶段，利用网络终端向客户提供各项银行服务，如自助银行。

第四阶段，利用银行销售终端向客户提供自动扣款服务。

第五阶段，最新阶段也就是基于 Internet 的电子支付，它将第四阶段的电子支付系统与 Internet 整合，实现随时随地通过 Internet 进行直接转账结算，形成电子商务交易支付平台。

11.1.2 电子支付的特点

与传统的支付方式相比，电子支付具有以下四个特征。

（1）电子支付是采用先进的技术通过数字流转来完成信息传输的，其各种支付方式都是通过数字化的方式进行款项支付的；而传统的支付方式则是通过现金的流转、票据的转让及银行的汇兑等物理实体来完成款项支付的。

（2）电子支付的工作环境基于一个开放的系统平台（即互联网）；而传统支付则是在较为封闭的系统中运作。

（3）电子支付使用的是最先进的通信手段，如 Internet、Extranet，而传统支付使用的则是传统的通信媒介；电子支付对软 / 硬件设施的要求很高，一般要求有连网的计算机、相关的软件及其他一些配套设施，而传统支付则没有这么高的要求。

（4）电子支付具有方便、快捷、高效、经济的优势。用户只要拥有一台上网的计算机，便可足不出户，在很短的时间内完成整个支付过程。支付费用仅相当于传统支付的几十分之一，甚至几百分之一。

在电子商务中，支付过程是整个商贸活动中非常重要的一个环节，同时也是电子商务中准确性、安全性要求最高的业务过程。电子支付的资金流是一种业务过程，而非一种技术。但是在进行电子支付活动的过程中，会涉及很多技术问题。

11.2　电子货币

电子货币是随着电子信息技术的进步，为了满足信息与网络经济的需要而产生出来的，本质上电子货币的支付结算过程可以理解为网络上特殊的电子信息流的流动。

从 20 世纪 60 年代开始，随着科技发展的突飞猛进，特别是 20 世纪末全球计算机、信息产业和网络技术的广泛应用，网络经济这一新的经济形态出现，电子商务这一刚刚兴起的最先进的商品贸易形式迅速地融入了人类社会经济生活的各个方面，与之相随的就是对在线支付系统和电子化结算工具的迫切需要。电子货币的出现满足了网络经济和电子商务对在线支付和电子化结算工具的需要，它抛弃了传统币材的实物形态，代之以无形的数字形态。电子货币更易于与其他资产相互转换，提高了资产的流动性，降低了转换成本和持有成本，企业和个人可以减少手持现金的比例，增加储蓄和投资比例从而获利更多。

11.2.1　电子货币的概念

电子货币（E-money），又称为网络货币（Network Money）、数字货币（Digital Money）、电子通货（Electronic Currency）等，是 20 世纪 90 年代后期出现的一种新型支付工具。

有关电子货币的定义较多，基本内容大同小异。比较权威的是巴塞尔委员会 1998 年对电子货币的定义：电子货币是指在零售支付机制中，通过销售终端，不同的电子设备之间以及在公开网络（如 Internet）上执行支付的“储值”和“预付支付机制”。所谓“储值”是指保存在物理介质（硬件或卡介质）中可用来支付的价值，如智能卡、多功能信用卡等。这种介质亦被称为“电子钱包”，它类似于我们常用的普通钱包，当其储存的价值被使用后，可以通过特定设备向其追储价值。而“预付支付机制”则是指存在于特定软件或网络中的一组可以传输并可用于支付的电子数据，通常称为“数字现金”，由一组二进制数据（位流）和数字签名组成，持有人只需要输入电子货币编码、密码和金额，就可以直接在网络上使用。

电子货币的定义不是很直观，而且容易将支付手段和支付工具混为一谈。正是由于这个原因，国内不少有关论著都将电子货币与电子支付等同起来。为了使这一定义更容易理解，可以从货币的属性来认识电子货币。

作为媒介手段的货币在现实交易中必须具有如下几个特性。

（1）交易行为的自主性。货币媒介的交易行为，是交易主体的自主行为，不受货币媒介形式的影响。

（2）交易条件的一致性。在同等的交易条件下，货币对于不同交易主体的媒介功能是等效的。

（3）交易方式的独立性。货币媒介的交易活动，彼此独立，互无干扰。

（4）交易过程的持续性。对于不同的、连续的交易活动，货币的媒介亦是连续的。

这四个条件是任何现代意义上的货币所不可或缺的。从这一角度来说，所谓电子货币是执行支付的储值和预付支付机制，就是指电子货币必须具有交易媒介的自主性、一致性、独立性和持续性。也就是说，电子货币执行支付功能时，与传统货币在本质上是无差异的，它们的区别只是：电子货币是"通过销售终端不同的电子设备之间以及在公开网络（如 Internet）上执行支付"。

但具备这些属性的电子媒介手段并不一定会成为电子货币，如现在一些网站上常用的消费积分，但它们显然不是一种货币。一种电子支付工具要成为电子货币，还需要具备另外两个条件：价值性和便利性。

（1）货币价值性。某种支付机制要具有货币价值，可以通过两个途径实现，一是其本身由货币当局确认，通过立法的形式确定其"价值代表"的身份，即法币。二是通过传统货币或银行信用的支持，确定它们与传统货币之间有稳定的兑换关系和偿付保障。

在一种货币出现的早期阶段，都是通过第二种方法保证其价值性。例如，银行券出现后，在很长一段时间内都与黄金和白银保持固定的兑换比率。与此相似，电子货币在未获得法币地位前，必须随时能兑换成等额的中央银行纸币。随着电子货币的发展，可能某一天它会脱离中央银行纸币支撑而单独存在，如同纸币最终脱离了与铸币的固定联系一样，但目前，能否迅速转换为等额纸币仍是判断某种电子支付工具能否成为电子货币的条件之一。

（2）货币的便利性。货币从一般商品中分离出来，固定充当一般等价物，其中一个重要原因是：它是一种便利的交易媒介手段，通过这种媒介，可以大大降低交易费用。货币的便利性主要表现在安全（易于识别、防止假冒和伪造）、便于携带保管、可重复使用、不需记名（匿名性）等诸多方面。某种电子支付工具要成为电子货币，必须具备这些特点。

11.2.2 电子货币的种类

目前可被划归为电子货币的电子支付工具很多，为了更好地认识这些工具，可以按不同的标志将它们分为几类。

（1）按照载体不同，电子货币可以分为卡基（Card-based）电子货币和数基（Soft-based）电子货币。

卡基电子货币的载体是各种物理卡片，包括智能卡、电话卡、礼金卡，等等。消费者在使用这种电子货币时，必须携带特定的卡介质，电子货币的金额需要预先储存在卡中。

卡基电子货币是目前电子货币的主要形式，发行卡基电子货币的机构包括银行信用卡公司、电信公司、大型商户和各类俱乐部等，其支付流程如图 11-1 所示。

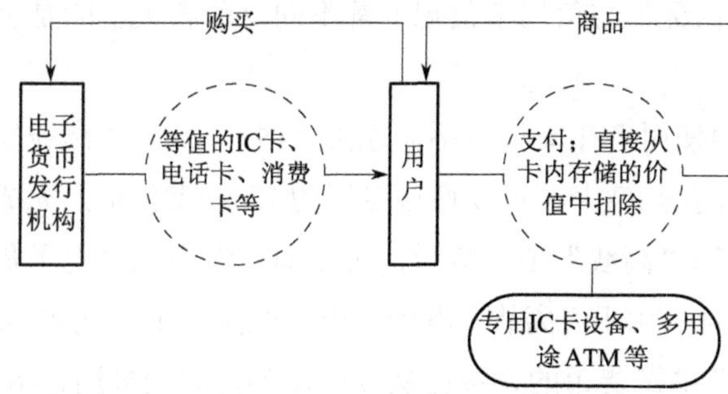

图 11-1　卡基电子货币的支付流程

数基电子货币完全基于数字的特殊编排，依赖软件的识别与传递，不需特殊的物理介质。只要能连接上网，电子货币的持有者就可以随时随地通过特定的数字指令完成支付，其支付流程如图 11-2 所示。

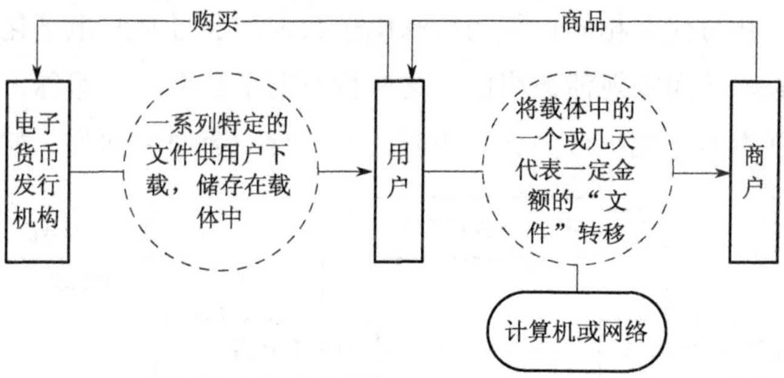

图 11-2　数基电子货币的支付流程

（2）按被接收程度，电子货币可以分为“单一用途”电子货币和“多用途”电子货币。

“单一用途”电子货币往往由特定的发行者发行，只能用于购买特定的一种产品或服务，或被单一商家所接收。其典型代表就是各类电话卡。

“多用途”电子货币的典型代表是 Mondex 智能卡系统，这种智能卡根据其发行者与其他商家签订协议的范围的扩大，被多家商户所接受，它可购买的产品与服务也不仅限于一种，有时它还可以储存、使用多种货币。

（3）按使用方式和条件的不同，可将其分为“认证”（Identified）或“匿名”

（Anonymous）系统和“在线”（On-line）或“离线”（Off-line）系统，将其组合形成 4 类：在线认证系统、在线匿名系统、离线认证系统、离线匿名系统。

“认证”是指电子货币的持有者在使用电子货币时，需要对其身份进行确认，其个人资料被保存在发行者的数据库中，以电子货币进行的交易是可被追踪的；“匿名”是指电子货币的持有者在使用电子货币时不需进行身份认证，其交易不能被追踪。

“在线”是指客户使用电子货币支付时需要连接上网，电子货币的接收方通过网络实时验证电子货币的真实性，金额是否相符，然后才能决定是否接受支付请求。需要注意的是电子货币的“在线认证”与信用卡借记卡等不同，前者关注的是货币本身而后者验证的是用户的身份。

“离线”电子货币的使用者在支付时不需连接上网， 部分“离线”电子货币甚至不需验证。比如信誉度较高的 IC 卡，可以通过专用的 IC 卡支付机，完成两张卡之间的资金转移。对于需要验证的“离线”电子货币，可以通过专用的“电子货币验钞机”，电话核对号码组合进行验证。由于“离线”电子货币更像流通中的现钞，近年来发展较快，目前可用来转移“离线”电子货币的设备已从专门设备发展到多用途 ATM、POS 和手机芯片等。

11.2.3　电子货币的运作形态

所谓电子货币的运作形态，就是电子货币的一般应用方式，即通过到电子货币发行机构以现金兑换，获得代表相同价值的特殊电子数据，通过某些电子化方法将该特殊数据转移给支付对象，从而实现债务清偿。这些特殊电子数据本身即称为电子货币。

电子货币的基本运作流程分为三个步骤，即发行、流通和回收，如图 11-3 所示。

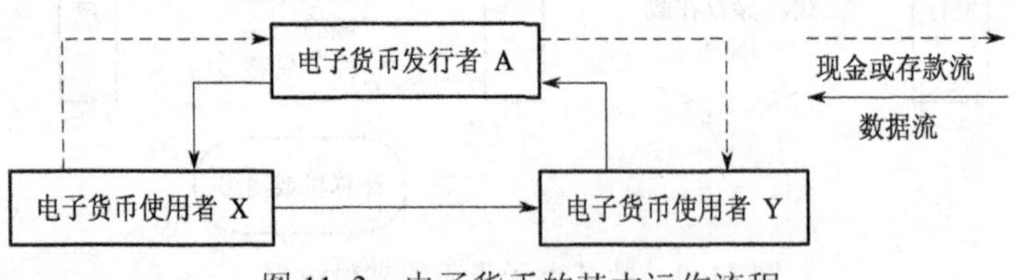

图 11-3　电子货币的基本运作流程

（1）发行。电子货币的使用者 X 向电子货币的发行者 A（银行、信用卡公司等）提供一定金额的现金或存款并请求发行电子货币，A 接收来自 X 的有关信息之后，将相等金额的电子货币数据对 X 授信，X 即可利用这些电子货币进行网络支付了。

（2）流通。电子货币的使用者 X 接收来自 A 的电子货币，为了清偿对电子货币的另一使用者 Y 的债务，将电子货币的数据对 Y 授信，即电子货币以数据的形式在 X 和 Y 之间进行流通了。

（3）回收。如果 Y 不想持有得到的电子货币，那他可以把收到的相应电子货币数据传给发行者 A，要求兑换支付。A 根据 Y 的支付请求，将电子货币兑换成现金付给 Y 或存入 Y 的存款账户。

11.3　电子支付技术

随着计算机技术的发展，电子支付的工具越来越多。这些支付工具可以分为三大类：电子货币类，如电子现金、电子钱包等；电子信用卡类，包括智能卡、借记卡、电话卡等；电子支票类，如电子支票、电子汇款（EFT）、电子划款等。这些方式各有自己的特点和运作模式，适用于不同的交易过程。

11.3.1　信用卡

信用卡（Credit Card）支付是一种非现金交易付款的方式，具有简单的信贷服务功能。ISO 7810、7816 系列文件定义了信用卡尺寸，信用卡一般是长 85.60 mm、宽 53.98 mm、厚 0.76 mm 的塑料卡片。由银行或信用卡公司依照用户的信用度与财力发给持卡人，持卡人持信用卡消费时无须支付现金，待结账日时再行还款。除部分与金融卡结合的信用卡外，一般的信用卡与借记卡、提款卡不同，信用卡不会由用户的账户直接扣除资金。

国际上主要的发卡组织有威士国际组织（VISA International Service Association）、万事达卡国际组织（MasterCard International）、美国运通（American Express，AE）、大莱信用证（或称“大莱信用卡”）俱乐部（Diners Club）、日本信用卡株式会社（Japan Credit Bureau，JCB）、发现卡（Discover Card）等。

在中国，信用卡发行基本上主要是通过中国银联。此外，还有联合威士、万事达卡、JCB 等发行的双币卡。因此中国内地银行发行的信用卡一般都有银联标志。中国银行发行信用卡较早，因此其发行长城信用卡较目前其他银行发行的信用卡有明显不同。中国银行在中国香港地区发行的长城国际卡并无银联标志，密码信直接自中国香港的中银信用卡公司寄往中国内地（而通常的中国香港中银信用卡并不会接受本港以外地址），早期卡片仅能在中国香港的银行 ATM 修改密码，并只有中银香港的存钞机能接受该卡还款，实际上是代中国银行（香港）发行的。

一种称为“准贷记卡”的信用卡有如下特征：存款计利息，没有免息还款期。亦可以看作是一张可以透支的提款卡。

11.3.2　电子支票

电子支票是将支票的全部内容电子化，然后借助于网际网络完成支票在客户之间、银行客户与客户之间以及银行之间的传递，实现银行客户间的资金结算。电子支票中包含有与纸支票完全相同的支付信息，如收款方名称、付款方账户、金额和日期。同时电子支票包含有数字证书和数字签名，它们连同加密 / 解密技术一起，被用来防止对银行和银行客户的欺诈，提高电子支票的安全性，以保证信息的真实性、保密性、完整性和不可否认性。另外一些附件如付款清单也可以一起“捆绑”传送。简单地说，电子支票就是纸支票的电子版，具有和纸支票一样的支付结算功能。

电子支票将整个处理过程自动化，帮助银行缓解银行处理支票的压力，节省大量的人力和开支，极大地降低了处理成本；可以在任何时间、地点通过互联网进行传递，打破了地域的限制，最大限度地提高支票的收集速度，从而为顾客提供了更方便快捷的服务和减少了其在途资金；通过应用数字证书、数字签名及加密 / 解密技术，提供了比使用印章和手写签名更加安全可靠的防欺诈手段。电子支票在这三个方面的巨大进步，无疑会使其成为支票发展史上的一次革命。

11.3.3 智能卡

IC 卡（Integrated Circuit Card，集成电路卡），也称智能卡（Smart card）、智慧卡（Intelligent card）、微电路卡（Microcircuit card）或微芯片卡等。它是将一个微电子芯片嵌入符合 ISO 7816 标准的卡基中，做成卡片形式。IC 卡与读/写器之间的通信方式可以是接触式，也可以是非接触式。根据通信接口把 IC 卡分成接触式 IC 卡、非接触式 IC 卡和双界面卡（同时具备接触式与非接触式通信接口）。

IC 卡由于其固有的信息安全、便于携带、比较完善的标准化等优点，在身份认证、银行、电信、公共交通、车场管理等领域正得到越来越多的应用，如二代身份证、银行的电子钱包、电信的手机 SIM 卡、公共交通的公交卡、地铁卡、用于收取停车费的停车卡等，都在人们日常生活中扮演重要角色。IC 智能卡牵涉三个特征。

第一个特征是“卡片”。IC 智能卡是一张塑料卡片。按国际标准（ISO 7816-1），它的尺寸应为长 85.60 mm、宽 53.98 mm、厚 0.76 mm。也有特殊的 IC 智能卡不是采用这个标准，如手机行业中为追求小型化所采用的长 25 mm、宽 15mm 的小卡片。

第二个特征是 IC，即“集成电路”，也称“集成电路芯片”。集成电路芯片的尺寸很小，通常只有几十平方毫米。它是 IC 智能卡的重要组成部分，IC 智能卡的信息和数据都是以电子信号的方式记录在芯片的存储器里。

第三个特征是“智能”。智能来源于英文单词 Smart，因而也有人将 IC 智能卡称为“Smart Card”。一般而言，IC 智能卡的智能主要体现在数据的防窃取及防非法修改等安全性方面。

IC 卡工作的基本原理是：射频读/写器向 IC 卡发射一组固定频率的电磁波，卡片内有一个 LC 串联谐振电路，其频率与读/写器发射的频率相同，这样在电磁波激励下，LC

谐振电路产生共振，从而使电容内有了电荷；在这个电容的另一端，接有一个单向导通的电子泵，将电容内的电荷送到另一个电容内存储，当所积累的电压达到 2 V 时，此电容可作为电源为其他电路提供工作电压，将卡内数据发射出去或接收读/写器的数据。

11.3.4　电子钱包

电子钱包（E-wallet）是一个用户用来进行安全网络交易和储存交易记录的特殊计算机软件或硬件设备，其功能和实际钱包一样，可存放信用卡信息、电子现金、钱包所有者身份证、地址及其他信息。

电子钱包本质上是个装载电子货币的“电子容器”，可把有关方便网上购物的信息，如信用卡信息、电子现金、钱包所有者身份证、地址及其他信息等集成在一个数据结构里，以后整体调用，需要时能方便地辅助客户取出其中电子货币进行网络支付，是小额购物或购买小商品时常用的新式虚拟钱包。因此，在电子商务中应用电子钱包时，真正支付的不是电子钱包本身，而是它装的电子货币。

电子钱包有两种概念：一是纯粹的软件，主要用于网上消费、账户管理，这类软件通常与银行账户或银行卡账户是连接在一起的；二是小额支付的智能储值卡，持卡人预先在卡中存入一定的金额，交易时直接从储值账户中扣除交易金额。

电子钱包是电子商务购物活动中常用的一种支付工具，其适于小额购物。在电子钱包内存放的是电子货币，如电子现金、电子零钱、电子信用卡等。使用电子钱包购物，通常需要在电子钱包服务系统中进行。电子钱包使用者通常在银行里是有账户的。在使用电子钱包时，用户先安装相应的应用软件，在该软件系统中设有电子货币和电子钱包的功能管理模块，称为电子钱包管理器，用户可以用它来改变口令或保密方式等，以及用它来查看自己银行账号上电子货币收付往来的账目、清单和其他数据。该系统中还提供了一个电子交易记录器，顾客通过查询记录器，可以了解自己的购物记录。网上购物使用电子钱包，需要在电子钱包服务系统中进行。电子商务活动中的电子钱包软件通常都是免费提供的。用户可以直接使用与自己银行账号相连接的电子商务系统服务器上的电子钱包软件，也可以通过各种保密方式利用 Internet 上的电子钱包软件。世界上有 VisaCash 和 Mondex 两大电子钱包服务系统，其他电子钱包服务系统还有 MasterCardCash、EuroPay 的 Clip 和比利时的 Proton 等。

在电子钱包内只能安装电子货币，即装入电子现金、电子零钱、安全零钱、电子信用卡、在线货币、数字货币等。这些电子支付工具都可以支持单击式支付方式。

在电子商务服务系统中设有电子货币和电子钱包的功能管理模块，叫做电子钱包管理器，顾客可以用它来改变保密口令或保密方式，用它来查看自己银行账号上的收付往来的电子货币账目、清单和数据。电子商务服务系统中还有电子交易记录器，顾客通过查询记录器，可以了解自己都买了什么物品，购买了多少，也可以把查询结果打印出来。

电子钱包作为电子商务活动中网上购物顾客常用的一种电子支付工具，是在小额购物或购买小商品时常用的新式支付方式。最近，电子钱包一直是全世界各国开展电子商务活动中的热门话题，也是实现全球电子化交易和 Internet 交易的一种重要工具，全球已有很多国家正在建立电子钱包系统以便取代现金交易的模式。

11.4　电子支付的安全威胁

11.4.1　电子支付的安全概述

目前电子商务工程正在全国迅速发展。实现电子商务的关键是要保证商务活动过程中系统的安全性，即应保证在基于 Internet 的电子交易转变的过程中与传统交易的方式一样安全可靠。从安全和信任的角度来看，传统的买、卖双方是面对面的，因此较容易保证交易过程的安全性和建立起信任关系。但在电子商务过程中，买、卖双方是通过网络来联系，由于距离的限制，因而建立交易双方的安全和信任关系相当困难。电子商务交易双方（销售者和消费者）都面临安全威胁。电子商务的电子支付安全主要体现在以下几方面。

（1）数据的保密性 。因为网上交易双方的事，交易双方并不想让第三方知道他们之间的交易的具体情况，包括资金账号、客户密码、支付金额等网络支付信息。但由于交易是在 Internet 上进行的，在 Internet 上传送的信息是很容易被别人获取的，所以必须对传送的资金数据进行加密。传统的纸面贸易都是通过邮寄封装的信件或通过可靠的通信渠道发送商业报文来达到保守机密的目的。电子商务是建立在一个较为开放的网络环境上的，商业防泄密是电子商务全面推广应用的重要保障。

（2）数据的完整性 。电子商务简化了贸易过程，减少了人为的干预，同时也带来维护商业信息的完整、统一的问题。由于数据输入时的意外差错或欺诈行为，可能导致贸易各方信息的差异。

此外，数据传输过程中信息的丢失、信息重复或信息传送的次序差异也会导致贸易各方信息的不同。因此，电子商务系统应充分保证数据传输、存储及电子商务完整性检查的正确和可靠。

（3）信息数据的有效性、真实性 。电子商务以电子形式取代了纸张，如何保证这种电子形式的贸易信息的有效性和真实性则是开展电子商务的前提。电子商务作为贸易的一种形式，其信息的有效性和真实性将直接关系到个人、企业或国家的经济利益和声誉。

（4）信息数据的可靠性、鉴别性和不可否认性。可靠性要求即是能保证合法用户对信息和资源的使用不会被不正当地拒绝；不可否认性要求即是能建立有效的责任机制，防止实体否认其行为；在网上进行交易的时候，必须先确定商店是否真实存在，付了钱能否拿到东西。商店和银行都要担心网上购物的是否是持卡人本人。

电子支付的实现，促进了电子商务的发展，同时也引发了支付安全、身份认证、电子文件认证和支付的法律问题以及货币、金融监管等一系列问题。虽然安全协议和认证系统的建立解决了银行的紧迫问题，但是安全技术的发展与电子支付的快速发展相比仍显滞后。安全问题仍被视为制约电子支付行业发展的软肋。据不完全统计，到目前为止还有 68%的网民因为安全原因拒绝使用第三方支付产品。电子支付的安全问题日益成为一个重要的课题。

（1）电子支付制度也和其他传统的付款方式相同，都会因为被他人冒领、盗领款项而发生损失（例如，有人侵入他人网络系统，或伪造他人私钥或信用卡等资料），而网络电子支付制度若无法保障交易安全，可能会使消费者遭受更大的财务损失。

（2）电子支付系统若发生断线、操作错误等问题时，对消费者经济方面造成损失的可能性。消费者在利用电子支付方式时，也可能发生虽然有钱，但是却因为断线、厂商拒收或是其他原因，而无法在一定时间、地区完成特定金额交易的困扰。

（3）消费者在从事电子支付时，还可能面临另一个挑战，那就是所有的付款信息可能未经消费者的同意即被收集或是向第三人披露，甚至被冒用或是为其他不利于消费者利益的目的而使用，反而侵害消费者的隐私权。

（4）电子支付工具的使用，也可能造成新的犯罪问题。例如，电子支付制度可能会鼓励像洗钱这种不法活动，或是供网络赌博之用，其中网络赌博所产生的付款问题已经逐渐显现出来。而由于各国对电子支付工具现在并未加以规范，因此也不需要有保存交易记录、报告或确认客户身份等义务，从而无法追踪，反而产生规范的死角。而网上银行的兴起，则将使管制措施难以强制执行，因为有心规避监管、在海外开设有银行账户的人士很容易得逞。此外，新的电子支付工具本身也可能成为犯罪的目标，如伪造、变造、诈欺等犯罪行为，也可能会以电子工具为目标。

总之，目前安全支付在信息传递和业务系统两方面存在安全隐患[5]，如表 11-1 所示。

不可否认，上述问题或多或少都存在。用户之所以被安全问题困扰，一是由于互联网的快速发展，电子支付使用环境中的不安全因素也随之增加，从而导致了部分用户心存忧虑、心里矛盾；尤其是新用户，他们刚接触电子支付，对安全防范意识不强，往往也是中招的多发人群。二是现阶段国内相关的法律法规还存在空白，造成用户心里没底担心自己遭受损失而无完善的法律保障，等等。

现如今，虽然电子支付还没达到传统银行那样的普及率，但因为它的支付方式更具多样化和使用起来也更具快捷特性，再加上 Internet 新经济已经渗入到我们生活的方方面面，最终它被广泛使用，这将是新型社会发展的趋势，也是民众多元化生活的需要。

电子支付成为民众生活中交易与货币流通的工具是网络化社会必然的趋势，这种趋势不是任何一个人定的，也不是国家定的，而是社会发展需要所决定的。所以要使它大众化、使它为人所用，除了电子支付行业需要加大安全保障力度联手共创安全支付环境外，有更完善的法律法规来协助保障用户的权益也是关键。

表 11-1　安全支付面临的安全隐患

分　类	含　义
信息传递的安全隐患	网络硬件的安全缺陷，如可靠性差、电磁辐射、电磁泄漏等
	通信链路的安全缺陷，如电磁辐射、电磁泄漏、搭线、串音等
	缺乏系统的安全标准引起的安全缺陷，虽然已经有了一些网络安全标准，但是还不完善
业务系统的安全隐患	系统内部的安全威胁。根据 ICSA（International Computer Security Association）统计，来自计算机系统内部的安全威胁高达 70%
	非法用户进入系统以及合法用户对系统资源的非法使用
	被非法用户截获敏感数据
	非法用户对业务数据进行恶意修改或插入
	发送方在发出数据后加以否认
	接收方在收到数据后篡改数据
	病毒和蠕虫的蔓延，病毒可以穿透服务器及用户的浏览器，有些病毒将用户引导到有黑客控制的网站，并在用户的机器中留下远程控制程序来记录用户的击键操作以及登录信息等

11.4.2　网上支付的安全威胁

众所周知，Internet 是一个完全开放的网络，任何一台计算机、任何一个网络都可以与之连接，并借助 Internet 发布信息，获取与共享各种网站的信息资源，发送电子邮件与开展网上办公，进行各种网上商务活动。同时，也给那些别有用心的组织或个人提供了窃取别人的各种机密如消费者的银行账号、密码，甚至妨碍或毁坏他人网络系统运行等的各种机会。概括起来，网上支付面临的安全威胁主要有以下几方面。

（1）系统的中断与瘫痪。网络故障、操作失误、应用程序出错、硬件故障、系统软件设计不完善及计算机病毒都有可能导致系统不能正常工作。如在划拨货款的过程中突然出现网络中断等。

（2）信息被窃取。电子商务作为一种全新的贸易形式，其通信的信息直接代表着个人、企业或国家的利益。攻击者可能通过 Internet、公共电话网、搭线或在电磁波辐射范围内安装截收装置等方式，截获传输的机密信息，或通过对信息流量和流向、通信频度和长度等参数分析，推断出有用的信息，如消费者的银行账号、密码等；也可能通过克隆网站、木马病毒、网络钓鱼邮件等骗取用户的账号、密码等个人信息。

（3）信息被篡改。攻击者可能从三个方面破坏信息的完整性。第一，篡改。改变信息流的次序，更改信息的内容。第二，删除。删除某个消息或消息中的某些部分。第三，插入。在信息中插入一些其他干扰信息，让接收方读不懂或接收错误的信息。

（4）信息被伪造。第一，虚开网站和商店，给用户发电子邮件，接受订单。第二，伪造大量用户，发电子邮件，穷尽商家资源、使合法用户不能正常访问网络资源。第三，冒充他人身份，进行消费和栽赃等。

（5）对交易行为进行抵赖或不承认。第一，发信者事后否认曾经发送过某条消息或内容。第二，收信者事后否认曾经收到过某条消息或内容。第三，购买者不承认确认了的订单。第四，商家卖出的商品因价格差而不承认原有的交易。

11.4.3　移动支付的安全威胁

随着移动支付的发展，随时随地手机购物、扫一扫二维码就能支付，移动电商和支付已经融入了我们的生活。腾讯移动安全实验室发布的《2014 第一期手机支付安全报告》揭示了当前移动支付安全三大威胁。

（1）电商 App 染毒最多。据报告显示，随着移动支付的进一步普及，手机用户针对手机网银类、第三方支付类、电商类、团购类、理财类这五大手机购物支付类 App 的下载量在迅猛增长。其中，手机支付购物类软件共有 364 款，其下载量占全部软件下载量的 30.38%。

如图 11-4 所示，腾讯移动安全实验室统计，在五大类手机支付购物类软件中，共有 320 款软件被植入恶意病毒代码。其中，电商类 App 感染病毒的软件款数占 39.69%，位居第一。其次是理财类 App 和第三方支付类 App，感染病毒的软件款数比例分别占 27.19%、13.44%，分别位居第二和第三。团购类、银行类、航空类 App 染毒占比分别为 11.25%、7.19%、1.25%。

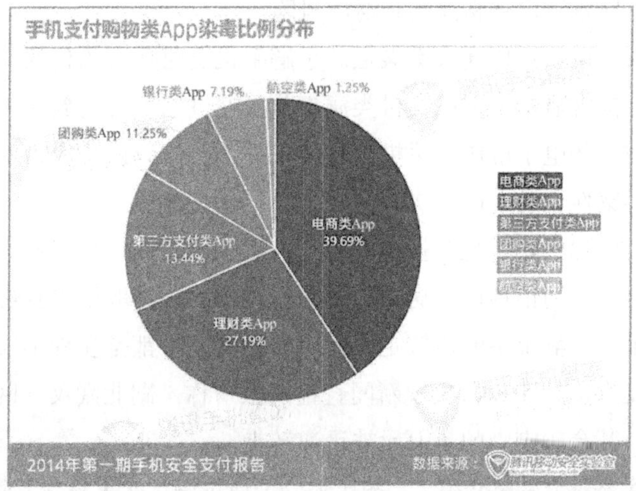

来源：http://img1.gtimg.com/xian/pics/hv1/225/159/1573/102325095.jpg

图 11-4　手机支付购物类 App 染毒比例分布

(2) 超6成手机支付病毒会连网。腾讯移动安全实验室对截获到的82 805个手机支付类病毒进行了详细分析，并在国内率先发布了手机支付病毒的十三大特征，其中最大特征是表现为静默连网、删除短信、发送短信、读短信、开机自启动。其中，静默连网比例高达61.09%、位居第一，静默删除短信、静默发送短信、开机自启动、读短信的病毒行为分别占比37.30%与36.51%、30.10%、19.74%，分别位居第二和第三、第四、第五，如图11-5所示。

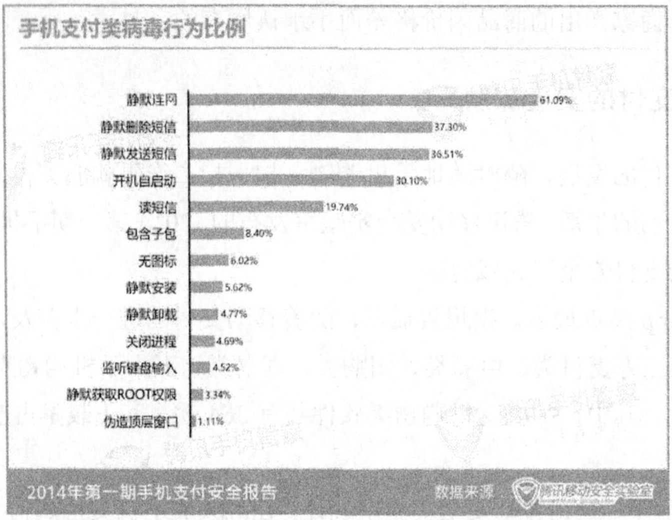

来源：http://img1.gtimg.com/xian/pics/hv1/226/159/1573/102325096.jpg

图11-5 手机支付类病毒行为比例

腾讯手机管家安全专家表示，“静默连网”会导致手机用户资费消耗，同时病毒还会通过连网功能将用户手机上的隐私信息，包括手机网银、支付相关账号、密码等内容上传至指定位置，导致用户隐私泄露和财产风险。

(3) 二维码成支付病毒传播关键渠道。了解手机支付病毒的传播渠道，对于用户防范病毒至关重要。报告显示，手机支付类病毒除了通过二次打包到手机网购、支付等五大类应用，散布在一些电子市场、手机论坛传播外，二维码已经成为手机支付病毒传播的关键渠道，此类案件也发生过多次。

2014年的央视“3·15”晚会报道，用户在网购的时候，扫了卖家发来的二维码，然后手机就被安装了“网银神偷”病毒，“网银神偷”可窃取用户身份证号及手机验证码，最终把支付宝、余额宝中的钱转走，而这一切的发生都是在神不知鬼不觉中进行。同样的案件屡屡发生，3月6日央视新闻直播间报道称，湖北武汉一网购用户在通过手机扫描二维码后，其余额宝中的4万元被迅速转走。

据腾讯手机管家安全专家介绍，一些诈骗分子通过淘宝卖家身份，欺骗用户扫描二维码获得折扣，如图11-6所示。在用户扫描二维码之后便将手机支付病毒安装到用户手机中，然后病毒通过监控用户手机短信，获取手机支付短信验证码，然后窃取用户资金。[6]

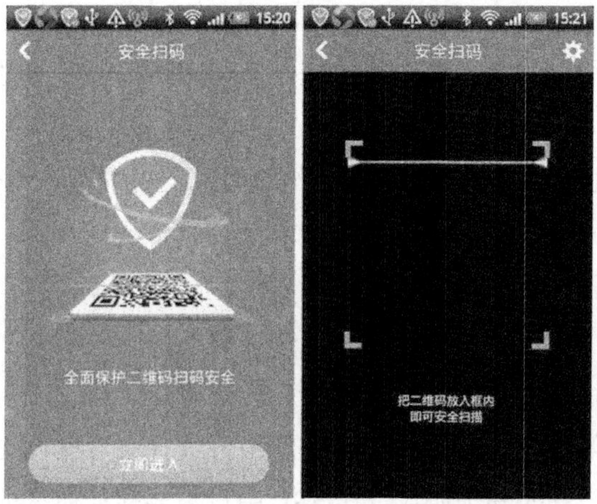

来源：http://img1.gtimg.com/xian/pics/hv1/227/159/1573/102325097.jpg

图 11-6　二维码扫描

11.5　电子支付安全解决方案

11.5.1　支付宝

支付宝是全球领先的第三方支付平台，成立于 2004 年 12 月，致力于为用户提供“简单、安全、快速”的支付解决方案。旗下有“支付宝”与“支付宝钱包”两个独立品牌。自 2014 年第二季度开始成为当前全球最大的移动支付厂商。

支付宝主要提供支付及理财服务。包括网购担保交易、网络支付、转账、信用卡还款、手机充值、水电煤缴费、个人理财等多个领域。在进入移动支付领域后，为零售百货、电影院线、连锁商超和出租车等多个行业提供服务。还推出了余额宝等理财服务。

从 2004 年建立至今，支付宝及支付宝钱包已经成为线上及线下众多商家首选的支付解决方案，为连接亿万用户及商户提供了基础的资金流服务。截至 2013 年 12 月，支付宝单日交易笔数峰值达到 1.88 亿笔，其中，移动支付单日交易笔数峰值达到 4 518 万笔，移动支付单日交易额峰值达到 113 亿人民币。

支付宝与国内外 180 多家银行以及 VISA、MasterCard 国际组织等机构建立战略合作关系，成为金融机构在电子支付领域最为信任的合作伙伴。[7]

1. 支付宝业务流程

支付宝业务需要如下七步完成。

第 1 步，网上消费者在电子商务网站上选购商品，最后决定购买，买、卖双方在网上达成交易意向。

第 2 步，网上消费者选择利用支付宝作为交易中介，直接链接到其安全支付服务器上，在支付页面上选择自己使用的支付方式，单击后进入银行支付页面进行支付操作。

第 3 步，支付宝平台将网上消费者的支付信息按照各银行支付网关的技术要求，传递到各相关银行。

第 4 步，由相关银行（银联）检查网上消费者的支付能力，实行冻结、扣账或划账，并将结果信息传至支付宝平台和网上消费者本身。

第 5 步，支付宝平台将支付结果通知商户。

第 6 步，支付成功的，由商户向网上消费者发货或提供服务。

第 7 步，各个银行通过支付宝平台向商户实施清算。

较之 SSL、SET 等支付协议，利用支付宝平台进行支付操作更加简单而易于接受。SSL 是现在应用比较广泛的安全协议，在 SSL 中只需要验证商家的身份。SET 协议是目前发展的基于信用卡支付系统的比较成熟的技术。但在 SET 中，各方的身份都需要通过 CA 进行认证，程序复杂，手续繁多，速度慢且实现成本高。有了支付宝平台，商家和客户之间的交涉由第三方来完成，使网上交易变得更加简单。而且支付宝面对的是计算机和程序，较之传统的支付方式不用排队等候而且不用看服务人。

一方面，支付宝作为第三方网上支付服务商由于核心是通过在线提供支付服务，产业链中的任何一个环节出现了安全隐患，都有可能转嫁到支付平台上；另一方面，网络技术的变化日新月异，对于提供钱包支付的服务商，其安全的级别不能低于银行的级别，要不断投入、时刻监控、应急处理各种纠纷等。国外支付商的经营预算中有相当的收入比例是投入到安全性投入与安全性纠纷的，对于国内第三方网上支付商在几乎没有盈利的背景下，这种不确定性的风险，也加大了支付商的经营压力。[8]

2. 支付宝安全技术与机制

在安全方面，支付宝安全支付提供了身份认证、定制验证方式、安全传输机制、识别码对应机制、密钥更新等业内领先的安全措施与机制。

支付宝用户可以通过设置账户安全保护问题、绑定手机短信、申请认证和数字证书等操作来保障自己的账户和资金安全。

支付宝账户有两个密码，一个是登录密码，用于登录账户，查看账户等一般性操作；另一个是支付密码，凡是牵涉资金流转的过程都需要使用支付密码。缺少任何一个密码，都不能使资金发生流转。同时，同一天内系统只允许密码输入出错两次，第三次密码输入出错，系统将自动锁定该用户，三个小时后才会自动解除锁定。

绑定手机短信是支付宝的又一项安全措施，开通短信提醒后，在手机找回密码、手机开启/关闭余额支付、手机管理数字证书、手机设置安全问题、手机短信支付时，用户会收到来自支付宝的手机短信通知。如果用户发现收到的提醒短信所提示的操作并非本人的操作，可以及时检查账户并联系支付宝，以保护账户资金安全。

“支付宝实名认证”服务是一项身份识别服务、支付宝实名认证同时核实会员身份信息和银行账户信息。通过支付宝实名认证后，相当于有了一张互联网身份证，可以在淘宝网等众多电子商务网站进行买、卖交易。

具体技术主要有如下五个方面。

（1）手机动态口令。手机动态口令是基于手机绑定的更高级别的安全保护产品。在申请了手机动态口令服务之后，银行账户信息修改、证书验证、找回密码、一定额度的账户资金变动都需要手机验证码确认（动态密码）。

（2）数字证书。数字证书是由权威公正的第三方机构（即 CA 中心）签发的证书。它的加密技术可以对网络上传输的信息进行加密和解密、数字签名和签名验证，确保网上传递信息的机密性、完整性。

（3）宝令。“宝令”是支付宝和中国联通联合推出的一款采用动态口令技术的安全产品。“宝令”屏幕上显示 6 位数字，每分钟更新一次。

（4）支付盾。支付盾是支付宝公司推出的安全解决方案，它是具有电子签名和数字认证的工具，保证了网上信息传递时的保密性、唯一性、真实性和完整性。

（5）第三方证书。如果用户已经拥有了一张银行数字证书（文件或 USB Key），可申请绑定使用该证书进行支付宝系统登录，方便管理。使用证书的三大特点是：安全性、唯一性、方便性。

3. 支付宝快捷支付

快捷支付是支付宝联合 100 多家银行在 2011 年 4 月份共同推出的一种无须任何成本，无须开通网银，所有操作统一在一个平台上完成的新型支付方式。据支付宝在《2011 年上半年快捷支付用户研究数据报告》中发表的数据中称，快捷支付用户数已超过了 4 000 万，并且交易笔数已占支付宝整体交易的 50%以上。

用户在使用网上银行进行支付时，需跳转至网银页面，并使用智能密码钥匙（USB Key）或动态口令牌 （Token）等硬件设备进行身份认证，方可完成支付。而用户在使用快捷支付业务时，不需开通网上银行业务，只需在支付页面上输入支付密码或关联银行卡信息即可完成资金交易，节省了交易时间，降低了交易复杂度，增强了用户体验。从本质上看，快捷支付属于业务模式创新的产物，但其实现机制、风险表现形式等均与信息技术密不可分。

支付宝的“快捷支付”业务是一种简化的网络支付业务。用户在首次申请使用该业务时，将支付宝的个人账户与银行账户信息、身份信息、手机号码等进行绑定，通过互联网实现支付机构和银行对用户身份的双重认定。业务开通后，用户在使用快捷支付工具进行支付时，只需输入支付宝个人账户与支付密码即可实现身份认证。用户身份得到确认后，支付宝向银行支付网关提交支付指令，银行则根据支付指令，将用户银行账户内的资金转入收款人指定账户，完成支付流程。

快捷支付业务改变了传统的网络支付方式，是一种全新的支付理念。与商业银行的网上银行业务和支付机构的其他支付方式相比，快捷支付具有如下特征。

（1）一次认证，重复使用。快捷支付业务具有“一次认证，重复使用”的特征。“一次认证”，即用户在首次申请该业务时，需要支付机构与开户行双方通过手机号码、有效身份证件种类及号码、银行账户等信息共同完成用户身份认定。“重复使用”，即该业务开通后，用户发生支付行为时，不需要重复首次申请时较为烦琐的身份认证环节，只需输入支付平台注册信息进行校验后即可实现支付。快捷支付业务模式节省了交易时间，增强了用户体验，适于在互联网小额支付领域应用。

（2）有利于实名制认证信息的可获得性。在推出快捷支付业务之前，支付机构扮演的是网上支付的中介角色，主要履行持卡人在线购物时的转接支付职能，起到帮助商业银行拓展线上支付渠道的作用。而快捷支付业务模式把银行的服务界面（网上银行）屏蔽在客户的支付流程之外，银行只扮演“账房先生”的角色，被动地处理来自支付机构的指令，不再认证用户的身份，不再掌握用户的支付行为。银行从用户支付结算的前台，退到了代理第三方清算的后台，银行支付服务渠道的优势不断被弱化。快捷支付业务这种服务模式使大量的银行实名认证用户资料流入了支付机构，而支付机构通过与多家银行合作，聚合了不同银行的实名认证资料，产生了海量的金融数据资产，这些信息将有助于支付机构进行更深层次的数据挖掘。

快捷支付在给客户带来方便、快速服务的同时，也面临着支付安全方面的问题。快捷支付所面临的安全问题主要来自于以下几个方面。

（1）支付环节身份认证强度较弱。在快捷支付业务模式下，除了首次认证外，支付环节基本采用用户名加密码的身份认证方式实现支付，这是一种基于“what you know”的验证手段。由于密码是静态数据，在验证过程中需要在计算机内存中和网络中传输，易被驻留在计算机内存中的木马程序或网络中的监听设备截取。在涉及资金交易的快捷支付环节中，这类验证方式认证强度较低，支付口令一旦被盗取，将会带来资金转移的风险。相比而言，商业银行的网上银行业务多采用基于USB Key的身份认证技术，USB Key内置单片机或智能卡芯片，存储用户的密钥或数字证书，利用其内置的非对称密码算法实现用户与商业银行之间的身份认证。用户在使用网银进行支付时，需要插入硬件设备完成身份认证，虽然流程比快捷支付略微烦琐，但认证强度较高，可靠性更强。快捷支付跳过了商业银行围绕网上银行业务所设置的这些安全措施，安全性上打了一定折扣。

（2）敏感信息存储与传输存在泄露风险。基于快捷支付的业务流程，支付机构和商业银行在进行快捷支付签约时，银行将通过银行网点面签获取的客户真实资料和敏感信息发送给支付机构，共同完成实名身份核验。在获得海量银行的完整客户和账户信息之后，支付机构如在未经客户授权的情况下，将信息挪作他用，将带来严重的法律风险和用户信息泄露隐患。另外，互联网环境下，支付机构将支付指令传输至银行或银联的过程中，存在信息泄露的风险。在支付行为发生时，付款人通过支付机构向开户银行提交支付指令，将银行账户内的货币资金转入收款人指定账户。支付指令中应包含付款人名称、银行账户号、交易金额、客户有效身份证件种类和号码等敏感信息，支付机构将支付指令传输至银行支付网关的过程中，可能存在信息泄露的风险。

（3）支付应用的可靠性难以认定。无论在互联网终端还是个人移动终端，支付应用的安全性都需要得到有效保障。在互联网支付领域，支付机构通常用浏览器/服务器（Browser/Server）模式为用户提供支付服务，用户只要正确输入支付应用的网址，即可有效避免钓鱼网站，防止支付账户及密码等敏感信息被盗取。而在移动支付领域，支付应用往往是以应用软件（App）的形式发布在某个应用平台上，用户通过移动互联网从应用平台上将软件下载到个人终端上使用，常见应用发布平台如苹果的 App Store、谷歌的 Google Play Store 等。在当前移动智能终端恶意软件和山寨应用在一定范围存在的情况下，用户往往难以采取有效的技术手段判断应用软件是否安全可信。特别是在涉及资金交易的支付应用领域，用户一旦下载到恶意软件，敏感信息将面临被盗取风险。[9]

11.5.2　网上银行

网上银行（Internet bank or E-bank），包含两个层次的含义：一个是机构概念，指通过信息网络开办业务的银行；另一个是业务概念，指银行通过信息网络提供的金融服务，包括传统银行业务和因信息技术应用带来的新兴业务。在日常生活和工作中，我们提及网上银行，更多是第二层次的概念，即网上银行服务的概念。网上银行业务不仅仅是传统银行产品简单向网上的转移，其他服务方式和内涵发生了一定的变化，而且由于信息技术的应用，又产生了全新的业务品种。

网上银行又称网络银行、在线银行，是指银行利用 Internet 技术，通过 Internet 向客户提供开户、查询、对账、行内转账、跨行转账、信贷、网上证券、投资理财等传统服务项目，使客户可以足不出户就能够安全便捷地管理活期和定期存款、支票、信用卡及个人投资等。可以说，网上银行是在 Internet 上的虚拟银行柜台。

网上银行又被称为“3A 银行”，因为它不受时间、空间限制，能够在任何时间（Anytime）、任何地点（Anywhere）、以任何方式（Anyway）为客户提供金融服务。

1．网银交易流程及安全问题剖析

一般来说，用户要进行网银交易必须先在网上银行注册，到银行营业网点的柜台

办理，进行签约并取得银行用于身份认证的安全产品，如口令卡、电子数字证书、USB Key 等。

在交易过程中，用户首先要输入账户和密码。这种方式存在严重的身份认证风险，通过网络窃听、非法数据库访问、穷举攻击、重放攻击等方式很容易获取口令攻击系统。随着计算机性能的不断提高，从理论上说没有解不开的密码，有的只是时间长短问题。目前，以盗取用户账号、密码为目的的间谍软件、木马病毒非常多，如“熊猫烧香”、“木马代理”和“网银大盗”等。

登录个人界面后，用户选择交易的项目，此时将发生业务变更、资金流动等后果，因此需再次进行身份认证。若使用口令卡，可能由于用户疏忽而丢失，无法保证用户身份的真实性；数字证书是一整套成熟的信息安全保护措施，基于 PKI 的数字证书电子签名技术被国内外普遍采用。数字证书有两种形式：一种是存放在计算机的浏览器中，这种方式仍然容易被黑客窃取，另一种安全的方式是存放在 USB Key 中，USB Key 能够彻底防止被黑客或犯罪分子通过互联网窃取，还能保护其中的证书任何情况下不被导出，从而防止证书被复制或丢失，是目前安全级别最高的一种网银安全产品。

接下来，客户端要与银行终端进行信息交互。由于数据是在 Internet 中传输，网络电缆、光缆、无线传输等各种形式以及路由器等配套设施在传输数据时会产生电磁波或占用一定的载道。电磁波是一种信息载体，泄漏的电磁波会载有信息。监测到连线上的电磁波或查出载波频率就很容易监听，使系统传输的信息外泄。

2．网银安全的关键技术及主流安全措施

1）数据加密技术

数据加密技术是为保证数据传输时的机密性、完整性和可用性，防止外泄或被恶意篡改或破坏，对网银系统客户端与服务器之间传输的数据进行加密保护。它是身份认证技术和通信加密技术的基础，在网银安全中起着重要作用。数据加密技术的原理是利用一定的加密算法，将明文转换成为无意义的密文，阻止非法用户理解原始信息，从而确保信息的保密性。加密算法可以采用经国家密码管理委员会批准的专用算法。

2）身份认证技术

身份认证是网银安全的第一道防线。目前，网银交易认证主要有“账户和密码”、“动态口令”及“数字证书”。其中，“账户和密码”的方式是进入网银系统必需的，为防止客户端的盗号木马或病毒，各银行的登录页面都提供了软键盘输入密码方式及安全密码输入控件。当然，在这个层次上的安全控制做到这一步已经足够，因为即使黑客或犯罪分子取得用户的账户和密码，也只能进行查询操作，涉及资金进出的业务操作还需要更高等级的身份认证。因此，身份认证技术的关键是“动态口令”和“数字证书”两种。

（1）动态口令。动态口令是一种动态密码技术，原理是：用户登录前，依据用户私人信息并引入不确定因素产生随机变化的口令，使每次登录过程中传送的口令信息都不同，以提高登录过程的安全性。在网银应用中是以动态口令卡作为动态口令的载体，每次进行认证时刮开一个密码，进行交易确认。它不需要设置、记忆，每次都使用新的密码，彻底解决了在客户端窃取静态密码的问题，是一种安全、方便、经济的防盗手段。

目前，以建设银行和工商银行推出的动态口令卡最具代表性。建设银行是最先在国内推出动态口令卡的商业银行，其动态口令卡是在每张卡上覆盖有 30 个不同的口令，每个口令只能使用一次，一张卡只能使用 29 次，最后一道密码不能做交易用的，而是用来注册下一张动态口令卡。工商银行的口令卡以矩阵形式印有若干字符串，在进行交易的时候，网银系统会随机给出一组口令卡坐标，用户按坐标在卡上找到相应的字符串组合，这组口令组合是动态的，每次都不相同，交易结束后立即失效。根据不同的排列组合，每张卡可以使用 1 000 次。

（2）数字证书。数字证书是业内公认最安全的，它是网络通信中标志通信各方身份信息的一系列数据，其作用类似于现实生活中的身份证。数字证书依托于公共密钥基础设施（PKI）体系，由中国人民银行牵头，联合 12 家商业银行建立了第三方专业认证机构中国金融认证中心（CFCA），建成覆盖全国的认证服务体系。以下就工商银行、建设银行和招商银行的数字证书及其特点做简要的分析和比较。

工商银行采用 USB Key 作为数字证书的存储介质，它率先推出并获得国家专利的 U 盾，是一个带智能芯片、形状类似于 U 盘的实物硬件，由于采用高强度的信息加密、严密的数字认证和数字签名技术，是目前中国网银客户端安全级别最高的一种安全工具。拥有 U 盾的用户在使用网上银行时，除了需要提交网银账户和密码外，还需要将 U 盾插入计算机的 USB 接口，银行经过多重验证无误后，才允许用户进入网上银行操作自己的账户。

U 盾具有唯一性和不可复制性，用户只要保证 U 盾、U 盾密码、账户、登录密码和支付密码这些所有的安全措施不被同一个人窃取，任何病毒、木马、黑客、假网站的网络诈骗方式都无法窃取用户资金，确保客户高枕无忧。

建设银行数字证书经历了从文件证书到 USB Key 的历程。文件证书是在银行柜台申请之后，用户自行下载到个人计算机上的文件形式，可以备份和恢复。由于黑客技术已经发展到能够通过木马程序盗取网银文件证书的程度，单纯的文件证书的安全性越来越多地得到质疑。由于盗取 USB Key 的证书的难度远比文件证书大得多，目前还没有发生 USB Key 客户网银被盗案，建行现在已经停止了文件证书的发放，而只使用 USB Key。

招商银行的网银系统分为大众版和专业版。大众版采用“账户+密码”登录方式，安全级别低，不推荐采用。专业版是招商银行基于互联网平台开发的网上个人银行理财软件，在 X.509 标准数字证书体系上又做了一些安全保护，运用数字签名技术和基于证书的强加密通信管道，使计算机中保存/备份的证书不能通过 Windows 提供的程序去打开，只有在专业版软件中输入正确的密码后才能导入，这样即遵循了标准，保证了扩展性，又大大加强了安全性。

3）通信加密技术

通信加密的目的是为数据在网络上安全传输提供保障，常用的有链路加密、节点加密和端到端加密三种方式。SSL 和 SET 安全协议是为了保障电子商务的安全性和互操作性而产生的数据交流标准，在网络银行中也同样重要。

国内网上银行通常采用增强型 SSL 加密传输模式实现端到端的加密传输，即用户、网站和网银中心三方之间均采用 128 位密钥加密 SSL 模式。为此，用户系统需要安装 SSL 模块，网站和网银中心安装有 SSL 服务器。同时，结合 HTTPS（SSL 128）安全传输协议，这是一种更加安全的互联网页面传输协议，该技术几乎在所有银行的在线服务中广泛使用，能够非常有效地保护用户的账户和密码在页面操作中的安全。[10]

11.5.3　信用卡

1. 信用卡的交易使用方式

通常，信用卡仅限持卡人本人使用，外借给他人使用是违反使用合同的。

（1）POS 刷卡。在 POS 上刷卡是目前最常见的信用卡使用方式，需连网刷卡。刷卡时，操作员应首先查看信用卡的有效期和持卡人姓名等信息。然后，根据发卡行以及需要支付的货币种类选择相应的 POS，连通银行等支付网关，输入相应的金额。远程支付网关接受信息后，POS 会打出刷卡支付的收据（至少是两联），持卡人检查支付收据上的信息无误后应在此收据上签字。操作员核对收据上的签名和信用卡背后的签名后（包括姓名完全相符和笔迹基本相符），将信用卡及刷卡支付收据的一联给持卡人。至此，POS 上的刷卡程序完成。

（2）RFID 拍卡。在 RFID 上拍卡感应是一种新类型的信用卡使用方式，也是连网方式的一种。拍卡时，操作员应首先查看信用卡的有效期和持卡人姓名等信息。然后，根据发卡行以及需要支付的货币种类选择相应的拍卡机，输入相应的金额，将信用卡平放于感应器上方不多于 10 cm 的地方。RFID 感应到信用卡后会发出信号声响，然后继续运作程序，远程支付网关接收信息后，打印机（如已连接）会打出拍卡支付的收据，但与以往的方式不同，持卡人无须签字，比以往的方式更快捷、更方便。至此，RFID 上的拍卡感应程序完成。

（3）手工压单。手工压单通常在没有 POS 或不能连网的情况下使用。压单操作必须有压敏复写式的“直接签购单”（至少是两联）和电话。压单前的检查工作与 POS 相同。

然后，操作员将信用卡用压单设备将信用卡上凸起的卡号、姓名等印到签购单上，并书写金额、日期等信息，然后拨打收单银行授权专线电话，报出卡片信息申请授权，并将获得的授权码书写在签购单上，然后持卡人确认无误后签字。操作员核对签名后，将信用卡及签购单的一联交给持卡人。至此，手工压单程序完成。授权电话通常会被即时拨打，但是在某些通信不畅或信用风纪良好的地区，会遇到商户压卡客户签字后便交付商品完成交易的情况。授权会在日后完成，唯商户有风险遇到信用卡诈骗（如若客户使用无效卡支付，不立即申请授权码便无法马上发现）。

（4）网络支付。从持卡人角度来讲，网络支付是信用卡的几种支付方式中风险最大的一种。因为不怀好意的人可能使用网络钓鱼、窃听网络信息、假冒支付网关等手段窃取用户资料。网络支付时，需要输入卡号，信用卡有效期，卡背面签名栏旁的数字（威士 CVV2 码、万事达卡 CVC2），网上交易密码，有时需要输入姓名、网页随机生成的验证码等。输入完成后，单击提交即可完成网络支付。

（5）电视及电话交易。同网络支付类似，需要卡号、有效期、威士 CVV2 码或万事达卡 CVC2 等信息。

（6）预授权。预授权一般用于支付押金，即冻结一部分信用卡的可用额度，当作押金。预授权和手工压单的过程类似，但是电话内容是要求预授权相应的金额，不是要求支付，也不需要压单，只需要出具收到押金的凭证即可。一般预授权会在结账时候由商家取消预授权。如果商家忘记取消，可以打电话给商家要求取消，自己打电话给授权机构无法取消。或者，等待银行自动取消预授权（一般为 7～30 d）。

2．信用卡网络支付模式

信用卡的网络支付模式与基于银行卡的网络支付模式非常类似，唯一不同的是：信用卡的网络支付中，客户的信用卡账号中通常没有多少资金，实际上商家取得的商品或服务债权金额，由客户的发卡行代为支付。在信用卡网络支付系统中，会有一个信用卡交换中心作为信用卡的授权机构参与网络支付的授权、清算等活动。

信用卡的网络支付模式一般分为如下几种。

（1）无安全措施的信用卡支付模式。这种支付模式是指持卡人利用信用卡进行支付结算时，几乎没有采取任何技术上的安全措施而把信用卡号码和密码直接传送给商家，然后由商家负责后续处理的模式，如图 11-7 所示。这是在电子商务发展初期各方面都不太成熟，特别是银行对电子商务的支持还不完善的情况下出现的，风险由商家负责，安全性差，持卡人的信用卡隐私信息完全被商家掌握，支付效率较低。

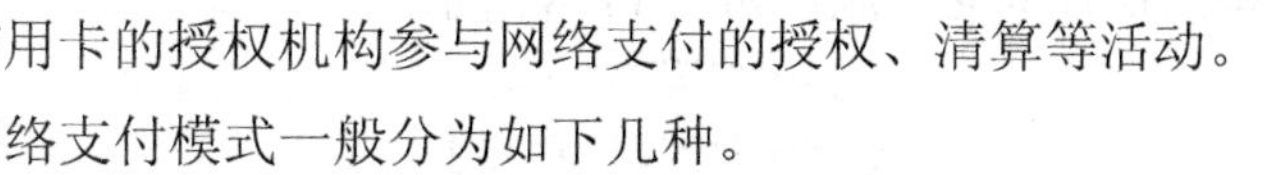

图 11-7　无安全措施的信用卡支付模式

（2）借助第三方代理机构的信用卡支付模式。在买方和卖方之间启用一个具有诚信的第三方代理机构支付的方式，这样可以在一定程度上降低支付的风险。

第三方代理人如果是发卡银行本身，那么发卡银行只需向持卡人分发一个代替银行卡账户的注册账号在网上传递，支付时由第三方核对确认并且经持卡人确认后进行资金的转移，其银行卡账号就没有暴露给广大的商家，这样只有发卡银行知晓持卡人的信息，相对就安全得多。

如果第三方代理机构不是发卡银行本身，而是社会上具有良好信誉的金融机构或中介服务机构，这时第三方代理机构同样给持卡人分发一个代替信用卡账号的注册账号并在网上传递，支付由第三方核对确认且经持卡人同意后由第三方代理机构与发卡银行、收单银行等进行专网连接，然后进行相应的资金转移。这样不但信用卡的账号没有暴露给广大的商家，而银行也不用直接与客户在 Internet 这样的非安全网络打交道，客户省去很多麻烦，支付事务都交给第三方来代理。

借助第三方代理机构的银行卡支付流程如下：

① 持卡客户以在线或离线方式在第三方代理机构处登记银行卡号和注册一个相应的应用账号，由代理人持有买方的银行卡号和账号。

② 持卡客户上网用该应用账号从网上商家处进行在线订货，且把应用账号传送给商家。

③ 商家将持卡客户传送来的应用账号、交易资金、支付条款等信息以离线或在线方式提供给第三方代理机构核实，第三方代理机构验证应用账号信息后，经与持卡客户协商，得到持卡客户确认，再返回给商家一个确认信息。

④ 商家在收到第三方代理机构的确认信息后，接收持卡客户的购货订单，然后给持卡客户及第三方发出交易确认通知。

⑤ 第三方代理机构收到交易确认通知后，按支付条款要求办理资金转拨手续。

第三方代理机构的银行卡支付流程如图 11-8 所示。

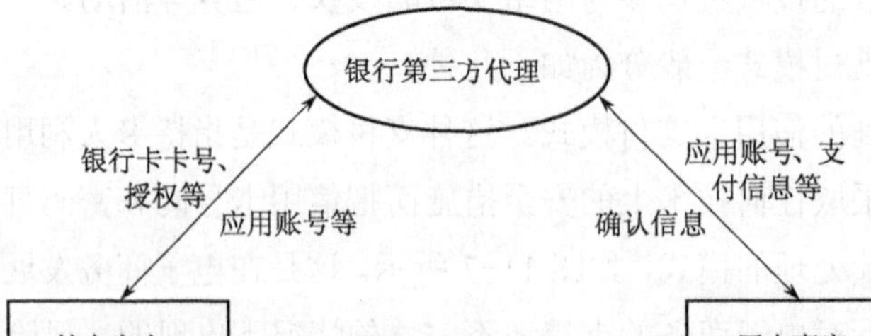

图 11-8　第三方代理机构的银行卡支付流程

使用这种方式是通过双方都信任的第三方代理机构协助完成的，由于真正的银行卡信息不在开放的网络上多次传送，因此持卡客户既没有信用卡信息被盗窃的风险，卖方也没有很高的受骗风险；这种方式对第三方代理机构的公正、信誉与操作规范有很高的要求，主要风险由第三方代理机构承担；该方式虽然提高了支付的安全性，但支付效率还是较低，成本也较高，其性能价格比在小额支付结算中并不高，它属于电子商务发展初期利用银行卡支付结算时的一种过渡方式。

在 B2B 类电子商务中，由于支付金额较大，有时商务各方出于安全、习惯等问题，反而愿意应用这种借助第三方代理机构担保的支付形式，因为这时支付成本、效率均是次要的了。

（3）基于 SSL 协议机制的信用卡支付模式。SSL 的目的是确保互联网信息传递的保密性，并不是专门用于电子支付的技术。通过 SSL，消费者在浏览商家页面信息的时候，其客户端的浏览器与商家服务器通过一个加密的安全通道进行信息交换，第三者无法通过窃听的方法把得到的加密数据还原成明文。同样，消费者的银行卡授权信息也将在安全的通道中传递。

SSL 在信息传递上的安全性，刚好适应了电子支付的需要。又由于架构简单，处理的步骤少，速度快，所以虽然存在一定的安全性漏洞，但依然被广泛地应用在信用卡等在线支付模式中。

基于 SSL 模式的网络支付方式如图 11-9 所示。

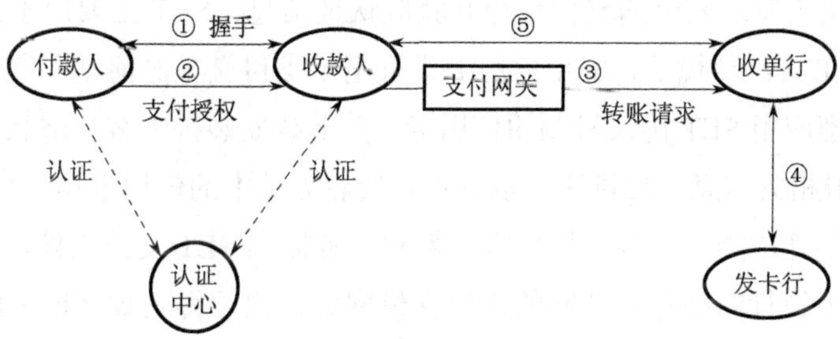

图 11-9 基于 SSL 模式的网络支付方式

① 身份认证。SSL 模式的身份认证机制比较简单，只是付款人与收款人在建立“握手”关系时交换数字证书。

② 付款人建立和收款人之间的加密传输通道之后，将商品订单和银行卡转账授权传递给收款人。

③ 收款人通过支付网关将转账授权传递给其收单行。

④ 收单行通过银行卡清算网络向发卡行验证授权信息，发卡行验证银行卡相关信息无误后，通知收单行。

⑤ 收单行通知收款人电子支付成功，收款人向收单行请款。

这种方式为 Internet 环境下信用卡支付的一种典型方式。使用 SSL 作为安全会话，保护和防止 Internet 其他用户获取信用卡账号等机密信息。交易多方身份验证机构认证中心的作用是间接的，主要是为支付各方颁发证书。用户以明文方式输入其信用卡号，该卡号将被加过密的SSL会话发送给商家的服务器并转发给发卡银行。这种通过商家中转支付信息的 SSL 支付模式不能保证支付账户信息不被商家看到，所以改进的 SSL 支付模式就是客户浏览器与银行服务器之间直接建立SSL加密连接。

（4）基于SET协议机制的信用卡支付模式。信用卡网络支付SET模式，是电子支付中遵守 SET 协议的银行卡支付方式，以实现信用卡的即时、安全可靠的网络支付。在这种支付方式中，运用了一系列安全技术与身份认证手段，如对称加密、公开密钥加密、数字摘要、数字签名和双重签名、数字证书等。SET协议的作用是达到网络的安全交易。安全电子交易的目的是提供信息的保密性，确保付款的完整性和能对商家及持卡人进行身份验证。

SET协议为了能做到上述几点，必须要架构一个PKI对参与的成员进行认证，同时利用密钥对传送的信息进行加密。在SET协议中对认证的架构规定严谨，认证是采用层级式的架构，而无论是付款人、收款人或收单银行都需要经过认证才能参与交易。其中地区性认证中心并不一定存在，而品牌认证中心可能直接认证付款人、收款人及金融机构。当利用银行卡进行 SET 网络支付时，需要在客户端上安装一个特殊的客户端软件配合银行卡的运用才行。

SET 协议是由 Visa 和 MasterCard 联合开发的一种开放性标准。SET 协议可以让持卡人在开放网络上发送安全的支付指令和获取认证信息。SET 主要用于兼容当前的信用卡网络。在SET协议环境下，应用信用卡进行电子支付交易之前，客户必须到相应的发卡银行柜台办理应用SET协议机制的信用卡，并下载安装持卡客户端软件（电子钱包软件），将信用卡相关信息添加进客户端软件，最后为其中的信用卡申请数字证书；同样，商户需到银行办理这类信用卡结算事宜，得到服务器端SET支持软件，并且从CA得到数字证书。作为银行网络与外部网的接口支付网关，也须得到数字证书的认证。在交易过程中，SET 介入信用卡支付的全过程，由于加密、认证较多，支付处理速度相对 SSL 机制的信用卡支付稍慢，各方开销也大一些，但该协议设计得很安全，已经成为事实上的工业标准。基于SET协议机制的信用卡网络支付流程如图11-10所示。

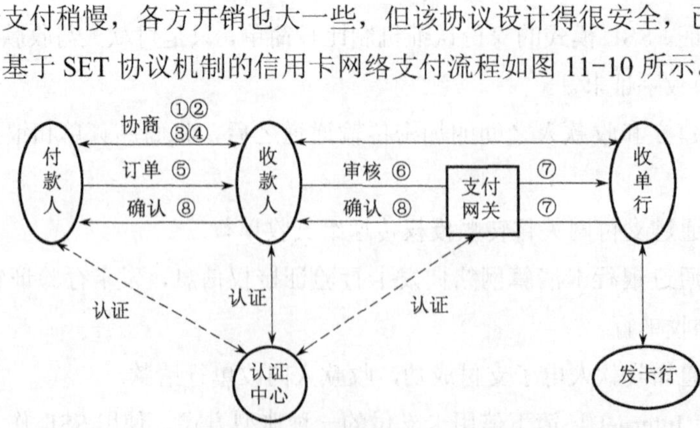

图11-10　基于SET协议机制的信用卡网络支付流程

① 付款人在发卡行柜台办理应用 SET 网络支付的银行卡；收款人（商家）与收单行签订相关结算合同，得到商家服务器端的 SET 支持软件，并安装。

② 付款人从银行网站下载客户端软件，安装后设置应用此软件的用户名、密码等，以防止被人非法运行。

③ 访问认证中心网站，把银行卡相关信息，如卡类别、卡号、密码、有效期等资料填入客户端软件，并且申请一张数字证书。

④ 付款人在商家网站上选购商品，结账时选择 SET 银行卡结算方式。这时客户端软件被激活，付款人输入软件用户名和密码，取出里面的相应银行卡进行支付。

⑤ 客户端软件自动与商家服务器相应软件进行身份验证，双方验证成功后，将订单信息及银行卡信息一同发送到商家。

⑥ 商家服务器接收到付款人发来的相关信息，验证通过后，一边回复付款人，一边产生支付结算请求，连同从客户端来的转发信息一并发给支付网关。

⑦ 支付网关收到相应支付信息后转入后台银行进行网络处理，通过各项验证审核后，支付网关收到发卡行发来的支付确认信息。否则向商家回复支付不成功。

⑧ 支付网关向商家转发支付确认信息，商家收到后认可付款人的这次购物订货单，并且给付款人发回相关购物确认与支付确认信息。

⑨ 付款人收到商家发来的购物确认与支付确认信息后，表示这次购物与网络支付成功，客户端软件关闭。电子支付完毕。

基于 SET 协议机制的银行卡网络支付方式不适用于小额交易，因为成本相对较高。可在持卡客户端软件里装电子零钱应用，以减少加密与认证次数，应用效果更好。

本章小结

电子支付是指单位、个人直接或授权他人通过电子终端发出支付指令，实现货币支付与资金转移的行为。电子支付的类型按照电子支付指令发起方式分为网上支付、电话支付、移动支付、销售点终端交易、自动柜员机交易和其他电子支付。在电子支付过程中，买、卖双方是通过网络来联系，由于距离的限制，因而建立交易双方的安全和信任关系相当困难，电子支付面临诸多威胁。因此需要诸多的安全方案来解决电子支付的安全问题。

思考题

1. 简述电子支付发展的阶段。
2. 与传统支付方式比较，电子支付方式有哪些优势？

3. 什么是电子货币？电子货币分为哪几类？

4. 电子支付的工具有哪些？各有什么特点？

5. 什么是电子支付系统？

6. 电子支付有哪些类型？各有什么特点？

7. 电子支付安全主要体现在哪几个方面？

8. 移动支付的安全威胁有哪些？

9. 电子支付有哪些安全技术？简述其特征。

第 12 章

移动电子商务安全技术

内容提要

移动电子商务因其快捷方便、无处不在的特点，已经成为电子商务发展的新方向。移动电子商务能在任何地方、任何时间，真正解决做生意的问题。但是对于任何通过无线网络进行商务活动、金融交易的企业和个人，安全和隐私问题无疑是关注的焦点。由于移动电子商务的特殊性，移动电子商务的安全问题尤为重要。本章主要分析移动电子商务受到的威胁，学习无线通信协议，并重点分析无线通信协议的安全机制。

12.1 移动电子商务

移动电子商务（M-commerce）是指通过移动通信设备和无线网络技术相结合，构成的一个电子商务系统。移动设备包括手机、掌上电脑、笔记本电脑，等等。移动电子商务中移动是手段，商务是目的。相对于传统的电子商务而言，移动商务可以真正实现任何人、任何时间、任何地点进行商务活动。

移动商务不仅仅是电子商务的简单拓展，其特点主要体现在以下四个方面。

（1）便捷性。无线终端设备小巧、方便随身携带，使得进行商务活动不再受地域限制。移动商务便捷的访问方式也能提高商务活动的效率。例如，在排队或塞车的时候，能利用手机等移动终端访问网络或处理日常工作事务。各种移动服务应用为移动商务的便捷性提供了条件，如手机邮箱、移动即时通信、文件共享等。

（2）位置相关性。全球定位技术使得与位置相关的各种移动服务得到迅速发展。通过 GPS 可以识别电话的所在地，从而为用户提供相应的个性化服务。与有线商务相比较，移动定位技术赋予了移动商务无可比拟的优势。利用这项技术，移动商务提供商将能够更好地与特定地理位置上的用户进行信息的交互。例如，在查询旅游信息的时候，服务商除了给用户提供预定的信息，还可能包括与位置相关的其他信息。位置相关性最重要的应用在于急救，当用户需要急救而不知自己所处的位置时，救护人员可以通过定位技术迅速到达现场实施抢救。

（3）无所不在。与传统的固定电话和电子商务不同，在移动通信方式下，用户可以在任何时间、任何地点进行移动商务。这个特性对于用户的某些特定需求非常有价值，如用户需要实时关注股票价格、拍卖信息等。对于时间和位置敏感的行业，如金融业和旅游业，也能从该特性中获得巨大的收益。

（4）私人化。无线移动终端设备是非常私人化的工具，移动终端设备和手机号码通常都是被唯一的一个用户使用，任何一个使用移动服务的用户都拥有唯一标志的智能卡（如 SIM 卡）。该卡充当了移动数据库的功能，用户使用的服务项目、资费等信息均被运营商记录存储下来，这些私人化的信息就为开展客户定制服务提供了保证。

由以上移动电子商务的特点可知，对于用户而言，移动商务会提高个人生活的方便性、个性化；对于企业而言，企业移动商务，可以实现 7×24 h 开展商务活动。

12.2 移动电子商务的安全威胁

移动电子商务面临着的威胁主要来自以下诸多方面：移动通信系统、移动设备自身隐患、外部因素的威胁及 Internet 的安全风险等，这些威胁和风险主要包括终端窃取与假冒、无线链路威胁、拒绝服务和交易抵赖、移动设备的隐患等。

12.2.1　移动通信系统威胁

移动网络是移动电子商务向用户提供服务的基础，是必不可少的通信基础设施。与传统的有线网络不同的是无线通信网络可以不受地理环境和通信电缆的限制，实现开放的、可移动的通信。正是由于移动网络具备这样的优点，才能为移动商务用户带来更加灵活、自由的体验。但是移动网络也存在诸多潜在的安全问题。

（1）无线链路威胁。移动通信的短信息数据大都采用明文传输，这使得通过无线设备进行信息窃听变得更加简单和容易。移动电子商务通信是使用无线信道传输通话内容的，包括：用户身份、用户位置、数据信息等。而其他人可以通过适当的无线终端设备来窃听在无线信道上传输的上述信息，关键是这种窃听很难被发现。

（2）交易抵赖。在电子商务的交易过程中双方都参与了相应的交易过程，但很可能会出现一方否认参与交易，这其中同时可能存在着两种抵赖情形：一种情形是当客户在收到商品之后进行抵赖，不承认收到商品而拒绝支付货款；另一种情形是商家收到货款后进行抵赖，否认已收到货款并且拒绝交付商品。

（3）假冒攻击。由于无线网络信号的漫游性，攻击者可以利用无线接收设备对无线网络中传送的信息进行截取和窃听，而后通过分析截取到的这些信息来得到用户的合法信息，攻击者就可以利用这个合法信息来进行攻击和欺骗。

（4）拒绝服务。拒绝服务攻击是指攻击者通过对服务主机或通信网络进行干扰，使用户数据没有办法及时传递。此外，攻击者还可以通过大量重复发送假冒网络信息单元，这样就可以阻塞合法用户的业务数据、信令信息或控制数据等，从而其他用户就无法接受正常的网络服务。

12.2.2　移动设备自身隐患

移动终端的特点是具有移动性，其隐患主要包括：移动设备数据的安全性、移动设备硬件的弱处理性和移动设备通信安全性等。

（1）移动设备数据的安全性。移动通信终端的硬件资源的处理能力低、内存的容量小、数据传输速率由于受地理位置等的限制速度较慢，使得在现有的条件和环境下开展移动支付和交易业务存在更大的限制和隐患。因此，提高移动通信终端存储能力和处理能力将有助于处理交易数据和移动电子商务的开展，但由于移动终端自身的特点，病毒传染也更加容易。这就意味着容易泄露敏感的企业数据或个人数据，这使得攻击者可以通过所获取来的移动终端上的数据资源如数字证书、机密数据等，非授权访问企业内部网络的系统资源，或破坏移动通信终端中的数据完整性，从而造成企业或个人的损失。

（2）移动设备硬件的弱处理性。如果采用手机实现移动电子商务交易，手机中的重要信息都是存储在 SIM 卡中，因此 SIM 卡是用于标示移动终端用户的一个重要设备。一旦手机丢失，则他人可以复制 SIM 卡中的这些重要信息来进行攻击和欺骗。如果在电子商务交易中使用移动设备来进行用户鉴权，那么 SIM 卡丢失后非法窃取者还有可能伪装成真正用户参与到电子商务的活动中来。另外，移动设备需要依靠电能来进行工作，如果移动设备持续传输大量数据将会导致网络带宽饱和以及设备电池耗尽，从而设备性能降低或掉电停用。这些都是移动设备需要考虑的问题。

（3）移动设备通信安全性。设备上的蓝牙接口可以用来接入它周边的设备，然后通过“网关”利用现有连接进入专用/内联网。入侵者还可以通过射频扫描设备对公共射频进行扫描，从而捕获其中传输的数据，然后利用加密算法中的弱点来解密数据，这样就导致用户信息的泄露。此外，移动电子商务提供了基于位置的服务，但由于移动设备通信安全的问题，基于位置的服务也给用户带来了私密性泄露问题。

12.2.3　外部因素的威胁

在移动电子商务活动中，消费者只能从图片和文字描述去了解和判断商品，而对于产品的原材料、成分的真实性等情况无法进行深入了解，售后服务有时也不能得到及时解决。交易双方信息不对称造成商家对消费者的欺诈行为屡见不鲜，消费者权益得不到有力的保障，与此同时也造成移动电子商务市场混乱和不信任，如虚假信息描述与消费者购买商品不符，商家提供虚假经营者信息资料等不法行为。

移动商务平台运营管理漏洞也容易产生安全问题[3]。随着移动商务的发展，移动商务平台林立。大量移动运营平台如何管理、如何进行安全等级划分、如何确保安全运营，还普遍缺少经验。移动商务平台设计和建设中做出的一些技术控制和程序控制的安全思考，急需要在运营实践中进行修正和完善，更需要把技术性安全措施和运营管理中的安全措施，交易中的安全警示和安全思考进行整合，以形成一个整合的、增值的移动商务安全运营和防御战略，确保使用者免受安全威胁。

移动电子商务应用过程中还存在诸多安全威胁因素，主要表现在以下六个方面。

（1）法律法规不完善、不健全；

（2）信用意识淡薄；

（3）Internet 自身存在的安全隐患；

（4）移动设备终端，特别是智能手机终端的手机病毒等；

（5）无线网络本身的开放性；

（6）降低了安全性等原因。

12.3　IEEE 802.11 及其安全机制

12.3.1　IEEE 802.11 协议

IEEE 802.11 协议是国际电工电子工程学会（IEEE）为无线局域网（Wireless LAN，WLAN）定义的一个无线网络通信的工业标准。IEEE 802.11 协议标准定义物理层和媒体访问控制规范，允许无线局域网及无线设备制造商建立互操作网络设备。IEEE 802.11 协议体系结构如图 12-1 所示。只包含 OSI（Open System Interconnection）七层协议的物理层和数据链路层的介质访问控制子层（Media Access Control，MAC）。物理层采用跳频序列扩频（Frequency-Hopping Spread Spectrum，FHSS）与直接序列扩频（Direct Sequence Spread Spectrum，DSSS），支持 1 Mb/s 与 2 Mb/s 两个速率[25]。

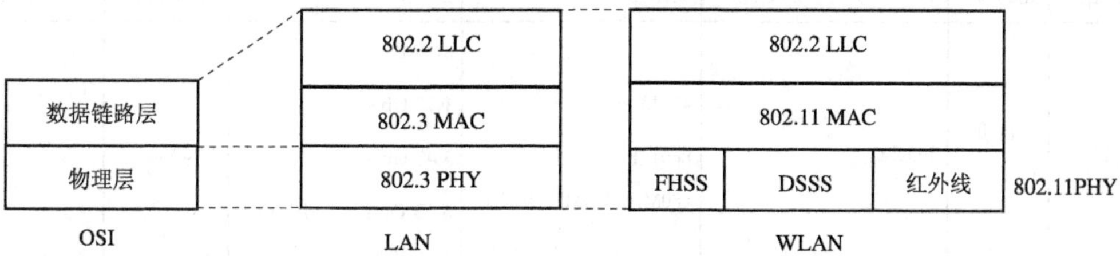

图 12-1　IEEE 802.11 协议体系结构

由于标准的 IEEE 802.11 在速率和传输距离上都不能满足人们的需要，因此，IEEE 又相继推出了 802.11a 、802.11b 等一系列新标准。经过不断开发和研制， IEEE 802.11 实际是一个协议族，称为 802.11x 系列标准，包含了一系列无线局域网的协议标准，如图 12-2 所示。实际应用中，802.11b 已成为无线局域网的主流标准，被多数厂商采用。802.11x 系列标准的参数如表 12-1 所示。

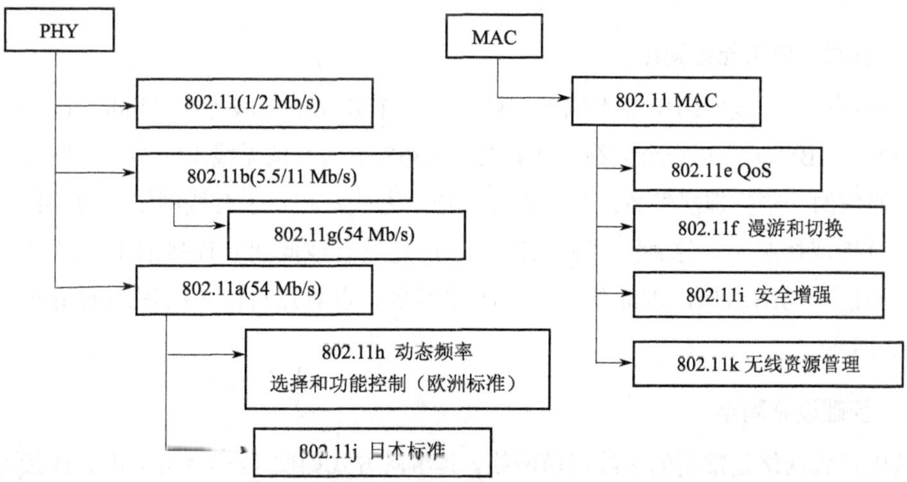

图 12-2　802.11x 系列标准

表 12-1 802.11x 系列标准的参数

协议	发布年份/日期	Op.标准频宽	实际速度（标准）	实际速度（最大）	半径范围（室内）	半径范围（室外）
802.11a	1999 年	5.15 GHz～5.35 GHz 5.47 GHz～5.725 GHz 5.725 GHz～5.875 GHz	25 Mb/s	54 Mb/s	约 30 m	约 45 m
802.11b	1999 年	2.4 GHz～2.5 GHz	6.5 Mb/s	11 Mb/s	约 30 m	约 100 m
802.11g	2003 年	2.4 GHz～2.5 GHz	25 Mb/s	54 Mb/s	约 30 m	约 100 m
802.11n	2009 年	2.4 GHz/5 GHz	300 Mb/s（20MHz*4 MIMO）	600 Mb/s（40MHz*4 MIMO）	约 70 m	约 250 m
802.11p	2009 年	5.86 GHz～5.925 GHz	3 Mb/s	27 Mb/s	约 300 m	约 1000 m
802.11ac	2011 年 11 月	5 GHz	433Mb/s 867Mb/s（80MHz/160MHz 可选）	867Mb/s 1.73 Gb/s 3.47 Gb/s 6.93 Gb/s（8 MIMO，160MHz）	约 35 m	

12.3.2 无线局域网的组网方式

无线局域网主要由无线工作站（Wireless Station）、无线接入点（Wireless Access Point，WAP）、计算机及其相关设备组成。

IEEE802.11 协议定义了两种常用的无线网络：点对点（Ad-hoc）自治无线网络和基础设施网络（Infrastructure Networks）。

1. 点对点自治无线网络

点对点自治无线网络中的无线工作站组成一个独立基本服务集（Independent Basic Service Set，IBSS）。每一个无线工作站与该 IBSS 中的其他无线工作站在关联过程中协商彼此通信的一些物理层参数，建立直接的通信方式，相当于有线网络中两台计算机，用网线直接连接起来。这种组网方式简单，但是只有彼此建立连接的工作站之间才能通信，不能跨网络通信，因此使用的情况并不多。点对点自治无线网络的组网方式如图 12-3 所示。

2. 基础设施网络

基础设施网络是常用的无线局域网络，其组网方式如图 12-4 所示，由无线接入点和无线工作站组成。无线接入点是无线局域网络中的核心设备，其作用类似于有线局域网中的交换机，为无线网络中的工作站提供接入服务，将多个无线工作站连接到有线网络中。传统的无线局域网都是为企业或家庭内少量移动用户的接入而组建的，这类网络典型的组网方式是胖 AP+有线交换机的分布式无线局域网组网模式，由接入点完成用户的无线接入、用户权限认证、用户安全策略的实现。

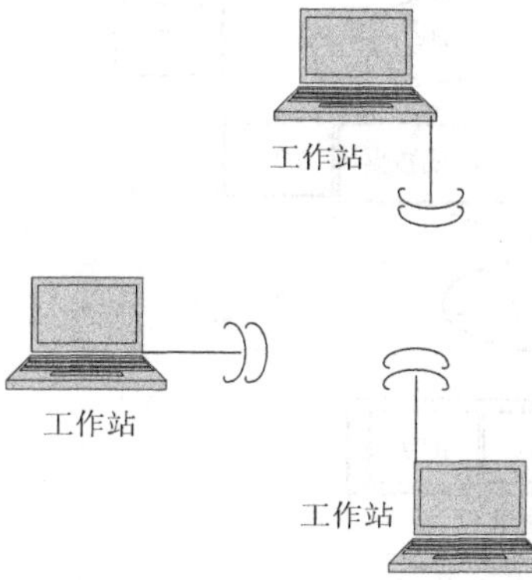

图 12-3　点对点（Ad-hoc）自治无线网络组网方式

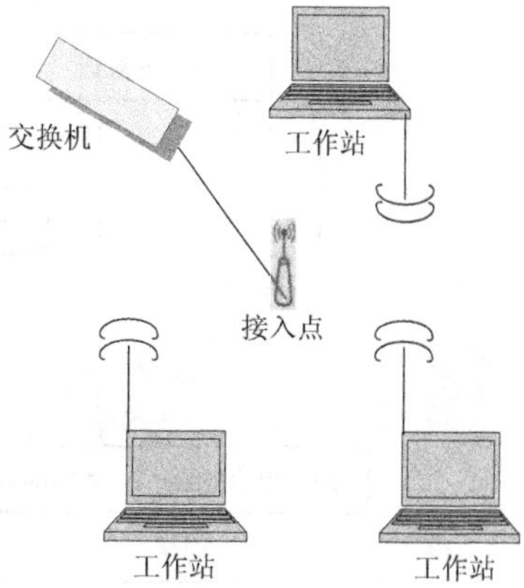

图 12-4　基础设施网络组网方式

12.3.3　IEEE 802.11 协议的安全机制

IEEE 802.11 协议的安全机制主要通过 WEP 加密机制、用户认证和 MAC 地址过滤实现。

1. WEP 加密协议

有线等效加密协议（Wired Equivalent Privacy，WEP）是 IEEE 802.11 标准定义的一种链路层安全协议，它为用户提供了 64/128 b 两种 WEP 加密通信模式，通过 RC4 算法产生的密钥对数据进行加密，从而保证 WLAN 的安全。“有线等效”是指无线局域网用户可以通过 WEP 获得与有线局域网等同的安全保障。RC4 是一种对称加密算法，加密和解密过程使用相同的密钥。WEP 在数据加密、网络访问控制和确保数据完整性三个方面发挥作用。

WEP 协议的原理和运行过程如图 12-5 所示。

（1）用户设置的密钥（40 b 或者 104 b）与一个 24 b 的初始化矢量（Initialization Vector, IV）连接，加在一起得到长 64 b 或 128 b 的密钥，系统工作时为每一个发送的数据包指定一个 IV，这样在密钥设置基本不变的情况下，使每个数据包有不同的 RC4 密钥。

（2）上面得到的 RC4 密钥输入 RC4 伪随机数发生器，产生与输入相同长度的密码序列。

（3）在对文本或数据加密前先进行 CRC 编码，接收端通过这个附加的 CRC 编码进行校验，确保数据的完整性。

（4）将 CRC 编码后的数据信息与密码序列逐位进行异或运算，生成经加密的数据。

（5）将初始化矢量附在加密数据后一起发出，接收端用它重建与发送端相同的密码序列，用于解密操作。

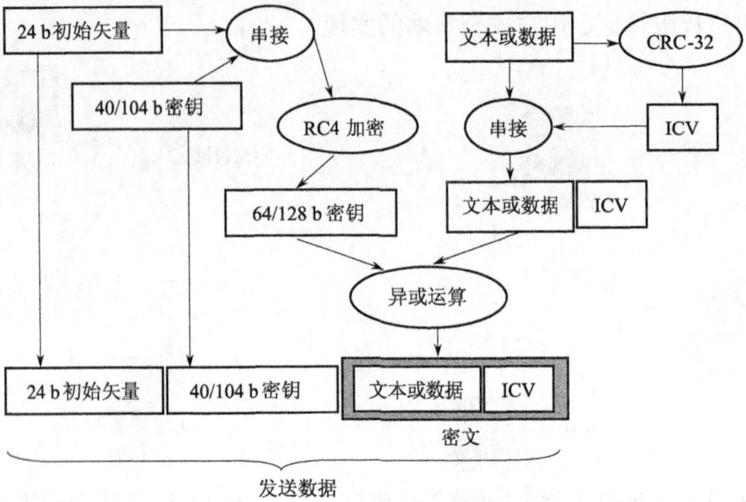

图 12-5　WEP 协议的原理和运行过程

IEEE 802.11 标准并没有指出形式的密码管理方法，意味着厂家可以自己确定密码管理的方案。实际上，长度为 40/104 b 的 WEP 密码一般由用户或管理员手工配置。

2．用户认证方法

一个无线用户在访问网络之前，必须先经过用户认证并与一个 AP 建立联系。所谓联系就是将该无线用户和某个 AP 进行绑定。IEEE 802.11 标准提供两种认证方式：开放系统认证和共享密钥认证。

开放系统认证方式是 IEEE 802.11 标准必选的认证方式。此方式是在用户提出接入请求时，比较用户的 SSID（服务集识别号）是否与 AP 的 SSID 一致，若二者一致，用户才能与 AP 建立联系，否则请求被拒绝。SSID 最初是被用来在逻辑上区分多个无线子网而设计，它实际上是一个子网名称，安装时设置并且可以更改。在这里 SSID 被作为一种安全机制来使用，在一个无线子网中的所有用户必须设置与 AP 相同的 SSID，它们才能与 AP 建立联系，并且接入网络。

共享密钥认证通过一个共享密钥的方式来控制用户对网络资源的访问。由于所使用的认证密钥与 WEP 数据加密算法的密钥相同，因此要想获得共享密钥认证必须使能 WEP。共享密钥认证过程如下：

（1）用户向 AP 发出请求。

（2）AP 返回一个随机字符串。例如：A2B%UMC98。

（3）用户端用自己的共享密钥对收到的这个字符串进行加密，并将结果发回 AP。例如：E（A2B%UMC98）。

（4）AP 解密用户发来的密文，如果与开始发出的字符串一致，即 D［E(A2B%UMC98)］=A2B%UMC98，说明共享密钥一致，用户被允许接入。

3. MAC 地址过滤

介质访问控制（MAC）地址即网卡的硬件地址，任何一块网卡都有一个全球唯一的长度为 48 b 的 MAC 地址。许多厂家的 AP 产品提供 MAC 地址过滤功能，通过建立访问控制地址列表（ACL）控制用户接入，以增强安全性。MAC 地址过滤允许在 ACL 中预先指定了 MAC 地址的用户认证并接入。这种方式确实增强了安全性，但是手工配置地址列表耗费时间，容易出错，只适合变动不大的小型网络。

12.4　蓝牙及其安全体系

蓝牙（Bluetooth）是 1998 年 5 月由爱立信、IBM、英特尔、诺基亚、东芝五家公司联合制定的短距离无线通信技术标准，其目的是取代笔记本电脑、个人数字助理、移动电话等各种数字设备上的有线电缆，将一定范围的计算机和通信设备连接起来，实现不同设备之间的快速互连。

12.4.1　蓝牙技术

1. 蓝牙系统

蓝牙是一种低功耗、低成本、近距离的无线通信技术。蓝牙制定了全球统一开放的规范，工作频段为全球统一开放的 2.4GHz 工业、科学和医学（Industrial，Scientific and Medical，ISM）频段。蓝牙支持无线数据和语音通信，为已经存在的数字网络和外围设备提供通用的接口，使得近距离内各种信息设备能够互连。蓝牙体系的系统构成如图 12-6 所示[2]。

图 12-6　蓝牙体系的系统构成

蓝牙 1.0 规范已经公布的主要技术指标和系统参数如表 12-2 所示。

表 12-2　蓝牙主要技术指标和系统参数

指　标	参　数
工作频段	ISM 频段，2.402 GHz～2.480 GHz
双工方式	全双工，TDD 时分双工

续表

指　标	参　数
业务类型	电路交换、分组交换
数据速率	1Mb/s
非同步信道速率	非对称连接 721 b/s～57.6 kb/s，对称连接 432.6kb/s
同步信道速率	64kb/s
功率	美国 FCC 要求＜0 dbm(1 mW)，其他国家可扩展为 100 mW
跳频频率数	79 个频点/MHz
跳频速率	1 600 次/s
工作模式	PARK/HOLD/SNIFF
数据连接方式	面向连接业务 SCO，无连接业务 ACL
纠错方式	1/3FEC，2/3FEC，ARQ
鉴权	采用反应逻辑算术
信道加密	采用 0 b，40 b，60 b 密钥
语音编码方式	连续可变斜率调制 CVSD
发射距离	一般可达 10 m，增加功率情况下可达 100 m

2. 蓝牙网络结构

蓝牙无线通信系统的网络拓扑采用主从式结构，有点对点、微网（Piconet）和散网（Scatternet）三种结构，如图 12-7 所示。

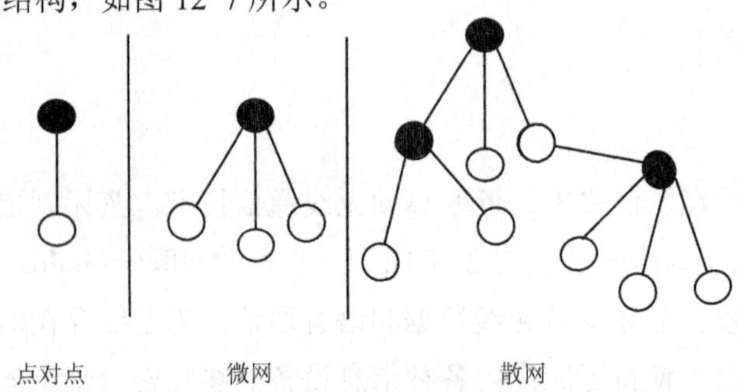

图 12-7　蓝牙网络结构

蓝牙设备采用点对点或点对多点的方式连接，称为 Piconet（译为微网或微微网）；多个微网连接在一起，称为 Scatternet（译为散网或分布式网络）。

一个微网最多包括 8 个蓝牙设备，一个是主设备，主设备发起建立一个微网，其余 7 个是从设备，这 8 个设备共享同一个跳频信道。一个微网只能有一个主设备，由主设备决定跳频信道；主设备负责微网内所有的流量控制和接入控制。

蓝牙采用跳频扩展频谱（FHSS）技术，将 2.402GHz～2.48 GHz 频段以 1MHz 带宽为间隔，分成 79 个射频跳频点。信道分成时隙，每个时隙的时间长度是 625 μs。每个时隙的跳频速率为 1 600 跳/s。蓝牙设备在某个频点发送数据之后，再跳到另一个频点发送，频点的排列顺序则是伪随机的，每秒钟频率改变 1 600 次，每个频率持续 625 μs。在每个微网中，用一组伪随机跳频序列来决定 79 个跳频信道，这个跳频序列对于每个微网是唯一的，由主设备地址和时钟决定。

蓝牙系统中，主、从设备的分组传输采用时分双工（Time Division Duplex，TDD）交替传输方式，所以主设备只在偶数的时隙传送信息，从设备只在奇数的时隙传送信息，从而避免了信道中碰撞的发生。传输时，分组的开始与时隙的开始相对应。

3．蓝牙技术的特点

（1）全球范围适用。蓝牙工作在 2.4GHz 的 ISM 频段，全球大多数国家 ISM 频段的范围是 2.4GHz～2.483 5 GHz。使用该频段无须向各国的无线电资源管理部门申请许可证。

（2）可同时传输语音和数据。蓝牙采用电路交换和分组交换技术，支持异步数据信道、三路语音信道、异步数据与同步语音同时传输的信道。蓝牙有两种链路类型：异步无连接（Asynchronous Connection-Less，ACL）链路和同步面向连接（Synchronous Connection-Oriented，SCO）链路。

（3）可建立临时性的对等连接（Ad-hoc Connection）。Piconet 是蓝牙网络最基本的结构，最简单的 Piconet 是一个主设备和一个从设备组成的点对点的通信连接。通过时分复用技术，一个蓝牙设备便可以同时与几个不同的 Piconet 保持同步。也就是一个设备按照一定的时间顺序参与不同的 Piconet，即某一时刻参与某一个 Piconet，而下一时刻参与另一个 Piconet。

（4）具有很好的抗干扰能力。工作在 ISM 频段的无线电设备有很多种，如家用微波炉、无线局域网、HomeRF 等产品。为了很好地抵抗来自这些设备的干扰，蓝牙采用了跳频扩展频谱（FHSS）技术，将 2.402 GHz～2.48 GHz 频段分成 79 个频点（79 个 1MHz 带宽的信道，在发射频率为 1MHz 时，有效数据速率为 721 kb/s），相邻频点间隔 1MHz。蓝牙设备在某个频点发送数据之后，再跳到另一个频点发送，频点的排列顺序则是伪随机的，每秒钟频率改变 1 600 次，每个频率持续 625 μs。

（5）蓝牙模块体积很小，便于集成。蓝牙体积小、功耗低，其应用已不局限于计算机外设，几乎可以被集成到任何数字设备之中。个人移动设备和便携式设备的体积较小，嵌入其内部的蓝牙模块体积就应该更小，如爱立信公司的蓝牙模块 ROK101008 的外形尺寸仅为 32.8 mm×16.8 mm×2.95 mm。

（6）低功耗。蓝牙设备在通信连接状态下，有四种工作模式——激活（Active）模式、呼吸（Sniff）模式、保持（Hold）模式和休眠（Park）模式。Active 模式是正常的工作状态，另外三种模式是为了节能所规定的低功耗模式。

（7）开放的接口标准。蓝牙技术联盟（Bluetooth Special Interest Group，SIG）为了推广蓝牙技术的使用，将蓝牙的技术标准全部公开，全世界范围内的任何单位和个人都可以进行蓝牙产品开发，只要最终通过 SIG 的蓝牙产品兼容性测试，就可以推向市场。

12.4.2 蓝牙安全机制

1. 蓝牙的安全结构

蓝牙安全构架如图 12-8 所示。

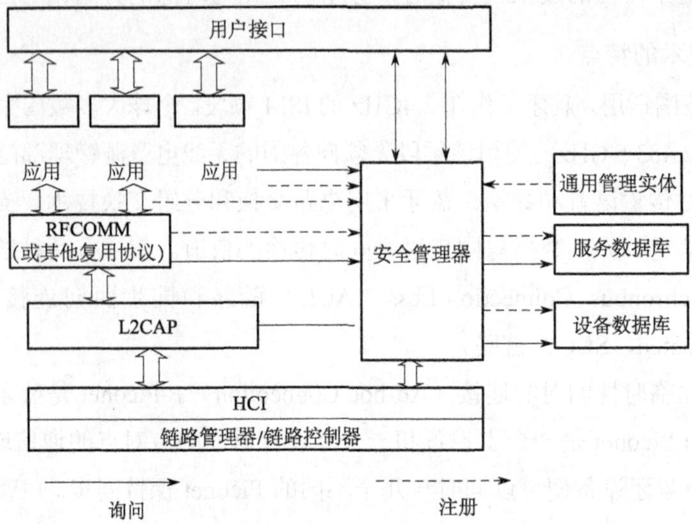

图 12-8 蓝牙安全构架

安全管理器是蓝牙安全体系结构中的关键部件。它主要完成以下六种功能。

（1）存储和查询有关服务的相关安全信息；

（2）存储和查询有关设备的相关安全信息；

（3）回应来自协议实体或应用程序的访问请求（允许或拒绝）；

（4）在连接到应用程序之前进行认证或加密；

（5）通过初始化或处理 ESCE（外部安全控制实体，如设备用户）的输入来建立设备级的信任关系；

（6）初始化呼叫及查询由用户输入的个人标识码 PIN，PIN 输入也可以由应用程序来完成。

服务数据库为每个服务提供相关的安全入口。在起始阶段存储在非易失性存储器 NVM 或服务寄存器中。信任设备必须储存在设备数据库 NVM 中。如果入口因故而被删除，那么设备就成为未知设备，而且被设为默认的访问级别。用户接口功能是为实现授权而产生的用户交互对话，如输入 PIN 等，如果安全管理器需要 PIN，可以使用对 ESCE 的调用，也可以直接从链路管理器中取得。RFCOMM 或其他复用协议是需要对服务访问做决定的。其他复用协议（如 RFCOMM）以与 L2CAP 同样的方式查询安全管理器，但有另外的附加注册过程，它允许对连接到复用协议本身的连接去设置访问策略。L2CAP接口要求安全管理器在导入和导出请求状态下有访问数据库的权利。HCI/链路管理器的接口模块可实现鉴权请求、加密控制、远程设备的名称请求、在链路层设置加密策略、在链路层设置鉴权策略等。有一些注册过程是必需的，如有安全级别和协议栈信息的服务、在 L2CAP 层之上的复用协议。注册由负责在 BT 协议栈中设置路径的实体完成，它的具体实现取决于注册的实体，如果没有注册，就使用默认设置。

该体系结构指出何时关联用户（如输入 PIN），以及为了支持预期的安全检验功能底层的蓝牙协议需要执行的动作。蓝牙安全体系建立在 L2CAP 层之上，它可以实现对服务的选择性访问。利用中央安全管理器很容易实现灵活的访问机制，因为协议及其他实体的接口很简单，并且它们被局限于请求/答应和注册这样一种过程，访问控制封装在安全管理器中。因此，实现更为复杂的访问不会影响其他部分的实现。在该体系结构中，访问一个信任设备的信息流，连接的建立过程依次如下：

（1）HCI 向 L2CAP 发送连接请求；

（2）L2CAP 请求安全管理器给予访问权限；

（3）安全管理器查询服务数据库；

（4）安全管理器查询设备数据库；

（5）如果有必要，安全管理器执行鉴权和加密过程；

（6）安全管理器给予访问权限；

（7）L2CAP 继续建立连接。

2．蓝牙系统的安全模式

蓝牙系统中的安全模式分为以下三类。

（1）无安全机制。无任何安全需求，无须任何安全服务和机制的保护。此时任何设备和用户都可以访问任何类型的服务。其典型的应用有：电子名片（vCard）的交换、电子日历（vCalendar）等数据传输。

（2）服务级安全机制。对系统的各个应用和服务需要进行分别的安全保护，包括授权访问、身份鉴别和加密传输。加密和鉴别发生在逻辑链路控制和适配协议（L2CA）信道建立之前。

（3）链路级安全机制。对所有的应用和服务的访问都需要实行访问授权、身份鉴别和加密传输。这种模式的鉴别和加密发生在链路配置完成之前。

服务级安全机制与链路级安全机制的本质区别在于：服务级安全机制下的蓝牙设备在信道建立以后启动安全性过程，即其安全性过程在较高协议进行；链路级安全机制下的蓝牙设备在信道建立以前启动安全性过程，即其安全性过程在低层协议进行。

3．安全级别

安全级别分为设备的安全级别和服务的安全级别。

（1）设备的安全级别。蓝牙技术标准为蓝牙设备定义了三个级别的信任等级，分别是可信任设备、不可信任设备和未知设备。

可信任设备：设备已经通过鉴权，存储了链路密钥，在设备数据库中标示为“可信任”，可信任设备可以无限制地访问所有的业务；可信任级别可以得到大多数服务。

不可信任设备：设备已通过鉴权，存储了链路密钥，但在设备数据库中没有标示为“不可信任”，不可信任设备访问业务是受限的。

未知设备：无此设备的安全性信息，为不可信任设备。

（2）服务的安全级别。蓝牙技术标准定义了三种服务安全级别：需要授权与鉴权的服务、仅需要鉴权的服务、对所有设备开放的服务。一个服务的安全等级由需授权、需鉴权和需加密三种属性决定，它们保存在服务数据库中。

需授权：只允许信任设备自动访问的业务（例如，在设备数据库中已登记的那些设备）。未被信任的设备需要在授权过程完成后才能访问该业务。授权总是需要鉴权过程来确认远端设备的身份。

需鉴权：在连接到应用程序之前，远端设备必须接受鉴权。

需加密：在允许访问服务之前，链路必须进入加密模式。

另外，蓝牙还定义了默认安全级别，用于提供继承应用的需要。当处在最低安全级别时，任何设备都可以得到服务。当处于最高安全级别时，服务需要授权和鉴权，这时可信任设备可以访问服务，但不可信任设备则需要手工授权后才能访问服务。

12.4.3　链路层安全体系

1．链路层安全参数

在链路层中使用了四种不同的实体来保证安全。每一个用户有一个唯一的蓝牙设备地址（BD-ADDR）、两个加密密钥和一个随机数（每交易一次，变化一次）。链路层的实体及其长度如表 12-3 所示。

表 12-3　链路层的实体及其长度

实　体	长　度
蓝牙设备地址（BD-ADDR）	48 b
秘密的认证密钥	128 b
秘密的加密密钥（比特长度可变）	8～128 b
随机数（RAND）	128 b

蓝牙设备地址（BD-ADDR）：是一个 48 b 的 IEEE 地址。对于每个蓝牙设备该地址是唯一的、公开的，通过 MMI（人机接口交互）或查询过程得到。

认证密钥：认证密钥在设备初始化期间生成，由两个或多个蓝牙网络成员共享，用于认证过程，也作为生成加密密钥的参数。蓝牙采用了一种功能强大的现代加密算法（SAFER+）生成 128 b 的认证密钥。认证密钥由一个随机数、PIN 码的低 8 b 及 BD-ADDR 生成。

加密密钥：通常在认证期间由认证密钥生成，其长度根据算法要求选择 8～128 b（要求是 8 b 的整数倍）。当前给出的 64 b 加密长度足以满足大部分用户的保密要求。加密密钥的长度由厂商预先设定，用户不能更改。为防止用户使用不允许的密钥长度，蓝牙基带处理器不接受高层软件提供的加密密钥。使用加密方式进行点对多点的通信时，主设备可以使用不同的加密密钥与每一台从设备进行通信。

随机数（RAND）：随机数 RAND 由蓝牙单元内随机过程或伪随机过程生成，其长度为 128 b，它不是静态参数，经常会发生变化。

2．鉴权（Authentication）

鉴权是为了防止非法访问数据，防止伪造合法用户。鉴权的作用有两个：一是进行身份认证；二是确认参数传递是否成功。蓝牙鉴权有一个先决条件，那就是鉴权单元和被鉴权单元之间的链路已经有链路字并且安全。

蓝牙的鉴权方案采用询问与响应策略。协议检查双方是否有相同的密钥，如果有则鉴权通过。在鉴权过程中生成一个鉴权加密偏移值 ACO，并存储在两个设备中用于以后加密密钥的生成。在方案中，校验者通过对申请者是否能够根据认证算法 E1 认证随机数 $AU\text{-}RAND_A$，并返回认证结果 SERS 进行校验，如图 12-9 所示。

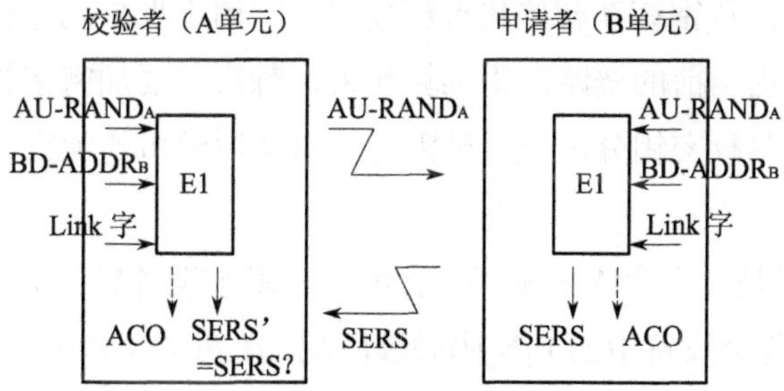

图 12-9　询问与响应策略

由图 12-9 可知：E1 算法输入参数包括随机数 $AU\text{-}RAND_A$ 及申请者的蓝牙设备地址 $BD\text{-}ADDR_B$，使用该地址可以防止简单的反射攻击，由单元 A 和单元 B 共享的密钥为当前链接字。

鉴权方案按以下步骤进行。

（1）鉴权设备 A 向鉴权设备 B 发送一个随机数供鉴权。

（2）用 E1 鉴权函数，使用随机数、鉴权设备 B 的蓝牙地址和当前链路密钥匹配时得出响应。

（3）鉴权设备 B 将响应发往请求被鉴权设备 A，设备 A 而后判断响应是否匹配。

哪个设备将被鉴权由应用决定，这意味着被鉴权设备不一定是主设备。鉴权可以单向进行，也可以互相鉴权。某些应用只要求进行单向鉴权。而在点对点对等通信中，可能更希望互相鉴权。如果鉴权失败，则必须经过一段时间后才会允许新一轮鉴权。这样可阻塞一些恶意的试验性攻击。

3. 密钥管理

为了确保数据的安全传输，蓝牙系统定义了几种密钥，其中最重要的密钥是链路密钥，它用于 BT 两个设备的鉴权。使用链路密钥可以得到加密密钥，它可以保护报文数据并对所有的新传输重新生成密钥。对于 PIN 来说，虽然它不是密钥，但可以用来识别蓝牙设备。

（1）链路密钥。链路密钥是一个 128 b 随机数，为通信双方或多方共享，构成多方安全通信的基础。它用于两个蓝牙设备之间的鉴别。针对不同应用，有 4 类链路密钥。

单元密钥 K_A：K_A 在单元 A 中生成。它的存储只需要较少内存的蓝牙单元，用于设备允许大量的其他用户访问且设备存储空间小的情形。

联合密钥 K_{AB}：K_{AB} 由单元 A 和单元 B 的信息生成。每一对新单元组合均需要生成新联合密钥。它用于安全要求高且需要较大存储空间的设备间。

临时密钥 Kmaster：此密钥在主设备需同时向多个从设备传输数据时使用。在此会话过程中，它将临时替代原有的链路密钥。

初始化密钥 K_{INT}：该密钥在初始化过程使用。它用于保护初始化参数的传输。

（2）加密密钥。由当前的链路密钥推算而来，每次需要加密密钥时它会自动更换。之所以将加密密钥与鉴权密钥分离开，是因为可以使用较短的加密密钥而不减鉴权过程的安全性。

（3）PIN。PIN 码是一个个人识别码，它可以是蓝牙设备提供的一个固定码，也可以由用户任意指定。但两个设备中的 PIN 码必须匹配。在两个设备中，采用用户指定的 PIN 码，比采用设备自身提供的 PIN 码更安全。即使采用固定的 PIN 码方式，也应该允许能够改变 PIN 码，以防止获得该 PIN 码的用户重新初始化设备。如果找不到可用的 PIN 码，则使用默认值 0。短 PIN 码可以满足许多具体应用的安全性要求，但存在不确定的非安全性因素；过长的 PIN 码则不利于交换，需要应用层软件的支持。因而，在实际应用中，常采用短的数据串作为 PIN 码。其长度一般不超过 16 B。

在应用层中，用户可以使用个人标识码 PIN 来进行单 / 双向认证。

4. 加密

只有至少进行了一次成功的鉴权活动之后，才可以进行加密。蓝牙系统加密算法采用 E0 流密码方式，系统地对每个数据包的净荷进行加密。E0 将对每一有效载荷（净荷）重新同步。流密码系统 E0 由三部分组成：第一部分执行初始化工作，生成有效载荷字（即净荷密钥）；第二部分生成字流位；第三部分完成加密和解密。有效载荷字的生成非常简单，它将输入位按一定的顺序进行组合，然后将它们转移到用于字流发生器的四位 FLSRs（线形反馈移位寄存器）中。

有几种加密模式可供使用（取决于设备使用半永久链路密钥还是主密钥），如果使用了单元密钥或联合密钥，广播的数据流将不进行加密，点对点的数据流可以加密也可以不加密。如果使用了主密钥，则有三种可能的模式。

（1）不对任何数据流进行加密。

（2）点对多点（广播）数据流不加密，点对多点数据流用临时密钥 Kmaster 进行加密。

（3）所有数据流均用临时密钥 Kmaster 进行加密。

由于密钥长度从 8～128 b 不等，信息交互双方必须通过协商确定密钥长度。在协商中，既可以自己提议，也可以拒绝他人的建议。在每个应用中都定义了最小的密钥长度，假如两个参与设备的最小密钥长度得不到满足，应用程序就会中断协商，加密就不能使用。这就可能防止了某些非法用户用较小的密码长度设置去侵害系统。

E0 算法的输入参数为：主单元产生的随机数 EN_RAND_A、主单元蓝牙设备地址、主单元实时时钟位（CLK_{26-1}）的 26 b 和加密字 Kc。加密算法 E0 生成及解密过程如图 12-10 所示。

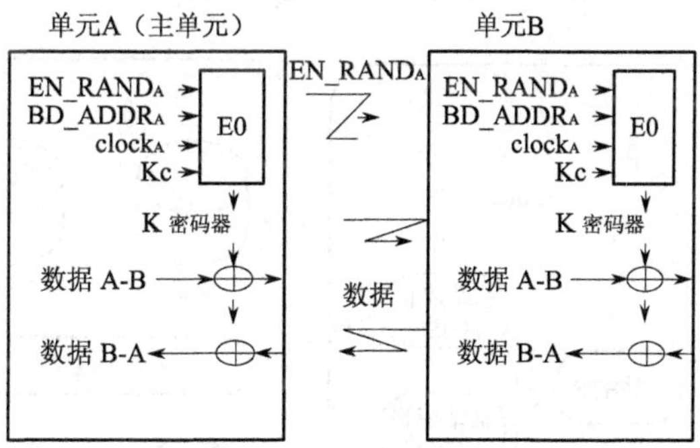

图 12-10　加密算法 E0 生成及解密过程

加密字 Kc 由 E3 算法产生；输入参数：96 b 的加密偏移数 COF、128 b 的 RAND 和当前链路字。COF 按以下规则取值：若当前链路字是主单元字，则表示串联；若当前链路字不是主单元字，那么 COF 为两单元鉴权时的 ACO。当链路管理器激活加密过程时将自动调用 E3 算法，因此，蓝牙单元每次进入加密模式将自动更改加密字。Kc 在进入加密模式之前由主单元发布。其中，EN_RAND_A是公开的。

在 E0 算法中，加密字 Kc 被修改为实际加密字 Kc′。Kc′可在 1～16 B（8～128 b）间变化，但其最大有效长度由厂商预置。增加的 Kc′长度是抵抗由于破译方计算能力增加而对密钥构成威胁的最直接方法，目前 64 b 加密字长足以满足大部分用户的保密要求。

12.5　GSM 系统及其安全机制

全球移动通信系统（Global System for Mobile Communications，GSM）也称为“全球通”，是起源于欧洲的移动通信技术标准，是第二代移动通信技术，其目的是让全球各地可以共同使用一个移动电话网络标准，让用户使用一部手机就能走遍全球。目前，中国移动、中国联通各拥有一个 GSM 网，为世界最大的移动通信网络。

GSM 系统提供基本的语音和数据通信业务，也提供各种增值业务和承载业务。它采用 FDMA/TDMA 接入方式及扩频通信技术，从而提高了频率的复用率，同时也增强了系统的抗干扰性。GSM 主要采用电路交换。它主要提供鉴权和加密功能，在一定程度上确保用户和网络的安全。

12.5.1　GSM 系统结构

GSM 系统结构如图 12-11 所示。移动站与基站系统通过空中接口进行通信。基站与基站控制台之间通过 A-bits 接口进行通信。基站控制台再通过 MSC（Mobile Switching Center）与网络和交换子系统 NSS（Network and Switching Subsystem）相连接。

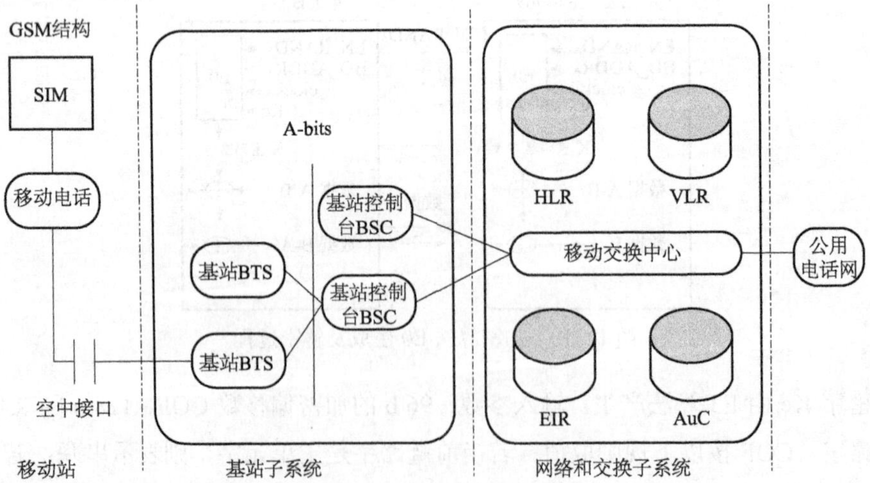

图 12-11　GSM 系统结构

移动站：由客户识别模块（Subscriber Identity Module，SIM）和移动设备（Mobile

Equipment，ME）组成。移动设备和 SIM 卡统称为移动终端（Mobile Terminal，MT）。SIM 卡为每一个移动电话提供一个唯一的身份标志（International Mobile Subscriber Identity，IMSI），用于唯一地标示一个用户。

基站子系统：基站子系统（Base Station Subsystem，BSS）是移动站（MS）与网络和交换子系统（NSS）通信的桥梁。典型的基站子系统由基站收发台（Base Transceiver Station，BTS）和基站控制器（Base Station Controller，BSC）两部分组成。基站控制器通过移动交换中心（MSC）将 BTS 与网络和交换子系统（NSS）连接起来。基站控制器通过 A-bits 接口使用 ISND 协议和移动控制台之间进行通信。

网络和交换子系统：网络和交换子系统（NSS）支持更大范围内移动用户通信内容的交换功能、网络用户基本信息的维护和移动管理功能。NSS 中的接口使用的是电话网络中的信令协议。NSS 中包含的网络实体比较多，最为核心的有移动交换中心 MSC、用户归属位置寄存器 HLR、鉴权中心 AuC 和访问位置寄存器 VLR。其中，移动交换中心 MSC 负责提供基本的交换功能。HLR 数据库和 VLR 数据库及 AuC 鉴权中心是三个非常重要的数据库，存储一些用户信息方便移动用户的管理和服务。在这三个数据库中 AuC 存储了许多敏感信息内容，此数据库在物理位置上通常与 HLR 数据库部署在一起，受到高度的保护。

12.5.2　GSM 系统的安全机制

1. 安全相关算法

GSM 的安全是以 GSM 标准中算法的保密性为前提的。GSM 标准的开发过程是受到高度保密的，所使用的算法不公开，对公众保密。大多数的安全专家认为，GSM 网络提供的安全是不可靠的安全，如果对外公开很有可能在短期内被攻破。GSM 系统中算法及算法之间的相互关系如图 12-12 所示。A3 认证算法是 GSM 标准文档中的范例算法，也是全球大部分 GSM 网络使用的认证算法。A8 会话密钥产生算法，同 A3 算法一样独立于运营商，也是单向函数。A5 是空中接口加密算法。

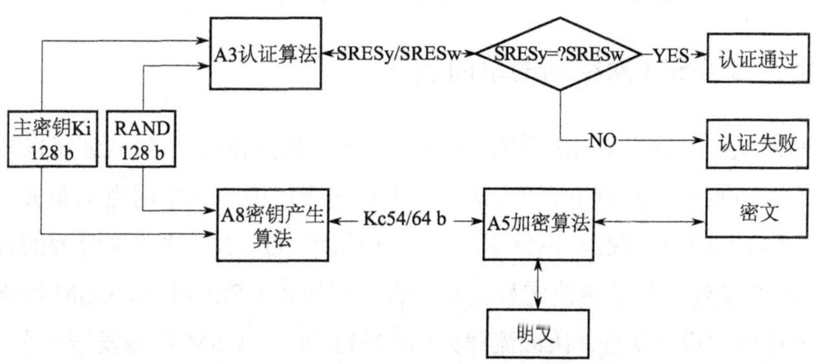

图 12-12　GSM 系统中算法及相互关系

2. GSM 系统中安全相关实体

如图 12-11 所示，GSM 系统中安全相关实体有如下四个。

（1）移动交换中心（MSC）。MSC 主要实现路由功能，同时也提供基本的链路控制等功能。

（2）用户归属位置存储器（Home Location Register，HLR）。HLR 负责存储所属区域内所有用户重要信息的存储。HLR 中存储一些诸如 IMSI 的永久信息，存储用户定购的服务，用户的电话号码，认证密钥（主密钥）Ki 和一些临时信息。HLR 必须提供 MSC 所需要的所有信息。

（3）用户访问位置存储器（Visitor Location Register，VLR）。VLR 包含 MSC 当前提供服务的所有用户的相关信息。一般在 VLR 中存储的永久信息也同时存储在 HLR 中。

（4）认证中心（Authentication Center，AuC）。AuC 是一个受到高度保护的高安全级别数据库，此数据库中主要存储一些非常重要的数据，如 A3 认证算法、A5 加密算法、A8 密钥产生算法等。AuC 中有一个随机数产生器，负责产生认证时所需的鉴权随机数 RAND（Random Numbers）。AuC 的最主要的功能之一是负责产生鉴权三参数组（RAND，SRES，Kc），并将其传送到所需的 HLR 数据库和 VLR 数据库中。

3. GSM 网络的安全服务目标

GSM 网络中提供的安全服务目标有三个。

（1）提供移动用户到 GSM 网络端的身份认证服务，通过认证的用户可以享用 GSM 网络提供的服务，从而避免非法用户接入 GSM 网络。

（2）提供空中接口上数据和信令的加密功能，结合调频功能实现无线接口上数据的安全性。

（3）通过使用临时移动用户标志（Temporary Mobile Subscriber Identity，TMSI）代替国际移动用户标志（IMSI）在无线链路上传送，以实现移动用户身份的保密性和位置的隐蔽性，以防止其他人对用户的身份进行识别和跟踪。

12.5.3　用户到 GSM 网络端的单向认证

GSM 网络认证是整个 GSM 系统提供的安全机制的基础，身份认证可以防止非授权用户接入 GSM 网络。早期的有线电话网络中冒充合法用户来享用电话服务的例子比比皆是。为了解决此问题，GSM 网络引入了认证功能。GSM 网络认证流程的目的在于检验移动用户的合法性，然后再决定移动站是否有权接入 GSM 网络。GSM 网络通过挑战/应答的方法对用户进行认证。认证流程如图 12-13 所示：GSM 网络发送一个 128 b 的鉴权随机参数 RAND 通过空中接口传送给移动站。移动站接收到 RAND 之后，在 SIM 卡端进行和认证中心 AuC 中相同的操作，即：以鉴权随机参数和主密钥为输入通过认证算法 A3 产生一个鉴权参数响应值 SRESy。移动站将此数值通过空中接口传送到 GSM 网络。网络端将移动站传送回来的 SRESy 同 AuC 中此用户对应的 SRESw 进行比较，如果这两个数值相等，则认证成功，用户可以接入 GSM 网络。否则认为该用户为非法用户，拒绝其接入 GSM 网络。AuC 数据库负责产生鉴权参数组（RAND，SRES，Ki）并且将鉴权参数组发送给对应的 HLR 数据库和 VLR 数据库，以备认证过程中使用。如果 MSC 发现对应的数据库中存储的鉴权参数组不足时，就会向 AuC 发送鉴权参数组请求消息，AuC 最多产生 10 个鉴权参数组。

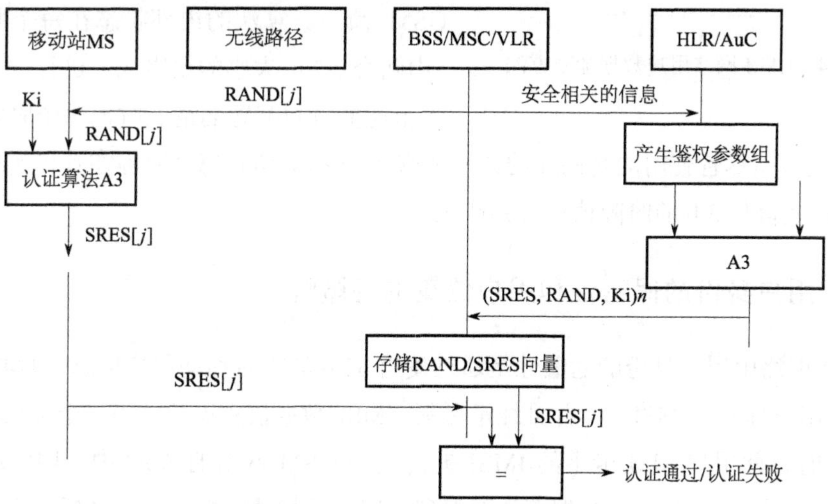

图 12-13　GSM 网络认证流程

12.5.4　空中接口加密

GSM 网络主要通过加密来保护空中接口上的信令和用户数据的安全。一旦用户认证通过之后，移动用户 MS 和基站收发台 BTS 之间就采用密文的形式开始传送通信内容。采用的为对称加密算法 A5 算法，加密密钥为 Kc。GSM 网络中加密算法 A5 是在移动站的硬件上实现的，因此加密和解密的速度都非常快。为了提供高级别的安全性，要求加密密钥 Kc 应该经常更新。从 GSM 认证的过程可以看出，每次认证过程中也同时实现了会话加密密钥 Kc 的更新。在移动用户 MS 端，Kc 的产生是以 Ki 和 RAND 作为输入经过 A8 算法产生，Kc 被存储在移动用户的 SIM 卡中。在网络端，认证中心 AuC 中产生鉴权三参数组其中包括 Kc，并将 Kc 传送到负责和移动站连接的基站收发台 BTS 上，从而实现网络端 BTS 和移动站设备之间的加密 / 解密功能。网络端的算法选择很灵活，一般网络端支持多达七种不同的加密算法，在具体的加密时网络端会选择一种移动设备支持的算法。移动站通常会在和网络端进行通信之初，通过发送信息告知网络端自身支持的算法是哪一种。加密算法 A5 产生一串二进制数据流（密码块），然后将此二进制数据流同用户数据进行模二加运算，从而产生在空中接口中传送的密文。在网络端的 BTS 对密文使用同样的密码块（若使用相同的会话加密密钥 Kc，则此密码块应该是相同的）再进行一次模二加运算实现对加密数据的解密。GSM 网络用户数据加密方法如图 12-14 所示。

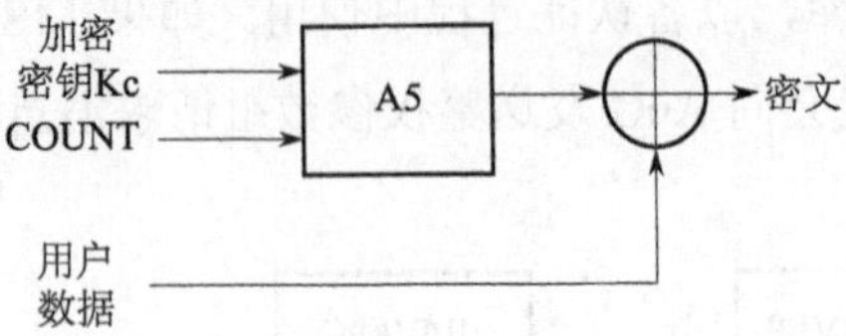

图 12-14　GSM 网络用户数据加密方法

由图 12-14 的加密方法可以看出加密方法 A5 的输入之一是数据 COUNT，此数值是基于 TDMA 帧的数值，顺序地应用到每个 4.6 ms 的 GSM 帧上。算法的内部状态在每个脉冲周期（由两个 57 b 大小的块组成）进行一次刷新。当出现多时隙配置的情况时，每个时隙都会维持不同的密文。尽管使用的是同样的会话加密密钥 Kc，但是每个时隙在具体实现时都会将 Kc 中的数值与 3 b 的时隙值进行异或运算。

12.5.5　用户身份的保密性和用户位置的隐匿性

GSM 网络中用户身份的隐匿性是通过使用 32 b 的临时移动用户标志（TMSI）代替国际移动用户标志（IMSI），并且经常更新 TMSI 数据值实现的。当一个 GSM 用户第一次开机时，此用户 SIM 卡上的 IMSI 被传送到 GSM 网络的 AuC 中，网络端实体以 IMSI 为检索值，查询 AuC 数据库从而得到该用户的相关数据。在此之后，一个临时移动用户标志 TMSI 被传送到移动用户端。此后在无线链路上进行通信需要标示用户身份时，很少使用 IMSI，仅仅当网络中出现异常无法识别 TMSI 数值时，才会传送 IMSI。这样可以有效地避免窃听者通过截获 IMSI 数值，鉴别用户身份对用户实现跟踪和定位的威胁。用户使用的 TMSI 数值更新的频率主要取决于位置更新的频率。每次移动用户进行位置更新时，网络端都会指定一个新的 TMSI 数值给移动站。TMSI 和 IMSI 的数值在网络端都进行了一对一的映射存储，以便网络端能够正确地识别用户。

本章小结

本章从移动通信系统、移动设备自身及外部因素 3 个方面分析了移动电子商务所受到的安全威胁。分析了无线通信协议 IEEE 802.11 协议的结构、组网方式和安全机制。阐述了蓝牙系统的结构和安全机制，深入分析了蓝牙链路层安全体系。论述了 GSM 系统结构和安全相关算法，深入分析了用户到 GSM 网络端的单向认证过程，空中接口加密方法，以及用户身份的保密性和用户位置的隐匿性。

思考题

1. 请简要说明移动电子商务的特点。

2. 请列举移动电子商务受到的安全威胁。

3. 分析 IEEE 802.11 体系结构与 OSI 和 LAN 之间的关系。

4. WAP 无线网络由哪三者组成?

5. IEEE 802.11 定义了两种常用的无线网络：点对点（Ad-hoc）自治无线网络和基础设施网络（Infrastructure Networks），请分析两种无线网络的结构。

6. IEEE 802.11 的安全机制主要包括哪几个方面?

7. 请说明 WEP 数据加密的过程。

8. 请说明 IEEE 802.11 用户认证的方法。

9. 蓝牙无线通信系统的网络拓扑结构有几种，各有什么特点?

10. 蓝牙系统的安全模式有几种，是如何定义的?

11. 请分析蓝牙系统的鉴权策略。

12. 请说明 GSM 系统结构有几部分组成，各部分的作用是什么?

13. GSM 系统中相关的安全算法有几个? 说明它们之间的关系。

14. 请论述 GSM 网络认证的流程。

15. 请说明 GSM 网络用户数据加密方法。

16. GSM 系统中是如何实现用户身份的保密性和用户位置的隐匿性的?

第 13 章

电子商务云安全

内容提要

电子商务有别于传统商业模式的最大特点在于充分依靠了互联网技术。这个领域的企业及企业人员对互联网前沿思想和技术有着天然的前瞻性。例如，在 Google 正式提出“云计算”之前，亚马逊就已经推出了弹性计算云服务。云计算推动了电子商务领域的发展，给电子商务企业带来了许多经济利益。然而，安全保障是制约云计算普及的瓶颈。如何保证安全，如何更高效地处理业务是云计算在电子商务领域进一步发展应重视的问题。

本章重点介绍云计算的产生与发展、云计算的定义、云计算体系结构与分类、云计算与电子商务、云计算风险、云安全及关键技术和云计算安全框架。

13.1 云计算

13.1.1 云计算的产生与发展

在人类文明发展的历史上，中国曾经在早期计算工具的发明创造方面写过光辉的一页。远在商代，中国就创造了十进制计数方法，领先于世界千余年。到了周代，发明了当时最先进的计算工具——算筹。随着数学的发展，对计算速度和准确性的要求不断提高，人类就不断地发明和改进计算工具。从古老的算筹，到算盘、计算尺、差分机，直到 1946 年第一台电子计算机诞生，计算工具经历了从简单到复杂、从低级到高级、从手动到自动的发展过程。而在计算机诞生之后，随着电子工艺的不断发展，计算机由最初的大型主机阶段，发展到小型计算机阶段，直至 20 世纪 70 年代，个人计算机出现之后，计算机开始普及到大众的日常生活中。

人们对计算能力需求的不断增长推动了计算机技术的发展。1964 年 IBM 与美国航空公司建立了第一个全球联机订票系统，把美国当时 2 000 多个订票的终端用电话线连接在了一起，标志着计算机进入了客户机/服务器阶段。而互联网的问世，使得地球变成了一个"地球村"，人们借助计算机进行广泛的信息交流与共享，信息爆炸时代来临。为了满足互联网时代的海量数据的处理要求及随时进行计算的需求，云计算技术应运而生。

自从网络出现以来，富有创造力的工程师们喜欢把网络在纸上画成一朵云，自诩为浪漫的工程师。2006 年 Google 首席执行官埃里克 · 施密特，在搜索引擎大会（SES San Jose 2006）上首次提出"云计算"的概念，并成功引发了产业界对于云计算的极大关注。自从 Google 提出云计算之后，IBM、微软等 IT 业巨头大力推动，紧接着学术界也积极参与进来，云计算迅速成为研究热点。

2008 年 11 月，美国《商业周刊》发表了一篇著名的文章"Google 及其云智慧"，开篇宣称"这项全新的远大战略旨在把强大得超乎想象的计算能力分布到众人手中"。预示着云计算作为一种革命性的技术得到了产业界的普遍关注，许多公司出台了一系列产品或规划。表 13-1 所示给出了云计算诞生以来的标志性事件。

表 13-1 云计算诞生以来的标志性事件

时　间	事　件
2006 年 8 月	Google 提出"云计算"的概念
2007 年 11 月	IBM 发布业界首个云计算商业解决方案"蓝云"计划
2008 年 1 月	Salesforce 推出了世界上第一个 PaaS 的产品 Force.com 平台
2008 年 2 月	EMC 中国研发集团云架构和服务部正式成立
2008 年 2 月	IBM 宣布在中国无锡为中国建立第一个云计算中心
2008 年 6 月	IBM 宣布成立 IBM 大中华区云计算中心

续表

时　间	事　件
2008 年 7 月	HP、英特尔和 Yahoo 联合创建云计算试验平台 Open Cirrus
2008 年 8 月	戴尔申请“云计算”商标
2008 年 10 月	微软宣布其云计算战略，并发布了云计算平台 Windows Azure
2009 年 1 月	阿里软件在江苏南京建立首个“电子商务云计算中心”
2009 年 2 月	思科发布其云计算服务平台，并与 EMC、VMware 建立 VCE 联盟
2009 年 11 月	中国移动云计算平台“大云”计划启动
2010 年 8 月	上海市发布 “云海计划”
2010 年 10 月	北京市发布《北京“祥云工程”行动计划》

Google 作为云计算的先锋，在云计算领域有着举足轻重的地位。它提出的云计算强调云的重要性，因为 Google 从来就没有端，并且推出 Google 文件系统（Google File System，GFS）占据主动。Google 的“云”是由成百上千的普通 PC 连在一起形成，但是可以提供高效、可靠的运算服务。目前，Google 已经允许第三方在 Google 的云计算中通过 Google App Engine 运行大型并行应用程序。Google 开放的学术思想进一步推动了云计算的发展，Google 以学术论文的形式公开其云计算三大法宝：GFS、MapReduce 和 BigTable，并在美国、中国等高校开设如何进行云计算编程的课程。

IBM 2007 年 11 月就推出“蓝云”（Blue Cloud）计划，为客户提供即刻使用（Ready-to-Use）的云计算。2008 年，其云计算浏览器“蓝云杉”计划就已经取得了突破性进展。IBM 一直都在部署其云计算计划，包括“智慧星球”在内，试图将整个建筑、交通、医疗体系等电子化，纳入庞大的云结构中，力图构建一个全球化的计算平台。

亚马逊使用弹性计算云（EC2）和简单存储服务（S3）为企业提供计算和存储服务。亚马逊在其内部群集计算机数据中心的基础上，建立了弹性计算云平台，用户通过平台提供的接口使用云服务，并根据其使用状况决定自己的支付方式。用户支付自己在线使用的实例，使用结束，计费也相应终止。目前，云计算已经是亚马逊增长最快的业务之一。

微软紧跟云计算步伐，强调“云+端”才是云计算，因为微软的视窗一直是端中霸主。微软于 2008 年 10 月推出了 Windows Azure（“蓝天”）操作系统。Azure 的底层是微软全球基础服务系统，由遍布全球的第四代数据中心构成。Azure 是继 Windows 取代 DOS 之后，微软的又一次颠覆性转型——通过在互联网架构上打造新云计算平台，让全世界数以亿计的 Windows 用户桌面和浏览器真正由 PC 延伸到“蓝天”上。

而其他一些公司，如 VMware 认为虚拟化才是云计算的核心，开发出了用于服务器端虚拟化的 VSphere 和桌面虚拟化产品 VMware View。SUN 公司则认为网络就是计算机，成为了具有掌握所有不同种类云虚拟化能力的少数公司之一，其中包括：管理程序（Sun xVM Server）、操作系统（Solaris Containers）、网络（Crossbow）、存储（COMSTAR,

ZFS）和应用程序（GlassFish 和 Java CAPS 技术）；Adobe 则通过 Adobe Flash Platform Services 为 Flash 开发人员提供在线托管服务，方便开发人员在社交网络、桌面和手机上发布 Flash 应用、游戏和多媒体。

13.1.2 理解云计算

云计算的概念包括了集群计算、网格计算和效用计算。集群计算和网格计算的作用在于利用多台计算机，并行地处理任何大小的作业。效用计算提出了将计算视为服务，按需付费的概念。云计算的作用在于合理使用动态资源，分发服务给终端用户。云计算提供商通过大的数据中心或服务器群为用户提供服务。云计算模型使用户能够通过终端连接设备共享其访问的资源。

因此，云计算并不是一个全新的技术，它是已有技术的整合。云计算的贡献是提出了一种思维模式。云计算处理计算任务的思想是：在聚合分发的过程中，秉持公平、合理的原则；迭代寻优，以达到资源的优化配置，从而有效地创造出产业效益。

不同的商业模式对云计算的定义不同。许多专家、研究组织及相关厂家从不同的研究视角给出了云计算的定义。

维基百科给出的最新定义为：云计算是一种基于互联网的计算方式，通过这种方式，共享的软／硬件资源和信息可以按需求提供给计算机和其他设备。用户不再需要了解“云”中基础设施的细节，不必具有相应的专业知识，也无须直接进行控制。

美国国家标准与技术研究院（NIST）定义云计算是一种资源利用模式，它能以方便、友好、按需访问的方式通过网络访问可配置的计算机资源池，如网络、服务器、存储、应用程序和服务，在这种模式中，可以快速供应并以最小的管理代价提供服务。

中国云计算专家委员会认为云计算最基本的概念是：通过整合、管理、调配分布在网络各处的计算资源，并以统一的界面同时向大量用户提供服务。借助云计算，网络服务提供者可以在瞬息之间，处理数以千万计甚至亿计的信息，实现和超级计算机同样强大的效能。用户可以按需计量地使用这些服务，从而让“计算”成为一种公用基础设施。

分析总结以上定义，可以得出云计算有以下五个基本特征。

（1）按需服务。“云”可以提供几乎无极限的、庞大的资源。用户可以按需购买并使用，就如同使用水、电一样。不仅如此，由于云计算使得计算成为一种公用基础设施，用户根本不需要再投资昂贵的软／硬件获取这些服务。

（2）超大规模。云计算通过整合、管理数目庞大的计算机集群，提供给用户无法想象的计算能力和存储能力。因此，云计算的数据中心无一不是超大规模的。Google 在全球有 30 多个数据中心，服务器总数超过 100 万台。

（3）抽象化。因为所有请求的资源都来自“云”，所以用户使用云计算提供的服务时，可以在任意位置使用多种不同的终端设备获取服务。应用在“云”中运行，而用户无须了解这些应用运行的具体位置，这样能有效地简化应用的使用。

（4）高可靠性。云计算中心为了确保服务的高可靠性，在软件上，部署数据容错和备份；在硬件上，采用热备份和多路通道；在基础设施层面上，如电力、制冷、网络连接等也采用了冗余设计。

（5）通用性。云计算中心很少有特定的应用设计，但它能有效支持业界大多数的主流应用，并且一个“云”可以支撑多个不同类型的应用同时运行，并保证这些服务的运行质量。

总之，云计算是一种方便的使用方式和服务模式。通过互联网按需访问资源池模型（如网络、服务器、存储、应用程序和服务），可以快速地、通过最少的管理工作为用户提供服务。云计算是并行计算（parallel computing）、分布式计算（distributed computing）和网格计算（grid computing）等技术的发展，又是虚拟化（virtualization）、效用计算（utility computing）的商业计算模型。云计算不仅是技术革命，更是一种商业模式的创新和运营。

13.1.3　云计算体系架构

云计算的体系架构可以分为服务和管理两大部分，如图 13-1 所示，云服务共包含三个层次。

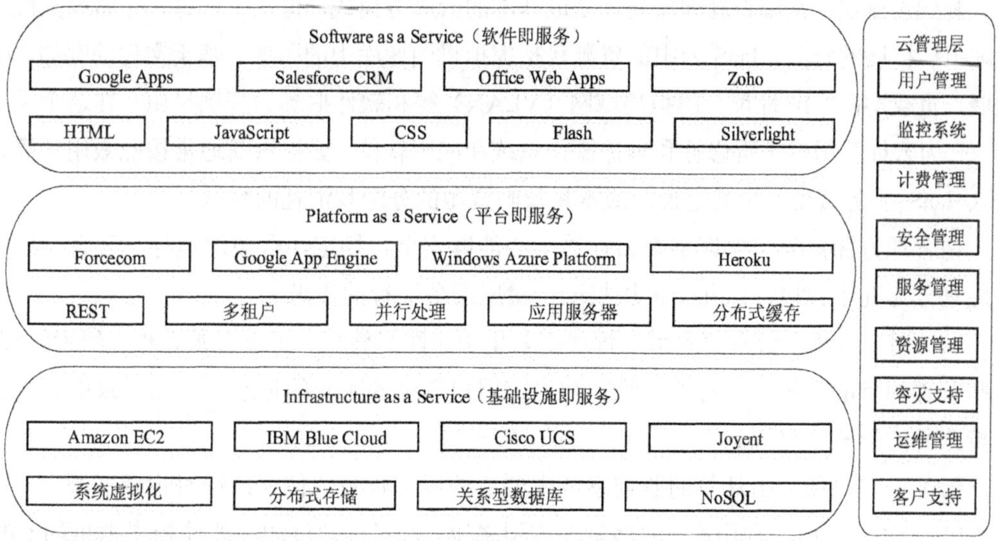

图 13-1　云计算体系架构[27]

顶层（应用层）是软件即服务（Software as a Service，SaaS），这层的作用是将应用主要以基于 Web 的方式提供给客户。中间层（平台层）是平台即服务（Platform as a Service，PaaS），这层的作用是将一个应用的开发和部署平台作为服务提供给用户。底层（基础设施层）是基础设施即服务（Infrastructure as a Service，IaaS），这层的作用是将各种底层的计算（如虚拟机）和存储等资源，作为服务提供给用户。因为这三层提供的服务和面向的用户完全不同，这三层在逻辑上完全独立分割。但是从技术角度上说，云服务的 SaaS、PaaS、IaaS 都是有一定内在联系的。顶层的 SaaS 在调用 SaaS 层本身资源和技术时，还需要获取 PaaS 所部署的平台资源，而 PaaS 向 SaaS 提供所部署的平台资源时，则需要向 IaaS 调用底层的存储资源和基础架构。因此这三层环环相扣，缺一不可，既独立分割，又互相依存。

应用层：软件即服务，有时也被称为“按需软件”，是一种软件交付模式，即软件和相关的数据都集中托管在云上。SaaS 是典型的用户使用瘦客户端通过网络浏览器访问的模式。SaaS 已经成为一个业务应用程序的交付模式，包括会计、协作、客户关系管理（CRM）、管理信息系统（MIS）、企业资源规划（ERP）、人力资源管理（HRM）、内容管理（CM）等。SaaS 已经被纳入到很多先进软件公司的策略中。这些公司的最大卖点之一就是利用外包硬件和软件维护，进而帮助客户降低 IT 运营和维护的成本。

平台层：平台即服务，也是一种云计算服务的模型。PaaS 是将软件研发的平台作为一种服务提供给用户的商业模式。在这个模型中，消费者可以使用此平台提供的工具或仓库创建软件，还可以控制软件的部署和配置设置。平台层能够满足用户对于云应用可伸缩性、可用性和安全性等方面的需求，是一个优化的“云中间件”。

基础设施层：基础设施即服务，是最基本的云服务模式，提供了计算、存储或支持大量虚拟机扩展的资源。IaaS 云中的资源包括虚拟机图像库中的图像、基于文件的存储、防火墙、负载均衡、IP 地址、虚拟局域网（VLAN）等和软件捆绑的基础设施。在这个模型中，它为云计算用户负责修补和维护操作系统和应用软件。云提供商通常按照效用计算来收取 IaaS 服务费用，也就是说，成本将反映资源的分配和消耗的数量。

在管理方面，为了保证整个云计算中心能够安全、稳定、有效地运行，云管理层相应地划分为九个模块，这九个模块将一一对应服务运行的需求。

（1）用户管理。云方面的用户管理主要集中于账号管理、单点登录管理、配置管理，这些管理的目的是统一地管理、维护和追踪用户登录的账号的记录、单点登录的记录和所持账号的配置信息等。

（2）监控系统。云计算的监控系统主要监控以下资源的使用：针对物理资源主要监控 CPU 使用率、内存利用率、网络带宽占用率等；针对虚拟资源主要监控虚拟机的 CPU 使用率、内存利用率、网络带宽占用率等；针对应用资源主要监控应用的响应时间是否满足预先设定的服务级别、条款等。

（3）计费管理。监控系统按照所采集的数据计算每个用户所使用的资源和效能，准确地向用户收取费用，并提供完善和详细的账单。

（4）安全管理。安全管理为云服务中心的整体安全提供保障，目的是保护好云的基础设施和已经基于这些基础设施运行的数据和应用。安全管理措施包括制定云计算中心的安全规范和政策，适当部署防火墙和入侵检测系统，监控外部风险。

（5）服务管理。通常，云服务遵循面向服务架构（Service-Oriented Architecture，SOA）规范，按照功能的不同，将应用拆分为多个服务，并通过服务接口进行调用。因此，服务就如同积木一样可以松散，也可以编排出一个完整的系统。

（6）资源管理。资源管理和物理节点的管理相关，如服务器、存储设备和网络设备等。通过使用资源池这种资源抽象方法，将具有庞大数量的物理资源集中到一个虚拟池中，资源从创建到使用的整个流程自动化，通过自动调整云中资源起到均衡负载的作用。

（7）容灾支持。容灾支持涉及数据中心的灾备。通常需要建立异地灾备中心，实现云数据中心和其异地灾备中心同步，进而保证整个云服务持续运行不受影响。

（8）运维管理。一个强健的、自动化的运行维护系统才能保证云的运行顺畅和稳定。运维包括监控，如何监控资源使用情况，保证功耗的合理；监控所有发生的事件，利用规范化的流程，捕捉任何违规的事件。

（9）客户支持。客户支持主要是帮助用户解决疑难问题，以提升用户的满意度。需要建设一整套完善的客户支持系统，确保问题能被及时解决或反馈。

13.1.4　云计算分类

按照云计算提供者与使用者的关系进行划分，可以将云计算划分为私有云、公共云和混合云三类，如图 13-2 所示。

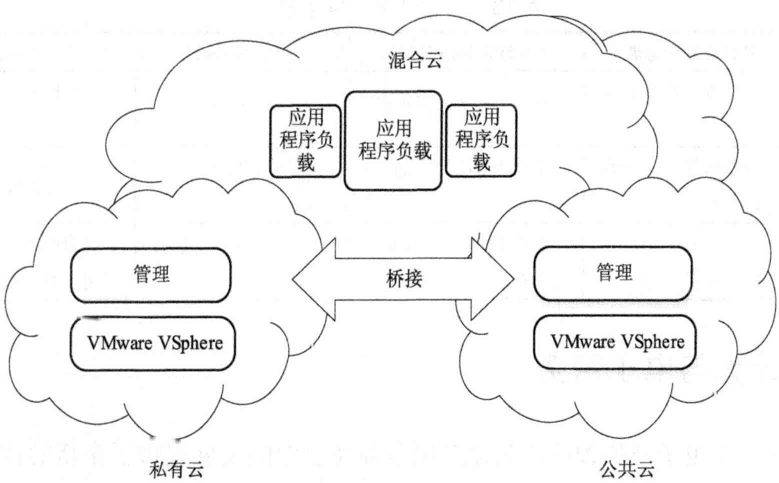

图 13-2　云计算的分类

（1）私有云（private cloud）。私有云是由某个企业独立构建和使用的云环境，在私有云中，云基础设施是为一个客户单独使用而构建的，因而可以提供对数据、安全性和服务质量的最有效控制。私有云可以部署在企业数据中心中，也可以部署在一个主机托管场所，被一个单一的组织拥有或租用。用户是这个企业或组织的内部成员，这些成员共享着该云计算环境提供的所有资源，其他组织的用户无法访问这一云计算环境提供的服务。

（2）公共云（public cloud）。公共云基础设施属于提供云计算服务的组织所拥有，该组织将云计算服务销售给一般大众或广泛的其他群体，由若干企业和用户共享使用。在公共云中，用户所需的服务由一个独立的、第三方云提供商提供。该云提供商也同时为其他用户服务，这些用户共享这一云提供商所拥有的资源。

（3）混合云（hybrid cloud）。混合云基础设施是私有云和公共云共同组成，每种云仍然保持独立，但用标准的或专有的技术将私有云和公共云组合起来，具有数据和应用程序的可移植性（例如，可以用来处理突发负载），混合云有助于提供按需的扩展。

通常，对安全性、可靠性及IT可监控性要求高的公司或组织，如金融机构、政府机关、大型企业等，是私有云的潜在使用者。因为他们已经拥有了规模庞大的IT基础设施，因此只需进行少量的投资，将自己的IT系统升级，就可以拥有云计算带来的灵活与高效，同时有效地避免使用公有云可能带来的负面影响。除此之外，他们也可以选择混合云，将一些对安全性和可靠性需求相对较低的应用，如人力资源管理等，部署在公共云上，以便减轻自身IT基础设施的负担。表13-2总结对比了公共云、私有云及混合云各自的特点和它们的不同之处。

表 13-2　云计算分类比较

"云"的种类	基础设施管理者	基础设施所有者	基础设施位置	访问者和消费者
公共云	第三方云服务提供商	第三方云服务提供商	主机托管场所	被授权使用云服务的客户
私有云	组织或第三方云服务提供商	组织或第三方云服务提供商	组织内部或主机托管场所	组织内部成员
混合云	组织和第三方云服务提供商	组织和第三方云服务提供商	组织内部和主机托管场所	组织内部成员和被授权使用云服务的客户

13.2　云计算与电子商务

云计算应用于电子商务领域，为众多电子商务企业的发展提供了全新的技术基础和服务模式，尤其是中小企业将获得更廉价的资源、更广阔的发展机遇和更完善的服务。云计算与电子商务相结合，将为电子商务的发展带来以下四方面的优势。

（1）打破移动终端性能瓶颈。移动电子商务对终端的运算能力、信息传递和处理能力都有较高的要求，如果移动终端和移动通信网络无法高效、可靠地完成信息的传递和运算，那么移动电子商务就只是空谈。云计算解决了这些困扰，只要所有的移动终端都能顺利地接入“云”，信息处理、传递、安全等问题都将迎刃而解。运用云计算的强大运算、处理、传输能力，将彻底打破终端的性能瓶颈，移动电子商务的发展不会再因此而受限。

（2）提供全新的 IT 资源交付部署模式。云计算电子商务模式将涵盖信息技术服务、营销、管理等各个业务领域，提供电子商务交易和电子商务服务的综合性平台。云计算的 SaaS 模式，使得企业不再需要为了构建电子商务软/硬件环境投入巨大的资金、人力、物力。因为这些都将交给系统服务商为用户量身定制，而企业可以更加专注于自身的核心业务。云计算利用分布在世界各个角落的“云”，将电子商务企业的核心数据分散、安全保存，需要时又可随时提取使用。

（3）带来全新的数据安全存储模式。任何一个电子商务企业都煞费苦心地保证后台海量数据的安全。但是，无论怎样小心谨慎，仍会频繁出现服务器被攻击、信息被窃取、数据被篡改等问题。而云计算模式下，数据存储高度分散，数据管理高度集中，数据服务高度虚拟化，这些技术和措施将提供更加安全的数据服务。数据被存储在分布于世界各个角落的“云”上，企业就再也不必担心其服务器会被攻击等问题。系统服务提供商对数据进行统一管理、分配资源、均衡负载、部署软件、控制安全，并进行可靠的安全实时监测，在某台服务器出现故障时，“云”中的服务器可在极短时间内快速利用克隆技术将数据完全复制到其他的服务器上，并启动新的服务器以提供服务，保证服务的完整性和安全性。

（4）提供强有力的商业智能以支持企业的经营决策。商业智能是指将企业中现有的数据转换为知识，从而帮助企业做出明智的业务经营决策。目前，大多数电子商务企业在商业智能领域遇到的困难主要来自以下三个方面。第一，随着用户数量的增加，产生的海量数据要求有更加强大的数据存储和管理能力，更加需要强大的数据挖掘能力，才能帮助企业做出明确的商业决策。第二，随着需求的不断变化和应用的复杂化和多样化，对商业智能的实时性要求也越来越高。这就需要电子商务企业后台具有更加快速、高效、稳健的运行能力，同时还应该具有良好的可扩展性。第三，高成本也是制约电子商务企业，尤其是中小电子商务企业发展商业智能的一个重要因素。云计算所提供的大型数据中心，海量数据存储、运算、分析、挖掘能力，为电子商务企业发展商业智能提供了良好的基础。而“租赁+服务”的资源分配和交付模式，也为中小电子商务企业发展商业智能提供了巨大的成本优势。因此，可以说云计算为企业商业智能插上了腾飞的翅膀。

一般在信息服务市场中，市场的主要参与者包括应用服务提供商、设备提供商、解决方案提供商、硬件提供商和软件开发商等。在基于云计算平台的电子商务模式中，电子商务企业是价值的设计者，以客户的需求为最大驱动，需要满足客户对电子商务平台服务的需求，对产品的需求，对资源检索的需求，对移动支付的需求等。电子商务企业整合价值链，发现可以应用云计算平台的各个环节，抓住目标客户群体。他们通过建立开放和标准的平台接口，使所有参与者、合作伙伴基于该平台，信息共享、业务协作，合力创造价值。这个模式融合了每个参与者，帮助它们享用云计算带来的便利，充分理解顾客的需求。电子商务行业的发展、商业模式的演进、新兴 IT 技术的出现提供了很多理论的依据去帮助我们构造如何在现有电子商务技术上搭建云计算平台，并开发商业模式。

13.3 云安全

13.3.1 云计算的风险

2011 年 3 月，约 15 万 Google Gmail 用户的邮件和聊天记录被删除，部分用户账户被重置。2011 年 8 月，Microsoft 和 Amazon 在欧洲的云计算网络大规模宕机，多家网站长时间关闭，数小时后才恢复正常。2011 年 11 月，Facebook 遭遇黑客攻击，数百万用户账户被病毒入侵，导致用户在不知情的情况下分享了色情和暴力图片。2012 年 8 月，盛大云主机故障导致用户数据丢失……

云计算安全事件频发，严重影响了用户使用云服务的信心。Morgan Stanley 在 2011 年关于云计算的调查结果表明，将近 80%的用户对云服务的安全性表示担忧。

云计算有很好的前景，将云计算应用于电子商务中会有很大的优势。但是，目前用户对其接受程度较低，更多人抱以观望态度，它在应用推广上遇到巨大困难。云计算意味着数据、应用均被转移到用户掌控范围之外的云服务提供商手中，如何保证所提供的服务是安全的？如何保证云服务没有风险或低风险？这种担心从来没有停止过。安全和风险问题已成为云计算发展的重要障碍。

要把云计算从传统环境转换到云计算环境，要面临众多的威胁和挑战。CSA 提出了九个云计算中最严重的威胁。

（1）数据泄露。对于企业，数据泄露是一个老生常谈的问题，但云计算加重了这种威胁，特别是对于一个设计不当的云服务数据库，将使攻击者不仅仅进入一个账户，而且会进入与该服务相关的其他账户。

（2）数据丢失。在云计算中，数据丢失是经常发生的事情。不怀好意的黑客会删除攻击对象的数据。粗心大意的服务提供商或灾难（如大火、洪水或地震）也可能导致用户的数据丢失。而且如果用户丢失了加密密钥，那么对数据进行加密的行为反而会给用户带来麻烦。

（3）账户或服务流量劫持。黑客通过网络钓鱼或软件漏洞来劫持用户信息。通常根据一个密码就可以窃取用户多个服务中的资料。对于云供应商而言，如果被盗的密码可以登录云端平台，那么用户的数据将被窃听、篡改，甚至重定向用户的服务到欺骗网站。这不仅会对用户自身造成损失，还将对供应商的声誉造成影响。

（4）不安全的接口和 API。云中的 API 允许任意数量的交互配置、管理和监控等，因此这对整体安全来说是一个薄弱的环节。开发人员须在质量和安全性设计方面有所考虑，但因为 API 是跨不同领域的，所以其安全问题比较复杂。

（5）拒绝提供服务。剥夺用户访问云中的资源和数据或造成延迟，这是一个攻击云服务的常用方法，这一攻击可能意味着在线服务的死亡。其他形式的攻击，如非对称应用级的 DoS 攻击，在不消耗大量的资源的情况下就可利用弱点将 Web 服务器、数据库和其他云资源作为攻击目标。

（6）内部人员的恶意破坏。数据的丢失，有一定程度上是内部人员恶意破坏造成的。尽管这种情况对于企业而言不一定发生，但是一旦造成破坏，带来的伤害就会很大。完全依赖于云服务提供商的安全系统是云端最大的风险。

（7）云服务的滥用。云服务的大众化，导致它可以向任何人提供计算资源，但并不考虑使用者的目的，也许使用者就是黑客，可能正在寻求资源以破解用户的加密信息、发动拒绝服务攻击或发布攻击服务器的恶意软件。

（8）不够充分的审查。云计算的好处对于企业用户是显而易见，如降低成本、提高效率、更好的安全性等，但将数据迁移到云计算中需要有足够的风险评估，不了解云服务环境、应用程序或服务被推到云中、营运责任（如事件响应、加密、安全监控等）都会对企业产生未知的风险。

（9）共享技术漏洞。云计算中所有的交付模型展示了共享基础设施、平台和应用程序所带来的特点，一个故障可以波及整个服务提供商的云。因此需要深入细致的安全保护策略，包括计算、存储、网络、应用程序和用户安全执行，以及对 IaaS、PaaS、SaaS 的监测。

13.3.2　什么是云安全

“云安全（Cloud Security）”紧随云计算之后出现。它是网络时代信息安全的最新体现，它融合了并行处理、网格计算、未知病毒行为判断等新兴技术和概念，通过网络的大量客户端对网络中软件行为的异常监测，获取互联网中木马、恶意程序的最新信息，并发送到服务器（Server）端进行自动分析和处理，再把治理病毒和木马的解决方案分发到每一个客户端。未来杀毒软件将无法有效地处理日益增多的恶意程序。来自互联网的主要威胁正在由计算机病毒转向恶意程序及木马。在这样的情况下，原有的特征库判别法显然已经过时。“云安全”技术识别和查杀病毒不再仅仅依靠本地硬盘中的病毒库，而是依靠庞大的网络服务，实时进行采集、分析及处理。

云计算中大部分的安全控制与其他 IT 环境中的安全控制没有什么不同。但是，基于采用的云服务模型、运行模式及提供云服务的技术，与传统 IT 解决方案相比，云计算可能面临不同的风险。

“云安全”的策略构想是：整个互联网就是一个巨大的“杀毒软件”，参与者越多，每个参与者就越安全，整个互联网就会更安全。因为如此庞大的用户群，足以覆盖互联网的每个角落，只要某个网站被挂马或某个新木马/病毒出现，就会立刻被截获。“云安全”的发展迅速，趋势、瑞星、卡巴斯基、McAfee、Symantec、江民科技、Panda、金山、360 安全卫士等都推出了“云安全”解决方案。

一个机构的安全态势的特征取决于成熟度、有效性及实现基于风险调节的安全控制的完全程度，这些安全控制可以在一层或多层上实现，包括设备（物理安全）、网络基础设施（网络安全）、IT 系统（系统安全），一直到信息（信息安全）和应用（应用安全），更多的控制还包括人员、过程层面的职责分离和变更管理等。

在不同的云服务模式中，提供商和用户之间的安全职责有非常大的不同。例如，亚马逊的 AWS EC2 架构作为一种服务产品，提供了包括供应商到虚拟层的安全管理，意味着 AWS EC2 只解决如物理安全、环境安全和虚拟化安全等的安全控制。相应地，用户负责与 IT 系统相关的安全控制职责，包括操作系统、应用和数据等。Salesforce.com 的客户资源管理 CRM SaaS 产品正好相反。因为 Salesforce.com 提供整个“栈”，供应商不仅负责物理和环境安全控制，还必须负责架构、应用和数据的安全控制。

云计算吸引人的一个方面是由规模经济、重用和标准化提供的成本效益。为了支撑这种成本效益，云供应商必须提供足够灵活的服务，以满足最大可能的客户群及他们最大化的目标市场。不幸的是，将安全集成到这些方案中常常被认为使得方案变得死板。由于云计算架构的抽象化和缺乏对安全控制的集成能力，与传统 IT 相比，在云环境中不能取得相等的安全控制部署。

如何安全集成如图 13-3 所示。表明在 SaaS 环境中，安全控制和其适用范围要在服务合同中商谈，服务水平、隐私性和合规性都要在合同上涉及。在一个 IaaS 环境中，提供商的责任是确保底层结构和抽象层的安全，剩下的安全防护就是用户的责任。PaaS 在这两种情形中提供一种平衡，保护平台自身安全性落到提供商身上，但是平台应用的安全性和如何安全地开发应用则是用户的职责。

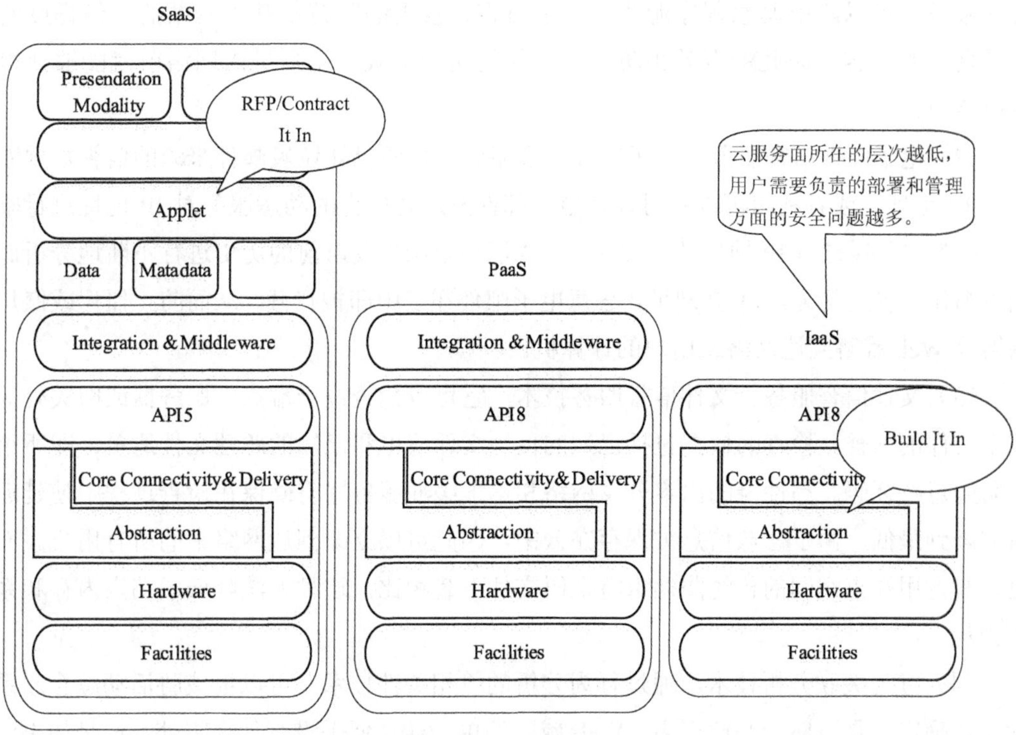

图 13-3　如何安全集成[31]

13.3.3　云安全技术

从目前的安全厂商对于病毒、木马等安全风险的监测和查杀方式来看，“云安全”的总体思路与传统的安全逻辑的差别并不大，但二者的服务模式却截然不同。在“云”的另一端，拥有全世界最专业的团队帮助用户处理和分析安全威胁，也有全世界最先进的数据中心帮用户保存病毒库。而且，“云安全”对用户端的设备要求降低了，使用起来也更加方便。

“云安全”为我们提供了足够广阔的视野，这些看似简单的内容，其中却涵盖七大核心要素[10]。

（1）Web 信誉服务。“云安全”可以按照恶意软件行为分析所发现的网站页面、历史位置变化和可疑活动迹象等因素来指定信誉分数，从而追踪网页的可信度，然后扫描网站并防止用户访问被感染的网站。为了提高准确性、降低误报率，安全厂商还为网站的特定网页或链接指定了信誉分值，而不是对整个网站进行分类或拦截，因为通常合法网站只有一部分受到攻击，而信誉可以随时间而不断变化。通过信誉分值的比对，就可以知道某个网站潜在的风险级别。当用户访问具有潜在风险的网站时，就可以及时获得系统提醒或阻止，从而帮助用户快速地确认目标网站的安全性。通过 Web

信誉服务，可以防范恶意程序源头。由于对零日攻击的防范是基于网站的可信程度而不是真正的内容，因此能有效预防恶意软件的初始下载，用户进入网络前就能够获得防护能力。

（2）电子邮件信誉服务。电子邮件信誉服务，按照已知垃圾邮件来源的信誉数据库检查 IP 地址，或者利用可以实时评估电子邮件发送者信誉的动态服务对 IP 地址进行验证。信誉评分通过对 IP 地址的“行为”、“活动范围”及以前的历史进行不断地分析而加以细化。按照发送者的 IP 地址，恶意电子邮件在云中即被拦截，从而防止僵尸或僵尸网络等 Web 威胁到达网络或用户的计算机。

（3）文件信誉服务。文件信誉服务技术，它可以检查位于端点、服务器或网关处的每个文件的信誉。检查的依据包括已知的良性文件清单和已知的恶性文件清单，即所谓的防病毒特征码。高性能的内容分发网络和本地缓冲服务器将确保在检查过程中使延迟时间降到最低。由于恶意信息被保存在云中，因此可以立即到达网络中的所有用户。而且，和占用端点空间的传统防病毒特征码文件下载相比，这种方法降低了端点内存和系统消耗。

（4）行为关联分析技术。通过行为分析的“相关性技术”可以把威胁活动综合联系起来，确定其是否属于恶意行为。Web 威胁的单一活动似乎没有什么害处，但是如果同时进行多项活动，那么就可能会导致恶意结果。因此需要按照启发式观点判断是否实际存在威胁，可以检查潜在威胁不同组件之间的相互关系。通过把威胁的不同部分关联起来并不断更新其威胁数据库，即能够实时做出响应，针对电子邮件和 Web 威胁提供及时、自动的保护。

（5）自动反馈机制。“云安全”的另一个重要组件就是自动反馈机制，在威胁研究中心和技术人员之间双向流通从而实现不间断通信。通过检查单个客户的路由信誉来确定各种新型威胁。例如，趋势科技的全球自动反馈机制的功能与目前很多社区采用的“邻里监督”方式类似，实现实时探测和及时的“共同智能”保护，将有助于确立全面的最新威胁指数。单个客户常规信誉检查发现的每种新威胁都会自动更新。趋势科技位于全球各地的威胁数据库，可以防止客户遇到已经发现的威胁。由于威胁资料将按照通信源的信誉而非具体的通信内容收集，因此不存在延迟的问题，而个人或商业信息的私密性也得到了保护。

（6）威胁信息汇总。安全公司综合应用各种技术和数据收集方式——包括“蜜罐”、网络爬行器、客户和合作伙伴内容提交、反馈回路等。通过“云安全”中的恶意软件数据库、服务和支持中心对威胁数据进行分析。进行 7×24 h 的全天候威胁监控和攻击防御，以探测、预防并清除攻击。

（7）白名单技术。作为一种核心技术，白名单与黑名单（病毒特征码技术实际上采用的是黑名单技术）并无多大区别，区别仅在于规模不同。AVTest.org 的近期恶意样本（Bad Files，坏文件）包括了约 1 200 万种不同的样本。即使近期该数量显著增加，但坏文件的数量也仍然少于好文件（Good Files）。商业白名单的样本超过 1 亿个，有些人预计这一数字高达 5 亿个。因此要逐一追踪现在全球存在的所有好文件无疑是一项巨大的工作，可能无法由一个公司独立完成。作为一种核心技术，现在的白名单主要被用于降低误报率。例如，黑名单中也许存在着实际上并无恶意的特征码。因此防病毒特征数据库将会按照内部或商用白名单进行定期检查，趋势科技和熊猫目前也是定期执行这项工作。

13.3.4　云安全框架

1．CSA 安全管理框架

针对上述云计算所面临的安全性挑战，CSA 提出了基于云计算的安全管理框架，如图 13-4 所示[11]。该框架将安全控制策略模型（Security Control Model）及合规模型（Compliance Model）映射到云计算的服务模型。使得云计算的服务能按照合规模型中的规范，决定需要将哪些安全控制策略应用到服务模型。该映射能使用户估测该云计算服务存在的安全风险，在出现安全问题时快速定位问题的种类，并评估问题严重性。

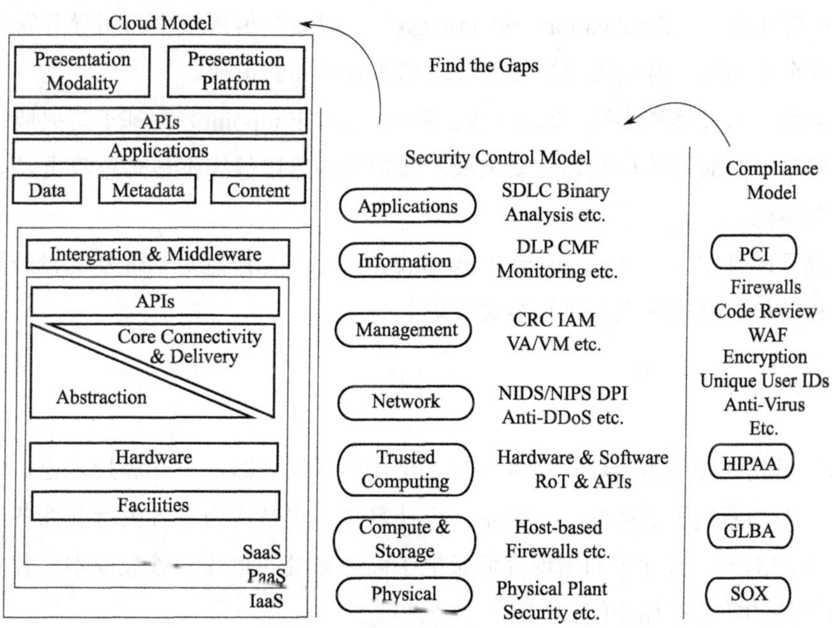

图 13-4　CSA 安全管理框架[31]

2．IBM 云计算安全框架

IBM 公司基于企业的信息安全也给出了一个云计算安全框架，如图 13-5 所示[79]。

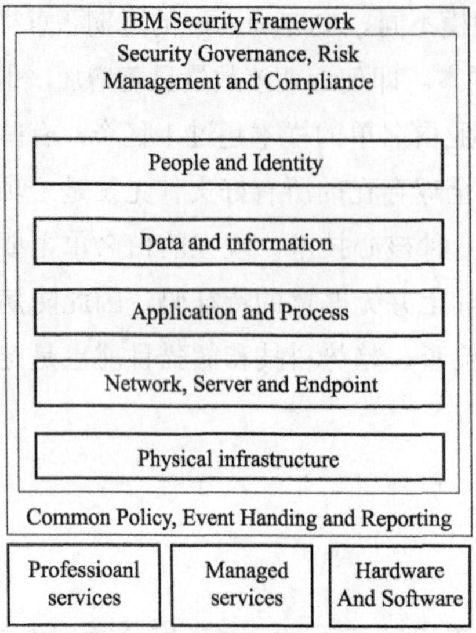

图 13-5 IBM 公司云计算安全框架[32]

该框架实现了云计算关于安全的四个目标，包括可信性、智能性、标准性、可管理性。可信性指通过系统及软件的承诺使得 CSP 可信。智能性指在威胁产生之前能够避免或预警。标准性指安全框架及安全机制符合各种标准组织制定的标准或国家法令的要求。可管理性指安全模型要能提供可视化、自动管理的服务。

该模型将云计算安全管理分为五个层次，在每个层次使用相应的安全机制实现对云计算的保护。

（1）人员和身份（People and Identity）。建立身份管理服务，根据用户身份对用户进行鉴别及授权。建立联邦机制实现单点登录。对特权用户，特别是管理者进行监控。

（2）数据和信息（Data and Information）。根据地域及用户对数据进行分类管控，对虚拟环境下的多用户数据进行分离，确保机密的信息得到妥善处理。使用安全的网络协议访问信息中心，过期敏感数据要确保销毁。

（3）应用和进程（Application and Process）。以安全编程指南为指导开发应用。对应用进行安全的测试。对应用或镜像的改动都要有相关的审计。

（4）网络、服务器和终端（Network、Server and Endpoint）。基于防火墙、入侵检测、安全策略、防病毒等机制划分安全域，保护服务器镜像等不被恶意攻击及滥用。及时销毁过期镜像。

（5）物理硬件安全（Physical Infrastructure）。监控并控制对物理基础设施的访问，阻止未授权访问。对物理设施进行容灾管理[13]。

本章小结

全球信息化的发展为云计算技术带来了全新的发展之路，云计算技术已广泛运用于各大行业，而随着电子商务时代的来临，云计算技术更是成为了各大行业商务经济管理中不可缺少的部分，云计算的出现降低了电子商务系统的运营和管理成本，并且为其提供了更为便捷的数据存储空间。

云计算的概念包括了集群计算、网格计算和效用计算，其通过整合、管理、调配分布在网络各处的计算资源，并以统一的界面同时向大量用户提供服务。云计算有着按需服务、超大规模、抽象化、高可靠性和通用性的五大特点。它不仅仅是技术革命，更是一种商业模式的创新与运营。

在云计算的环境之下，一切都是服务，软件是服务，平台是云平台的服务，基础架构是云架构的服务，它们共同组成了云计算体系架构的服务部分。而在管理方面，云管理层可被划分为用户管理、监控系统、计费管理、安全管理等 9 个模块。

按照云计算提供者与使用者的所属关系可将云计算分为公共云、私有云和混合云三类，根据它们的特点，它们分别适用于不同的商业模式。

而随着云计算的飞速发展，电子商务也需要推出基于云平台的电子商务模式来适应市场发展的需要。但是这面临着网络建设、公共标准和数据安全及投资费用等一系列问题，而将电子商务从传统环境转换到云计算环境下也面临着云安全、应用迁移及简便管理等一系列挑战，其中最重要的就是云安全。

云安全的策略构想是整个互联网就是一个巨大的“杀毒软件”，而在不同的云服务模式中，提供商和用户之间的安全职责有非常大的不同。必须运用云安全的核心技术和建立云安全服务框架来保证云技术的服务质量。

只要合理解决云计算环境下的电子商务安全问题，其对于电子商务企业的发展就一定能够起到极大的推动作用。

思考题

1. 请谈谈你对云计算发展的看法。
2. 请根据自己的理解阐述一下什么是云计算。
3. 请简述云计算的体系结构。
4. 请简述云计算的分类。
5. 请比较云计算每个分类的特点，将结果填入表 13-3 中。

表 13-3　思考题

	基础设施管理者	基础设施所有者	基础设施位置	访问者和消费者
公共云				
私有云				
混合云				

6. 请简述将云计算应用于电子商务有哪些优势。
7. 请简述基于云计算平台的电子商务模式的特点。
8. 请简述云计算所面临的风险及威胁。
9. 请根据自己的理解阐述一下什么是云安全。
10. 请简析云安全的关键技术。
11. 请分析云安全框架的组成部分。

第 14 章 大数据与电子商务

内容提要

从 1965 年英特尔公司的戈登·摩尔发现摩尔定律，至今已有 50 年。50 年在人类发展历史上仅仅是弹指一挥间。但正是这 50 年，却见证了计算机的数据处理和储存能力从 kB（kiloByte）到 MB（MegaByte）到 GB（GigaByte）到 TB（TeraByte）的变迁。随着以博客、社交网络、基于位置的服务（Location Based Service，LBS）为代表的新型信息发布方式的不断涌现，以及云计算、物联网等技术的兴起，数据正以前所未有的速度不断增长和累积，大数据（Big Data）时代已经到来。

本章概述了大数据及其相关的支撑技术，介绍了大数据给电子商务的发展带来的商机和挑战，列举出大数据带来的可能安全问题，重点讨论了大数据安全与隐私问题的关键技术，阐述大数据时代的信息安全技术。

14.1　大数据

14.1.1　理解大数据

1. 大数据的定义

大数据本身是一个比较抽象的概念，单从字面来看，它表示数据规模的庞大。但是仅仅数量上的庞大显然无法给出“大数据”与以往的“海量数据”（Massive Data）、“超大规模数据”（Very Large Data）等概念之间有何区别[1]。

对于大数据尚未有一个公认的定义，不同的研究机构给出的定义各不相同。

Gartner 的定义：大数据是指需要新处理模式才能具有更强的决策力、洞察发现力和流程优化能力的海量、高增长率和多样化的信息资产。

维基百科的定义[2]：大数据指的是所涉及的资料量规模巨大到无法通过目前主流软件工具，在合理时间内达到撷取、管理、处理并整理成为帮助企业经营决策目的的信息。

麦肯锡的定义：大数据是指无法在一定时间内用传统数据库软件工具对其内容进行采集、存储、管理和分析的数据集合。

无论哪种定义，从中可以看出，大数据并不是一种新的产品，也不是一种新的技术，如同 21 世纪初提出的“海量数据”概念一样，大数据只是网络数字化时代出现的一种现象。那么如何区分海量数据与大数据。“大数据”和“海量数据”均来自英文，“Big Data”翻译为“大数据”，而“Large-scale Data”或“Vast Data”则翻译为“海量数据”。从组成的角度看，海量数据包括结构化和半结构化的交易数据，而大数据除海量数据以外还包括非结构化数据和交互数据。

2. 大数据的特征

大数据的特征通常用“4V”表示，即数据量巨大（Volume）、数据种类多样（Variety）、数据流动速度快（Velocity）、数据价值密度低（Value）。

（1）数据量巨大（Volume）。大数据通常指 10TB（1TB=1 024GB）规模以上的数据量。之所以产生如此巨大的数据量，一是由于各种仪器的使用，使我们能够感知到更多的事物，这些事物的部分甚至全部数据就可以被存储；二是由于通信工具的使用，使人们能够全时段的联系，机器-机器（Machine-To-Machine，M2M）方式的出现，使得交流的数据量成倍增长；三是由于集成电路价格降低，使很多东西都有了智能的成分。

（2）数据种类多样（Variety）。随着传感器种类的增多及智能设备、社交网络等的流行，数据类型也变得更加复杂，不仅包括传统的关系数据类型，也包括以网页、视频、音频、E-mail、文档等形式存在的未加工的、半结构化的和非结构化的数据。

（3）数据流动速度快（Velocity）。我们通常理解的是数据的获取、存储及挖掘有效信息的速度，但我们现在处理的数据是 PB 级代替了 TB 级，考虑到“超大规模数据”和“海量数据”也有规模大的特点，强调数据是快速动态变化的，形成流式数据是大数据的重要特征，数据流动的速度快到难以用传统的系统去处理。

（4）价值密度低（Value）。数据量呈指数增长的同时，隐藏在海量数据内的有用信息却没有相应比例增长，反而使我们获取有用信息的难度加大。以视频为例，连续的监控过程，可能有用的数据仅有一两秒。

14.1.2　大数据处理模式

大数据处理的关键技术一般包括：大数据采集、大数据预处理、大数据存储及管理、大数据分析及挖掘、大数据展现和应用（大数据检索、大数据可视化、大数据应用、大数据安全等）。大数据的处理模式是重要的支撑技术。

大数据的处理模式主要分为流处理（Stream Processing）和批处理（Batch Processing）两种[4,5]，流处理就是对数据直接处理（Straight-through processing），而批处理则是对数据先存储再处理（Store-then-process）。

1．流处理

流处理的基本理念是数据的价值会随着时间的流逝而不断减少。因此尽可能快地对最新的数据做出分析并给出结果是流处理模式的目标。采用流处理的应用场景比较多，如网页的实时点击响应，传感器网络，金融中的高频交易等。

流处理将数据视为流，源源不断的数据就组成了数据流，数据流本身具有的特点是持续到达，速度快，规模巨大等。因此不会对所有数据进行永久性存储。由于响应时间的要求，流处理的过程通常是在内存中完成，因此内存容量的限制是流处理模式的一个瓶颈。IBM 已经研发了储存级内存（Storage-Class Memory，SCM）设备，或许会使内存在未来不会成为流处理的制约 [1]。

流处理的技术和理论已经有了十几年的历史，目前仍是一个研究热点，现在广泛应用的实时系统有 Twitter 的 Storm 和 Yahoo 的 S4 等。

2．批处理

谷歌公司近年来所公开发表的三篇论文中介绍了 Google 技术的“三宝”：GFS、MapReduce 和 BigTable。

2003 年，谷歌公开的 Google File System，是谷歌自行设计的分布式文件系统，用来满足迅速增长的数据处理需求。虽然数据都存储在大量廉价的普通 PC 上，但是却提供了容错能力、伸缩能力、集群存储能力等。

2004 年，谷歌公开了 MapReduce。MapReduce 是一种处理大数据的并行编程模型和计算框架，同时也是一个非常具有代表性的批处理模式。MapReduce 开启了大数据算法之门。

2006 年，谷歌公开了 BigTable，这是 Google 设计的分布式数据存储系统，这个系统启发了后来无数的 NoSQL 数据库，如 Hadoop 则是谷歌三宝的开源实现。

Google 的大数据处理技术不断创新，其后公布了 Percolator、Pregel、Dremel、Spanner 等多篇论文。

14.1.3 大数据处理流程

大数据的处理流程可以分为数据抽取和集成、数据分析、数据解释三个步骤，如图 14-1 所示。

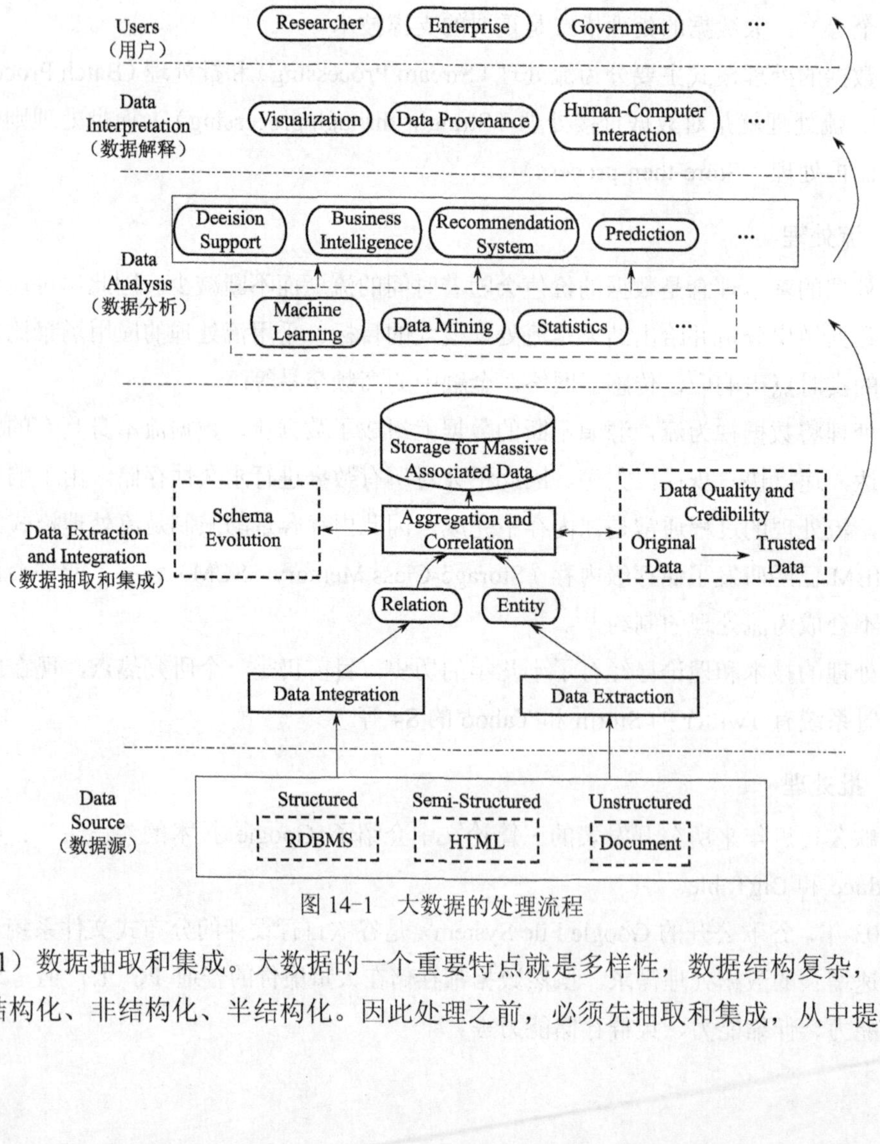

图 14-1 大数据的处理流程

（1）数据抽取和集成。大数据的一个重要特点就是多样性，数据结构复杂，数据类型有结构化、非结构化、半结构化。因此处理之前，必须先抽取和集成，从中提取出关系和实体，经过关联和聚合过程之后，采用统一定义好的结构存储数据。数据抽取和集成技术不是一项全新的技术，传统数据库领域对此已经有了比较成熟的研究。现有的数据抽取和集成方式比较多，最典型的是提取转换加载（Extract Transform and Load，ETL）方法。

（2）数据分析。数据分析是整个大数据处理流程的核心，因为大数据的价值产生于分析过程。根据不同应用需求可以从这些数据中选择全部或部分进行分析。传统的分析技术如数据挖掘、机器学习、统计分析等在大数据时代需要做出调整，主要因为：数据量大并不一定意味着数据价值的增加，相反数据噪声也会增多，因此对数据的预处理过程就显得尤为重要，预处理大量数据对硬件及算法都是一个不小的考验；算法需要调整，大数据的应用常具有实时性的特点，以往的算法的准确率不再是大数据应用的最主要指标，需要在处理的实时性和准确率之间取得一个平衡。大数据分析已被应用于诸多领域，如推荐系统、商业智能、决策支持等。

（3）数据解释。尽管数据分析是大数据的处理核心，但是更重要的是要把分析的结果形象直观地展示给用户。如果分析的结果没有采用适当的解释方法，有可能会让用户难以理解，甚至误导用户。传统的是以文本形式输出或直接在计算机终端上显示结果，对小数据量比较合适。大数据时代的海量分析结果需从两个方面提升解释能力。第一，引入可视化技术，通过对分析结果的可视化展示给用户，比文字更容易理解和接受。常见的可视化技术有标签云、历史流、空间信息流等。第二，让用户能够在一定程度上了解和参与具体的分析过程。既可以采用人机交互式的分析过程，也可以采用数据起源技术，有助于用户理解结果。

14.2　大数据带来的商机和挑战

大数据的重要趋势就是数据服务的变革。庞大丰富的大数据给电子商务赋予了新的价值，即从凌乱纷繁的数据背后挖掘出更符合用户兴趣和习惯的产品和服务，根据用户的行为习惯和爱好对产品及服务进行针对性的调整和优化，通过个性化创新提升企业竞争力。

电子商务企业已经发现大数据的核心是发现其背后隐含的价值，而驾驭大数据的核心就是分析挖掘，只有成功转化和激发大数据潜力的企业，才可以立足产业链前端。但并不是所有企业都能在大数据的机遇里获得成功，在大数据时代的电子商务企业机遇与挑战并存。

14.2.1　拥有大数据

在数据为王的时代，电商的竞争已经成为基于数据的竞争。网络上的消费者并不会直接告诉企业其需求，电商企业必须收集分析、跟踪对比消费者在互联网上留下的种种足迹。若不具备整合大数据收集和使用的能力，企业就很难提供真正个性化和精确的产品服务。对于中小型电商企业来说，拥有大数据的挑战将显得更加突出和严峻。因此，面对此挑战，电子商务企业首先应该高度重视数据的收集工作。其次，企业需要重构其IT架构，加大基础设施的承载能力，适应大数据时代的要求[9]。

14.2.2　大数据处理能力

传统的电子商务公司正受到处理海量信息的挑战，仅仅坐拥大数据并不够，对大数据的分析和挖掘能力已成为企业的核心竞争力。因此，电子商务企业应着手部署“大数据战略”，引进和培养大数据相关人才，创建基于大数据的研发团队，从技术层面上解决处理大数据的困难和挑战，提高挖掘潜在商业价值的能力，从而有效地指导企业制定精确的行动纲领和采取高效的行动。

14.2.3　大数据处理技术

（1）大数据的去冗降噪技术。大数据一般来自多个不同的数据源，而且往往以动态数据流的形式产生。因此，大数据中常常包含有不同形态的噪声数据。另外，数据采样算法缺陷与设备故障也可能会导致大数据的噪声。降低噪声、消除冗余是提高数据质量、降低数据存储成本的基础。

（2）大数据的新型表示方法。目前表示数据的方法，不一定能直观地展现出大数据本身的意义。要想有效利用数据，挖掘其中的信息或知识，必须找到最合适的数据表示方法。数据表示方法和最初的数据产生者有着密切关系。研究既有效又简易的数据表示方法是处理网络大数据必须解决的技术难题之一。

（3）高效率、低成本的大数据存储。大数据的存储方式不仅影响其后的数据分析处理效率，也影响数据存储的成本。具体则需要研究多源多模态数据高质量获取与整合的理论和技术、流式数据的高速索引创建与存储、错误自动检测与修复的理论和技术、低质量数据上的近似计算的理论和算法等。

（4）大数据的有效融合。大数据面临的一个重要问题是个人、企业和政府机构的各种数据和信息能否方便快速地融合。如同人类有许多种自然语言一样，作为网络空间中唯一客观存在的数据有多种格式。但为了扫清网络大数据处理的障碍，应研究并推广不与平台绑定的数据格式。

（5）非结构化和半结构化数据的高效处理。据不完全统计，目前采集到的数据85%以上是非结构化和半结构化数据[10]，而传统的关系数据库技术无法胜任这些数据的处理。因为关系数据库系统的出发点是追求高度的数据一致性和容错性。以MapReduce和Hadoop为代表的非关系数据分析技术，以其适合非结构数据处理、大规模并行处理、简单易用等突出优势，已成为大数据分析的主流技术。但是MapReduce和Hadoop在应用性能等方面还需要进一步优化，需要研究开发更有效、更实用的大数据分析和管理技术。

14.3　大数据带来的安全问题

科学技术是一把双刃剑。企业掌握了大量消费者的行为数据，对大数据进行整合和分析，可以发现新的商机，创造新的价值。与此同时，消费者的个人信息也面临着或被攻击者窃取，或被企业内部作为交易提供给其他电商的危险。当前，个人信息泄露发生比例已升至网民总数的 13.4%[11]，信息安全事件不仅影响了人们的学习或工作，还可能使经济受到损失。面对大数据应用的无孔不入，更多民众担心个人信息隐私“无路可逃”。

可以看出，大数据所引发的安全问题与其带来的价值同样引人注目，与传统的信息安全问题相比，大数据安全面临的挑战主要体现在隐私保护、大数据的可信性和大数据的访问控制三个方面。

14.3.1　隐私保护

大量事实表明，大数据未被妥善处理会对用户的隐私造成极大的侵害。根据需要保护的内容不同，隐私保护又可以进一步细分为：位置隐私保护、标志匿名保护、连接关系匿名保护等。

当前企业常常认为经过匿名处理后，信息不包含用户的标志，就可以公开发布了。但事实上，仅通过匿名保护并不能很好地达到隐私保护的目标。某些信息中可能涉及的敏感信息，与特定用户有着密切联系。

人们面临的威胁并不仅限于个人隐私泄露，还在于基于大数据对人们状态和行为的预测。例如，在亚马逊网站购买了一本英语词典，第二天收到了一封邮件，邮件中不仅提供了最新出版的英语词典信息，还有相关的英语等级考试书籍的信息。而在社交网站发布一条关于学习英语的个人状态，会在下一次刷新页面时发现增加了英语培训学校的广告推送。这些场景都是大数据对人们的行为分析后带来的结果。

目前用户数据的收集、存储、管理与使用等均缺乏规范，更缺乏监管，主要依靠企业的自律，用户无法确定自己隐私信息的用途。而在商业化场景中，用户应有权决定自己的信息如何被利用，实现用户可控的隐私保护。例如，用户可以决定自己的信息何时以何种形式披露，何时被销毁，包括：①数据采集时的隐私保护，如数据精度处理；②数据共享、发布时的隐私保护，如数据的匿名处理、原始数据增加噪声等；③数据分析时的隐私保护；④数据生命周期的隐私保护；⑤隐私数据可信销毁等[12]。

14.3.2　大数据的可信性

关于大数据的一个普遍观点是，数据自己可以说明一切，数据自身就是事实。但实际情况是，如果不仔细甄别，数据也会欺骗人，就像人们有时会被自己的双眼欺骗一样。

大数据可信性的威胁之一：伪造或刻意制造的数据，而错误的数据往往会导致错误的结论。由于虚假信息往往隐藏于大量信息中，使得人们无法鉴别真伪，从而做出错误判断。例如，一些点评网站上的虚假评论，混杂在真实评论中使得用户无法分辨，可能误导用户去选择某些劣质商品或服务。由于当前网络社区中虚假信息的产生和传播变得越来越容易，其所产生的影响不可低估。

大数据可信性的威胁之二：数据在传播中的逐步失真。原因之一是人工干预的数据采集过程可能引入误差，由于失误导致数据失真与偏差，最终影响数据分析结果的准确性。此外，数据失真还有数据来源变更的因素。在传播过程中，现实情况发生了变化，早期采集的数据已经不能反映真实情况。例如，餐馆电话号码已经变更，但早期的信息已经被其他搜索引擎或应用收录，所以用户可能看到矛盾的信息而影响其判断[12]。

因此，大数据的使用者应该有能力基于数据来源的真实性、数据传播途径、数据加工处理过程等来了解各项数据的可信度，防止分析得出无意义或错误的结果。

14.3.3 大数据的访问控制

访问控制是实现数据受控共享的有效手段。由于大数据可能被用于多种不同场景，其访问控制需求十分突出。大数据访问控制的特点与难点在于：

（1）难以预设角色，实现角色划分。由于大数据应用范围广泛，它通常要为来自不同组织或部门、不同身份与目的的用户所访问，因此实施访问控制是基本需求。然而，在大数据的场景下，有大量的用户需要实施权限管理，且用户具体的权限要求未知。面对未知的大量数据和用户，预先设置角色十分困难。

（2）难以预知每个角色的实际权限。由于大数据场景中包含海量数据，安全管理员可能缺乏足够的专业知识，无法准确地为用户指定其所可以访问的数据范围。而且从效率角度讲，定义用户所有授权规则也不是理想的方式。

此外，不同类型的大数据中可能存在多样化的访问控制需求。例如，在 Web 2.0 个人用户数据中，存在基于历史记录的访问控制；在地理地图数据中，存在基于尺度及数据精度的访问控制需求；在流数据处理中，存在数据时间区间的访问控制需求等。如何统一地描述与表达访问控制需求也是一个挑战性问题[12]。

14.4 大数据安全与隐私保护关键技术

在未来，数据将会像土地、石油和资本一样，成为经济运行中的根本性资源。在大数据时代，电子商务跨入了一个数据兴则企业兴、数据强则企业强的竞争时代，谁拥有大数据，谁具有处理大数据的能力，谁就有制胜的砝码，并将最终赢得市场。

但是，真正利用好大数据，还需要很好地解决大数据面临的用户隐私保护、数据内容可信验证、访问控制等安全问题。尽管大数据带来了新的安全问题，但大数据本身也是解决安全问题的重要手段。

14.4.1　数据发布匿名保护技术

对于大数据中的结构化数据（或称关系数据）而言，使用删除标志的方式发布数据是无法真正阻止隐私泄露的。攻击者可以通过链接攻击，获取个体的隐私数据。数据发布匿名保护是实现其隐私保护的核心关键技术与基本手段，目前仍处于不断发展与完善阶段。

k–匿名是最早提出的匿名技术，通过将个体的敏感属性概括和抽象，隐藏在规模至少为 *k* 的群体中，使得每条记录至少与数据表中其他 *k*-1 条记录具有完全相同的准标志（与其他外部数据表进行链接可以标示个体身份的属性或属性组合），从而减少链接攻击所导致的隐私泄露。对表 14–1 学生成绩表 2–匿名处理后发布的表如表 14–2 所示。

表 14–1　学生成绩表

No.	Name	Gender	Birth	Score
1	Lucy	F	1990-1-1	95
2	Lucy	F	1991-6-15	95
3	Tim	M	1991-8-6	96
4	Emily	F	1992-3-21	92
5	Tom	M	1990-12-21	93
6	Bloom	M	1992-7-15	99

表 14–2　对表 14–1 2–匿名处理后发布的表

Group ID	Sex	Birth	Score
1	F	1990	95
1	F	1991	95
2	*	1991	96
2	*	1992	92
3	M	199*	93
3	M	199*	99

由于 *k*–匿名模型是针对所有属性集合而言，对于具体的某个属性则未加定义，容易出现某个属性匿名处理不足的情况而遭到攻击。因此研究人员又相继提出 *l*-diversity 和 *t*-closeness 策略，使得匿名化的安全性越来越好。但上述研究是针对静态、一次性发布情况。而现实中，数据发布常面临数据连续、多次发布的场景，需要防止攻击者对多次

发布的数据联合进行分析，破坏数据原有的匿名特性。

在大数据场景中，数据发布匿名保护问题较之更为复杂，原因是：攻击者可以从多种渠道获得数据，而不仅仅是同一发布源；通过不同平台数据源的对比，识别出个体信息，预测个体行为。此类问题有待更深入的研究。

14.4.2 社交网络匿名保护技术

社交网络产生的数据是大数据的重要来源之一，同时这些数据中包含大量用户隐私数据。由于社交网络具有图结构特征，其匿名保护技术与结构化数据有很大不同。社交网络中的典型匿名保护需求为用户标志采取匿名措施与属性匿名措施（又称点匿名），在数据发布时隐藏了用户的标志与属性信息；以及用户间关系匿名（又称边匿名），在数据发布时隐藏用户间的关系，而攻击者通常试图利用用户的各种属性和用户间关系，重新识别出用户的身份信息。目前的边匿名方案大多是基于边的增删，随机增删交换边的方法可以有效地实现边匿名，但是这类方法存在匿名边保护不足问题。

另一个重要思路是基于超级节点的匿名方案对图结构进行分割和集聚操作，匿名后的社交关系结构图与原始社交关系结构图存在较大的区别。方案是将节点分为多个类，然后将同一类的节点压缩为超级节点，两个超级节点之间的边压缩为一条边。在发布的匿名图中，所有超级节点内部的节点和连接都被隐藏，超级节点间的连接也无法确定连接的真实顶点，这类匿名方案虽然可以避免攻击者识别出超级节点内部的真实节点，但是与原始社交结构图存在较大区别，使数据的可用性大大降低。

同时，社交网络匿名方案面临的重要问题是，攻击者可能通过其他公开的信息推测出匿名用户，尤其是预测用户之间是否存在连接关系。例如，根据关系较为稀疏的网络中的用户可能存在的连接进行预测；根据现有社交结构对人群中的等级关系进行恢复和推测；针对微博型的复合社交网络进行分析与关系预测等。研究表明，社交网络的集聚特性对于关系预测方法的准确性具有重要影响，社交网络局部连接密度增长，集聚系数增大，则连接预测算法的准确性进一步增强。因此，未来的匿名保护技术应有效抵抗此类推测攻击。

14.4.3 数据溯源技术

数据集成是大数据前期处理的步骤之一。由于数据的来源多样化，所以有必要记录数据的来源及其传播、计算过程，为后期的数据挖掘与决策提供辅助支持。早在大数据概念出现之前，数据溯源（Data Provenance）技术就在数据库领域得到广泛研究。其基本出发点是帮助人们确定数据仓库中各项数据的来源，如了解它们是由哪些表中的哪些数据项运算而成，据此可以方便地验算结果的正确性，或者以极小的代价进行数据更新。

然而，数据溯源技术应用于大数据安全与隐私保护中还面临如下挑战：①数据溯源与隐私保护之间的平衡。一方面，基于数据溯源对大数据进行安全保护，首先要通过分析技术获得大数据的来源，然后才能更好地支持安全策略和安全机制的工作；另一方面，数据来源往往本身就是隐私敏感数据，用户不希望这方面的数据被分析者获得。因此，需要平衡这二者的关系。②数据溯源技术自身的安全性保护。当前数据溯源技术并没有充分考虑安全问题，如标志自身是否正确、标志信息与数据内容之间是否安全绑定等。而在大数据环境下，其大规模、高速性、多样性等特点使该问题更加突出。

14.4.4　角色挖掘

基于角色的访问控制（RBAC）是当前广泛使用的一种访问控制模型。通过为用户指派角色、将角色关联至权限集合，实现用户授权、简化权限管理。早期的 RBAC 权限管理多采用“自上向下”的模式：即根据企业的职位设立角色分工。当应用于大数据场景时，大部分的工作需要大量人工协作，花费大量时间和资金。后来研究者们开始关注“自下向上”模式，即根据现有“用户对象”授权情况，设计算法自动实现角色的提取与优化，称为角色挖掘，其实质就是如何设置合理的角色。

在大数据场景下，采用角色挖掘技术可根据用户的访问记录自动生成角色，高效地为海量用户提供个性化数据服务。同时也可用于及时发现用户偏离日常行为所隐藏的潜在危险。但目前角色挖掘技术大都基于精确、封闭的数据集，在应用于大数据场景时还需要解决数据集动态变更及质量不高等特殊问题。

14.4.5　风险自适应的访问控制

在大数据场景中，安全管理员可能缺乏足够的专业知识，无法准确地为用户指定其可以访问的数据。风险自适应的访问控制是针对这种场景讨论较多的一种访问控制方法。先后提出了风险量化和访问配额的概念，基于多级别安全模型的风险自适应访问控制解决方案，和基于模糊推理的解决方案，将信息的数目和用户及信息的安全等级作为进行风险量化的主要参考参数。当用户访问的资源的风险数值高于某个预定的门限时，则限制用户继续访问。可以利用统计学和信息论的方法，定义量化算法，实施基于风险的访问控制。但是，在大数据应用环境中，风险的定义和量化比以往更加困难。

14.5　大数据时代的信息安全

14.5.1　基于大数据的威胁发现技术

由于大数据分析技术的出现，企业可以更主动地发现潜在的安全威胁。例如，IBM 推出了名为 IBM 大数据安全智能的新型安全工具[16]，可以利用大数据侦测来自企业内、外部的安全威胁。

相比于传统技术方案，基于大数据的威胁发现技术具有以下四个优点。

（1）分析内容的范围更大。传统的威胁分析主要针对的内容为各类安全事件，由于传统威胁检测技术的局限性，其并不能覆盖所有信息，因此所能发现的威胁也是有限的。通过在威胁检测方面引入大数据分析技术，可以更全面地发现攻击。例如，通过分析企业员工的即时通信数据、E-mail 数据等可以及时发现人员资产是否面临其他企业“挖墙脚”的攻击威胁；通过对客户订单数据分析，也能够发现一些异常的操作行为，进而判断是否危害公司利益。由此可见，分析内容范围的扩大使得基于大数据的威胁检测更加全面。

（2）分析内容的时间跨度更长。现有的许多威胁分析技术都是内存关联性的，即实时收集数据，采用分析技术发现攻击。分析窗口通常受限于内存大小，无法应对持续性和潜伏性攻击。引入大数据分析技术后，威胁分析窗口可以横跨若干年的数据，因此威胁发现能力更强，可以有效应对高级持续性威胁（Advanced Persistent Threat，APT）。

（3）攻击威胁的预测性。传统的安全防护技术或工具大多是在攻击发生后对攻击行为进行分析和归类，并做出响应。基于大数据的威胁分析，可进行超前的预判，能够寻找潜在的安全威胁，对未发生的攻击行为进行预防。

（4）对未知威胁的检测。传统的威胁分析通常是由经验丰富的专业人员根据企业需求和实际情况展开，然而这种威胁分析的结果很大程度上依赖于个人经验，分析所发现的威胁也是已知的。而大数据分析的特点是侧重于普通的关联分析，不侧重因果分析，因此通过采用恰当的分析模型，可发现未知威胁。

虽然基于大数据的威胁发现技术具有上述的优点，但是该技术目前也存在一些问题和挑战，主要集中在分析结果的准确程度上。一方面，大数据的收集很难做到全面，而数据又是分析的基础，它的片面性往往会导致分析结果的偏差。为了分析企业信息资产面临的威胁，不但要全面收集企业内部的数据，还要对一些企业外的数据进行收集，这些在某种程度上是一个大问题。另一方面，大数据分析能力的不足影响威胁分析的准确性。如果没有足够的分析能力，从庞大的数据中准确地发现极少数预示潜在攻击的事件，进而分析出威胁是几乎不可能完成的任务。

14.5.2　基于大数据的认证技术

身份认证是信息系统或网络中确认操作者身份的过程。传统的认证技术主要通过用户所知的秘密，如口令或者持有的凭证，如数字证书来鉴别用户。这些技术面临着如下两个问题。

首先，攻击者总是能够找到方法来骗取用户所知的秘密，或窃取用户持有的凭证，从而通过认证机制的认证。例如，攻击者利用钓鱼网站窃取用户口令，或者通过社会工程学方式接近用户直接骗取用户所知秘密或持有的凭证。

其次，传统认证技术中认证方式越安全往往意味着用户负担越重。例如，为了加强认证安全而采用的多因素认证，用户往往需要同时记忆复杂的口令还要随身携带硬件 USB Key。为了减轻用户负担，出现了生物认证方式。利用用户具有的生物特征，如指纹等确认其身份。然而，这些认证技术要求设备必须具有生物特征识别功能。因此在很大限度上限制了这些认证技术的广泛应用。

而在认证技术中引入大数据分析则能够有效地解决这两个问题[12]。基于大数据的认证技术指的是收集用户行为和设备行为数据，并对这些数据进行分析，获得用户行为和设备行为的特征，进而通过鉴别操作者行为及设备行为确定其身份。这种新的认证技术具有如下 3 个优点：①攻击者很难通过模拟用户的行为特征通过认证，因此更加安全；②减轻用户负担；③更好地支持各系统认证机制的统一。

14.5.3　基于大数据的数据真实性分析

目前，基于大数据的数据真实性分析被广泛认为是最有效的方法。许多企业已经开始了这方面的研究工作，如社交媒体利用大数据分析鉴别各类垃圾信息等。

基于大数据的数据真实性分析技术能够提高垃圾信息的鉴别能力。一方面，引入大数据分析可以获得更高的识别准确率。例如，对于点评网站的虚假评论，可以通过收集评论者的大量位置信息、评论内容、评论时间等进行分析，鉴别其评论的可靠性。如果某评论者为某品牌多个同类产品都发表了恶意评论，则其评论的真实性就值得怀疑。另一方面，在进行大数据分析时，通过机器学习技术，可以发现更多具有新特征的垃圾信息。然而该技术仍然面临一些困难，难点是虚假信息的定义、分析模型的构建等。

14.5.4　“安全即服务（Security-as-a-Service）”

未来必将涌现出更多、更丰富的基于大数据的信息安全技术、信息安全应用和安全服务。由于此类技术以大数据分析为基础，因此核心问题是如何收集、存储和处理大数据。除了极少数企业有能力做到之外，对于绝大多数信息安全企业来说，更为现实的方式是：通过某种方式获得大数据服务，结合自己的技术特色领域，对外提供信息安全服务。未来的发展前景是：以底层大数据服务为基础，各个企业之间组成相互依赖、相互支撑的信息安全服务体系，总体上形成信息安全产业的良好生态环境[12]。

本章小结

本章介绍了大数据的基本概念及相关技术，分析了大数据给电子商务带来的商机和挑战。从隐私保护、大数据的可信性及大数据的访问控制 3 个方面分析了大数据的安全问题。从隐私保护的角度出发，介绍了大数据环境下数据安全与隐私保护相关的关键技术。介绍了大数据背景下的信息安全技术。

思考题

1. 什么是大数据？大数据与海量数据的区别是什么？
2. 大数据有哪些基本特征？请解释每一个特征的含义。
3. 大数据处理包含哪些流程？
4. 简要说明电子商务面临哪些大数据挑战。
5. 大数据给电子商务带来的安全问题有哪些？大数据中有哪些关键的安全技术？
6. 上述电子商务安全技术中，各种技术应用的场景有哪些区别？
7. 请说明 *k*-匿名的含义，并完成表 14-3 的 *k*-匿名。

表 14-3　思考题

姓　名	年　龄	籍　贯
张扬	22	上海
孙燕	20	安徽
宋扬	22	上海
孙晴晴	18	江苏

8. 大数据背景下信息安全技术有哪些新发展？相对于传统技术方案有什么优势？

第 15 章 电子商务安全解决方案

内容提要

成熟可靠的电子商务安全解决方案对于保障交易的安全性至关重要。本章介绍了 3 个著名的成熟的电子商务安全解决方案，详细阐述了保障电子商务安全的基本原理以及方法。通过学习本章内容，特别是结合前面章节的内容，可以对如何解决电子商务安全问题有一个宏观的认识。

15.1 阿里云安全解决方案

阿里云以打造互联网数据分享第一平台为使命，借助自主创新的大规模分布式存储和计算等核心云计算技术，为各行业、小企业、个人和开发者提供云计算产品及服务，包括：云服务器、开放存储服务、关系型数据库、开放数据处理服务、开放结构化数据服务、云盾、云监控等。这种随时、随地、随需的高效云产品和服务同时具备安全方面的优势。

阿里云基于阿里巴巴集团十多年信息安全风险管控经验，以保护数据的保密性、完整性、可用性为目标，制定防范数据泄露、篡改、丢失等安全威胁的控制要求，阿里云将数据划分为不同的安全级别，生产数据是安全级别最高的数据类型，其类别主要包括用户数据、业务数据、系统数据等。根据数据的安全级别，设计、执行、复查、改进各项云计算环境下的安全管理和技术控制措施。

15.1.1 数据安全

阿里云管理的数据资产包括：客户和企业自身在安全政策下管理的数据资产。阿里云员工在处理数据资产时，必须遵守数据分类原则。阿里云的数据分类不同于传统 IT 环境下的数据分类。传统 IT 环境下通常按照数据的机密性对数据进行分类；阿里云的数据分类覆盖了数据资产和包含数据的对象，它明确定义了数据处理权限、管理者的区域、前后关系、法律上的约束条件、合同上的限定条件及第三方的义务，用来防止数据未经授权的披露或滥用。

阿里云的云服务运行在一个多租户、分布式的环境，而不是将每个客户的数据隔离到一台机器或一组机器。这个环境是阿里云自主研发的大规模分布式操作系统“飞天”。“飞天”将成千上万台分布在各个数据中心、拥有相同体系结构的计算机连接成为一个分布式系统。

访问与隔离：阿里云用户使用 HTTPS 协议登录官网，注册用户账号来选购云服务，同时阿里云通过 Access ID 和 Access Key 安全加密来对云服务用户进行身份验证；阿里云运维工程师对运维产生环境的访问则需要经过集中的组和角色管理系统来定义和控制其访问产生服务的权限，每个运维工程师都有自己的唯一身份（Employee ID），经过数字证书和动态令牌双因素认证后，通过 SSL 连接到安全代理，然后进行操作。所有登录、操作过程均进行实时审计。

阿里云通过安全组实现不同用户间的隔离需求，安全组通过一系列数据链路层、网络层访问控制技术实现对不同用户虚拟化实例的隔离，以及对 ARP 攻击和以太网畸形协议访问的隔离。

存储与销毁：阿里云的云服务将客户数据存储在“飞天”平台提供的多种存储系统中，“飞天”存储栈支持多种非结构化和结构化数据的存储管理，如“盘古”分布式文件系统，以及由“盘古”演化出的“有巢”分布式文件系统。从阿里云的云服务到“飞天”存储栈，每一层收到的来自其他模块的访问请求都需要认证和授权。“飞天”平台内置的安全服务提供了内部服务之间的认证和授权功能。内部服务之间的相互认证是基于 Kerberos 安全协议实现的，对内部服务的访问授权是基于 capability 的访问控制机制实现的。

以开放数据处理服务（Open Data Processing Service，ODPS）为例，当服务前端（Web Server）收到终端用户的数据处理请求时（如收到一个 SQL 语句），首先会检查请求者身份和消息请求的真实性，然后通过远程过程调用将请求发送到服务后端。服务后端在处理请求之前，会检查调用者（服务前端）的身份和访问权限。如果检查通过，服务后端会产生一个执行计划，并通过远程过程调用将执行计划发送到“飞天”的作业调度系统。作业调度系统在处理请求之前，会检查调用者（服务后端）的身份和访问权限。检查通过之后，作业就会被调度运行。作业在运行时会通过远程过程调用访问存储层上的数据，存储系统在处理请求之前，依然会检查调用者（作业的运行实例）的身份和访问权限。

在上面的例子中，从云服务到“飞天”存储栈，每一层上的访问授权是最小权限原则，即每一个访问请求都只会使用刚好满足需要的权限，而不会使用过大的权限。例如，用户提交的 SQL 语句只需要读取某个表，那么相应的作业通过远程过程调用访问存储层上的数据时，该作业的权限就是只能访问该表所对应的数据文件，而不会更多。阿里云采用碎片化分布式离散存储技术存储用户的结构化和非结构化数据，每一份在云端的数据都会被文件分片（chunk），每个 chunk 会存三份副本，分布于不同机架上。针对用户云服务期满后的数据销毁问题，阿里云的云服务生产系统会自动消除原有物理服务器上磁盘和内存数据，使得原用户数据无法恢复。对于所有外送维修的物理磁盘均采用消磁操作，消磁过程全程视频监控并长期保留相关记录。阿里云定期审计磁盘擦除记录、视频证据以满足监控合规要求。

15.1.2　访问控制

为了保护阿里云客户和自身的数据资产安全，阿里云采用一系列控制措施，防止未经授权的访问。

（1）认证控制：阿里云员工拥有唯一的用户账号和证书，这个账号通过有线和无线网络接入识别每个人在阿里云网络内的活动情况，将其作为阻断非法外部连接的依据；

证书作为每位员工接入阿里云内部系统的证明。员工入职后，人力资源部会给予一个用户账号，并按照其岗位类别和职级进行授权，离职后，人力资源部将通过系统禁止该账号访问阿里云网络。

阿里云密码系统强制策略用于员工的密码或密钥（如登录工作站），包括：密码定期修改频率、密码长度、密码复杂度、密码过期时间等。阿里云针对生产数据及其附属设施的访问控制除去采用单点登录外，均强制采用双因素认证机制，如证书和一次性口令生成器。

（2）授权控制：访问权限及等级是基于员工工作的功能和角色，最小权限和职责分离是所有系统授权设计的基本原则，阿里云员工访问公司的资源只授予有限的默认权限，如访问邮件和阿里云内部办公系统。根据特殊的工作职能，员工需要被授予权限访问某些额外的资源时，在得到数据或系统所有者、安全管理员或其他部门批准后，则依据阿里云安全政策规定进行申请和审批。所有批准的审计记录均记录在工作流平台内，平台内的控制权限设置的修改和审批过程与审批政策保持一致。

15.1.3　云安全服务

1. 防 DDoS 清洗服务

分布式拒绝服务（Distributed Denial of Service，DDoS）攻击在云端表现为，通过仿冒大量的正常服务请求来阻止用户访问其在云端的数据、应用程序或网站。对云端用户而言该攻击就像在出行高峰时段遇上了交通瘫痪，除了坐在交通工具中愤怒地等待别无他法；而对云服务商而言如果无法从大量的仿冒请求中鉴别出恶意访问流量并完成清洗，则不但会影响云服务的稳定性，更会动摇用户将数据和应用迁移上云端的信心。DDoS 攻击在 2011 年、2012 年连续被云安全联盟（Cloud Security Alliance，CSA）收录为《云端十大安全威胁》。阿里云推出基于云计算架构设计和开发的防 DDoS 清洗服务，该服务具有全覆盖、全天候、全清洗的特点。

（1）全覆盖。防 DDoS 清洗服务可帮助云用户抵御各类基于网络层、传输层及应用层的各种 DDoS 攻击，并实时短信通知用户网站防御状态。云盾的防 DDoS 清洗服务由恶意流量检测中心、安全策略调度中心和恶意流量清洗中心组成，三个中心均采用分布式结构、全网状互连的形式覆盖阿里云所有提供云服务的数据中心节点。

（2）全天候。依托云计算架构的高弹性和大冗余特点，防 DDoS 清洗服务实现了服务稳定、防御精准。稳定：云盾防 DDoS 清洗服务可用性 99.99%。精准：恶意流量检测中心的检测成功率 99.99%，单个数据中心流量检测能力达到 60Gb/s 或 6 000 万 PPS 以上；恶意流量清洗中心的清洗成功率 99.99%。

（3）全清洗。对于阿里云云服务器用户提供单个 IP，3G 以内的所有类型的 DDoS 攻击流量清洗服务。

2．安全体检

绝大多数的网站入侵事件是由黑客扫描网站开放的端口和服务，由此寻找相关的安全漏洞并加以利用来实现入侵，最后通过在网站内植入木马来达到篡改网页内容或窃取重要内部数据的违法目的。安全体检从网站最常见的入侵行为入手，对构建在云服务器上的网站提供网站端口安全检测、网站 Web 漏洞检测、网站木马检测三大功能。

（1）网站端口安全检测。该功能通过服务器集群对构建在云服务器上的网站进行快速、完整的端口扫描，使用最新的指纹识别技术判断运行在开放端口上的服务、软件及版本，一旦发现未经允许开放的端口和服务会第一时间提醒用户予以关闭，降低系统被入侵的风险。

（2）网站 Web 漏洞检测。该功能聚焦在对构建在云服务器上网站的 Web 漏洞发现，检测的漏洞类型覆盖 OWASP、WASC、CNVD 分类，系统支持恶意篡改检测，支持 Web 2.0、AJAX、各种脚本语言、PHP、ASP、.NET 和 Java 等环境，支持复杂字符编码、多种压缩方式（如 chunk、gzip、deflate 等）、多种认证方式（如 Basic、NTLM、Cookie、SSL 等），支持代理、HTTPS 、DNS 绑定扫描等，支持流行的百余种第三方建站系统独有漏洞扫描。同时，通过规则组对最新 Web 漏洞的持续跟踪和分析，进一步保障了产品检测能力的及时性和全面性。

（3）网站木马检测。在检测技术上通过对 HTML 和 JavaScript 引擎解密恶意代码，同特征库匹配识别，同时支持通过模拟浏览器访问页面分析恶意行为，发现未知木马，实现木马检测的“0”误报。

15.1.4　系统安全及开发维护

阿里云在云服务设计阶段针对不同的服务特点设计安全基线。通常有如下三种云服务安全基线。

（1）弹性计算。不同云服务器用户通过安全组手段进行隔离，同一安全组内的不同云服务器可相互访问，不同安全组的云服务器不可相互访问；安全组通过 iptables 实现不同云服务器间、云服务器和物理机间的安全隔离要求；通过 ebtables 方式隔离由云服务器向外发起的异常协议访问，防止云服务器被入侵后成为 DDoS 攻击源；通过 ARP tables 及云服务器生产系统阻断 ARP 攻击。

（2）开放存储服务。采用碎片化分布式离散存储技术，对每一份碎片化后的数据实体的保存遵循随机算法，采用碎片化分布式离散存储技术保存数据碎片的索引文件。杜绝 IDC 环境下通过盗取物理磁盘所面临的数据丢失风险；通过 Access ID 加 Access Key 实现存储请求加密、支持端到端链路加密和云端服务器熵编码、支持客户端加密数据存储、云端访问权限控制（private、public、完全公开）；支持安全策略定制（可组合源 IP 限制、访问时间段限制、User ID 控制、操作命令限制）。

（3）关系型数据库服务。在用户授权情况下实现对 SQL 注入攻击的监控和报警、支持数据库审计；采用 IP 白名单控制非授权用户；采用最大连接数控制、最大请求数控制、最大结果集控制实现异常连接控制。

15.1.5 其他安全措施

（1）漏洞管理。阿里云在漏洞发现和管理方面具备专职团队，在漏洞发现方面除自主开发的漏洞检测工具外还拥有一批具备发现“0day”漏洞的安全专家，通过自动和手动的渗透测试、质量保证（QA）流程、软件的安全性审查、审计和外部审计工具进行安全威胁检查。阿里云漏洞管理团队的主要责任是发现、跟踪、追查和修复安全漏洞。通过数字化的“漏洞分”运营，对每个真实的漏洞进行分类、严重程度排序和跟踪修复。阿里云与各安全研究社区的成员保持联系，接受外部漏洞举报。

（2）安全事件管理。阿里云建立了安全事件管理平台来实现影响系统或数据的机密性、完整性、可用性的安全事件管理流程，这个流程包含安全事件的受理渠道、处理进度、事后通告过程，安全事件的类别覆盖安全攻击和入侵事件，将重大云服务故障纳入安全事件管理范围加以关注。阿里云安全团队人员实行 7×24 h 工作制。当安全事件发生时，阿里云安全人员将记录和根据严重程度进行优先级处理。直接影响客户的安全事件将被赋予最高优先级对待，在安全事件事后分析阶段通过追查安全事件根本成因来更新相关安全策略，以防止类似事件再次发生。

（3）网络安全。阿里云采用了多层防御，以帮助保护网络边界面临的外部攻击。在公司网络中，只允许被授权的服务和协议传输，未经授权的数据包将被自动丢弃，阿里云网络安全策略由以下组件组成：

- 控制网络流量和边界，使用行业标准的防火墙和 ACL 技术对网络进行强制隔离；
- 网络防火墙和 ACL 策略的管理包括变更管理、同行业审计和自动测试；
- 使用个人授权限制设备对网络的访问；
- 通过自定义的前端服务器定向所有外部流量的路由，可检测和禁止恶意的请求；
- 建立内部流量汇聚点，帮助更好地监控。

（4）传输层安全。阿里云提供的很多服务采用了更安全的 HTTPS 浏览连接协议，如用户使用阿里云账号登录阿里云的默认情况为 HTTPS。通过 HTTPS 协议，信息从阿里云端到接收者计算机实现加密传输。

（5）操作系统安全。阿里云生产服务器都是基于定制的 Linux 系统版本，它包括了运行阿里云“飞天”的必要组件，该系统使得阿里云能够控制整个硬件和软件栈，并支持安全应用程序环境。阿里云生产服务器只安装满足标准的操作系统，公司所有的基础设施需要安装安全补丁。

15.2　Windows Azure 安全解决方案

Windows Azure 是云端服务操作系统，包括了 Windows Azure 平台上的应用开发、服务存放和服务管理。Windows Azure 通过微软数据中心为开发人员提供所需的计算和存储，使开发人员能够存放、拓展、管理互联网上的 Web 应用程序。微软通过 Windows Azure 存放属于用户的数据和程序。因此，Windows Azure 必须解决超出传统意义 IT 方案的信息安全挑战。

15.2.1　计算、存储和服务管理

Windows Azure 是对典型基础应用下的大量基础设施的抽象（如服务器、操作系统、Web 数据库软件等），因此开发者可以集中精力创建应用程序。

Windows Azure 提供两个主要的功能，分别是基于云的计算和基于云的存储，其体系结构如图 15-1 所示，Windows Azure 的组件有：

（1）主机服务（Hosted Service），包含部署（Tenant）、角色（Roles）和角色实例（Role Instances）。

（2）存储账户（Storage Account），包含二进制数据块（Blocks）、表格（Tables）、队列（Quenes）和驱动（XDrive）。

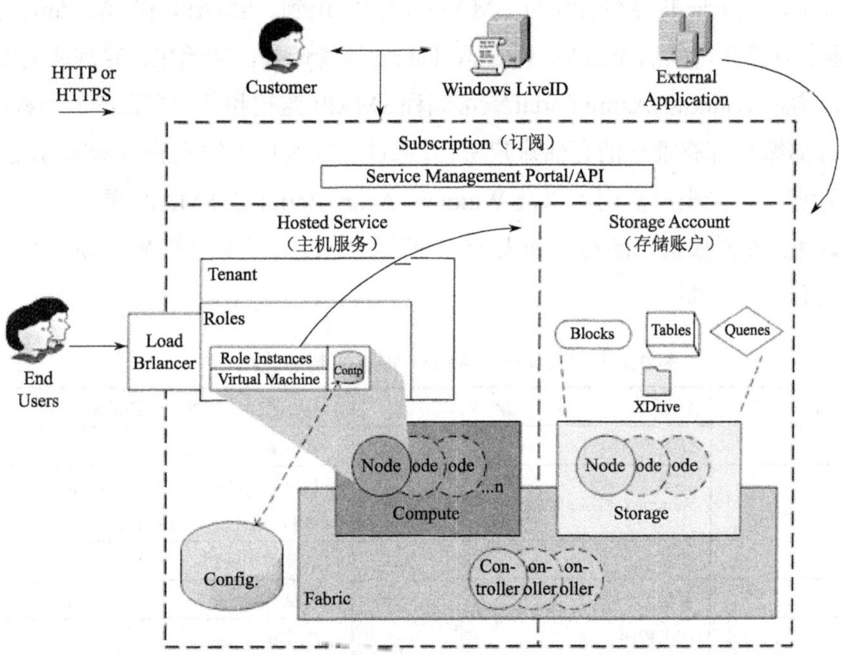

图 15-1　Windows Azure 的体系结构[2]

在 Windows Azure 上，用户可以建立和管理应用程序；可以通过订阅管理应用程序

和存储。订阅的创建过程是：通过用信用卡，在订阅网页上关联新的或现存的身份凭证。创建了订阅以后，就可以通过一个 Windows Live ID（https://login.live.com）控制对订阅系统的访问。Windows Live ID 是现存的运行时间最长的互联网身份验证服务之一，为 Windows Azure 提供了一个已被严格测试的门卫系统。

由图 15-1 可以看出，订阅（Subscription）包含零个或多个托管服务（Hosted Service）、零个或多个存储账户（Storage Account）。一个托管服务包含了一个或多个的部署（Tenant），一个调度包含了一个或多个角色（Roles），一个角色包含了一个或多个角色实例（Role Instances）。存储账户包含二进制数据块（Blocks）、表格（Tables）和队列（Quenes）。Windows Azure 驱动（XDrive）是一个特殊的二进制数据块类型。托管服务的访问控制和存储账户由订阅管理，对关联到订阅的 Windows Live ID 进行身份验证的功能提供了对在该订阅下的所有托管服务和存储账户的完全控制权。

用户上传开发完成的应用程序之后，可以通过 Windows Azure Portal 网站，或通过服务管理 API（Service Management API，SMAPI）管理其主机服务和存储账户。用户通过浏览器登录 Windows Azure Portal 或通过命令行工具（可编程或用 Visual Studio）访问 SMAPI。

SMAPI 的身份验证基于用户创建的公有/私有密钥对及通过 Windows Azure Portal 注册的自签名证书，这个证书会在后续的 SMAPI 访问中用到。SMAPI 在 Windows Azure Fabric 中请求进行排队，然后 Windows Azure Fabric 接管请求，初始化，管理所需要的应用。用户可以通过 Windows Azure Portal 或可编程 SMAPI 监视和管理自己的应用程序。

每一个存储账户都有唯一的存储账户密钥，通过存储账户密钥实施对 Windows Azure 存储的访问管理。存储账户密钥可以被 Windows Azure Portal 或 SMAPI 重置。

Windows Azure 授权机制的总结如表 15~1 所示，它包括了主要的 Windows Azure 主题、对象和身份验证机制。

表 15-1　Windows Azure 授权机制的总结

主　题	对　象	身份验证机制
用户	订阅	Windows Live ID
开发者操作者	Windows Azure Portal/API	Live ID (Windows Azure Portal) 或者自签名证书 (SMAPI)
角色实例	存储	存储账户密钥
扩展应用程序	存储	存储账户密钥
扩展应用程序	应用程序	用户定义

15.2.2　Windows Azure 的视角：Fabric

用户可以通过定义的管理接口控制 Fabric，Windows Azure 的主要目的是抽象虚拟基础设施的管理，它能为用户简单地呈现一致的、可扩展的资源集。总之，开发者不需要管理这些虚拟的基础设施。下面介绍 Windows Azure Fabric 中的一些基础组件。

基于被用户指定的角色实例的数目，Windows Azure 为每个角色实例提供了一个虚拟机（VM），然后在这些虚拟机上运行这些角色。这些虚拟机运行在为使用云技术特别设计的管理程序上（Windows Azure 管理程序）。一个虚拟机是一个专门应用，它运行在一个托管了 Fabric Agent（FA）的操作系统上，这个操作系统叫做 Root OS。FA 管理 Guest Agents（GA）（托管在用户虚拟机上的 Guest OS 中）、存储节点。Windows Azure 管理程序，Root OS/FA 和用户 VM/GA 组成了一个计算节点。

FA 被 Fabric Controller （FC）管理，FC 存在于计算和存储节点的外边（计算和存储集群通过独立的 FC 管理）。如果用户在系统运行时更新了他的应用程序的配置文件，FC 会与 FA 通信，然后 FA 联系 GA，GA 通知应用程序报告配置的改变。在硬件故障的情况下，FC 将自动找到可用硬件，然后在新硬件上重启虚拟机。

15.2.3　云安全设计

Windows Azure 为用户提供了私密性、完整性和数据可用性。

1．私密性

私密性确保用户的数据只能被授权实体访问。Windows Azure 通过以下四个机制提供私密性。

（1）身份和访问管理。身份和访问控制确保只有适当的被验证过的实体可以被允许访问。现有的安全控制机制不能防范获得授权的身份信息和密钥的攻击者。因此，身份信息和密钥管理在安全设计和 Windows Azure 的实现中都是关键的组件。表 15-1 归纳了主要的身份验证机制，下面提供了更为深层的描述，包括 API、应用程序优先级、密钥分配和对可信子系统（如 Fabric 控制器）的身份验证。

SMAPI 身份验证。SMAPI 通过 REST 协议提供 Web 服务，Windows Azure 以工具的形式提供给用户。这个协议运行在 SSL 上，通过一个证书和用户创建的私钥来进行身份验证。这个证书不需要由可信任的检查证书颁发者颁发，只需要一个自签名证书并且将该证书的指纹通过 Windows Azure Portal 关联到订阅即可。这个方法提供了高度的安全保证，确保只有用户授权的实体才能访问服务的特定部分。

最少特权用户软件。使用最少的特权应用程序是信息安全的最佳实践，为了与最少特权原理保持一致，用户没有被授予对虚拟机的管理员权限，默认情况下，用户软件在 Windows Azure 中使用低特权账户运行（将来版本中，用户可以根据需要选择不同特权模型）。攻击者除了获得漏洞还需要提升特权才能实施攻击，这样就减少了潜在的威胁，增加了攻击复杂性，也能保护用户的服务不受自己终端用户的攻击。

内部控制通信量的 SSL 双向认证。所有 Windows Azure 内部组件的通信都被 SSL 保护。在大多数情况下，SSL 证书是自签名的。可能被 Windows Azure 网络外部访问的连接所使用的证书（包括存储服务）及 FC 是一个例外，这样的 FC 拥有微软 CA 颁发的证书，它拥有可信任根 CA。FC 的公钥可以被微软开发工具使用，开发人员递交了新的应用程序后，FC 公钥对它们进行加密来保护里面的秘密资料。

证书和私有密钥管理。通过一个独立机制对证书和私有密钥进行安装，降低暴露证书和私钥给开发者和管理者带来的风险。证书和私钥通过 SMAPI 或 Windows Azure Portal 以 PKCS12（PFX）文件格式上传，上传过程受到 SSL 的保护。这些 PKCS12 文件可以被密码保护，但是密码必须在同一个消息中包含。SMAPI 提供了密码保护机制，使用 SMAPI 的公钥加密整个 PKCS12 数据块，将它存储在一个私密的 FC 上的数据存储点内，并附带存储证书名和公钥作为元数据。在同一订阅中的角色所关联的配置数据指定了角色所需的证书。当一个角色在一台虚拟机上初始化时，FC 得到了相应的证书，然后解密 PKCS12 数据块，重新使用 FA 的公共传输密钥对其加密，并且把它发送到节点上的 FA 处。节点上的 FA 把它发送到初始化角色的虚拟机的 GA 处，然后 GA 对它进行解密，并且在操作系统的数据存储点上进行安装，最后标记私钥可以被使用。在安装后，所有临时证书副本和密钥被销毁。如果需要重新安装，证书必须被 FC 重新打包。

FC 使用的硬件证书。除了应用程序密钥，FC 必须维护一组证书（密钥和/或密码），用来向不在它控制下的硬件设备验证自身。传输、维持和使用这些证书的系统使 Windows Azure 开发人员、管理者和服务备份员不必了解秘密信息。对 FC 主身份公钥的加密在 FC 安装和重配置时使用，用来传输访问网络硬件设备，远程电力转换器和其他系统所需的身份信息。FC 在其内部被复制的数据存储点（同样被 FC 的主身份证书加密）中维护这些秘密信息。

Windows Azure Storage 的访问控制。Windows Azure Storage 拥有一个简单的访问控制模型。Windows Azure 订阅可以被创建一个或多个存储账户，每个存储账户有一个密钥用于控制访问存储账户中的所有数据。Windows Azure Storage 支持用户存储关联应用程序并且这些应用程序能够完全控制它们的关联数据。通过在存储前端创建用户应用程序，给予应用程序存储密钥，然后让用户程序验证远程用户，甚至对单个的请求进行授权，最后获得一个更为成熟的访问控制模型。

（2）隔离。隔离保证适当的容器在逻辑上和物理上进行分离，实现最小化数据交互。除了对数据访问进行身份验证，简单地把不同的数据适当地进行隔离也是一种被广泛认同的保护方式。Windows Azure 提供了不同级别的隔离。

管理程序，Root OS 和 Guest VMs 的隔离。一个关键的边界是 Root 虚拟机与 Guest

虚拟机的隔离，Guest 虚拟机与另一个 Guest 虚拟机的隔离，这是通过管理程序和 Root OS 来管理的。管理程序/Root OS 利用微软操作系统安全的经验，以及最新的微软 Hyper-V 经验，提供了一个健壮的 Guest VMs 隔离。

Fabric Controllers 的隔离。作为 Windows Azure Fabric 的核心部分，许多重要的控制器被应用以减少对 Fabric 控制器的可能危害。从 FC 到 FA 的通信是单向的，FA 实现了一个被 SSL 保护的服务，该服务被 FC 访问并只对请求做出反应，它不能发起与 FC 或其他高特权内部节点的连接。此外，FCs 和无法实现 SSL 的设备存在于独立的 VLANs 上，降低了它们的身份验证接口暴露在被攻破的虚拟机的主机节点的可能性。

包过滤。管理程序和 Root OS 提供了网络数据包过滤器，保证不受信任的虚拟机不能产生伪造流量，并且不能接收不以它们为接收对象的数据，不能指挥数据流向基础设施端点。此外，它们不能发送或接收不适当的广播数据。存储节点只运行 Windows Azure 提供的代码和配置，而且仅允许合法用户、应用程序和管理者来访问和控制。用户访问虚拟机（Virtual Machine，VM）时，被包过滤限制在边缘有限的负载平衡器及 Root OS 上。特别是远程调试、远程终端服务或远程访问虚拟机文件在默认情况下是不准许的。微软允许用户在上述情况下选择是否允许互联网远程连接。不同应用程序之间的连接都被认为是互联网的连接，连接规则是累积的（如任务实例 A 和 B 属于不同的应用程序，A 只有在本身可以打开与互联网的连接且 B 可接受来自互联网的连接的情况下，才可以打开与 B 的连接）。Fabric 控制器将目录上的角色转换为一个任务实例列表，并得到一个 IP 地址的列表清单。这个 IP 地址列表被 FA 用于数据包过滤器，只允许内部应用程序间的通信访问这些 IP 地址。角色被允许启动与互联网的连接，然后它们利用虚拟 IP 地址（Virtual IP Address，VIPA）将消息送至任何可见网络任务中。

VLAN 隔离。VLANs 在隔离 FCs 和其他设备时被使用。VLANs 对网络进行隔离，这样 VLANs 之间的通信不可能不经过路由器，这防止了一个被攻破的节点伪造来自它自身 VLAN 外部的数据通信（除了对自身 VLANs 其他节点的通信外），并且它也不能窃听不是来自或发到自身 VLANs 的通信。每个群集中有三个 VLANs：主 VLAN，连接不受信任的用户节点；FC VLAN，包括受信任的 FCs 和支持系统；设备 VLAN，包括受信任网络和其他基础设施设备。从 FC 到主 VLAN 的通信是允许的，但通信不能从主 VLAN 到 FC VLAN。从主 VLAN 到设备 VLAN 的连接也是被封锁的，这保证了即使一个运行用户代码的节点被攻破，它也不能攻击 FC 或设备 VLAN 的节点。

用户访问的隔离。管理用户环境访问的系统（即 Windows Azure Portal、SMAPI 等）是在一个由微软运作的 Windows Azure 应用程序中被隔离的。这在逻辑上将用户访问基础设施与用户应用程序和储存隔离。

（3）加密。加密在 Windows Azure 内部使用，保护控制渠道，并且提供给需要严格数据保护机制的用户。对存储和传输中的数据进行加密能够确保数据的保密性和完整性。如前所述，关键的内部通信使用 SSL 加密进行保护，此外 Windows Azure SDK 还扩展了核心.NET 类库以允许开发人员在 Windows Azure 中整合.NET 加密服务提供商（CSPs）。熟悉.NET CSPs 的开发人员可以容易地实现加密，并且利用哈希及密钥管理功能来存储和传输数据。Windows Azure 开发人员可以使用如 AES 之类有多年测试使用经验的加密算法，从而避免“roll your own crypto”的错误；使用包括 MD5 和 SHA-2 在内的一系列哈希功能来验证数据的正确性，创建和验证数字签名，以及创建非可辨认凭证来替代敏感数据；简单易懂的密钥管理方法，使 Windows Azure 存储中自定义的加密密钥能够简单地被管理。

（4）数据删除。在适当情况下，私密性应当超出数据的生命周期。Windows Azure 的存储子系统使用户数据在一次删除操作被调用后无法再被得到。所有的存储操作，包括删除操作被设计成即时一致的。一个成功执行的删除操作将删除所有相关数据项的引用，使得它无法再通过存储 API 访问。所有被删除的数据项之后被垃圾回收。正如一般的计算机物理设备一样，物理二进制数据在相应的存储数据块为了存储其他数据而被重用的时候会被覆盖掉。

2．完整性

希望把数据计算和存储工作放到 Windows Azure 上的用户显然希望数据被保护起来不被未经授权地改变。微软的云操作系统以多种方式来提供这一保证。

对客户数据的完整性保护的首要机制是通过 Fabric VM 设计本身提供的。每个 VM 与三个本地虚拟硬盘驱动器（VHDs）相连接。

驱动器 D：包含了多个版本的 Guest OS 中的一个，保证了最新的相关补丁，并能由用户自己选择。

驱动器 E：包含了一个由 FC 创建的映像，该映像基于用户提供的程序包。

驱动器 C：包含了配置信息、paging 文件和其他存储。

驱动器 D 和驱动器 E 是只读的虚拟驱动器，因为它们的 ACLs 被设置为禁止来自用户进程的写操作。因为操作系统可能需要更新这些只读卷，它们用支持增量文件的 VHD 来实现。最初在一个应用程序内所有角色实例的 VHDs 完全相同地启动，D 驱动器的增量驱动器在 Windows Azure 要给含有操作系统的 VHD 打补丁时被移除掉，E 驱动器的增量驱动器在一个新应用程序映像被上传的时候被移除掉。这个设计严格保证了在下方的操作系统的用户应用程序的完整性。

另一个主要的完整性控制器存储在读/写 C 驱动器中的配置文件。用户提供了一个单个的配置文件来指定应用程序中所有角色的连接需求。FC 为每个角色接管该配置文件的子集，把所有角色放在 C 驱动器中。如果用户在角色实例正在运行时更新了配置文件，

FC 通过 FA 联系在虚拟机的 Guest OS 中运行的 GA，并通知它更新在 C 驱动器中的配置文件。之后它通知用户应用程序来重读配置文件。C 驱动器的内容在此时未被移除，也就是说 C 驱动器对于用户的应用程序来说是稳定的存储器。只有被授权的用户，通过 Windows Azure Portal 或者 SMAPI 来访问他们托管的服务才能够更改配置文件。因此，通过 Windows Azure 的固有设计，用户配置的完整性在应用程序的生命周期内能够得到保障。

Windows Azure 存储的完整性是通过使用简单的访问控制模型来实现的。每个存储账户有两个存储账户密钥来控制对存储账户中数据的访问，因此存储密钥实现了对相应数据的完全控制。

最后，Fabric 自身的完整性在从引导程序到操作中都被精心管理。在 VM 上运行并托管 Fabric 内部节点的 Root OS 是一个富有经验的操作系统，在一些节点启动后，它启动 FA 并等待连接及来自 FC 的命令，FC 使用双向 SSL 验证连接到新启动的节点。FC 向 FA 的通信是通过单向推送的，这样攻击在命令链中的高层组件就很困难，因为底层组件不可能直接发送命令给高层组件。与上面提到的许多机制组合在一起，这些特征帮助用户让 Fabric 处在不受损的状态。

3．可用性

云计算平台的主要优势之一是基于通过虚拟化技术来实现的大规模冗余的可用性。Windows Azure 提供了大量的冗余级别来提高用户数据可用性。数据在 Windows Azure 中被复制备份到 Fabric 中的三个不同的节点来最小化硬件故障带来的影响。

用户可以通过创建第二个存储账户，并利用 Windows Azure 基础设施的地理分布特性达到热失效备援功能。这种情况下，用户可以创建自定义角色从而在微软设施内复制备份和同步数据。用户也可以写自定义角色来为离线私有备份，从而从存储中拿出数据。

在每个虚拟机上的 GA 监视虚拟机的状态。如果 GA 响应失败，FC 会重启虚拟机。将来，用户可以选择适应更为自定义化的持续/恢复策略的检测流程。当硬件遇到问题时，FC 会将角色实例移动到一个新的硬件节点，并为这些服务角色实例重启网络配置来恢复服务的功能性。

如前所述，每个虚拟机有一个 D 驱动器，包含了可供用户选择的 Guest OS 版本。用户可以手动从一个 Guest OS 移动到另一个，也可以选择让微软在有新的版本发布后帮助移动他们的应用程序。这个系统使得用户可以用最少的交互最大化定期维护工作。

FC 为用户服务使用类似的高可用性原理和自动失效备援，从而让 FC 的管理功能始终可得。在 Windows Azure 平台或用户服务软件更新时，FC 利用一个称为更新域的逻辑部分在给定时间中改变一个服务角色的实例中的一部分，而让剩余的实例继续对请求进行服务。FC 也能够通过故障域知道潜在的硬件和网络点的故障，对任何拥有大于一个角色实例的服务来说，Windows Azure 保证这些实例在多个更新和故障域中被部署（除非由用户特别指定），来保证在更新和独立网络硬件故障时服务的可用性。

4．可靠性

因为云计算平台实际上是外包计算环境，它们必须能够经常向用户和其指定的代理商证明其运行的安全性。Windows Azure 利用多层次的监测、记录和报告来让用户了解这一点。监视代理（MA）从包括 FC 和 Root OS 在内的许多地方获取监视和诊断日志信息并写到日志文件中。它最终将这些信息的子集推送到一个预先配置好的 Windows Azure 存储账户中。此外，监视数据分析服务（MDS）是一个独立的服务，能够读取多种监视和诊断日志数据并总结信息，将其写到集成化日志中。

15.2.4 开发生命周期安全

微软在 Windows Azure 的开发过程中采用了广泛公认的技术和工具，为自身服务的设计和实现方面提供安全保证。

Windows Azure 完全集成了微软安全开发生命周期（SDL）的方针，这个方针在软件安全保证程序方面是世界公认的模型。

特别地，微软会仔细审查那些低信任度组件被高信任度组件分析的地方。例如：

（1）当 Windows Azure 管理程序和 Root OS 进程处理来自用户控制的虚拟机的硬盘读/写和网络读/写请求时。

（2）当 Windows Azure Portal 和 SMAPI 处理来自被用户控制的网络来源的请求时。

（3）当 FC 分析通过 SMAPI 传输过来的用户配置数据时。

除了仔细设计和实现外，这些组件使用托管程序（如 C#）来开发以减少内存处理漏洞的可能性，并在 Fabric 进入生产模式前进行大规模的接口测试。微软在升级或修改处理外部请求的代码前都会继续使用这些方式。

微软的 SDL 方针也广泛地被推荐给 Windows Azure 的用户，因为托管在 Windows Azure 上应用程序的安全很大程度上依赖于用户的开发过程。

即便微软和用户都按照 SDL 来做，在开发和部署到 Windows Azure 中间过程中依然会有极小的可能性遭受攻击。正如之前所述，用户是通过 SMAPI 来提供自己的应用程序的，SMAPI 使用了证书身份验证和被 HTTPS 保护的信道及其他控制器来传输代码。[2]

15.3 金山私有云解决方案

金山私有云安全系统是金山安全系统有限公司开发的一款防御高级持续性威胁（APT）攻击的高级主机安防系统。金山私有云安全系统是一种以私有云技术为基石，以可信应用控制和主机安全策略为主线，以程序动态安全分析为手段的 APT 攻击防御系统。

15.3.1　工作原理

金山私有云安全系统的主要功能是防御 APT 攻击。对于 APT 的防御，需要建立一套完整的安全体系，而非单纯依靠杀毒软件附带的黑名单。金山私有云在组织机构内部建立了一个“可信应用集合”，用这个集合来掌控、洞察、提升和优化内部网络主机的安全软件环境。将传统安防软件的“泛安全逻辑”转变为“精确安全逻辑”，再配合主机安全策略、对未知文件的捕获和后期安全性分析，最后实现对 APT 的防御，如图 15-2 所示。

精确的 IT 环境文件标示计算　　　　传统的黑白名单机制

图 15-2　可信应用集合划分精确黑白世界[3]

金山私有云安全系统三要素如图 15-3 所示。使用金山私有云安全系统防范 APT 攻击，分为以下三个具体的步骤。

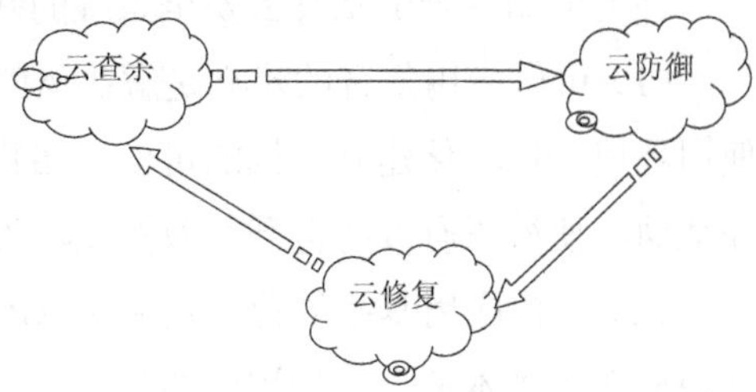

图 15-3　金山私有云安全系统三要素[3]

（1）建立专属可信应用基线（白名单防御）。对需要防护的主机进行应用扫描，获取这些主机中所有可执行体集合，并将该集合与云端服务器的可信应用库进行匹配，确认所有可执行体的安全性，去除不安全的执行体，收集未知安全性的执行体，从而形成组织机构自有的知识库。这个操作将企业内部主机上的所有文件划分为：

可信的（白名单）+ 恶意的（黑名单）+未知的（灰名单）。

（2）定制主机安全策略（未知文件处置策略）。定制主机的强制和弹性行为准则，定制针对灰名单文件的处置方案，如禁止未知文件执行、未知文件上报、对未知文件的执行日志进行记录或审计等，以便在未知文件安全性尚未确认时，确保重要主机的安全性。

（3）程序动态安全性鉴定（未知文件安全性分析）。对“可信应用集合”挑出来的未知文件（灰文件）做后期的检测，将灰名单文件送入云端程序动态分析鉴定器进行鉴定，以确认灰名单中文件是否安全。如果文件安全，则转为白名单，否则转入黑名单。金山私有云安全系统运行逻辑如图 15-4 所示。

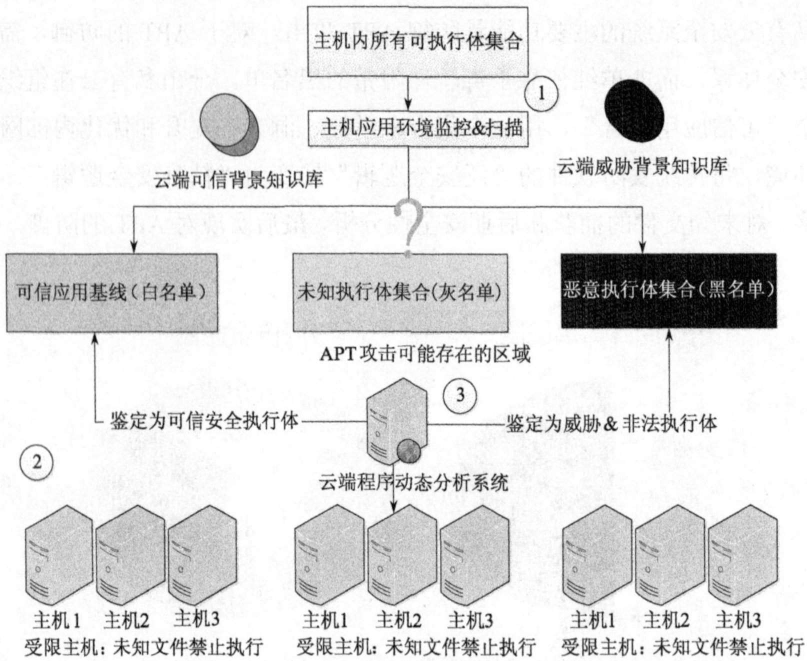

图 15-4　金山私有云安全系统运行逻辑[3]

综上可知，金山私有云安全系统的基本运行机制如下：

（1）可信应用集合的建立是解决 APT 问题的“关键”。首先根据用户的具体需求和使用环境，自动化建立主机的可信应用集合。根据这把尺子，彻底地消除各种已知、未知威胁，使得所有威胁得到有效控制，没有机会在网络内部活动。

（2）可信应用基线的管理是解决 APT 问题的“本质”。可信应用基线的日常管理是解决问题的“本质”。知识库的建立，使得用户有了基本的安全底线，但知识库并非静态数据，而是动态集合，需根据用户环境的变化而变化，所以知识库的高效自动化管理是 APT 防御系统的实质。

15.3.2　安全系统组件

金山私有云安全系统是一套复杂的网络软件系统，它由安全系统后端云平台系统和安全系统客户端两部分构成。安全系统后端云平台系统按照功能划分为：分布式的自动采集服务器、云安全策略中心、文件云鉴定器、环境基线服务器、客户端管理服务器、日志审计和鉴权服务中心等多个模块。金山私有云安全系统功能组件及部署关系如

图 15-5 所示。

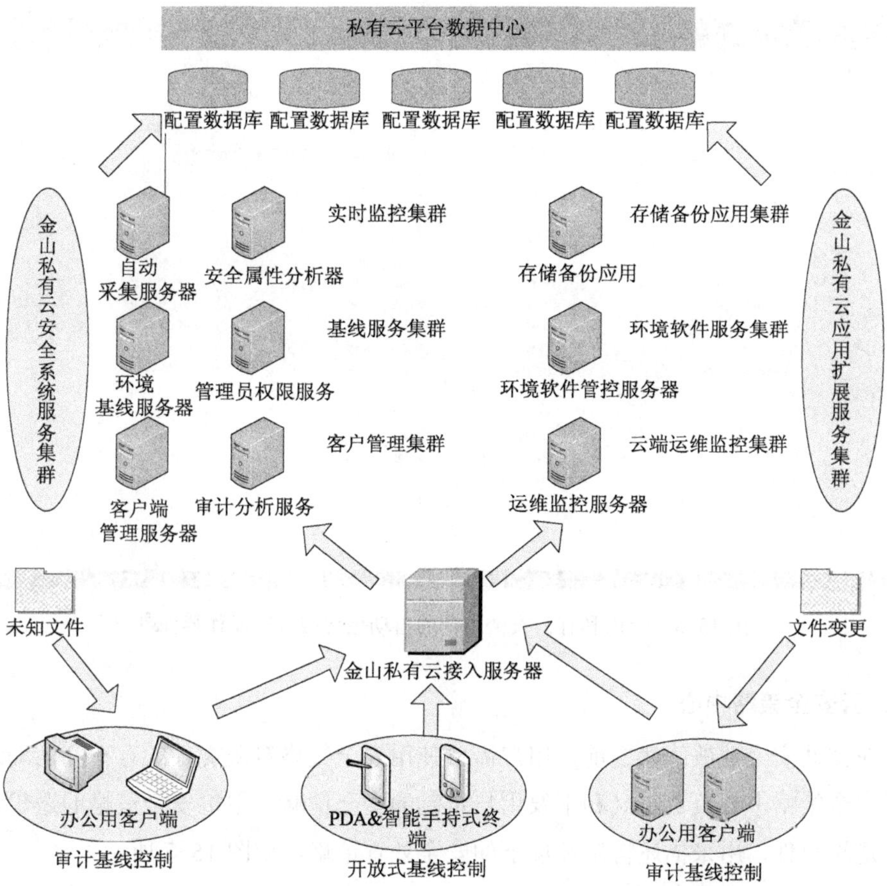

图 15-5　金山私有云安全系统功能组件及部署关系[3]

15.3.3　安全系统后端云平台

金山私有云后端云平台，承载了整个私有云的核心功能：负责对所有客户端提交的可信应用请求进行匹配，然后返回文件的安全属性；收集整个系统中各个主机环境中的未知文件（灰文件）；对灰文件进行安全性鉴定；定制和分发系统安全策略；收集系统各主机发送的安全日志，并进行审计和数据挖掘；对管理用户角色进行鉴权和分配。

1. 自动采集服务器

自动采集服务器负责对系统中发现的灰文件进行在线收集，将灰色文件按照用户定制的安全策略，集中到自动采集服务器中，以便后期自动鉴定服务器对采集服务器中的文件进行自动化安全性鉴定。金山私有云安全系统的自动采集服务器后台，使用了先进的大数据挖掘技术，能够从大量的灰色文件中，按照文件尺寸、全系统分布广度、文件调用关系、存在时间序列等组合向量模型，从大量灰色文件中，挑出最具危险性的文件，优先进行安全性鉴定。金山私有云安全平台的自动采集服务器操作界面如图 15-6 所示。

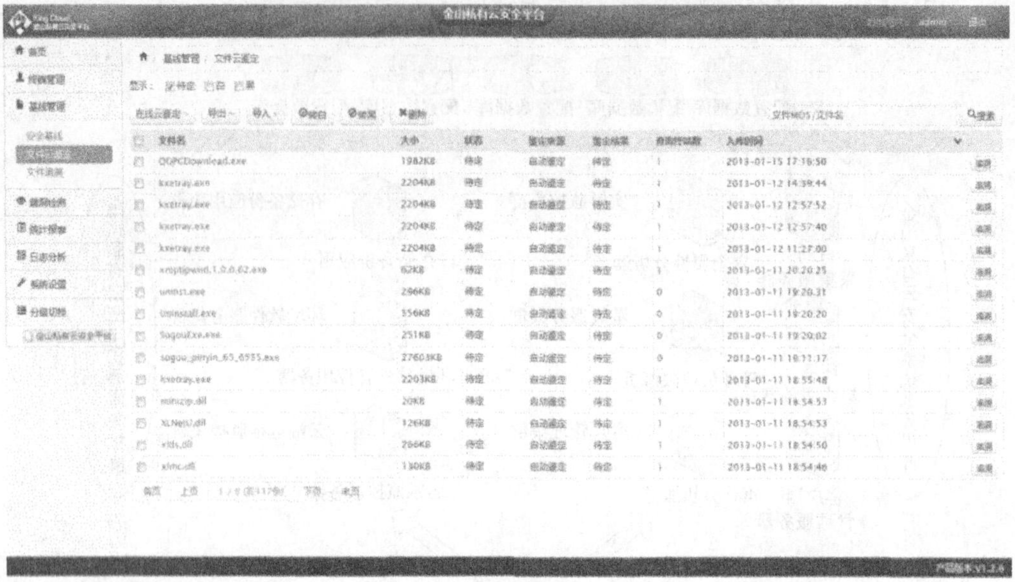

图 15-6　金山私有云安全平台的自动采集服务器操作界面[3]

2．云安全策略中心

在灰文件安全性被确认之前，用户需要使用安全策略对灰文件的存在和活动进行限定。云安全策略中心负责定义和下发用户定制的安全策略。主机安全策略的逻辑模型分为四个逻辑组件，用来描述特定环境下的安全处置策略，如图 15-7 所示。

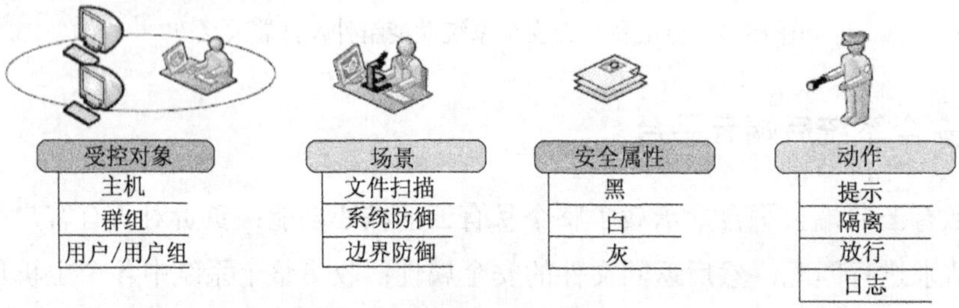

图 15-7　主机安全策略的逻辑模型[3]

（1）受控对象：说明了策略需要控制的作用范围，可以是主机、群组或用户（组）。

（2）场景：可执行文件在系统中的状态。

（3）安全属性：文件特征码对比知识库后的结果，以识别该文件的安全属性。

（4）动作：在满足前三者的情况下，主机驻留进程采用的处理动作。

金山私有云安全系统提供四个默认的安全策略供用户使用。

（1）受限计算机：禁止灰文件执行，适用于重要的数据服务器或业务操控主机。

（2）重要计算机：提示用户是否允许灰文件，由用户自己决定，适用于和重要服务器直接连接的配置服务器或关键用户的主机。

（3）审计计算机：允许灰文件执行，并向后台发送审计日志，适用于安全级别要求中等的计算机。

（4）开放计算机：允许灰文件执行，适用于普通办公用计算机。

3．安全属性分析器

金山开发使用的云鉴定器，涵盖了启发式分析、虚拟机、沙箱技术、主动防御技术等多种复杂的识别引擎，依赖云端服务器的强大性能和分布式计算能力。金山私有云安全系统文件云鉴定器逻辑构成如图 15-8 所示。

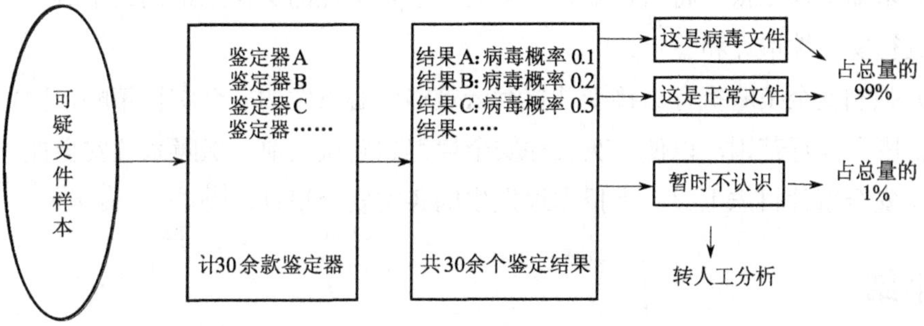

图 15-8　金山私有云安全系统文件云鉴定器逻辑构成[3]

4．客户端管理服务器

客户端管理服务器为安装了私有云安全系统的主机提供基本的心跳信息、收集主机配置及客户端补丁信息，根据终端事件日志，对主机进行安全性评估。客户端管理服务器中装载了可信应用库，强化了对未知应用和恶意行为的识别和检测，为用户提供强大的 APT 威胁检测能力和响应能力。金山私有云的云端可信应用库，能够帮助管理员快速精确鉴别企业内部的应用，同时环境基线服务器还提供了已知恶意代码的知识库。

5．日志审计和鉴权服务器

日志审计服务器负责收集客户端和云平台本身产生的各类日志信息，包括：客户端安全日志、云平台配置更改日志、云平台安全日志、文件安全鉴定日志、安全策略违规日志、可信库变更日志等。鉴权服务器用于存储管理用户和主机的鉴权关系，以便在进行虚拟云权限分割时，可以在主中心外划分虚拟云中心节点。

15.3.4　安全系统客户端软件

金山私有云安全系统客户端软件在系统防御、边界防御、文件匹配三层防御圈的保护下，拦截可能进入系统内核层的任何可执行体，并同步向私有云中心发起查询请求。客户端软件会根据查询请求的结果，决定是否允许执行体进入系统调度。

金山私有云客户端软件具备如下功能：

（1）可信应用扫描。扫描主机本地的所有可执行体，并与云中心知识库进行对比，确认本地可信应用集合。

（2）恶意软件发现和清除。扫描主机本地软件环境，并与云中心知识库进行对比，找到并清除可能的恶意代码执行体。

（3）可信应用环境锁定。脱机或在线状态下，对主机本地可执行体集合进行强行锁定，禁止任何变化，以保障主机稳定运行。

（4）未知文件上报。将后台知识库未能识别安全性的文件上报到云中心平台，以便进一步进行安全性审计和鉴定。

（5）强制安全策略执行。接受并执行云策略中心下发的安全防护策略，限定灰文件的存在范围和执行范围，以便在灰文件安全性得到确认之前，保障系统安全性。

（6）安全事件日志上报。上报本地发生的各类安全事件。[3]

本章小结

本章介绍了阿里云安全解决方案、Windows Azure 安全解决方案、金山私有云安全解决方案。

阿里云是阿里巴巴集团十多年信息安全风险管控的结晶，详细介绍了阿里云的数据安全、访问控制、云安全服务及系统安全等安全解决方案。

Windows Azure 是云端服务操作系统，详细介绍了 Windows Azure 基于云的计算和基于云的存储的安全思想和策略。

金山私有云安全系统主要是防御 APT 攻击，详细介绍了金山私有云的工作原理、安全系统组件、后端云平台及客户端软件的安全措施。

思考题

1. 阿里云数据安全的主要思想是什么？
2. 为了防止未经授权的访问，阿里云采取了哪些措施？
3. 阿里云“安全体检”从哪些方面入手，是如何进行安全体检的？
4. 阿里云的防 DDoS 清洗服务具有哪些优势？
5. 阿里云有几种云服务安全基线？各自的作用是什么？
6. 根据图 15-1，谈一谈 Windows Azure 的体系结构的组成和作用。

7. Windows Azure 通过哪些机制保证私密性?

8. 请举例说明什么是 APT 攻击。

9. 请谈一谈你对金山私有云安全系统的三大要素的理解。

10. 请说明金山私有云安全系统的基本运行机制。

11. 请针对电子商务系统的一个安全威胁，设计一个安全解决方案，并论证其安全性。

附录 A 缩略语表

ACL，Asynchronous Connection-Less，异步无连接

API，Application Programming Interface，应用程序编程接口

APT，Advanced Persistent Threat，高级持续性威胁

BD-ADDR，Bluetooth Device Address，蓝牙设备地址

BPCS，Bit-Plane Complexity Segmentation，位平面复杂度分割

CDMA，Code Division Multiple Access，码分多址

CM，Content Management，内容管理

CNVD，China National Vulnerability Database，国家信息安全漏洞共享平台

CRM，Customer Relationship Management，客户关系管理

CSA，Cloud Security Alliance，云安全联盟

DCT，Discrete Cosine Transform，离散余弦变换

DDoS，Distributed Denial of Service，分布式拒绝服务

DES，Data Encryption Standard，数据加密标准

DNS，Domain Name System，域名系统

DWT，Discerte Wavelet Transformation，离散小波变换

EC2，Elastic Compute Cloud，亚马逊弹性计算云

ECC，Error Correcting Code，错误检查和纠正码

ENUM，E.164 Number URI Mapping，电话号码映射

ERP，Enterprise Resource Planning，企业资源规划

ETL，Extract Transform and Load，提取转换加载

GFS，Google File System，Google 文件系统

GPRS，General Packet Radio Service，通用分组无线服务技术

GPS，Global Positioning System，全球定位系统

GSM，Global System for Mobile Communication，全球移动通信系统

HRM，Human Resource Manager，人力资源管理

HTTP，HyperText Transfer Protocol，超文本传输协议

IaaS，Infrastructure as a Service，基础设施即服务

IBSS，Independent Basic Service Set，独立基本服务集

ICSA，International Computer Security Association，国际计算机安全协会

IDC，Internet Data Center，互联网数据中心

IEEE，Institute of Electrical and Electronics Engineers，电气和电子工程师协会

IP，Internet Protocol，网络之间互连的协议

ISM，Industrial，Scientific and Medical，工业、科学和医学

IV，Initialization Vector，初始化矢量

LBS，Location Based Service，基于位置的服务

LFSR，Linear Feedback Shift Register，线性反馈移位寄存器

LMP，Link Manager Protocol，连接管理协议

LSB，Least Significant Bit，最低有效位

L2CAP，Logical Link Control and Adaptation Protocol，逻辑链路控制和适配协议

MAC，Media Access Control，介质访问控制层

M-Commerce，Mobile Commerce，移动电子商务

MIMO，Multiple Input Multiple Output，多输入多输出

MIS，Management Information System，管理信息系统

NIST，National Institute of Standards and Technology，美国国家标准与技术研究院

ODPS，Open Data Processing Service，开放数据处理服务

OFDM，Orthogonal Frequency Division Multiplexing，正交频分复用技术

OWASP，Open Web Application Security Project，开放式 Web 应用程序安全项目

PaaS，Platform as a Service，平台即服务

PDA，Personal Digital Assistant，个人数字助理

POS，Point of Sale，销售终端

RBAC，Role-Based policies Access Control，基于角色的访问控制

REST，Representational State Transfer，表述性状态传递

RFID，Radio Frequency Identification，射频识别

SaaS，Security as a Service，安全即服务

SaaS，Software as a Service，软件即服务

SCM，Storage-Class Memory，储存级内存

SCO，Synchronous Connection-Oriented，同步面向连接

SDP，Service Discovery Protocol，服务发现协议

SET，Secure Electronic Transaction，安全电子交易协议

SLA，Service-Level Agreement，服务等级协议

SIM，Subscriber Identity Module，客户识别模块

SOA，Service-Oriented Architecture，面向服务架构

SSID，Service Set Identifier，服务集标识符

SSL，Secure Socket Layer，安全套接层协议

TLS，Transport Layer Security，安全传输层协议

VIPA，Virtual IP Address，虚拟 IP 地址

VLAN，Virtual Local Area Network，虚拟局域网

VPN，Virtual Private Network，虚拟专用网

WAE，Wireless Application Environment，无线应用环境

WAP，Wireless Access Point，无线接入点

WAP，Wireless Application Protocol，无线应用通信协议

WASC，Web Application Security Consortium，Web 应用安全联盟

WDP，Wireless Datagram Protocol，无线数据报协议

WEP，Wired Equivalent Privacy，有线等效加密协议

WML，Wireless Markup Language，无线标记语言

WPKI，Wireless public Key Infrastructure，无线公共密钥基础设施

WSP，Wireless Session Protocol，无线会话协议

WTA，Wireless Telephony Application，无线电话应用

WTP，Wireless Transaction Protocol，无线事务协议

WTLS，Wireless Transport Layer Security，无线安全传输层

XML，Extensible Markup Language，可扩展标记语言

参 考 文 献

[1] 阿里云. 阿里云安全白皮书[EB/OL].2014-01[2015-02]. http://imgs-storage.cdn.aliyuncs.com/help/yunanquan/阿里云安全白皮书（中文版）发布稿，2014.

[2] Windows Azure. Windows Azure 安全概述[EB/OL]. 2011-03[2015-02]. http://blogs.msdn.com/b/azchina/archive/2011/03/06/windows_5f00_azure_5f00_security_5f00_overview_5f00_white_5f00_papaer.aspx.

[3] 金山安全. 金山私有云安全系统技术白皮书[EB/OL]. 2013-05[2015-02]. http://www.ejinshan.net/product_kpc/old.kingcloud/old.PPT/WHITE_PAPERS_OF_KINGSOFT_PRIVATELY_CLOUD.pdf.

[4] 孟小峰, 慈祥. 大数据管理：概念、技术与挑战[J]. 计算机研究与发展, 2013(1).

[5] eMarketer. 2013 年全球 B2C 电子商务市场变化情况[EB/OL], http://www.199it.com/archives/182886.html.

[6] Big data[EB/OL]. [2012-10-02]. http://en.wikipedia.org/wiki/Big_data.

[7] Hamish Barwick. The' four Vs' of Big Data Implementing Information Infrastructure Symposium[EB/OL]. [2012-10-02]. http://www.computerworld.com.au/article/396198/iiis_fo-ur_vs_big_data/.

[8] Ravi Kumar. Two computational paradigm for big data[EB/OL]. [2012-10-02]. KDD summer school,2012.

[9] Information Week Report. The big data management challenge[R/OL]. http://reports.informationweek.com/abstarct/81/8766/business-intelligence-and-information-management/research-the-big-data-management-challenge.html.

[10] Storm [EB/OL]. [2012-10-02]. https://github.com/nathanmarz/storm.

[11] Leonardo Neumeyer, Bruce Robbins, Anish Nair,et al. S4: Distributed Stream Computing Platform[C]. proc of ICDM Workshops 2010. Piscataway, NJ: IEEE, 2010:170-177.

[12] Chu L K,Tang H,Yang T,et al.Optimizing data aggregation for cluster-based Internet services[C].Proceeding of the ACM SIGPLAN Symposium on Principles and Practices of Parallel Programming. New York: ACM Press,2003:119-130.

[13] 甘丽新, 涂伟. 大数据时代电子商务的机遇与挑战探讨[J]. 科技广场, 2013:137-140.

[14] 李国杰, 程学旗. 大数据研究：未来科技及经济社会发展的重大战略领域. 战略与决策研究, 2012,27(6):647-657.

[15] 中国互联网络信息中心(CNNIC). 2013 年中国网民信息安全状况研究报告. 2013.

[16] 冯登国, 张敏, 李昊. 大数据安全与隐私保护[J]. 计算机学报, 2013.

[17] 王平水, 马钦娟. 隐私保护 k-匿名算法研究. 计算机工程与应用, 2011,47(28):117-200.

[18] 刘喻, 吕大鹏, 冯建华, 等. 数据发布中的匿名化技术研究综述. 计算机应用，2007, 27(10):2361-2364.

[19] 付艳艳, 付浩, 谢幸, 等. 社交网络匿名与隐私保护. 中国计算机学会通信，2014, 10(6):51-58.

[20] http://www.36kr.com/p/201176.html.

[21] 刘鹏. 云计算发展现状[EB/OL]. 2009. http://www.chinacloud.cn/show.aspx?id=754&cid=11.

[22] Kai Hwang. Distributed and Cloud Computing From Parallel Processing to the Internet of Things[M]. Morgan Kaufmann. 2011.

[23] Cloud computing[EB/OL]. [2015-02-06]. http://en.wikipedia.org/wiki/Cloud_computing.

[24] Mel B, France TO. The NIST definition of cloud computing [R]. National Institute of Standard and Technology, U S Department of Commerce, 2010.

[25] 张为民, 唐剑锋, 罗治国, 等. 云计算——深刻改变未来[M]. 北京：科学出版社, 2009.

[26] 方巍, 文学志, 潘吴斌，等. 云计算：概念、技术及应用研究综述[J]. 南京信息工程大学学报, 2012, (4):351-361.

[27] 顾伟. 云计算在电子商务行业的应用研究[D]. 上海外国语大学，2012.

[28] 吴卫华. “云计算”环境下电子商务发展模式研究[J]. 情报杂志, 2011, 30(5):147-151. DOI:10.3969/j.issn.1002-1965.2011.05.032.

[29] Cloud Security Alliance. The Notorious Nine: Cloud Computing Top Threats in 2013[EB/OL]. https://cloudsecurityalliance.org/research/top-threats/. 2013.

[30] 余娟娟. 浅析“云安全”技术[J]. 计算机安全, 2011.

[31] C.S.A.. Cloud computing Architectural Framework[EB/OL]. https://wiki.cloudsecurityalliance.org/guidance/index.php/Cloud_Computing_Architectural_Framework, 2011.

[32] Buecker, A., et al. Introducing the IBM Security Framework and IBM Security Blueprint to Realize Business-Driven Security[C].Redguides for Business Leaders REDP-4528-01, 2010.

[33] 谢文娟, 黄松, 张晶晶, 等. 云安全管理框架综述[J]. 计算机知识与技术, 2013, (31): 6981-6985.

[34] 王丽芳等. 电子商务安全. 北京：电子工业出版社, 2010.

[35] 杨妍玲. 我国移动电子商务面临的安全及对策研究[J]. 无线互连科技，2014(3): 161-162.

[36] 芦向阳. 无线局域网标准概述[J]. 中国有线电视，2005(18):1789-1794.

[37] 郑娟毅. 802.11 无线局域网技术及其发展[J]. 西安邮电学院学报，2006(3):13-16.

[38] 赵义平. 802.11n 协议的研究与无线接入点功能的实现[D]. 西南交通大学，2009.

[39] 杨国华. 802.11 无线局域网标准与安全[J]. 计算机工程与设计，2004(8):1349-1352.

[40] 罗辑，高家利，秦正. 蓝牙技术的应用现状及发展趋势[J]. 四川兵工学报，2006(3):36-37.

[41] 卓力，沈兰荪. 蓝牙技术——一种短距离的无线连接技术[J]. 电子技术应用，2001(3):6-9.

[42] 徐艳. 蓝牙技术安全性分析与安全策略[J]. 华北科技学院学报，2005(4):42-45.

[43] 蒋笑梅，黄富，黄剑晓. 关于蓝牙技术安全机制的分析[J]. 广西物理，2005(2):29-34.

[44] 金纯，许光辰，孙睿. 蓝牙技术[M]. 北京：电子工业出版社, 2001.

[45] 武巧荣. GSM 系统中主要安全威胁防范机制的分析与设计[D]. 北京：北京邮电大学，2009.

[46] 汪浩. GSM 移动通信终端话音通信协议研究与实现[D]. 华中科技大学，2006.

[47] http://blog.csdn.net/myarrow/article/details/9306961.

[48] http://zh.wikipedia.org/zh/IEEE_802.11.

[49] 中商情报网. 电话支付业务前景分析[EB/OL]. 2008-07[2015-02]. http://www.askci.com/freereports/2008-07/20087148509.html.

[50] Christian Hort & Sandra Gross. Critical Success Factors of Mobile Payment[Z]. Switzerland: The Mobile and Ubiquitous Computing Lab,2002.

[51] 师群昌，帅青红.移动支付及其在中国发展探析[J]. 电子商务，2009(2):58-59.

[52] 移动支付网. 国内移动支付发展现状以及发展趋势分析[EB/OL]. 2014-11[2015-02]. http://www.mpaypass.com.cn/news/201411/11090329.html.

[53] 林松. 电子支付安全体系结构的研究与实现[D]. 四川大学，2005.

[54] 腾讯网. 腾讯发布移动支付报告：三大安全威胁凸显[EB/OL]. 2014-04/[2015-02]. http://xian.qq.com/a/20140422/022380.htm.

[55] 支付宝官网. 支付宝简介[EB/OL]. http://ab.alipay.com/i/jieshao.htm.

[56] 董燕丰. 关于国内第三方网上支付平台之支付宝资金支付的研究[D]. 北京邮电大学，2007.

[57] 吴晓光. 快捷支付业务风险及防控策略分析[J]. 金融与经济，2013(5):61-63.

[58] 曾兴元，秦琴. 网银安全问题与解决方案综述[J]. 计算机与电信，2008(2):15-17.

[59] 丹丹. 基于SSL协议与SET协议的安全支付模型研究. 中南民族大学硕士学位论文，2009.

[60] 张恒伽. 基于中间人攻击的 HTTPS 协议安全性分析[D]. 上海交通大学工学硕士学位论文.

[61] Petitcolas F A P, Anderson R J, Kuhn M G. Information Hiding – A Servey [C]. Proceedings of the IEEE(USA), 1999,87(7):1062-1078.

[62] GJ Simmons. Advances in Cryptology, Proceedings of Crypto[J]. Sante Barbara, Ca. Plenum Press, 1984:51-67.

[63] W Bender, D Gruhl, N Morimoto, A Lu. Techniques for data hiding[J]. IBM System Journal, 1996,35(3):313-336.

[64] M Kutter, SK Bhattacharjee, T Ebrahimi. Towards second generation watermarking schemes[C]. International Conference on Image Processing(ICIP99), Kobe, Japan, 1999, 1:25-28.

[65] R G vann Schyndel, A Z Tirkel, and C F Osborne. A digital watermark. In Int. Conf.on Image Processing,Vol.2.IEEE,1994:86-90.

[66] Kawaguchi, Eason. Principle and application of BPCS steganography[J]. Proceeding of SPIE:Mult2 media Systems and Application, 1998:464-472.

[67] Bender W,G ruhl D, Morimoto N, Lu A. Technique for data hiding[J]. IBM System Journal, 1996,35:3-4.

[68] Rosin P L,Ioannidis E.Evaluation of global image thresholding for change detection[J]. Pattern Recognition Lett, 2003,24:2345-2356.

[69] 吕慈纯, 陆哲明, 张真诚. 多媒体安全技术[M]. 台北：全华图书股份有限公司，2007.

[70] 黄明祥, 林咏章. 资讯网络安全概论[M]. 台北：美商麦格罗希尔股份有限公司台湾分公司，2014.

[71] 顾霞. 网络通信数据中的隐写技术研究[D]. 南京理工大学，2006.

[72] 程莹, 刘胜利, 宋蕾. 隐写算法 F5 的分析及其改进[J]. 徐州工程学院学报，2008, 23(4):80-84.

[73] 武嘉, 张茹, 钮心忻, 等. 针对 BPCS 隐写的隐写分析[J]. 北京邮电大学学报，2009, 32(4):116-121.

[74] 金涛，何加铭，杨任尔, 等. 基于视觉感知与菱形编码的图像隐写算法[J]. 计算机工程，2014，40(10):6-10.

[75] 王朔，张新鹏，张卫明. 以数字图像为载体的隐写分析研究进展[J]. 计算机学报，2009, 32(7):1247-1261.

[76] 百度百科. 数字水印. http://baike.baidu.com/link?.

[77] 程超. DES 加密算法的电子邮件服务认证的设计与实现[D]. 西安电子科技大学，2013.

[78] C.S.A.. Cloud computing Architectural Framework[EB/OL]. https://wiki.cloudsecurityalliance.org/guidance/index.php/Cloud_Computing_Architectural_Framework, 2011.

[79] Buecker, A., et al.. Introducing the IBM Security Framework and IBM Security Blueprint to Realize Business-Driven Security[C].Redguides for Business Leaders REDP-4528-01, 2010.

反侵权盗版声明

举报电话：（010）88254396；（010）88258888

传　　真：（010）88254397

E-mail：dbqq@phei.com.cn

通信地址：北京市海淀区万寿路 173 信箱

　　　　　电子工业出版社总编办公室

邮　　编：100036